진실,
국가범죄를 말하다

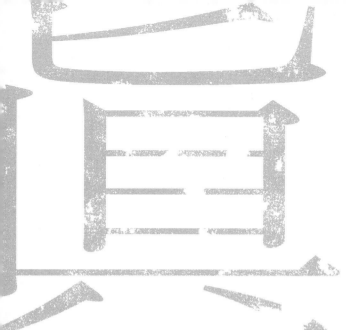

진실,
국가범죄를 말하다

신기철 (진실·화해를위한과거사정리위원회 전 조사관) 지음

자리
도서출판

진실의 타임캡슐을 열었다!

안 병 욱
진실·화해를위한과거사정리위원회 전 위원장

 고양의 한 폐광이었던 금정굴은 오랫동안 언급해서는 안 되는 금기였으며 사람들의 기억에서 강제적으로 지워져야 했다. 그러나 덮인 흙더미 밑으로 결코 잊혀질 수 없는 무고한 희생자들의 처참한 실상이 생생히 살아 있었다.

 저자는 이런 금정굴을 조사하여 한국전쟁이 야기한 부끄러운 상처를 통절하게 드러냈다. 저자의 치밀한 분석을 통해 고양 금정굴은 야만적이고 고통스러운 한국 현대사를 고스란히 간직한 타임캡슐로 바뀌었다. 금정굴 희생사건은 한국전쟁기 민간인 학살의 참상과 함께 이후 이를 대하는 우리 사회의 추악하고 철면피한 모습을 집약해서 보여주고 있다.

 한국전쟁 시기 보도연맹원을 비롯해 수많은 민간인들이 무고하게 학살되었다. 참으로 참혹하고 비극적인 희생이었다. 맹목적인 광풍에 휩쓸린 살인자들은 학살 만행을 자행하고 어처구니없는 이념의 굴레를 내세워 합리화해 왔다. 그 같은 집단희생의 참극은 민족분단을 획책했던 자들의 의도적인 분열책동에 따라 야기되었다.

 사람들은 이념에 대해 별다른 이해도 없는 상태에서 좌우 대립의 격랑에 휩쓸렸다. 이는 끝내 맹목적인 보복학살로 이어졌다. 더욱이 한국전쟁은 피아간의 전선을 따라 전개된 것이 아니었다. 곧 전 국토가 뒤섞인 전쟁터였고, 밤낮으로 점령군이 바뀌었다. 점령군이 좌우익으로 교체될 때마다 응징 보복의 학살이 마치 톱질하듯이 번갈아 자행되었다. 또 교전 과정에서 전투원과 민간인을 구분하지 않고 총격과 포격을 가해 수많은 민간인들을 무고하게 희생시켰다. 한국전에 참전한 미국 군대도 피난민을 상대로 무차별적인 포격과 기총소사를 가함으로써 수많은 민간인들을 살상했다. 미군은 피난민 가운데 적군이 포함되어 있을 것이라는 짐작만으로 그 같은 반인륜적 대량학살을 자행한 것이다.

억울하고 어처구니없는 희생은 그뿐만이 아니었다. 수복해 들어온 남한의 군대, 경찰, 우익단체에 의한 보복학살이 연이어 반복되었다. 인민군 편에 가담했거나 어쩔 수 없이 그들에게 협력했던 사람들은 이른바 부역자로 낙인 찍혀 학살 대상이 되었다. 곧 적군에게 죽임을 당하지 않고 살아남았다는 이유만으로 부역혐의를 씌워 야만적으로 학살했다. 그렇게 해서 평범했던 사람들이 오랜 이웃을 상대로 집단살상을 번갈아 자행하는 살인의 광기에 휩싸였다. 금정굴에서 수습된 부역혐의 희생자만 최소 153명이 넘었다.

동일한 혈연이고 종교적인 갈등이 없는 한 고장의 이웃·친구·친척 관계였던 사람들이 이같이 상호간에 맹목적인 집단학살의 광란에 휩쓸린 경우는 동서고금에 그 유례를 찾아볼 수 없다. 이런 집단학살로 공동체적인 유대관계가 파괴되어 지금까지도 극단적인 대립과 회복하기 어려운 적대적 갈등관계 속에 놓여 있다. 또 그 결과로, 동서 냉전체제가 사라진 현재도 유독 한반도에 냉전질서와 이념 대립이 강하게 존속하고 있는 것이다.

지난날 학살을 주도했던 자들이 권력을 장악하고 한국 사회를 좌우해 왔다. 그들은 희생자와 그 가족들에게 공산주의자라는 혐의를 씌웠고, 침묵을 강요했다. 그동안 정부의 탄압으로 인해 사회에서 이 문제를 공개적으로 거론하는 일은 애초에 불가능했다. 피해자 유족들조차 반세기가 지나도록 이 문제를 거론할 수 없었다. 그러나 사회의 민주화가 진전되고, 피해 유족들은 그동안 강요당한 침묵에서 벗어나 민간인 학살 진상규명을 요구하고 나섰다. 학살자의 일방적 강요로 왜곡되었던 진실을 밝히고, 죽은 자들과 살아남은 피해자들의 명예를 회복하기 위한 운동이 반세기가 지나서야 겨우 시작된 것이다. 이를 위해 비로소 학살 현장을 발굴하고 피해 유족들을 만나 증언을 듣고, 관련 기록을 조사하고, 가해자를 찾아 나섰다. 그에 따라 한국전쟁기 금정굴 등 전국 곳곳에서 자행되었던 야만적인 학살의 진상에 좀 더 가까이 다가설 수 있었다.

이 책의 저자도 1990년대부터 민간인 학살 진실규명운동에 참여하여 누구보다 부지런히 활동해 왔으며, 2005년부터는 진실화해위원회에서 조사관으로 고양 부역혐의 희생사건을 담당하여 진실을 규명하였고 전국 각처의 수많은 학살사건들도 조사하여 그 진실을 파헤쳐 왔다. 저자는 각종 공공 기록을 세밀히 수집하여 검토했으며, 특히 수많은 사람들의 회고록·증언록들을 낱낱이 검토하여 참고하였다. 관련 학술연구물은 물론 미국 측의 자료들까지 조사하여 제시하였는데, 무엇보다 누구도 흉내 낼 수 없는 가치 있는 부분은 현재 생존해 있는 관련 인물들을 일일이 찾아 생생한 증언을 청취하여 기록하고 참고한 일이다. 이런 작업은 앞으로 더 이상 추진하기 불가능한 일일 것이다.

저자는 매우 공들여 조사한 다양하고 풍부한 관련 자료들을 정리하여 해방 이후 분단과정에서 자행된 탄압과 민간인 학살의 명령체계와 가해자 등의 실체를 규명하여 이 책에 담았다. 이로써 전쟁이 초래한 민간인 희생 문제를 가장 심층적으로 조사·분석한 매우 귀중한 저술이라 하겠다.

한편, 우리는 이 책을 통해 현재도 뜬눈으로 지새워야 하는 유족들의 가눌 수 없는 고통과 희생을 대하면서 부끄러움을 금할 수 없다.

학살은 정치적 결과물이다

이 책은 고양 금정굴 사건을 중심으로 살펴본 '국가범죄에 관한 보고서'입니다. 한국전쟁을 전후하여 벌어진 일련의 사건들에 대해 일반적으로는 '전쟁범죄'라는 용어를 사용하고 있지만, 이 책에서 다루는 대부분의 사건들이 국가권력에 의해 저질러졌고, 궁극적으로는 국가 최고책임자의 지시 또는 묵인 하에 실행되었기에 '국가범죄'로 규정하였습니다.

국가란 무엇일까요? 지난 5년간 '진실·화해를 위한 과거사정리위원회(이하 진실화해위원회)'에서 민간인 학살사건을 조사하는 동안 만난 가해 측 인사들에게 국가는 신성불가침의 영역이었습니다. 이들은 국가 성립 초기나 한국전쟁 같은 위기상황에서 반대세력을 제압하는 데 따르는 희생에 대해선 책임을 물을 수 없다고 주장합니다. 이들의 주장을 따라가다 보면 어느새 국가는 권력자의 소유물이 되어 있는 것을 깨닫게 됩니다.

국가의 구체적 행위가 확인되지 않는다면, 아니 공직자들의 구체적 행위가 확인되지 않는다면 국가범죄의 실체에 대한 논쟁은 공허해집니다. 공직자의 직접 행위도 입증하지 못하면서 국가의 책임을 묻는 것이 쉽지 않기 때문인데, 이것이 곧 은폐 행위의 본질입니다. 국가범죄의 실행자들은 국가의 신성성 뒤에 숨어서 자신들의 은폐 행위가 마치 국가를 지키는 일인 양 미화하곤 합니다.

대한민국 정부는 고양 금정굴에서 180여 명이 학살당한 사실을 처음부터 알 수 있는 위치에 있었습니다. 그리고 학살이 진행되는 도중에 이를 알고 있었음이 확인되었습니다. 반면, 대부분의 희생자 가족들은 이 사실을 확인할 수 없었습니다. 단지 고양경찰서로 끌려간 사실만을 알았을 뿐이고, 금정굴에서 많은 사람들이 죽었다는 소문만 들었을 뿐입니다. 부역자들을 합법 처형한 것이라고 믿었다는 고양경찰서가 가족들에게조차 학살사실을 숨겼기 때문입니다. 유족들은 끌려간 가족이 어딘가에 살아 있을 것이라는 믿음을 위안으로 지금까지 살아왔습니다.

고양 금정굴 사건은 진실화해위원회에 의해 진실 규명이 결정된 지 4년째 접어들고 있습니다. 하지만 1995년 유족들에 의해 발굴된 유골조차 지금까지 안치되지 못하고 있습니다. 2009년 6월 지자체 선거가 끝나고 나서 고양시와 경기도 차원에서 논의가 시작되고 있습니다만 중앙정부 차원에서는 어떠한 노력도 없습니다. 유골조차 더 이상 세월을 기다리지 못하는 것 같아 안타깝기만 합니다.

고양 금정굴 사건을 비롯한 한국전쟁 전후의 민간인 학살사건에 대응하는 국가의 태도는 국민에 대한 책임성과 도덕성을 보여주는 기준입니다. 당시 소년이었던 생존자와 유족들이 칠순을 넘기고 있습니다. 이제 국가가 잘못을 돌이킬 수 있는 기회가 얼마 남지 않았습니다. 오래전부터 금정굴 사건의 유족들이 원하는 것은 최소한의 인륜적 요구라 할 수 있는 유골 봉안입니다. 그런데 이조차도 16년이 넘도록 국가와 사회에 의해 거부되어 왔습니다. 이 어처구니없는 사실 앞에 서면 사회구성원의 한 사람으로서 부끄럽기 한이 없습니다.

이 책은 진실화해위원회의 조사결과를 근본으로 하였습니다. 고양 이외의 다른 지역 피해사례와 민간인 학살에 대한 이론적 접근방법 등은 필자의 주관적 의도에 따라 정리된 것이긴 하지만 대부분은 조사결과보고서의 형식을 벗어나지 못했습니다. 그러다 보니 끝까지 읽어야 어떤 결론을 찾을 수 있는 글이 되었습니다. 독자들께는 매우 불친절한 책이 된 것 같아 죄송하게 생각합니다.

책이 출간되기까지 여러분들의 도움을 받았습니다. 주저하던 필자가 집필을 결심하게 된 첫 계기는 마임순 고양금정굴유족회장님의 격려 때문이었습니다. 물론, 진실화해위원회의 지난 활동이 어떤 형태로든 성과로 남겨져야 한다는 안병욱 진실화해위원회 전 위원장님과 김동춘 전 상임위원님의 평소 지론에 따라 틈틈이 정리해 온 자료가 뒷받침되었기에 가능한 일이었습니다. 흔쾌히 초안을 검토해 주신 이이화 선생님과 출판을 결정해 준 자리출판사 정병인 사장님께도 감사드립니다.

　이 책은 미완성의 보고서입니다. 한국전쟁 전후에 발생한 민간인 학살 사건은 모두 하나로 연결되는데, 그 수많은 연결고리들이 규명되어야만 비로소 완성되었다고 말할 수 있을 것입니다.

　진실화해위원회는 활동을 마쳤습니다. 법으로 규정되어 있는 2년의 활동 연장은 이루어지지 않았고, 후속 조직 역시 만들어지지 않았습니다. 하지만 조사는 계속될 것이고 후속 조직의 업무 역시 유족회와 시민사회단체를 중심으로 수행될 것입니다. 이 책이 지난 활동과 앞으로의 활동을 이어 주는 징검다리로 자리매김될 수 있기를 바랍니다.

　끝으로 금정굴 희생자를 비롯하여 지난 60여 년간 계속된 국가범죄 희생자들의 명복을 빌며, 국가범죄의 재발 방지와 사회 민주화를 위해 분투하시는 모든 유족과 활동가들께 존경의 인사를 올립니다.

2011년 2월
서울 목멱산 자락에서
신기철

| 차 례 |

[들어가는 말]

1.

1995년 10월, 금정굴이 열렸다.

거짓을 비웃듯, 죽은 자들의 억울함이 온갖 증거가 되어 쏟아져 나왔다. 발굴에 이어 45년간 숨겨 왔던 살아남은 자들의 기억도 쏟아져 나왔다. 강요된 망각은 오랜 세월 가슴속 깊이 새겨진 원한을 완전히 지울 수 없었다.

금정굴 발굴로 유족회가 결성된 1993년 이래 2년간의 진실 논쟁은 마침 표를 찍는 듯했다. 이제 가해자들의 양심고백이 뒤따를 차례였다. 그러나 가해자들은 스스로 입을 열지 않았다.

다시 10년이 흐른 2005년에서야 가해자인 '국가'가 자기성찰 차원의 조사를 시작했고, 2007년 국가가 저지른 전쟁범죄에 의해 고양지역의 주민들이 희생당했음이 규명되었다.

그러나 2011년 현재까지도 유골은 봉안되지 못했고, '학살' 인정을 둘러싼 싸움도 여전히 진행 중이다. 2010년 6월 고양시 금정굴 위령사업을 반대하던 기초단체장이 물러갔다. 새로 당선된 단체장은 한국전쟁 희생자들을 비롯한 분단 극복 문제에 전향적인 태도를 갖고 있다고 했으니, 희생자들에 대한 최소한의 사회적 예의는 지켜질 것으로 믿는다.

2.

2004년 경남 진주지역에 관한 조사사업에 참여했을 때였다. 중세사에 대해 과문한 탓이었겠지만, 식상한 주장보다는 이에서 약간 벗어난 주장에 눈길이 끌렸다. 논개의 출신지역에 대한 논쟁, 진주대첩을 승리로 이끌었던 김시민 장군의 죽음에 대한 기록도 새로웠지만, 가장 기억에 남는 것은 진주에서 패한 도요토미 히데요시의 '보복'에 관한 것이었다. 왜군이 정유재란으로 다시 진주를 점령하자 도요토미 히데요시는 지난 패전에 대한 보복으로 진주 읍내의 살아 있는 생명을 모두 몰살시켰다는 기록으로, 말하자면 중세의 민간인 집단학살이었다. 살려두고 더 써 먹겠다는 판단보다는 지난 패전에 대한 분풀이가 더 중요했던 모양이다. 피해자가 가해자에게 원한을 가지는 것이 아니라 가해자가 피해자에게 원한을 가지게 되는 현상은 오늘날과 너무도 비슷하다.

3.

1950년 대한민국 정부가 이런 상황을 재현했다. 한국전쟁 중에, 그것도 자국민을 상대로 수차에 걸쳐 만행을 저질렀다. 대한민국 정부는 수복한 대부분의 지역에서 무차별적 보복 학살을 자행했다. 특히 희생당한 수도권 시민들은 "국군이 반격 중이니 안심하라"고 하던 대통령의 말을 믿었던 주민들이었다. 설령 적지를 점령한 경우라 하더라도, 비록 기만수단일지언정 민간인들을 안심시키려는 것이 상식일 것이다. 하물며 점령지역도 아닌 수복지역, 그것도 3개월 전까지 대한민국 국민이었던 시민들이 무차별 학살당했다. 도대체 어떻게 이런 일이 있을 수 있단 말인가!

4.

이에 대한 답을 얻기 위해, 위험하긴 하지만 때때로 진실을 아는 데 효과적인 결과론적 질문, 즉 '학살 결과 누가 가장 큰 이익을 얻었을까?'를 생각하지 않을 수 없다.

1948년 5월 이승만 정권은 대한민국 최초의 집권세력이 되었다. 그러나 학살 수법까지 동원한 반대세력 제거 활동에도 불구하고 1950년 소수파로 전락했다. 이승만 정권은 합법적·제도적인 방법으로는 재집권이 불가능한 상황이었다. 궁지에 몰렸던 이승만 정권은 6·25 전쟁으로 다시 살아날 수 있었다. 더 정확히 표현하자면 전쟁을 계기로 정치적 반대세력이 모두 제거되었다. 이것이 이승만 정부가 전쟁을 정치적으로 이용했고 민간인 집단학살 역시 정치적으로 이용한 것이라고 의심할 만한 충분한 이유이다. 결국 민간인 학살사건이 어떻게, 왜 발생했는지 알기 위해선 국가권력의 개입 구조가 규명되어야 하는 것이다.

5.

국가 차원의 조사에도 불구하고 고양지역 전체에서 밝혀진 피해사실은 대부분 유족들의 증언 수준에 머물러 있고, 조사결과 역시 그 수준을 크게 넘지 못했다. 진실화해위원회라는 국가조직이 활동하면서 새롭게 확인한 희생자는 10여 명에 그쳤으며, 지역적 분포로 볼 때 고양지역 6개 면중 고양경찰서를 중심으로 한 중면·송포면의 희생과정이 비교적 자세히 밝혀진 반면, 한강 쪽 송포면과 벽제면·신도면·원당면·지도면 대부분은 희생자뿐 아니라 희생 경위도 극히 일부만 밝혀지는 데 그쳤다. 가해조직의 최상층부인 내무부 치안국과 최고지휘권자인 대통령에까지 이르기에는 턱없이 부족하다. 60년 전 직접 가해행위를 했던 경찰뿐 아니라 검찰도 이미 이 사건에 대해 알고 있었음이 확인되었다. 당연히 권력의 최고 위층도 알고 있었을 것이 분명하지만 그 증거는 확인하지 못했다. 안타까운 일이지만 머지않아 밝혀질 것으로 믿는다.

6.

이 글은 고양 금정굴 사건을 비롯한 민간인 학살 진실규명 투쟁의 연장선에서 쓴 것이다. 고양 금정굴 사건만으로 볼 때는 여러 차례 시도된 글이라고 할 수 있지만, 부역혐의자 희생사건의 유형으로 봤을 때는 아마 처음 정리된 글이라고 할 수 있을 것 같다.

고양 금정굴 사건에 대해 정리된 글은 1994년 김양원 당시 고양시민회장이 발간한 자료집, 1999년 강인규 고양청년회장 등을 중심으로 발간한 자료집, 2003년 이춘열 당시 고양시민회장을 중심으로 한 심포지엄 자료집, 진실화해위원회의 진실규명결정서 등이 있다. 이 글 역시 그동안의 활동 결과를 집약하려고 했지만, 저자 개인의 경험과 주관이 많이 개입되어 있음을 부인할 수 없다.

7.

이제 금정굴의 영령들이 안식처를 찾을 때가 되었다. 16년 동안 방치되었던 유골을 안치하는 일은 가해자인 국가가 가장 먼저 해야 할 최소한의 도리이다. 제발이지 국가는 선처를 베푸는 듯이 굴지 않아야 한다. 유해 안치는 범죄자인 국가가 죗값을 치르기 위해 가장 먼저 해야 할 당연한 조치일 뿐이기 때문이다.

제1장
고양 금정굴 사건의 이해

1. 개념 정리

고양 금정굴 사건은 대한민국 현대사의 공공연한 비밀이었다. 누구나 알고 있으면서도 드러내려 하지 않았고, 그래서 60년이 지난 지금도 여전히 진행 중인 사건이다.

역설적이게도 이 사건의 위령사업을 반대하는 사람들의 주장으로부터 몇 가지 개념을 정리할 수 있다.

2002년 9월 14일 〈금정굴 피학살 양민 유족회의 부당한 주장과 요구를 반박한다〉에서 "9·28 수복 후 경찰이 극렬 좌익분자 50~60명을 처형한 일은 있으나…"라고 했다.[1] 이 주장은, ① 9·28 수복 후, ② 국가기관인 고양경찰서가, ③ 비전투상황에서, ④ 인민군 점령기에 부역한 혐의를 받은 민간인을 연행한 후, ⑤ 불법 총살한 사실을 인정하는 말이다. 이것이 전형적인 '부역혐의자 희생사건'이다.

1) 부역혐의자 희생사건

고양 금정굴 사건은 '부역혐의자 희생사건'의 하나이다. 부역혐의자 희생사건이란 "한국전쟁 중 국군이 인민군 점령지를 회복하기 시작한 1950년 8월 20일경부터 전선이 38선 부근에서 고착된 1951년 3월경까지 인민군 점령지역에서 그들의 점령정책에 협조했다는 의심을 받은 민간인과 그의 가족들이 법적 절차 없이 집단적으로 살해당한 사건"을 이르는 말이다. 일부 북한지역에 종군했던 국군 수기 등의 자료에 따르면, 같은 시기의 북한지역에서도 이러한 행위가 있었음이 확인된다. 그리고 1·4 후퇴 무렵인 1950년 12월에도 인민군 점령기에 부역한 혐의를 받았던 주민들과 그 가족들이 예비검속되어 희생당했으며, 국군이 2차 수복하던 1951년 2월경 또다시 부역혐의를 받던 주민들이 희생되었다.

• 부역자

부역행위특별처리법에서 규정하고 있는 '부역자'는 "침점기간(인민군 점령기간) 중 역도에게 협력한 자"이다(제1조). 내무부 치안국은 부역자를 "공산독재의 사상을 이념적으로 공명하거나 또는 이론적으로 맹신하여 대한민국의 민주정치를 반대함은 물론 국가의 기본조직을 파괴하는 행동을 취하거나 또는 그들의 행동에 가담하여 반민족적·비인도적 행위를 감행한 자"로 정의하고 있다. 한편, 〈경찰 10년사〉에는 부역자를 "북한괴뢰의 침공으로 인한 적치 3개월간에 긍(亘)하여 적에 아부, 혹은 강압으로 부득이 부화뇌동한 자"로 규정하고 있으며, 부역행위를 "단기 4283년 6월 25일 조효(早曉) 북한 괴뢰집단의 침구(侵寇)로 인하여 발생한 범죄, 즉 대한민국을 파괴하려는 적의 만행에 가담한 행위"로 규정하고 있다. 그러나 다른 한편으로는 부역자의 개념을 인민군 점령기간으로 제한한 것을 넘어 더욱 일반화시키기도 한다.[2]

• 부역혐의자

'부역자'는 당시 사법부의 재판을 통해 부역행위를 한 '범법자'로 확인된 민간인을 말한다. 반면 '부역혐의자'는 당시 사법부에 의해 아무런 증거도 확인되지 않았지만 부역했을 것이라는 의심이 드는 민간인을 말한다. '혐의'에 대한 국어사전의 정의는 "범죄를 저지른 사실이 있으리라는 의심"을 말하며, '혐의자'는 법적으로 피의자의 신분이므로 처벌의 대상은 아니다. 따라서 부역혐의자는 당시 법률에 근거하여 "부역범죄를 저지른 사실이

있을 것이라는 의심을 받는 자"로 정의할 수 있으며, 재판을 통하지 않고
는 어떠한 처벌도 받아서는 안 되는 신분이었음을 알 수 있다.

2) 부역혐의자 재판

재판에 의한 부역자 처리 역시 학살의 범주에서 벗어나지 못한다. '국방
경비법', '비상사태하 범죄처벌에 관한 특별조치령'(이하 '비상조치령') 등에
의거하여 군법회의로 민간인을 사형 판결한 것이나, 징역형 도중 병사(病
死)하거나 또는 기아사(飢餓死)한 것 역시 학살에 다름 아니었다.

3) 국가범죄 · 전쟁범죄 · 증오범죄

사건의 본질을 이해하려면 '국가범죄'와 '전쟁범죄', '인도에 반한 죄', '증오
범죄' 등에 대한 개념을 살펴볼 필요가 있다.
작전수행 과정에서 어쩔 수 없이 민간인들에게 피해를 끼친 과실이 명
백한 행위를 '전통적 전쟁범죄(conventional war crimes)'라고 하는데, 그
중요 사례로는 전투능력을 상실한 인원에 대한 살상행위, 기만(treachery)
의 방법으로 적국민을 살상하는 행위, 무고한 민간인을 살해하는 행위, 점
령지 주민으로부터 적군 관련 정보를 강요하는 행위 등이 있다.[3]
한편, 민간인을 공격하고 있다는 사실을 인식하고도 고의로 광범위하거
나 체계적인 공격을 가하는 행위는 '인도에 반한 죄'에 해당한다. 비록 전
쟁이 중단된 상태가 아니었다고 하더라도 치안이 안정된 상황에서 고양경
찰서로 대변되는 국가에 의해 부역혐의를 받던 비무장 민간인들이 대규모
로 학살되었다면 이는 국가에 의해 저질러진 전쟁범죄로서 '인도에 반한

죄'에 해당한다.

'증오범죄(hate crime)'는 이념적 · 인종적 · 종교적 차이에 대한 증오에서 비롯한 범죄를 말한다. 겉보기에는 전쟁범죄의 한 과정으로서 전쟁범죄의 형태를 띤다. 그러나 전쟁이 끝난 후에도 지속적으로 남아 비이성적인 사회병리 현상으로 정착되는 경향이 있다.

2. 금정굴 사건과 고양지역 민간인 학살사건

이승만 정부는 인천상륙작전 후 인민군 점령지역에 대한 수복 가능성이 분명해지자 이 지역의 치안을 담당시키기 위해 국군과 함께 북진 중이던 서울 · 경기지역의 경찰을 복귀시켰다. 이들이 부여받은 첫 번째 임무는 부역자 처벌이었다. 이들은 인민위원회 간부, 인민군 환영대회 참석자, 인민군에게 식량을 제공한 주민, 인민군에게 달구지나 배 같은 수송수단을 제공한 주민들을 연행하기 시작했다.

고양지역에 복귀한 고양경찰서는 자발적으로 부역자 체포 및 연행 활동을 하던 치안대와 태극단을 개편하여 의용경찰대를 조직하고 이들의 활동을 지휘했다. 그리고 이들에게 연행된 주민들은 금정굴, 한강변, 흙구덩이, 방공호, 공동묘지 등에서 총살당했다.

진실화해위원회에서 확인한 학살사건 현장은 금정굴, 구산리 한강변, 덕이리 새벽구덩이, 성석리 귀일안골, 현천리 공동묘지, 화전리 계곡 등이다. 고양경찰서의 직접지휘 아래 부역자를 임의처단한 사건이 금정굴 사건이었으며, 그 외의 사건들은 각 지서와 치안대에 의해 저질러졌다.

금정굴 사건은 1950년 10월 6일경부터 10월 25일경까지 고양경찰서 소속 경찰관, 의용경찰대, 태극단이 주민 200여 명을 금정굴에서 총살한 사건이다.

그 외에도 구산리·대화리와 파주 산남리 인근 200여 명의 주민들이 행주나루터에서부터 이산포나루터 사이의 한강변에서 희생되었으며, 고양경찰서에 연행되었다가 나이가 어리다는 이유로 석방되었던 안종덕·안종옥 등 주민들이 '새벽구덩이'로 불렸던 덕이리의 한 흙구덩이에서 총살당했다. 성석리에서는 박상진 일가족 등 20여 명이 벽제면 치안대에 의해 옛 성석국민학교에 갇혔다가 1950년 10월 30일경 성석리 뒷골계곡 방공구덩이에서 희생되었다. 신도면 현천리 주민들은 건너말 창고에 감금되었다가 수색 방면 다락고개 부근, 현천리 공동묘지 등에서 희생당했다. 화전리 뒷산에서는 1950년 10월 30일경 지희덕 등 주민 8명이 희생당했다.

3. 강요된 망각

망각의 최대 수혜자는 국가였다. 거창양민학살사건 등 극히 일부를 제외한 대부분의 민간인 학살사건에서는 경찰이나 군이 개입한 사실이 철저히 숨겨졌다. 이러한 사실은 고양지역뿐 아니라 경기도 전역과 전국에 걸친 공통 사항이었다.

1960년대 초에 다루어진 가장 대표적인 사건으로는 경북 경주 출신의 국회의원 이협우 사건을 들 수 있다. 결국 주범들조차 5·16 군사쿠데타에 의해 면죄부를 받게 되긴 하지만, 재판 초기에 기소되었던 지서 소속의 경찰이 재판 진행 중에 피의자 명단에서 슬그머니 사라지는 것을 볼 수 있다. 그리고 국가의 개입사실이 잊혀질 즈음 다시 국가는 사건을 왜곡하고 스스로를 미화했다.

1995년 9월 '금광구뎅이' 또는 '금광굴'로 불리던 고양 금정굴 현장에서 153구의 유골, M1소총 탄피, 카빈소총 탄피, 군용통신선(일명 삐삐선), 5개의 도장을 비롯한 희생자들의 유품이 발굴되었다. 그러나 이처럼 명백한 학살의 증거 앞에서도 거짓의 이데올로기는 작동했다. 희생 경위와 희생 규모, 희생자들의 신원, 가해자의 신원 등을 둘러싸고 엉뚱한 주장이 제기된 것이다.

금정굴 사건을 고통으로 기억하는 사람들은 비단 유족만이 아니다. 그중에는 진실이 드러날까 봐 가슴 졸이는 가해자들도 포함된다. 이들이 보여주었던 반응은 일관성이 없었다. 고양지역 시민사회와 유족회가 금정굴 학살사실을 규명하자고 주장하자 이들은 처음에는 금정굴에서 유골이 나올 수 없다고 주장했다. 그러나 유골이 발굴된 후에는 그 유골이 민간인들만의 것은 아니라며 말을 바꿨다.

1993년 9월 25일 고양지역의 한 언론사 발행인은 금정굴 사건에 대해 이렇게 되물었다.

"나 자신이 이곳에 살며 6·25를 체험한 사람인데, 그와 같은 일들은 있을 수도 없다. …거창양민학살사건보다 더 엄청난 사건인데, 그것이 사실이라면 왜 지금껏 잠잠했던가?"

1995년 12월 〈한국논단〉에는 '금정굴 양민학살 주장, 그 교묘한 허위의 함정'이라는 글이 실렸다. 글쓴이는 유족회에 모인 사람들이 20여 명에 불과하다는 점을 지적하면서 왜 40여 년이 지난 지금에 와서 공개하는지 미스터리라고 했다. 이들이 자체적으로 조사한 결과 ① 우익인사 수백 명이 금정굴에서 학살당했으며, ② 극렬 좌익분자도 50여 명이 처형당했고, ③ 태극단은 90여 명을 체포하여 경찰에 인계했을 뿐 학살에 가담하지 않았다는 사실을 확인했다고 한다. 그리고 위령탑 건립은 빨갱이를 추모하는 일이며 우익을 부도덕한 존재로 공론화하는 일이라고 했다.

2002년 태극단 측이 만든 유인물 〈금정굴 피학살 양민 유족회의 부당한 주장과 요구를 반박한다〉에서는 "인민군이 패주하면서 지역의 좌익분자와 합동으로 군경 가족 및 민족진영 인사 2천여 명을 학살한 사실은 있으나, 양민 1천~2천여 명이 집단학살당했다는 것은 사실무근이며 조작에 불과하다. 9·28 서울 수복 직후 경찰이 극렬 좌익분자 50~60명을 처형한 일은 있으나, 경찰의 조사만으로 즉결처형한 데에는 당시가 전쟁 중이라는 특수상황이었음이 감안되어야 할 것이다"라고 하면서 희생자는 순수 민간인이라기보다는 극렬 좌익이었다고 주장한 바 있다.

이 글에서 사실로 보이는 것은 딱 한 가지, 유족들의 주장이 사건 당시로부터 40여 년 지났다는 것뿐이다. 이들은 "그렇게 억울하면 왜 지금까지 가만히 있었느냐? 왜 이제서야 말하는 것이냐?"고 묻고 있다. 그러나 이들의 물음은 가해자 측에 있었던 사람으로서 할 수 있는 말치고는 너무 심하다. 마치 "너희들, 지금도 제대로 말할 수 있느냐?"고 윽박지르는 듯하다. 60년 전의 반공 메커니즘이 여전히 살아 숨쉬는 지금의 이 땅에서는 섬뜩한 질문이 아닐 수 없다.

〈사회평론 길〉의 사진작가는 이렇게 말했다.

"태극단 묘지 옆 철산리 철산아파트에서 90년과 91년 이태 동안 살았던 경험이 있는 나로서는 지척에 있는 현장을 모르고 있었다는 것이 부끄러운 일이기도 했다. 분단을 주제로 하여 민미협 사람들과 〈분단 풍경〉이라는 책을 만든답시고 경의선을 찍어 대면서 그 철길 위로 금정굴에 끌려갔던 수많은 사람들의 발자국 하나조차도 찾아내지 못했으니 한심한 일이기도 했다."

이에 대해 유족들은 어떻게 생각하고 있을까?

피해자들의 자기방어 심리는 부인—회피—체념—공포 등 여러 형태로 나타난다.

1995년 153구의 유골이 발굴되기 직전까지 일부 유족들조차 자신의 가족이 희생당한 사실을 인정하지 않으려고 했다. 이북 어딘가에 살고 있겠거니 하며 죽음을 믿고 싶지 않았던 것이다. 아니면 막연히 고양경찰서에서 문산으로 가는 길 어디쯤에서 실종된 것이라고 믿고 있었다.

"고양경찰서 경찰로부터 '다른 곳으로 갔으니 더 이상 밥을 가져오지 마라'는 말을 듣고 아버지께서 돌아가셨다는 사실을 알 수 있었지만, 1995년 유골이 발굴되기 전까지 아버지가 금정굴에서 돌아가셨다고는 생각조차 못했습니다."   — 유족 고준일

"그때까지만 해도 어머니는 아버지께서 북으로 끌려간 줄만 알고 계셨습니다. 점쟁이들을 찾아다니기도 하셨지요. 금정굴 유골이 발굴되기 전까지만 해도 어머니께서는 남북이산가족 만남이 있을 때면 '서정희는 안 나오나?' 하며 TV를 지켜보시곤 했습니다."   — 유족 서정자

또 다른 유족들은 과거와의 만남을 회피함으로써 자기를 방어하고자 했다.

"아직도 마을로 돌아가지 못하고 있어요. 돌아가고 싶지도 않고요. 친척들조차 모른 척했거든요."   — 유족 이의모

"호적에는 부친께서 행방불명된 것으로 되어 있는데, 저 역시 언제 어디서 돌아가셨는지 모릅니다."   — 유족 유길자

체념하는 것 외에는 도리가 없었다는 유족들도 있다.

"경찰서에서 도시락을 받지 않자 어머니께서는 정말 죽었구나 판단하시고 더 이상 밥을 나르지 않으셨다고 합니다. 달리 어떻게 해볼 수 있는 방법이 없었습니다. 그 후로 그렇게 40년이 지나 버린 것입니다."   — 유족 심재서

대부분의 유족들은 응어리진 한을 품고 있으면서도 그것을 숨긴 채 두려움 속에서 살아가야만 했다.

"부친과 두 형을 잃고 부역자의 가족으로 갖은 수모를 당하며 응어리진 채 살아왔습니다."   — 유족 서병규

"당시의 일에 대해서는 한마디도 입 밖에 꺼낼 수 없었어요."   — 유족 유성채

"죄가 없어도 손가락질 받으며 살았어요. 그곳에서 돌아가셨다고 하면 일단 오열분자로 보았으니까요."   — 유족 이병순

수색리 희생자 김순동의 아들 김용성은 고등학생이었던 1962년이 되어서야 부친의 죽음을 알게 되었다. 함께 연행되었다가 풀려난 부친의 친구

로부터 당시 고양경찰서로 끌려간 사람들이 모두 죽임을 당했다는 말을 듣고서야 부친이 금정굴에서 희생당한 사실을 알게 되었던 것이다. 김용성은 행여 자식들에게 피해가 갈까 봐 지금까지도 적극적으로 나서지 못하고 있다고 한다. 이처럼 한과 두려움의 이중고를 안고 살아가는 사람들은 한둘이 아니다.

"아버님은 처자식을 잃고 정신을 놓으셨고, 형수와 조카들은 이 마을에서 살 수가 없어 다른 마을로 이사를 했습니다. 저는 남들 모르게 금정굴을 수시로 찾아갔습니다."　　　　　　　　　— 유족 이한섭

"어떻게 할 도리가 없었습니다. 숨도 크게 쉬지 못하는 분위기에서 빨갱이 가족이라는 누명만 더해질 게 뻔했으니까요."
　　　　　　　　　　　　　　　　　　　　　　　— 유족 심기호

"그때 당시에는 설령 시신이 동네 어귀에 있다 해도 수습하러 갈 엄두도 못 냈어요. 쏴 죽여서 한강에 띄웠다는 이야기도 떠돌았고…. 당시로서는 그러려니 하면서 참고 살 수밖에 없었어요. 그렇게 40년 세월이 흐른 겁니다. (평화공원에 대해) '저건 빨갱이 공원이야'라고 할까 봐 염려됩니다."　　　　　　　　　— 유족 김상길

피해사실을 전혀 모른 채 살아온 유족도 있었다. 사건 당시 4세였던 유족 박화송은 그 후 재가한 모친을 따라 성을 바꾸고 살아야 했다. 군 입대를 앞두고서야 자신의 호적이 없다는 사실을 알고 새로 만들게 되었는데, 이때 비로소 부친과 삼촌의 사망 경위를 알게 되었다.

유족들이 40여 년의 기나긴 억압에서 벗어나게 된 것은 우리 사회의 민주화 물결에 편승해서였다. 서병규 전 유족회장은 언론과의 인터뷰에서 "이 문제를 매스컴에 알려야겠다고 마음을 먹은 것은 문민정부가 들어서고부터였다"고 했다. 문민정부라고 불린 김영삼 정부 들어서야 비로소 '이제는 말할 수 있는' 사건으로 여기게 된 것이다.

4. 기억 회복

1) 출발

강요된 망각을 뚫고 나온 최초의 기억은 지역 시민단체 대표에 의해서였다. 1990년 6월 고양시민회 회장이었던 김양원은 어려서부터 살던 덕이리 마을의 내력을 찾아가던 중 한국전쟁 당시 벌어진 학살사건을 알게 되었다. 처음에는 거의 괴담 수준이었지만 그는 이 내용을 덕이리 할미마을의 이름을 딴 〈할미지〉라는 책자에 담아 배포하게 되었다. 김양원은 1991년 할미마을 체육대회에서 이를 배포하던 중 행사 주최 측과의 갈등으로 배포를 중단해야 했다. 이때부터 의혹은 더욱 커졌고, 유족들을 수소문하여 만나는 등 본격적인 조사에 착수하게 되었다.

1993년 3월 처음 발행된 〈고양 금정굴 양민학살사건 진상보고서〉에서 김양원이 술회한 당시의 기억을 바탕으로 사건을 재구성해 보자.

고즈넉한 산 아래, 조금은 외딴 곳에 자리 잡은 집 한 채가 있었다.
이웃 마을 친구인 재균이는 그 집에 대해 어른들로부터 들은 이야기를 우리에게 전해 주곤 했다.

"저 집에는 밤만 되면 다리도 없이 하얀 소복을 입은 정규 엄마가 소리 없이 다녀간대."

그러면 우리는 공포감에 질려 되물었다.

"왜 소복 입은 정규 엄마가 다녀가는데?"

"원래 저 집엔 정규 엄마랑 정규가 살았는데, 엄마가 어린 정규만 두고 죽었대. 엄마는 다리 없는 귀신이 되어서도 어린 아들이 걱정되어 밤이면 밤마다 집에 와서 아들을 보고 간다는 거야."

당시 극우단체에서 활동한 김모 씨로부터 들은 바에 의하면, 그 집과 그 마을의 피해 내역은 눈물 없이 들을 수 없는 참상 그 자체였다.

정규 아버지는 부역자로 몰렸다.

가해자는 같은 집안의 치안대 소속 최모 씨였는데, 근동에 보기 드문 악질이었다. 정규 아버지는 치안대 등 우익단체에 끌려가 온갖 고문과 구타를 당한 끝에 혼자 걸을 수조차 없는 지경이 되었고, 그 와중에도 사람들과 함께 줄줄이 엮여 신작로를 따라 개처럼 끌려가서는 고양경찰서에 넘겨졌다. 그러고는 결국 재판도 없이 금정굴의 원혼이 되고 말았다.

정규 아버지가 죽고 나자 일단의 가해자들은 정규네 집에 들이닥쳐 이불과 옷, 심지어 솥과 수저까지 탈취해 갔다. 정규 어머니는 남편이 억울하고 참혹하게 죽은 것만도 억장이 무너지는데 거기에 더해 최소한의 생활 기반마저 잃게 되자 심화를 끓이며 시름시름 앓다가 얼마 후 어린 아들만 남긴 채 죽었다.

그렇게 살벌하고 일가친척마저 믿지 못하는 세태에 홀로 남겨진 아들이 걱정되어 죽은 엄마의 넋은 구천을 떠돌다가 밤이면 하얀 소복 차림으로 내려와서는 아들을 살펴보고 간다는, 마치 '전설의 고향'과도 같은 이야기가 전해지게 되었던 것이다.

2) 유족회와 진상규명위원회의 결성

1993년 8월 28일 고양시민회, 농민회, 전교조, 항공대 총학생회, 용마피혁노동조합 등 5개 단체가 '금정굴 사건 진상규명위원회'를 발족하게 되었다. 한편 유족들은 1993년 9월 6일 '고양 금정굴 사건 희생자 유족회'를 결성하고 회장에 서병규, 총무에 마임순을 선임했다. 이들은 고양시·청와대·경찰청 등을 방문하며 금정굴 사건의 진상조사를 요구하는 청원서를 제출했다.

1993년 9월 25일 고양지역의 시민단체인 고양시민회(당시 회장 김양원) 등 지역 시민사회와 유족들이 제1회 희생자합동위령제를 열었고, 이를 계기로 지속적인 진실규명 활동을 펼쳐 나가게 되었다.

3) 금정굴 발굴

1995년 9월 유족들의 모금으로 금정굴을 발굴한 결과 153명 이상으로 추정되는 유골 및 유품이 나왔다. 유골은 그해 11월 서울대 의대 법의학교실로 옮겨져 2010년 현재까지도 임시 보관되어 있는 상태이다.

1995년 9월 25일 유골 발굴 당시 고양경찰서는 "괜히 골치 아픈 일만 만든다"며 발굴작업을 못하게 하려고 했다.[4]

4) 진실규명 노력

1993년 9월 22일 유족들은 사건의 진실을 규명해 달라며 국회에 청원했다. 그러나 이 청원은 14대 국회의원 임기만료로 1996년 5월 29일 자동 폐기되었다.

유족회는 1997년 4월 13일 경기도의회에 '금정굴 양민학살 진상조사를 위한 특별위원회 구성' 청원서를 제출했다. 그러나 1997년 11월 20일 부결되어 1998년 10월 14일 다시 청원을 했다. 이번에는 가결되었다. 경기도의회는 "고양시 일산 금정굴 양민학살사건 진상조사 및 희생자 명예회복 등에 관한 청원의 효율적 심사"를 목적으로 '고양시일산금정굴사건진상조사특별위원회'를 구성하여 1999년 2월 10일부터 1999년 12월 31일까지 활동했다. 이상락·나진택·문병옥 도의원 등을 중심으로 한 이 위원회는 7월 2일 금정굴 현장을 방문했고, 10월 14일 태극단원 이장복·이기호·이순창·이장성의 진술을 청취했으며, 10월 15일 희생자 유족 서병규·마임순·이병순·이경순·김양원의 진술을 청취했다.

고양시의회에서는 2000년 12월 9일 '금정굴 희생자 위령사업 시행촉구' 청원이 있었다. 이에 따라 12월 22일에 청원심사특별위원회가 구성되었으나 활동기간 1년 6개월 동안 세 차례 회의하는 데 그치고 말았다.

2002년 9월 14일 고양시의원 32명 중 22명이 발의한 '금정굴 위령사업 촉구결의안'이 무기명 비밀투표에 부쳐졌는데 찬성 10, 반대 18로 부결되었다. 부결된 이유는 발의안에 서명했던 12명의 시의원이 입장을 바꿨기 때문이었다. 당시 시의회 밖에서는 상이군경회·전몰군경유족회·전몰군경미망인회·무공수훈회·태극단전우회·재향군인회 등 6개 관변단체가 이 결의안에 반대하는 집회를 벌이고 있었다. 당시 이들이 붙인 공고문에는

발굴된 유골의 일부. 1995년 10월, 발굴된 153구의 유골이 온 산을 뒤덮었
다.

"몇몇 빨갱이 같은 시의원에 의하여 발의된 금정굴 희생자 위령사업 촉구
결의문 통과를 목숨 걸고 저지합시다. 여기서 무너지면 국가유공자가 설
자리는 없습니다. 전 회원님들은 동참하십시오"라고 적혀 있었다.

　　길종성 의원 등 21명이 제안한 '금정굴 희생자 위령사업 촉구 결의문'(수
정안) 전문은 다음과 같다.

　　1950년 9·28 수복 후 탄현마을 뒷산 금정굴에서 고양군 전역에서 끌
　　려온 수많은 사람들이 부역자를 처단한다는 명분 하에 재판이나 최

소한의 법적 절차도 없이 죽임을 당하는 사건이 일어났습니다.

이후 50여 년 동안 유족들은 가족을 잃은 슬픔을 토로조차 하지 못한 채 부역자 가족이라는 부당한 시선에 숨죽이고 살아왔으며 가슴에 깊은 상처와 아픔을 갖고 있습니다.

이는 6·25 한국전쟁이 낳은 현대사의 비극이며 후손들이 해결해야 할 역사적 과제입니다. 이제 남북정상회담이 열리고 남북한 간에도 화해와 협력의 기운이 일고 있는 요즘 특히 통일한국의 거점도시가 될 고양시에서 '금정굴 사건'은 의미 있는 과제를 남기고 있습니다.

1993년 금정굴 문제가 제기되고, 1995년 유족들의 자체 모금으로 수많은 유골들이 발굴되었으나 안치도 되지 못한 채 대학 연구실에 보관되어 있습니다. 1999년 유족들의 노력으로 경기도의회에서는 금정굴사건진상조사위원회를 구성하여 고양 금정굴 사건에 대해 '위령사업' 시행을 결의하고 예산 지원을 약속한 바 있습니다. 그러나 고양시에서는 경기도에 위령사업 시행 불가를 통보하여 유족의 가슴에 다시 한 번 깊은 상처를 남겼습니다.

타 지역의 사례를 보면, 경남 산청군, 전남 화순군, 전남 함평군, 경북 문경시 등에서는 의회가 앞장서서 진상조사 및 위령사업 지원을 통해 비극적 역사에 대한 화해를 시도하고 있습니다.

이제 고양시에서는 통일한국의 거점도시로서의 자긍심을 가지고 죽어간 이들의 넋을 위로하고 유족들의 무거운 짐을 함께 나누어 다시는 이런 비극이 되풀이되지 않도록 노력해야 할 때입니다.

금정굴 사건의 진상규명과 희생자들의 명예회복을 위한 특별법 제정을 국회와 중앙정부에 건의하기로 하고 인도주의적 차원에서 희생자 위령사업을 하는 것이 지방자치단체의 역할일 것입니다.

이제 우리 제4대 고양시의회 의원들은 고양시 집행부에 대해 금정굴 희생자와 한국전쟁으로 희생된 분들에 대해서도 하루빨리 위령사업에 나서줄 것을 강력하게 촉구하고, 조속한 실행을 위해 노력할 것을 결의합니다.[5]

5) 국제적 관심

유골 발굴과 함께 금정굴 사건은 국제적인 관심사가 되고 있다.

2000년 8월 휫 허치슨(Whit Hutchison) 등 전민특위 국제조사단이 금정굴을 방문했고, 2009년 4월 27일 시카고대학의 마이클 가이어(Michael Geyer) 교수가 금정굴 방문했으며, 2009년 9월 3일 〈인터내셔널 헤럴드 트리뷴〉지에 기사화되었다.[6]

5. 객관적 사실

1) 유해 발굴

발굴된 유골은 1995년 11월 16일 서울대병원 법의학과 이윤성 교수에 의해 감정되었다. 그 결과는 1996년 4월 6일 중간보고서에 이어 1998년 본보고서에 공개되었다. 감정 결과 오른쪽 대퇴골 153개, 왼쪽 대퇴골 137개, 오른쪽 상완골 136개, 왼쪽 상완골 133개, 오른쪽 쇄골 118개, 왼쪽 쇄골 129개, 머리뼈 74개이므로 희생자의 총수는 최소한 153명 이상일 것으로 추정되었다. 발굴된 총 74개의 머리뼈 중 70개의 머리뼈를 대상으로 유전자 검사를 시행한 결과 남성의 것이 60개, 여성의 것이 8개, 불명 2개로 나타났으므로 전체 희생자의 10% 이상이 여자일 것으로 추정되었다. 그리고 골완성이 끝나지 않은 쇄골이 하나 발견되었고 대퇴골 머리의 융합이 이루어지지 않은 경우도 발견되어 최소한 10대의 희생자가 적어도 한 명 이상은 있었던 것으로 추정된다.[7]

유품으로는 서병욱의 것으로 추정되는 한성상업중학교 교복단추, 박중원·이병희·박동수·심상신·이영희의 도장, 여성의 것으로 확인된 댕기머리, 회중시계가 발굴되어 금정굴에서 한국전쟁 기간 중 집단총살 사실이 존재했음을 증명했다. 그리고 희생자들 일부의 신원이 확인되었다. 또한 유품들을 통해 이 유해가 본 사건 관련 희생자들의 것임을 알 수 있다. 서울대 법의학교실의 이윤성 교수는 발굴된 유골 및 유품으로 보아 일정한 시기 동안 동일한 방법에 의해 민간인들이 희생된 결과로 판단된다고 했다.

유골의 부패 정도가 비슷하고, 탄피의 대부분은 M1소총의 것이었으며, 카빈소총의 탄피도 일부 있었다. 그 밖의 유품으로 거울·구두주걱·안약병·단추·담뱃대·담배파이프·신발·옷가지·비녀가 있었다. 희생자의 손목을 묶었던 군용통신선(삐삐선)은 8자형 140개, 88자형 10개를 확인했다. M1 탄피 149개, 클립상태 1뭉치, 불발 총탄 1개, 카빈 탄피 22개, M1 탄두 7개, 카빈 탄두 3개가 있었다.

발굴된 유골을 감정한 결과, DNA 감식이 가능하긴 하나 유골 조각이 수천 개이므로 이들을 모두 확인하는 데에는 시간과 비용이 많이 들며, 이에 비해 개인별 희생자 신원의 확인 가능성은 낮은 것으로 결론 내렸다. 유골은 항온·항습이 안 되어서 점차 부식이 되므로 빠른 조치가 필요한 상태였다.

〈한성상업중학교 교복단추〉　　〈이병희 인영〉　　　〈박중원 인영〉

2) 경기도의회의 노력

　2000년 경기도의회는 "금정굴 사건은 9·28 수복 후 당시 경기도 고양군의 금정굴이라는 수직 폐광굴에서 부역자 처벌이라는 명분 하에 경찰의 주도로 최소 160명 이상의 인명이 죽임을 당한 사건"으로 규정했다. 구체적으로 ① 고양경찰서 이무영 서장 휘하의 경찰조직이 사건을 주도 또는 적극 개입했다는 사실을 인정할 수 있고, ② 치안대·태극단 등의 민간치안조직이 금정굴 사건에 가담했는지의 진위 여부는 차후 더욱 정확한 진상규명이 필요하다고 사료되며, ③ 금정굴 사건이 그 당시에 존재했던 관련 법령에 따르지 않았다는 사실에 대해 어떤 상반된 주장도 제기되지 않으므로 금정굴 사건은 적법 절차를 따르지 않았으며, ④ 희생자들은 민간인들이 전부 또는 대부분인 것으로 본다고 밝혔다. 이와 함께 미발굴 유해를 조속히 발굴할 것과 발굴된 유해를 일정한 장소에 공동안장하고 위령탑을 건립할 것을 건의했다.[8]

3) 고양시의회의 노력

2003년 12월 고양시의회에서 통과된 발굴예비조사 예산에 의해 '금정굴 시굴조사 및 보존계획'이 발주되어 충북대학교 중원문화연구소 유해발굴센터(책임조사원 박선주 충북대 교수)가 용역 업무를 수행했다. 위 유해발굴센터는 유해 재발굴 등 시굴조사를 목적으로 2005년 7월 21일부터 9월 21일까지 조사했다. 그 결과 ① 정식 재발굴조사는 필요하지 않으나 굴 보존공사 때 남벽에 대해 1~2m 깊이의 확인조사가 필요하고, ② 금정굴에 대하여 임시 보존대책과 장기적인 보존대책이 필요하며, ③ 금정굴 주변지역은 탄현근린공원 조성계획과 연계하여 '고양평화공원'으로 조성하며, 조성계획 시에 고양시의 역사적 유물 등과 함께 전시되는 것이 바람직하고, ④ 유해는 더 이상 손상되기 전에 인류학적인 조사를 실시하고 진상규명 후 유족들의 의견을 수렴하여 영구 안치하는 것이 바람직하다고 결론을 내렸다.[9]

4) 판결문과 형사사건기록

1950년 12월 22일 의용경찰대 조병세·이경하 등에 대해 인민군 점령기 부역활동을 하다가 9·28 수복 후 일부 주민을 무고하여 학살당하게 한 죄로 사형 등에 처한다는 판결문이 발견되었다. 그리고 이 사건과 관련하여 고양경찰서 의용경찰대원 27명이 1950년 11월 2일 군·검·경 합동수사본부에 연행되어 조사를 받았다는 형사사건기록이 발견되었다.[10]

제2장
사건의 배경

1. 해방 후 정치상황과 민간인 학살

1) 정치상황과 국가보안법 제정

미군정은 1946년 5월 '조선정판사 위조지폐사건'을 기점으로 점령정책에 저항한 좌익 및 여타 정치세력을 탄압·배제하기 시작했으며, 같은 해 9월 '공산당 불법화 선언'을 했다. 그 결과 이에 대한 저항으로 9월 총파업, 대구 10월사건 등이 발생하게 되었다.

그 후 1947년 7월 여운형 피살사건, 같은 해 12월 한민당 정치부장 장덕수 피살사건이 발생했으며 1948년 단독정부 수립과정에서도 많은 정치세력들이 희생을 당했다. 1948년 10월 19일 여수에 주둔하던 국군 제14연대의 봉기가 있었고, 1948년 12월 21일 이승만 정권은 우익단체원들 200만 명을 통합하여 대한청년단을 출범시키고 이를 권력유지의 정치적·물리적 기반으로 삼았다.

단독정부 수립 직후 이승만 정부는 1948년 12월 1일 법률 제10호로 국가보안법을 제정하여 11만 명이 넘는 정치적 반대세력을 체포했다.[11] 형법이 1953년 9월 18일에 제정된 것과 비교해 보면, 이승만 정부가 형법보다 국가보안법을 먼저 제정한 이유가 정치적 목적에 있었음을 짐작할 수 있다. 그리고 정부는 석방된 국가보안법 위반 전과자들 대부분을 전향시켜 1949년 '국민보도연맹'을 결성하기에 이르렀다. 고양지역에서도 해방정국에서 좌익활동 경력이 있는 주민들이 체포당한 후 전향하여 국민보도연맹에 가입한 경우가 있었으며, 좌익운동 탈퇴선언을 하고 보도연맹에 가입한 사람들도 있었음이 확인된다.[12]

국가보안법의 가장 큰 문제점은 입증 가능한 행위를 처벌하는 것이 아니라 어떤 단체에 소속되어 있다는 것만으로 내심(內心), 즉 범죄의도를 추정하여 처벌하는 데 있었다. 국가보안법 제1조는 "국헌을 위배하여 정부를 참칭하거나 그에 부수하여 국가를 변란할 목적으로 결사 또는 집단을 구성한 자"를 처벌한다고 되어 있다. 그 구체적 대상으로 제1조 3항은 "그 정(情)을 알고 결사 또는 집단에 가입한 자는 3년 이하의 징역에 처한다"라고 규정하고 있다. 결국 사법부가 어느 정당 또는 대중단체가 북한 정권과 관련성이 있다고 판단하기만 하면 그 정당 또는 대중단체의 구성원이라는 이유만으로 "그 정을 안다"는 '혐의'를 받게 되는 것이다. 그리고 이는 전쟁 발발 후 인민군에게 점령당한 지역에 남아 있던 주민들 모두가 국가보안법 위반 혐의를 받게 되는 결과를 낳았다.

그런데 이 법조차도 부족했던지 이승만 정부는 1949년 12월 19일 대폭 개정된 새로운 국가보안법을 내놓았다. 개정법은 더욱 가혹했다. 일부 국회의원들은 이 법이 일제강점기 '치안유지법'에 해당한다고 비판했다. 그 내용은 ① 정부를 참칭한 결사(조선민주주의인민공화국) 구성원 처벌에 그치지 않고 이를 지원하는 결사(노동조합 또는 농민조합 등)와 '지원결사를 지원하는 결사'까지도 처벌하며(제1조, 제2조, 제3조), ② 형벌을 사형으로까지 확대하고, ③ 미수죄도 처벌하며, ④ 단심제로 항소권을 인정하지 않고, ⑤ 형의 선고를 유예하여 보도구속을 집행해서 그 기간이 종료된 뒤 2년이 경과되면 면소로 간주한다는 것이었다. 다행히 이 개정안은 시행되지 않았는데, 그 이유는 시행일을 정하는 대통령령이 제정되지 않았기 때문이었다.[13]

1950년 5월 국가보안법 3차 개정안이 통과, 시행되었다. 3차 개정안은 2차 개정안 중 단심제를 폐지한 것으로 그나마 2차에 비해 완화된 것이었다. 그런데 1950년 2월 서울지검 공안검사 오제도·이주영·선우종원·정

국민보도연맹원증. 인적사항과 강령, 주의사항 등이 기재되어 있다. [출처 : 가려진 역사 밝혀낸 진실]

희택·신재식 등 5명 전원은 "국가보안법 위반자에 대해 단심제를 시행해야 좌익의 옥중투쟁(항소)을 막을 수 있으며, 이에 따라 겁을 먹고 자수를 하도록 유도할 수 있어 범죄를 예방할 수 있다. 따라서 3심제는 현실을 파악하지 못하는 것이고 좌익의 선동과 파괴를 방지할 수 없으므로 반대한다"는 취지의 결의문을 제출했다. 당시 공안검사들이 단심제를 관철하지 못한 것은 결국 인권옹호에 대한 당시 법조계 전반의 주장이 승리한 결과였다고 볼 수 있다.[14] 그러나 2차 개정안 중 핵심 내용인 '사형 적용', '단심제 판결'은 6·25 전쟁 발발 직후 '비상사태하 범죄처벌에 관한 특별조치령'으로 부활했다.

국가보안법에 의한 피해도 컸지만, 그와 상관없이 전국 곳곳에서는 이미 수많은 정치적 학살사건이 일어나고 있었고, 빨치산을 토벌한다는 명분 아래 비무장 민간인들에 대한 집단학살이 공공연히 자행되었던 것이다.

2) 한국전쟁 전 정치적 학살

미군정과 친일반민족세력들은 정치적 반대세력 제거를 위해 미군정 초기부터 다양한 시도를 했다. 이들은 정치적 해결방안들이 혼란에 빠지면서 점차 고문 · 테러 · 암살뿐 아니라 집단학살의 방법까지 동원했다. 이 사건들은 흔히 대한청년단 등 우익청년단체들이 저지른 것으로 알려져 있으나 진실화해위원회에 접수된 사건들을 전국적으로 조사한 결과, 대부분은 경찰조직에 의해 자행된 것이었음이 확인되었다. 사건의 형태는 정치적 활동인 시위 또는 집회 중 사살되는 경우, 집회 등에 참가했다는 이유로 경찰서에 연행되어 학살당한 경우가 많았다. 희생 장소는 거의 지서 등 경찰조직이 위치해 있던 곳 인근이었는데, 이 점이 '군경토벌 희생사건'과의 차이점이다.

이미 잘 알려져 있는 정치적 학살사건은 주로 서울 · 경기 등 도심에서 벌어진 것들이지만 실제로는 이런 일들이 전국적으로 벌어졌다. 당시 발생한 대표적 사건을 발생연도와 지역별로 구분하여 정리하자면 다음과 같다.

• 1946년

전남 해남에서는 화산면 용덕리 강문복 등이 해남 추수봉기(1946년 11월 11일) 직후인 11월 17일 용덕리 집에 있던 중 마을에 온 충남부대에 의해 동네 야산에서 사살되었다.

• 1947년

1947년 3·1절을 맞아 남산에서 행사를 치른 좌익계열 단체와 서울운동장에서 행사를 치른 우익계열 단체가 남대문에서 충돌하여 6명이 총상을 당하고 2명이 사망했다. 당시 언론에서 확인한 정황과 목격자 증언으로 보아 우익과 경찰에 의한 테러로 판단되나 법정에서는 규명되지 않았다. 같은 날 언론은 경향 각지에서 38명이 사망했다고 보도했다. 부산에서는 경찰 발포로 7명이 사망했고 16명이 중상을 당했다. 정읍에서도 경찰 발포로 1명이 사망하고 1명이 부상당했다. 영암에서는 경찰 발포로 2명이 사망하고 5명이 부상당했다. 제주도에서는 경찰 발포로 민전 측 6명이 사망하고 8명이 부상당했다.

1947년 4월 20일 정진용 테러살해사건이 발생했다. 경찰 70여 명이 남산 대한민청 본부를 습격하여 정진용으로 밝혀진 사체 1구와 부상자 10여 명을 발견했다. 사체에는 고문 흔적이 있었고, 김두한 등 32명이 체포되었다.

1947년 7월 19일 경찰은 여운형이 평양 반공비밀결사 '건국단'의 지령을 받은 한지근과 공범 신동운에 의해 저격당했다고 발표했다. 12월 2일 한민당 정치부장 장덕수는 자택에서 정복경찰관 박광옥과 배희범 등 2명이 쏜 카빈총에 희생당했다. 경찰은 김구를 배후세력이라며 공격했다.

전남 완도에서는 1947년 5월 1일 신지면 가인리 모래사장에서 메이데이 집회 후 행진하던 시위대에게 완도경찰서가 발포하여 신지면 월양리 이양동 등 여러 주민이 학살당했다. 이양동은 경찰의 발포로 총상을 입고 그 후유증으로 그해 10월 9일 사망했다. 같은 마을 임태엽(여)은 메이데이 집회 참석 후 경찰을 피해 산으로 도망간 아들 김여성의 밥을 해 나르다가 신지면 월양리 뒷산에서 경찰에게 사살되었다. 같은 마을 문석근은 완도경찰서로 이송되어 구금 중 경찰의 고문으로 1947년 5월 11일 사망했다. 신지면 신상리 허길현은 군외면 원동항에서 체포되어 1948년 6월 17일 군외면 원동리 공동묘지에서 경찰에게 사살되었으며, 신지면 월양리 김월출·이강오는 메이데이 집회 참석 후 마을에서 체포되었다가 1948년 12월 21일 신지면 독구재에서 경찰에 의해 사살되었다. 신지면 동고리 김상관·이왕열도 메이데이 집회에 참석 후 체포되어 1948년 12월 22일 약산면 장용리 천동나루터에서 경찰에게 사살되었다. 신지면 동고리 김현욱 등은 완도경찰서에 이미 수감 중이던 차세경과 함께 1949년 3월 23일 군외면 불목리 뒷산에서 경찰에게 사살되었다.

해남 계곡면 법곡리 오종오·오종대 형제는 1946년 11월 11일 추수봉기에 가담한 경력이 있었는데, 오종대는 1947년 초 경찰에 끌려간 후 사살되었고, 오종오는 1947년 5월 3일 야간 경비를 보다가 마을 사람들과 함께 자고 있던 중 갑자기 들이닥친 경찰에 의해 친척 오종권과 함께 끌려가 마을 옆 청룡잿등에서 사살되었다.

경북지역에서는 구미(당시 선산군) 도개면 신림리 전길상이 1947년 8월 5일 7~8명의 마을 청년들과 함께 모임을 하던 중 이들을 체포하려는 경찰의 발포로 사망했다.

경남 거제에서는 1947년 8월 19일 보리공출에 항의하는 집회에 300여 명의 주민과 함께 참석한 연초면 다공리 김숙민·신달호, 명동리 윤병재가 경찰의 발포로 사망했다.

창녕에서는 도천면 도천리 신용규가 1947년 7월 10일경 창녕경찰서로 연행되어 심한 고문을 당한 후 풀려났으나 채 일주일도 지나지 않은 7월 22일 그 후유증으로 사망했다.

• 1948년

서울에서 1948년 1월 27일 박성근 고문치사사건이 발생했다. 경찰은 1월 24일에 발생한 장택상 저격사건의 용의자로 함북 무산 출신의 박성근을 체포했다. 박성근은 3일 후 노덕술의 고문에 의해 목숨을 잃었다.

전북 임실에서는 1948년 10월 경찰이 임실읍 주민 박세열과 박훈을 좌익활동 혐의로 연행하여 임실경찰서에 구금했다가 12월 1일경 총살했다. 같은 시기 청웅면 석두리와 남산리 주민 백길동 등 20여 명도 임실경찰서에 의해 총살되었다.

전남 목포에서는 주민 백경조가 1948년 12월 5일 목포경찰서 사찰계 형사들에게 연행된 뒤 목포대학교 운동장으로 끌려가 희생당했다. 보성에서는 겸백면 수남리 이병규가 1948년 9월경 좌익활동에 가담했다는 혐의를 받고 겸백지서에 끌려간 뒤 타살당했다. 완도 신지면 신상리 김재열은 좌익을 도왔다는 이유로 체포되었다가 1948년 10월 2일 신지면 강독리 신지대교 밑 바다에 경찰에 의해 수장되었으며, 신지면 월양리 김현필 역시 같은 이유로 11월 10일경 같은 장소에서 수장되었다. 신지면 신상리 이휴용은 12월 17일 신지면 독구재에서 경찰에게 사살되었다.

경북 영천에서는 고경면 창하리 이은기가 10월사건 관련자라는 이유로 경찰서에 수감된 형 이승기를 구명하기 위해 영천과 대구의 경찰서를 드나들다가 1948년 가을에 대구경찰서로 잡혀간 뒤 행방불명되었으며, 고경면 오류동 김수일은 1948년 어느 날 단포역에서 불온서적을 갖고 있다가 경찰에게 발각되어 화북면 상송리 뒷산으로 끌려가 사살되었다.

부산에서는 영도에 거주하던 홍춘사가 1948년 10월 자택에서 경찰에 연행된 후 희생되었다.

울산 방어진읍 방어리 황학림·최복 등 10여 명의 주민들은 1948년 8월

10일 경찰에 연행되어 방어진의용소방대 사무실에 구금되었다가 함께 갇혀 있던 주민들과 함께 방어진 어협 소속 배에 실려 가서는 방어진 부근의 큰 섬 근처에서 총격 후 바다에 수장되었다.

• 1949년

서울에서 1949년 6월 26일 김구 암살사건이 발생했다.

전북 순창에서는 1949년 10월 순창읍 순화리 주민 박창휴와 적성면 내월리 주민 양관영이 순창경찰서에 의해 팔덕면 덕천리 히여태재에서 총살되었다.

임실에서는 1949년 3월경 남산리 주민 전상우 등 3명이 임실경찰서에 구금되었다가 총살 혹은 행방불명되었다.

전남 광산군 삼도면 대산리 장진숙은 1949년 7월 7일 대산출장소로 끌려가 사살되었으며, 삼도면 장록리 김상인은 10월 14일 좌익혐의자로 몰려 광산경찰서 경찰에게 희생되었다. 평동면 지죽리 김봉석은 9월 28일 평동지서 경찰에게 연행되어 희생당했으며, 효지면 행암리 윤영철은 3월 24일 좌익혐의로 광주경찰서 경찰에게 사살되었다.

함평에서는 함평읍 옥산리 문영수가 1949년 8월 5일 거주지에서 함평경찰서 사찰계 경찰 최병남에게 연행되어 함평읍 수호리에서 피살되었으며, 월야면 예덕리 조동선은 9월 6일 장성군 삼서면 삼서지서에서 고문으로 사망했다.

경북 포항에서는 구룡포읍 강사리 서병환이 우익단체에 가입하지 않는다는 이유로 대보지서로 연행되었다가 1949년 3월 14일 인근 솔백에서 총살당했다.

경남 마산에서는 두척동 최병용·최병권·김두석이 1949년 8월 초순 마

울산 중부경찰서에서 발견된 울산 국민보도연맹 사건 '좌익계열자 명부' 표지[출처 : 진실화해위원회 2007년 하반기 조사보고서]

산경찰서 경찰에게 연행되었다가 8월 31일에 경찰에 의해 살해당했는데, 최병용의 시신은 마을 앞산에서 수습되었으나 최병권·김두석의 시신은 수습되지 않았다. 진동면 마산삼진중학교 교사였던 도은태가 10월 7일 진북지서에서 조사를 받던 중 경찰의 구타와 고문에 의하여 살해당했다.

진주에서는 1949년 9월14일 부산에서 교사로 있던 김한경이 진주경찰서에 연행된 후 희생되었다.

부산에서는 정관면 달산리 방천득이 1949년 8월 18일 기장면 기룡리 하
근부락 산에서 신원을 알 수 없는 주민 1명과 함께 경찰에 의해 총살당했
으며, 같은 시기 방기문도 경남도청에 출근한 후 경찰에 연행되어 희생된
것으로 추정된다.

울산에서는 지역사회에서 지도적 역할을 하던 장두길이 1949년 3월 2일
울산읍 옥동의 울산제일중학교 근처에 위치한 사무실로 추정되는 곳에서
여러 명과 함께 총에 맞아 죽은 채 발견되었다.

• 1950년

진주에서는 판문동 강재복이 1950년 3월경 진주경찰서에 의해 연행되
어 희생당했다.

3) 한국전쟁 전 군경토벌에 의한 학살

정치적 학살사건이 주로 도시지역을 중심으로 벌어진 반면, 산간지역에
서는 빨치산 토벌을 명분으로 한 대규모 민간학살이 자행되었다. 비록 주
변 산이 크거나 깊지 않더라도 빨치산이 이동하는 길목에 있는 마을이라
면 예외 없이 피해를 당했다. 가해자들은 빨치산 토벌에 동원된 경찰과 향
토사단 소속의 국군이었다.

흔히 한국전쟁이 발발하기 이전의 빨치산 토벌 시기를 1948년 말부터
1950년 3월까지로 보는데, 이는 곧 이승만 단독정권의 출범 시기와 일치하
며 국가보안법의 제정·적용 시기와도 일치한다. 즉, 경찰국가 초기의 이
승만 정부가 단독정부 수립을 반대하던 민중을 폭력으로 진압했던 시기
로 볼 수 있다.

경찰의 빨치산 토벌은 지리산지구전투경찰대, 태백산지구전투경찰대에 의해 진행되었다. 당시 발생한 대표적인 학살사건을 연도별, 발생 장소별로 정리하면 다음과 같다.

• 1947년

경북 영덕에서는 축산면 대곡리 오중학 외 3명이 1947년 3월 6일 빨치산에게 식량을 제공했다는 이유로 축산지서 소속 경찰에게 연행되어 대곡리 초막골 냇가에서 총살당했다.

• 1948년

전남 고흥에서는 대서면 남정리 정병룡이 1948년 12월 10일 월등마을 집 마당에서 벌교경찰서 소속 경찰에게 사살당했으며, 곡성에서는 목사동면 평리 고규석이 11월 21일 밤 다리거리 텃밭에서 목사동지서 경찰에게 희생당했다.

구례에서는 구례읍 도재덕·도광열·도광옥 등 가족 3명이 1948년 11월 19일 봉서리 자택에서, 표귀종 외 8명의 주민들이 11월 20일 구례읍 섬진강 양정지구에서, 간전면 김길동·김길수 형제 등 주민들이 11월 24일 간문국민학교 건너편인 간문천변에서 국군 제12연대 군인들에게 희생되었다. 간전면 임창순은 1948년 11월경 반군 연락책이라는 이유로 제3연대 군인들에게 끌려간 뒤 동방천 강변에서 희생당했다.

나주에서는 다시면 문동리 유진수가 1948년 12월 3일 고성 김씨 선산에서 다시지서 경찰에 의해 희생당했다.

보성에서는 득량면 유제경이 1948년 10월경 정흥리 주민 4명과 함께 좌익활동 혐의를 받고 끌려가 득량지서 옆 산에서 진압군과 경찰에게 희생당했다.

순천에서는 낙안면 상송리 조동석·조한송이 1948년 10월 27일 진압군에게 끌려가 총살당했다. 조한송은 10월 27일 낙안지서 앞에서 총살당했고, 조동석은 10월 29일 벌교읍 소화다리 밑에서 총살당했다. 해룡면 용전리 이기신과 마을 청년들이 1948년 10월 말 해룡지서에 연행된 후 순천경찰서로 이송되었는데, 순천경찰서에 감금된 이들 중 일부는 형무소로 보내지고 이기신 등 25명은 순천 생목동 부근 공동묘지에서 총살당했다.

완도에서는 완도읍 죽청리 박윤기가 좌익혐의로 경찰의 수배를 피해 다니다가 생일면 유촌리에서 1948년 5월 10일 소안면 김옥관 등 8명과 함께 경찰에 사살되었다. 완도읍 대신리 윤치선은 좌익혐의로 집에서 연행되었다가 8월 25일 인근 산에서 경찰에게 사살되었다. 완도읍 군내리 최평산은 완도경찰서에 구금 중 11월 15일 새벽 완도읍 군내리에서 경찰에 사살되었다.

함평에서는 신광면 최병열이 1948년 10월 27일 마을 앞에 나갔다가 불갑산 인근에서 빨치산 토벌작전을 벌이던 제20연대 6중대 국군에게 연행되어 희생당했다. 학교면 정병선은 10월 22일 집에 다니러 오다가 경찰에 연행되어 신광국민학교 뒤 우렁굴에서 살해되었다. 월야면 용정리 양윤초는 11월 26일 함평경찰서 경찰에게 연행되어 마을 앞 네거리에서 살해되었다.

해남에서는 북평면 서홍리 나종현이 1948년 4월 20일 현산면 고현리 뒷산에서 현산지서 경찰에게 체포되어 사살되었다.

화순에서는 북면 방리 이애기·이사봉이 1948년 12월 28일 원리지서 경찰에 의해 희생당했다. 춘양면 우봉리 홍윤식은 12월 20일 빨치산에게 끌려간 부면장 박용근을 찾다가 마을로 돌아오던 중 경찰토벌대인 '삼팔대'

에 의해 사살당했다.

경북 경산에서는 용성면 노동용이 용성지서 경찰에게 연행되어 1948년 5월 용성면 미산동 앞 하천변에서 총살되었다.

경주에서는 감포읍 전촌리에 살던 서석필이 1948년 12월 25일 감포지서에 끌려간 후 감포 앞바다에 수장당했다. 건천읍 조전리 박원백·백낙도 외 1명은 1948년 2월 24일경 건천지서로 연행되어 조사를 받은 후 2월 28일 건천철교 아래에서 총살당했다.

안동에서는 풍산면 상리 이교진이 1948년 8월 6일 마을 주민과 함께 빨치산에게 협조했다는 혐의로 풍산지서에 연행되었다가 8월 13일 지서 뒷산 사미골(새못골)에서 총살당했다.

영덕에서는 축산면 대곡리 오태유 외 2명이 1948년 8월 30일 마을 인근 빈집에 피신했다가 당시 토벌작전 중이던 국군에 의해 총살당했다.

봉화에서는 소천면 남수돌이 1948년 5월 14일 영주경찰서에 연행되었다가 봉화 문수산에서 다른 주민들과 함께 총살당했다.

영천에서는 금호면 조희찬과 조규용이 1948년 8월 26일 대창면 어방리 개남골에서 경찰에게 사살되었다. 자양면 이경달 등은 12월 30일 빨치산에게 식량을 주었다는 이유로 화방촌 입구 산에서 벼락부대에게 사살되었다. 화산면 윤진봉·권영달·도태훈은 9월 21일경 마을에 들어온 외지 경찰에게 총살되거나 영천경찰서로 잡혀가서 행방불명되었다. 같은 마을의 김태현은 쫓겨 다니다가 경찰에게 붙잡혀 12월 25일 화산면 당지리 골짜기에서 총살당했다. 화산면 조용환은 8월 19일 마을 주민 3~4명과 함께 경찰에게 끌려가 화산면 화산리 뒷산에서 사살되었다. 화북면 안상락 외 4명은 10월 11일 자천지서 부근 산골짜기에서 사살되었다. 화북면 조수만은 경상북도인민위원회 선전부장을 맡았던 인물로 수배되어 사천동 처가에 갔다가 12월 5일 죽곡리 대내실못에서 경찰에게 사살되었다. 화북면 자천리의 농민조합원이던 은만표는 10월사건에 참가하고 도피생활을 하다가 1948년 12월에 경찰에게 체포되어 사살되었다.

포항에서는 구룡포읍 구만리 서원석이 같은 마을 이종선, 강사리 김상원과 함께 1948년 11월 30일 대보지서 경찰에 의해 연행되었다가 흥해면 솔밭에서 총살당했다.

밀양에서는 산외면 희곡리 백재갑이 1948년 9월 2일 산외지서 지서장 외 경찰 2명에 의해 연행되어 부락 인근에서 총살당했다.

• 1949년

강원도 인제군 북면 전윤산은 1949년 7월 2일 백담사 근처 잣나무 숲에서 호림부대에게 총살당했다.

전북 남원 산내면 내삼동 주민들은 국군 제3연대 소속 군인들에 의해 1949년 6월 1일 소개되었다. 7월 20일 지서가 '논의 참새를 쫓는다'는 명목으로 어린이·부녀자·노인의 마을 출입을 허용하자 이에 따라 마을로 돌아왔던 주민 13명이 덕동국민학교 뒷산 달음재 정상에서 학살당했다. 주천면 고기리 마을 주민 26명은 12월 7일 국군 제12연대에 의해 학살당했다.

전남 곡성에서는 석곡면 마준화 외 2명이 1949년 6월 18일 곡성경찰서 소속 토벌대에게 끌려가 방송리 소재 밭에서 희생당했다. 죽곡면 원달리 신삼균 외 3명이 10월 10일 원달리 감나무동 개울에서 군인들의 칼에 찔려 희생당했다.

구례에서는 산동면 박판옥·한기범이 1949년 12월 17일 빨치산에게 밥을 해주었다는 이유로 제3연대 군인들에 의해 산동면 원촌국민학교 뒷산에서 희생당했다.

나주에서는 다도면 암정리 마을 주민 강대천 외 4명이 다도지서 경찰에 의해 감금되었다가 1949년 10월 13일 경찰과 함께 마을에 돌아와 마을 입구 쪽의 멧골에서 총살되었다.

담양에서는 대덕면 고광율 등 20여 명의 주민들이 1949년 10월 6일경 담양경찰서 소속 경찰에게 끌려가 대덕면 문학리 옥천마을 앞산 중례골에서 희생당했다. 수북면 주평리 용구마을 김점술 등 12명의 주민들이 빨치산에게 협조했다는 혐의를 받고 대전지서 경찰에게 연행된 후 담양경찰서로 이송되었다가 10월 24일 수북면 주평리 용구마을 뒷산에서 희생당했다.

무안에서는 해제면 만풍리 주민 이창현과 정찬동이 1949년 8월 14일 무안경찰서 경찰에 의해 운남면 내리 저동마을 야산에서 총살당했다.

순천에서는 송광면 월산리 이영근 등 7명이 1949년 10월 22일 빨치산에게 협조했다는 이유로 송광면 월산리 추동마을 질등재에서 제15연대 군인들의 칼과 대검 등에 희생당했다.

신안에서는 하의면 상태서리 박정이 1949년 1월 4일 상태동리 가락마을에서 경찰에게 희생당했다.

영광에서는 대마면 성산리 조석근 등 주민들이 1949년 5월 29일 경찰에게 사살되었다. 백수면 장산리 김창현·김종복은 8월 7일 백수지서에 수감되었다가 경찰에게 사살되었다. 법성면 진내리 배상길 등 30여 명은 9월 13일 고창군 고수면 부곡리 부곡재에서 경찰에게 사살되었다. 12월 8일 경찰의 출두명령에 따라 경찰서에 온 박용순 외 2명은 사잿등에서 사살당했다. 영광면 와룡리 정병련 외 2명도 5월 9일 경찰에게 사살되었다.

영암에서는 금정면 아천리 김병남 외 2명이 1949년 9월 23일 금정지서 경찰에게 끌려가 나주시 남평읍 부근 하천에서 희생당했다. 금정면 남송리 최윤성은 4월 8일 영암지역에서 토벌작전을 수행하던 국군에게 끌려가 강진에서 희생당했다.

완도에서는 군외면 토도리 신채균이 한 동네 주민인 민주완 부부와 박양칠, 완도읍 황상남 등과 함께 1949년 9월 27일 체포되어 당일 토도 건너편 딱섬(군외면 남선리)에서 경찰에게 사살되었다.

장성에서는 황룡면 관동리 강대석과 일가족 9명이 빨치산에게 협조했다는 혐의를 받고 1949년 12월 20일 자택에서 장성경찰서 경찰토벌대에 의해 희생당했다. 장성읍 용곡리 전남기는 7월 3일 빨치산에게 식량을 빼앗긴 사실을 하루 늦게 신고했다는 이유로 북상지서 사찰계 라백식에게 연행되어 야은리 야산에서 사살되었다.

장흥에서는 장흥읍 금산리 김난금이 1949년 10월 14일 장흥경찰서 경찰에 의해 금산리 대치마을 앞 논으로 끌려가 희생당했다.

함평에서는 1949년 9월 21일과 22일 양일에 걸쳐 함평읍 진양리 양림마을 주민 28명이 함평경찰서 소속 경찰유격대에 의해 집단학살당했다.

화순에서는 북면의 주민들이 1949년 10월 19일 이천리 아산국민학교에 소집되어 조사를 받았는데, 이 중 입산자 가족으로 판단된 49명이 군경에게 끌려가 학교 뒷산에서 집단희생당했다. 이양면에서는 용반리 정길채 외 5명이 4월 17일 국군에 의해 집단희생되었으며, 율계리. 김철수 외 3명은 10월 30일 경찰에 의해 화순읍 너릿재에서 희생되었다. 청풍면에서는 백운리 조영옥·조영태 형제와 김재생 등이 7월 31일 이양면 이양역 옆 산에서 군인에 의해 희생되었으며, 대비리 김홍식 외 3명 이상의 주민이 9월 27일 청풍면 풍암리 풍무재에서 경찰에 의해 집단희생당했다. 춘양면 우봉리 윤만종 외 3명은 5월 23일 도암면 운주사 부근에서 경찰에 의해 사살되었다.

경북 경산에서는 용성면 부재리 김태권 외 2명이 1949년 4월 8일 용성지서에 근무하는 임시순경에게 연행되어 심한 구타를 당한 후 용성면 부재동 공동묘지에서 총살되었다.

경주에서는 남산동 손장호가 1949년 4월 1일 주민 박연수와 함께 내동지서로 연행된 후 토벌군에 의해 지서 옆 하천에서 공개총살당했으며, 효현동 이수익 외 3명은 7월 25일 내남면 백운대 산골짜기에서 총살되었다. 감포읍 대본리 주용규 외 2명은 감포지서에 연행되었다가 6월 19일 감포읍 팔조리 추월재에서 총살당했다. 감포읍 전촌리 김원곤 등 마을 주민 10여 명은 9월 27일 감포지서에 끌려갔다가 나정리 큰골에서 총살당했다. 내남면 명계리 이장 김원도와 그의 친척 4가구 22명, 손씨 가족 8명 등 모두 30명이 7월 31일과 8월 1일 이틀에 걸쳐 경찰 이홍열, 면 민보단장 이협우 등 10여 명에게 총살당했다. 내남면 노곡리 주민 30여 명은 개무덤 계곡에서 총살되었다.

군위에서는 효령면 내리 김보상이 1949년 9월 손희주·최영달 외 8명의 마을 주민들과 함께 경찰에 연행당한 후 소보면 골짜기에서 군인들에 의해 총살당했다.

문경에서는 산북면 석봉리 석달마을 주민 86명이 1949년 12월 24일 국군 제2사단 25연대 3대대 7중대 2소대(사단장 송호성, 연대장 유희준, 소대장 유진구)에 의해 마을 앞 논과 마을 뒤 산모퉁이에서 학살당했다. 문경읍 갈평리 민보단장 등 주민 18명은 9월 23일 국군 제8사단 16연대 소속 군인들에 의해 연행되어 구타당한 후 학살당했다.

봉화에서는 상운면 가곡리 지창근 등 주민들이 1949년 6월 19일 봉화경찰서에 구금되었다가 총살당했으며, 물야면 개단리 주민이 국군에 의해 살해당했다. 재산면 남면2리 주민들은 12월 3일 고추를 사러 가던 중 만난 국군에게 총살당했다. 재산면 현동리 권창석 · 권한이 등은 9월 20일 재산지서 경찰에 의해 좌익활동 혐의로 재산지서 터에서 총살당했다. 같은 시기에 춘양면 주민 150여 명은 백골부대 제16연대에 의해 소로리 관석 궁이굴에서 학살당했다.

산청에서는 1949년 7월 18일 시천면 외공리 · 신천리 주민 50여 명이 토벌작전 중이던 국군 제3연대 2대대에 의해 빨치산 협력 여부를 조사받은 후 마을 앞 강변 등에서 집단희생당했으며, 7월 22일 같은 이유로 원리 덕산국민학교 운동장에 모인 시천면 산간마을 주민들 중 100여 명이 학교 뒷산에서 집단희생당했다. 국군 제3연대는 삼장면 · 단성면과 하동군 옥종면 일대에서도 같은 만행을 저질렀다.

안동 파천면 황목리 김세한 · 김도한, 길안면 대곡리 김세한 · 김충한 등 16명의 주민들은 1949년 8월 20일경 군경합동토벌대에게 끌려가 길안면 지동천 강변에서 총살당했다.

영덕에서는 지품면 용덕리 임창석 · 주상인 · 임병조 · 임병렬 · 임성도 등 13명이 1949년 12월 말경 제25연대 군인들에게 연행된 후 원전리 각별계곡, 기사리, 황장리 등에서 학살당했다. 송천리 김두경 등 마을 주민 17명은 12월 31일 오전 제25연대 1대대 1중대 군인들에게 빨치산의 은신처를 대라며 구타를 당한 끝에 지품면 원전국민학교로 연행된 후 각별계곡 등에서 학살되었다. 수암리 최익만 · 신상기 · 신원휴 · 이위출도 12월 31일 원전국민학교로 연행된 후 각별계곡에서 사살되었다. 영해면 묘곡리 주후원은 빨치산에게 쌀을 운반했다는 이유로 영해지서에 연행된 후 11월 5일 영해국민학교 뒷산 계곡에서 주민 7명과 함께 총살당했다. 축산면 대곡리 신병진 · 신영희 · 신덕균 · 이진오 등 4명은 4월 12일 토벌작전 중인 국군에게 연행되어 영덕경찰서에 감금되었다가 남산리 방천둑에서 총살당했다. 축산면 칠성리 남준희·남규희는 4월 18일 빨치산에게 협조했다는 이유로 경찰에게 연행되어 축산면사무소 뒷산 계곡에서 총살당했다.

영양에서는 석보면 답곡2리 반장과 주민들이 1949년 10월 30일 군인들에게 연행되어 총살당했다. 수비면 오기리 주민 조필규 등은 19월 3일 수비지서 경찰에 의해 수비면 발리2리에서 총살당했다. 일월면 용화리 주민 김낙구·박병기 등은 12월 30일 군경에 의해 연행되어 수비면 발리리 수비국민학교 뒤 공동묘지에서 총살당했다. 입암면 삼산리 박시환·박동열 등은 10월 31일 경찰에 의해 영양읍 팔십골에서 총살당했다. 청기면 저리 주민 김준환 등은 8월 27일 청기지서 경찰에 의해 청기면 상청리에서 총살당했다.

영주에서는 단산면 대동청년단 감찰부장 남성열, 대동청년단장 신원조가 1949년 8월 11일 주민 6~7명과 함께 태백산전투사령부 예하 중대 군인들에게 순흥면 읍내리 비봉계곡에서 총살당했다.

영천에서는 고경면 대성리 마을 청년 20여 명이 단포지서로 연행된 뒤 창상리 말무덤으로 끌려가 1949년 7월 30일 집단학살되었다. 모용리(오룡리) 이기년 등 5~6명은 8월 2일 마을에 온 입산자에게 밥을 해줬다는 이유로 경찰에게 사살되었다. 금호면 삼호리 조민환과 같은 마을 주민 12명은 1949년 가을 금호지서 경찰 2명에 의해 금호지서로 연행되었다가 영천경찰서로 이송된 후 대창면 조곡리 뒷산(현 채석장 터)에서 총살되었다. 북안면 북리에서는 김갑준·김기수의 가족과 친척이 다수 사살되었다. 7월 30일에는 최운대·김기재 등 7명이 북안지서 소속 경찰관과 방위대(특공대) 원들에게 연행되어 낮 12시경 북리 회관 앞에서 공개사살되었다. 임고면 사동 김달수 외 4명과 자양면 용산리의 이원학 외 3명은 벼락부대에 연행된 후 희생되었다. 청통면 치일리 하수명 외 9명의 마을 청년들은 10월 12일 새벽에 봉오재 골짜기에서 사살되었다. 청통면 애련리에서는 1949년 가을 치일동 사건이 일어난 지 얼마 후 강방수 등이 체포되었다가 희생당했다. 화산면 유성리 이현곤 등 7명은 2월 22일 백골부대원에게 끌려가 화북면 자천리의 하천 숲에서 사살되었다. 화산면 당지리 김덕출 등마을 주민 6명이 7월 20일 효정리 숲으로 끌려가 냇가에서 벼락부대(서북청년단)에게 사살되었다. 화산면 유성리의 김기덕 등은 화산지서에 끌려가 10월 16일 청통면 보성동 보목에서 사살되었다. 같은 마을 김기덕과 김복덕 등 주민 16명이 10월 16일 지서로 끌려갔다가 일부는 풀려 나왔으나 6명은 영천경찰서로 이송되었고, 김기덕·박삼춘·이오곤 등 3명은 연행된 당일에 지서 경찰에 의해 청통면 보목 못으로 끌려가 사살되었다. 화북면 사천리에서는 6월 30일 새벽 이승채 등이 화남면 사천리 도래솔 숲으로 끌려가 사살되었다.

청도에서는 매전면 구촌리 주민이 1949년 7월 7일 경찰에 연행된 후 행방불명되었다.

청송에서는 안덕면 근곡리 주민 장병호가 1949년 12월 20일 국군에 의해 근곡리 인근 강변에서 총살당했고, 12월 25일 안덕면 노래리 주민 신갑술과 김몽용은 부남면 하속리에서 총살당했다. 부남면 이현리 남명진은 마을 주민 10여 명과 함께 총살당했다.

포항에서는 동해면 입암리 이상진이 1949년 6월 17일경 경찰에 의해 연행되어 마을 뒷산 골짜기에서 총살당했다. 송라면 대전리 이형우·임명암은 12월 28일 빨치산에게 협조했다는 이유로 송라지서에 연행되어 인근 골짜기에서 총살당했다. 죽장면 석계리 정진학은 3월 중순 2명의 마을 주민과 함께 맹호부대 군인들에 의해 죽장지서로 연행되었다가 3월 23일경

주 안강읍에서 총살당했다. 청하면 서정리 이상도는 5월 중순 같은 마을 주민 김갑도와 함께 국군에 의해 연행되어 청하면 유계리 황암골짜기에서 총살당했다. 장기면 계원리 청년회 감찰부장 노병환은 출몰한 빨치산을 제때 신고하지 않았다는 이유로 같은 마을 청년회장 김한용과 함께 장기 지서로 연행된 후 11월 19일 국군 제3사단 22연대에 의해 장기천변에서 총살당했다. 같은 시기 환호동 주민들이 해군 함정에 끌려가 수장되었으며, 두호동 주민들은 연화재 공동묘지에서 총살당했다.

경남 거제에서는 1949년 4월에서 5월 사이에 토벌부대인 국군 제16연대에 의해 섬 전역에 걸쳐 주민들이 희생되었다. 고현동 독봉산 기슭에서는 철수 직전의 국군에게 두 명의 주민이 공개총살당했다. 능포동 윤학도 등은 4월 22일 장승포 신사터에서 국군에게 공개총살되었다. 연초면 다공리 박동조, 옥산리 구복서 · 윤수구 · 정진홍, 하청면 유계리 원정국 · 윤주권 · 이만기, 일운면 옥림리 박무인 등은 5월 26일 하청중학교 맞은편 야산에서 토벌군인들에 의해 총살당했다. 일운면 옥림리 박상인은 5월 15일 일운면 소동리 뒷산에서 토벌군인들에 의해 총살당했으며, 구조라리 강정길 · 강기수는 마을 인근에서 사살되었다. 일운면 구조라리 노병용이 5월 7일 근처 매물도로 실려 가 사살당했으며, 5월 10일 같은 마을 노길찬 · 노길만 · 강정엽 · 강정수 · 김복이 · 설경주 등 6명은 구조라리 방파제 입구 야산에서 사살당했다. 지세포리에서는 5월 11일 주상림 외 1명이 대신부락 바닷가 모래밭에서 총살당했다.

밀양에서는 부북면 위양리 권영갑 · 박삼출 등이 부북국민학교에 갇혀 있다가 1949년 5월 19일 산외면 다죽리 다원마을 뒷산에서 경찰에게 총살당했다. 초동면 성포리 안기환 외 5명의 주민은 3월경 상남면 동산리에서 밀양경찰서 사찰계에 의해 총살당했다.

함양에서는 서하면 전갑봉 외 5명이 1949년 10월 4일 국군에게 연행되어 서하지서, 함양경찰서에 수감되었다가 총살되었다. 서하면 전쾌승 외 4명이 10월 4일 국군에게 연행되었다가 서하지서에서 2명이 풀려나고, 나머지 3명은 함양경찰서로 넘겨진 후 희생되었다. 서하면 박상하 외 2명은 11월경 경찰에게 연행되어 함양읍 이은리 당그래산에서 총살되었다. 수동면 도북리 주민 32명은 9월 18일 경찰에게 연행되어 함양경찰서와 군부대에 감금된 채 취조를 받은 후 당그래산에서 총살되었다. 수동면 죽산리 주민 18명은 9월 19일 수동지서 경찰에게 연행되어 함양경찰서로 이송된 후 17명이 당그래산에서 총살되었다. 안의면 이종안 등 주민들도 8월 3일 경찰과 특공대에게 연행되어 함양경찰서에 구금되었다가 당그래산에서 사살되었다. 안의면 최남식 등 마을 청년들은 8월 27일 거창군 마리면에서 국군에게 사살당했다. 안의면 이해용 등 주민 7명은 경찰에게 연행되어 안의면사무소 인근 골무산에서 9월 16일 총살되었다. 안의면 주민 13명은 9월 24일 토벌작전을 하던 군인에게 연행되어 안의국민학교에 구금되었다가 함양경찰서로 넘겨진 후 당그래산에서 총살되었다. 함양읍 박영환 등은 10월경 함양경찰서에 불려간 후 희생되었다. 휴천면 최태현 외 2명은 5월 28일 마을에 들어온 군경에게 연행되어 희생되었다.

합천에서는 삼가면 인곡리 마을 주민 50여 명이 지리산공비토벌특경대에 의해 묘산면 장터 창고로 연행되었다가 정기수 외 4명이 1949년 9월 3일 총살되었다.

• 1950년

강원도 삼척군 상장면 혈리 박우두만은 1950년 3월경 국군의 작전을 방해했다는 이유로 천평국민학교에서 총살당했으며, 박근덕은 삼척군 북평

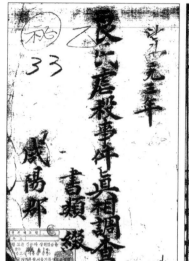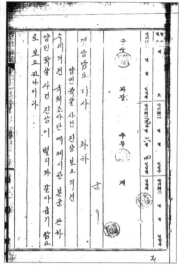

함양 민간인 희생사건 관련 '1960년 양민학살사건진상조사서류철' 표지와 진상보고
문서

읍 북삼국민학교에서, 권병오는 빨치산에게 짐을 져주었다는 이유로 태백
산지구전투사령부 소속 군인에게 끌려가 희생당했다.

전남 곡성 옥과면 무창리 김만수 외 1명은 1950년 5월 16일 옥과지서에
서 조사를 받던 중 경찰토벌대에게 끌려가 무창리 강변에서 희생당했다.

장흥에서는 1950년 1월 5일 관산읍 농안리 이부접·김소례·손돈태 등
일가족 9명이 관산지서 소속 경찰에게 사살당했다.

경북 경산에서는 용성면 김종학이 좌익혐의로 용성지서 경찰에게 연행되어 1950년 4월 용성지서 앞에서 총살되었다.

경주에서는 서면 김만호 외 4명이 경주철도 관사에 구금되었다가 1950년 8월 11일 내남면에서 총살당했다. 감포읍 전촌리 김진호가 1949년 9월 감포지서에 잡혀가서 조사를 받고 무혐의로 풀려났다가 다시 붙잡혀가 1950년 2월 25일 양북면 용동리에서 총살당했다. 건천읍 건천리 최길순은 건천지서 경찰에 의해 연행당하여 3월 17일 건천리 산 3번지에서 총살당했다.

영양에서는 석보면 홍계리 박윤호의 처 장수득이 1950년 1월 15일 입암면 입암지서 뒷산에서 총살당했다. 청기면 사리 주민 이현준과 윤목이는 2월 12일 청기지서 경찰에게 연행당한 후 행방불명되었다. 청기면 토곡리 정기호와 정차원은 1월 6일 국군에 의해 지서 방화혐의로 총살당했다.

영천에서는 금호면 구암리 김기곤 외 3명이 1950년 2월경 용석골 못안 골짜기 등에서 경찰에게 사살되었다. 금호면 대곡리의 면서기 김기형 외 2명은 3월 31일 연행되어 총살되었다. 임고면 금대리 김재식 외 2명은 1950년 봄에 구금 중 사살되었다. 금호면 삼호리의 최정교는 1월 20일 성명 미상의 경주 사람과 함께 금호면 대곡리 마남 들판에서 사살되었다.

함양에서는 안의면 주민 김분돌 등 5명이 1950년 3월 7일 경찰에게 연행되어 함양경찰서에 구금되었다가 함양읍 이은리 당그래산에서 총살되었다. 지곡면 김희철은 1월 25일 경찰에게 연행되어 함양경찰서에 구금되었다가 수동면 원평리에서 총살되었다.

거제 일운면 옥림리 박세인은 1950년 4월 30일 지세포리 뒷산에서 경찰에 의해 총살당했다.

2. 전쟁의 발발과 시민 대응

1) 전쟁의 발발과 이승만 정부의 대응

전쟁 발발 후 이승만 정부에서 보여준 가장 빠른 조치는 1950년 6월 25일 오후 2시경 내무부 치안국에서 전국 도경찰국에 보낸 '전국 요시찰인 단속 및 전국 형무소 경비의 건'으로 확인된다. 이 문서는 전국 요시찰인 전원을 즉시 구속할 것과 형무소 경비를 강화할 것을 주요 내용으로 하고 있다.[15]

이승만은 전쟁 발발 소식을 듣고 1950년 6월 25일 아침 10시경 간담회 성격의 임시국무회의를 소집했다. 그러나 이것이 전면 남침인지 국지적 무력충돌인지 판단하지 못하고 산회했다. 이어 오후 2시 비상국무회의를 속개하여 채병덕 참모총장으로부터 전황을 보고받았으나 아무런 결정사항 없이 3시 30분 산회했다.[16]

26일 아침 8시 신성모 국방장관은 방송을 통해 "국군이 인민군을 물리치고 북진 중에 있다"는 내용의 담화를 발표했으며, 27일 새벽 대통령이 빠진 비상국무회의는 정부의 수원 이동을 결정했다.[17]

결국 전쟁 발발 후 이승만 대통령이 가장 먼저 보여준 행동은 '반정부세력 처단'과 '도피'였다고 할 수 있다. 그리고 '도피' 후 가장 먼저 한 행동은 6월 27일 밤 10시경 "국군이 이기고 있다"라는 거짓 방송이었다.[18]

이어 바로 인민군 점령지역에서 발생하게 될 인민군 협조자 처벌과 관련된 법률인 비상조치령을 6월 28일 공포했다.[19] 그리고 같은 날 '국민보도연맹 사건'이 시작되었다.[20] 가장 먼저 시행했어야 할 '계엄령'은 1950년 7월 8일에야 선포되었다. 계엄법에 의해 계엄령이 선포될 경우에는 최소한의 인권보호와 권한남용 방지를 위한 안전장치, 즉 "형벌을 특별히 가중하지 않고, 증거재판주의에 대한 예외를 인정하지 않으며, 재심을 요구할 수 있는 권리" 등이 지켜져야 했다.[21] 따라서 계엄령 선포보다 대통령 긴급명령을 먼저 공포한 것은 국가 위기사태를 맞아 당연히 해야 할 총체적 대응을 미루어 둔 채 '정치적 반대세력 제거 조치'를 가장 먼저 제도화한 것으로 해석된다.

(가) 이승만 정부의 피난

6·25 당일 이승만 대통령은 수도를 대전으로 이전하는 문제에 대해 무초(Muccio) 미국 대사와 상의했다. 이승만 대통령은 6월 25일 오후 9시경 무초에게 "내가 공산군 손에 들어가게 되면 한국이라는 나라가 곤란하게 되고, 방어능력이 이러하다 보니 내가 서울을 빠져 나가는 것이 좋겠다"라고 했다.[22] 당시 국군은 목숨을 걸고 전선을 사수하고 있었고, 국회에서는 서울 사수 결의를 논의하는 본회의가 열리고 있는 상황이었다.

이승만은 26일 밤 10시 30분경 도쿄의 맥아더(Douglas MacArthur)에게 "당신네들이 빨리 우리를 도와주지 않으면 여기 한국에 있는 미국인을 다 죽이겠소"라는 말을 전하고, 27일 새벽 2시경 국회 요인들에게도 알리지 않은 채 비밀리에 서울을 떠났다.[23] 당시 은행권과 정부의 중요 문서도 그대로 두었으며, 5만 명에 이르는 국군들이 한강 이북에 있는 상태였다. 그리고 서울시민은 27일까지 "전 국민은 일치단결하여 침략자를 막아야 합니다", "국군이 해주를 탈환했습니다", "미군이 곧 참전할 것이니 안심하시기 바랍니다"라는 내용의 방송을 들었다.

이승만 대통령은 처음부터 부산을 향했으나 주위의 권유로 대구에서

기차를 돌려 다시 대전으로 왔다. 그리고 27일 밤 10시, 전쟁 발발 후 처음으로 서울 현지에서 방송하듯 가장하여 "국민들은 안심하라. 서울을 사수한다"는 내용의 방송을 수차례 반복했다. 이승만 대통령은 담화문을 통해 인민군의 남침을 격퇴했으나 위기상황이므로 대통령의 독재적 권한을 강화할 것이며, 시민들의 반정부적 행위 처벌을 강화할 것이라고 했다. 담화문의 내용은 다음과 같았다.

> "우리 국군은 분전 감투하면서 이를 격퇴하고 있습니다. 그러나 한 번 실패한 북괴는 기회를 노려 다시 대규모로 침공할 것이 명백하니, 거국일치하여 태세를 강화해야 합니다. 그러므로 나 대통령은 권한을 증대하고, 국회는 정부에 적극 협조할 것이며, 국민들은 한층 더 악질 적색분자를 경계하고, 경찰은 전력을 다해 이를 색출해야 할 것입니다."[24]

그 뒤 28일 새벽 2시 30분 채병덕 참모총장의 명령을 받은 공병감 최창식 대령은 한강다리를 폭파했다. 당시 한강다리는 피난민들로 가득 차 있었으므로 500여 명에서 800여 명이 폭사 또는 익사했을 것이라는 소문이 있었다.[25]

(나) 법률적 대응

국가보안법 외에 전쟁 발발 후 이승만 정부가 최초로 행한 법률적 대응은 1950년 6월 28일에 공포한 '비상조치령'이었다. 이어서 7월 22일 '비상시 향토방위령'을 공포했고, 7월 26일 '계엄하 군사재판에 관한 특별조치령'(이하 '군사재판특조령')을 공포했다. 이 법률들은 모두 부역자 처리와 관련된 것이었다.

대통령 긴급명령 제1호인 비상조치령은 엄벌 위주의 가혹한 법령이었다. 그리고 그 선포일 역시 1950년 6월 28일이었음에도 불구하고 25일로 발표하여 소급적용했다. 당시 판사 유병진은 비상조치령이 이승만 정부의 거짓 방송을 믿고 남았던 주민들 모두에게 부역혐의를 두었으며, 점령군보다도 그를 도운 부역자가 더 가혹하게 처벌받는 결과를 낳았고, 단독판사가 단심으로 증거설명도 생략한 채 전쟁 전이라면 4~5년 형에 해당될 범죄에 사형을, 2~3년 형에 해당할 범죄에 무기 혹은 10년 형을 판결해야 하는 '고약한 법'이라며 한탄했다.[26] 최근 법률가들도 이 법에 대해 전시의 중대범죄 및 일반범죄에 대해 사형, 무기, 10년 이상의 장기징역에 처할 수 있는 지나치게 엄한 처벌(제3조, 제4조)의 위험이 있음을 지적했다. 단심으로 20일 내에 기소하여 40일 내에 판결하고 증거설명을 생략하는 등의 행태는 거의 즉결처분에 가깝다. 이로써 무고한 사람이 희생될 법률적 학살의 가능성이 높아졌으며, 불과 3개월 후 이런 가능성과 우려는 현실이 되어 버렸다.[27]

비상조치령의 문제점을 지적하는 데 있어서 한 가지 지나치기 쉬운 것이 있는데, 이 법령이 1949년 이승만 정부에 의해 개정 시도되었던 제2차 국가보안법의 내용과 거의 일치한다는 점이다. 비상조치령의 내용 중 ① 이적단체의 산하단체 처벌, ② 사형 등 극형, ③ 단심제 등은 개정될 국가보안법 조항에 담으려고 했던 내용이었다.

이는 전쟁 발발 이전부터 대한민국 최고권력자가 전쟁 상황에서나 공포될 법령을 이미 제정하려고 했다는 것을 의미한다. 결과적으로 전쟁은 이승만의 의지를 관철할 평계가 되었던 셈인데, 이로 미루어 볼 때 이승만의 전쟁은 6·25 발발 이전부터 시작된 것이 아닌가 싶다. 비상조치령의 주요 내용은 다음과 같다.

> 제1조 본령은 비상사태에 있어서의 반민족적 또는 비인도적 범죄를 신속히 엄중처단함을 목적으로 한다.
> 제5조 정보제공, 안내 또는 기타의 방법으로 전 2조의 범행에 가공한 자는 주범의 예에 의하여 처단한다.
> 제9조 본령에 규정한 죄의 심판은 단심으로 하고 지방법원 또는 동 지원의 단독판사가 행한다.
> 제10조 본령에 규정한 죄에 관하여서는 기소 후 20일 이내에 공판을 열어야 하며 40일 이내에 판결을 언도하여야 한다.
> 제11조 본령의 규정한 죄에 관한 판결에 있어서는 증거설명을 생략할 수 있다.

'비상시 향토방위령'은 1950년 7월 22일에 선포되었으나 국회의 승인을 얻은 것은 8월 4일이다.[28] 대통령령으로써 전시 향토자위조직 활동을 국민의 의무로 명기하고, 인민군이나 부역자에 대해서는 경찰관서에 통보하도록 되어 있다. 그런데 이 명령에는 임무집행 중의 자위대원에게 부역혐의자들을 체포할 수 있는 권한이 주어져 있다는 문제점이 있었다. 자위대원은 엄밀하게 말하면 민간인인데, 이 명령에 따르면 14세 이상의 자위대원인 민간인이 다른 민간인을 체포할 수 있는 권한을 갖도록 되어 있었던 것이다. 이러한 제반 법적 조치와 보복·응징·예방이라는 사회적 분위기로 인해 수복 후에는 인공 치하에서 도피 또는 은둔했거나 어쩔 수 없이 인민위원회에서 부역을 하던 우익청년조직들이 치안대 등 민간치안조직에서 활동하는 배경이 되었다. 법령의 주요 내용은 다음과 같다.

제1조 본령은 단기 4283년 6월 25일 북한 괴뢰군의 침구로 인하여 발생한 비상사태에 있어서 국민의 자위조직을 강화함으로써 향토를 방위하며 공공의 안녕질서를 유지함을 목적으로 한다.

제2조 만14세 이상의 국민은 모두 본령에 의하여 향토방위의 의무를 진다.

제5조 향토방위의 중핵체로서 각 부락을 단위로 하여(도시는 동리 단위) 자위대를 조직하여야 한다. 단, 10호 미만의 부락은 인접한 타 부락과 합하여 조직할 수 있다.

제7조 자위대에 대장 1인, 부대장 1인을 둔다. 대장과 부대장은 대한청년단원 중에서 도단장의 추천에 의하여 도지사가 임명한다.

제8조 자위대의 임무는 괴뢰군, 공비, 기타 이에 협력하는 자의 동태에 관한 정보를 수집 연락하며 부락의 방위와 방범을 목적으로 한다. 전항의 임무를 수행하기 위하여 자위대원은 부락(동리)에 있어서 입초, 순찰을 하여야 하며 이상을 발견한 때에는 급속히 경찰관서에 연락 통보하여야 한다.

제10조 자위대원이 임무집행 중 괴뢰군, 공비, 기타 이에 협력하는 자를 발견했을 때에는 대장의 승인을 얻어 이를 체포할 수 있다. 제4조 제2항의 규정한 범인을 발견했을 때에는 즉시 이를 체포하지 아니하면 도망할 우려가 있을 경우에 한하여 이를 체포할 수 있다. 전 2항의 체포는 각 자위대의 관할구역 내에 한하여 할 수 있으며 늦어도 24시간 내에 최근지(最近地) 소재의 경찰관서에 이를 인도하여야 한다.

제11조 자위대원은 근무 중 소속 자위대명과 그 성명을 명기한 표식
　　　을 좌흉부에 패용하여야 하며 죽창, 곤봉 또는 관으로부터 소
　　　지를 허한 무기를 휴대한다.
제12조 자위대장은 관할 경찰관서의 장의 지휘감독을 받는다.
제15조 자위대장이 경찰관서의 장의 직무상 지휘명령에 복종하지 아
　　　니하거나 자위대원이 대장의 명령에 복종하지 아니하는 때에는
　　　과료 또는 구류에 처한다.

　정부는 한국전쟁 초기 계엄령을 공포하지 않으면서도 계엄의 실질적 내
용을 긴급명령으로 달성하려 했다고 한다. 그 중 하나가 감당할 수 없이
늘어나는 군사재판 사건을 신속하고 간략하게 처리하기 위하여 1950년 7
월 26일 대통령 긴급명령 제5호 '군사재판특조령'을 공포한 것이었다. 이 군
사재판특조령은 군사재판을 신속하게 처리하는 데 필요한 인적 자원을 확
보하기 위하여 민간법원의 판·검사를 활용할 수 있도록 규정했다. 즉, 제
2조에서는 판사가 군법무관 임무를 수행할 수 있게, 제3조에서는 검사로
하여금 군검찰관의 직무를 수행할 수 있도록 했다. 또한 계엄고등군법회
의의 설치·구성·관할에 대해 군사재판특조령이 규정하지 않은 것은 고
등군법회의에 관한 규정을 적용한다고 했지만, 유독 예심조사를 생략할
수 있게 했다(제5조).
　이처럼 계엄 선포지역에서는 군법회의의 적용을 받아 민간인인 판사와
검사가 군법무관 및 군검찰관의 임무를 수행할 수 있도록 함으로써 민간
인 판사들이 군법회의에 파견되었고, 검찰 업무는 합동수사본부를 통해
이루어졌다. 이러한 상황은 군사재판이 민간재판과 민간검찰 업무를 압도
하는 것으로 평가된다.[29]

이 긴급명령의 또 다른 문제는 민간인 범죄를 군사재판으로 다룰 수 없음에도 이를 명시하지 않았다고 하여 군법회의에서 민간인을 재판하는 결과를 낳은 것이다. 군법회의가 국방경비법을 적용하여 민간인을 재판한 경우는 제32조와 제33조 적용 대상 중 '여하한 자'에 근거했고, 민간인만을 대상으로 했던 비상조치령을 적용한 경우는 그 근거조차 없었다. 두 경우 모두 관할을 위반하고 법률을 위반한 재판으로 평가되고 있다.[30]

당시 법령의 주요 내용은 다음과 같다.

> 제1조 본령은 계엄 선포지역 내의 군사재판의 소송 수속을 간략히 함
> 으로써 범죄사건 처리의 신속을 기함을 목적으로 한다.
> 제2조 계엄 선포지역 내의 고등군법회의(이하 계엄고등군법회의라
> 약칭한다)[31]는 장교 3인 이상의 심판관으로써 구성하고 그 중 1
> 인은 군법무관이어야 한다. 계엄고등군법회의의 설치 장관은
> 필요하다고 인정할 때에는 판사로 하여금 군법무관의 직무를
> 행하게 할 수 있다.
> 제3조 계엄고등군법회의의 군검찰관은 형사소송법에 규정한 검사와
> 동일한 권한을 가진다. 계엄고등군법회의의 설치 장관은 필요
> 하다고 인정할 때에는 검사로 하여금 군검찰관의 직무를 행하
> 게 할 수 있다.
> 제4조 계엄고등군법회의에 있어서는 판사 또는 검사로 하여금 변호인
> 의 직무를 행하게 할 수 있다.
> 제5조 계엄고등군법회의의 설치, 구성, 관할 기타 본령에 규정하지 아
> 니한 사항에 관하여는 고등군법회의에 관한 규정을 적용한다.
> 단, 예심조사는 이를 생략할 수 있다.

제6조 계엄고등군법회의에서 언도한 판결의 집행은 당해 군법회의
설치 장관의 승인으로써 이를 행할 수 있다.

(다) 군사·정치적 대응 (계엄 선포)

계엄은 전시 및 사변 또는 이에 준하는 국가비상사태의 경우에 이를 극
복하기 위하여 병력을 사용하는 비상긴급조치이다. 1948년 헌법 제64조
는 "대통령은 법률의 정하는 바에 의하여 계엄을 선포한다"라고 규정했으
며, 그에 따라 1949년 11월 24일 계엄법이 제정되었다.

전쟁 발발 후 최초의 계엄은 1950년 7월 8일에 선포되었다. 그러나 이미
6월 25일 제8사단장 이성가 대령은 사단 전투지역인 강원도 지역에 경비
계엄을 단독으로 선포하고 강릉지역에 민사부장을 임명했으며, 제6사단은
6월 25일 오전 10시 계엄령을 선포하고 강원도지사는 군과의 협조 아래
가두방송을 통해 민심의 동요를 방지하면서 피난민 수용대책을 마련케
했다고 한다. 그리고 6월 25일 부산에서는 인민군의 남침 소식이 전해지
자 경상남도경찰국에서 긴급군경합동회의가 개최되었으며, 그 결과 밤 9
시경부터 경남 일대의 모든 행정과 사법권이 경남계엄사령부의 소관이 되
었다고 한다.[32] 이로 보아 이미 실질적인 계엄 상황이 전개되고 있었다고
볼 수 있다.

계엄 선포는 군이 문민권력을 대체하거나 "입헌적인 헌법질서가 정지되
거나 중단되는 상태" 또는 "일시적 무법상태"를 의미하는 것이 아니다. 여
전히 법치주의·적법절차·비례원칙 등이 적용되어야 하며, 국가의 존립
과 안전을 확보하기 위하여, 자위적 전쟁 외의 목적으로, 일시적이고 최소
한의 범위 내에서 군대의 물리력을 동원하는 상황인 것이다.

이승만은 계엄 상황에서 헌법질서 또는 법치주의를 어기는 일을 여러 차례 저질렀던 것으로 보아 헌법질서를 지켜져야 한다는 신념은 없었다고 할 수 있다. 그러나 적어도 계엄 상황이 "군이 문민권력을 대체하는 것은 아니다"라는 점, 즉 군이 '이승만 권력'을 넘어서는 안 된다는 점에 대해서는 분명한 입장을 견지하고 있었음을 알 수 있다. 특히 이승만은 계엄 상황을 통해 일반 시민들을 압박하려는 의도를 충분히 드러내고 있다. 이승만은 1950년 계엄 선포 후 대통령 연설을 통해 "전시에 계엄령을 발포하는 것은 군인과 평민을 동일하게 단속해서 군사행동에 지장이 없게 하자는 것인데, 이런 의미를 자세히 알지 못하고 혹시 군인의 세력을 늘려서 평민을 속박하자는 줄로 아는 폐가 있으니 이러한 오해로 인해서 민간에만 폐단이 될 뿐 아니라 군사행동까지도 손실이 적지 않은 것이 우려되는 바이다"라고 하면서도 "평시에 영세한 절도사범이나 강도 같은 것이 국가에 중대한 위험성을 끼칠 것이 아니므로 벌칙이 비교적 경하고 또 판결이 다소 지체되어도 많은 폐단이 되지 않을 것이나, 전시에는 이런 죄범으로 인해서 막대한 위험성을 가지게 되는 고로…"라고 하면서 일반범죄에 대한 엄벌 방침을 밝히고 있다.[33]

이러한 이승만 정부의 방침은 1950년 9월 13일 국방부장관에게 보낸 대통령의 지시사항에서 다시 한 번 확인된다. 이승만은 "일반 민간인에 대한 범죄사건은 불일내로 전부 관할 검찰청으로 넘겨서 일일이 재판 처결케 할 것. 군사상 관계되는 죄인은 법적 한도를 넘기지 말고 속히 재판해서 종결시키고 보고할 것. 금후로는 육해공군을 물론하고 CIC(육군 방첩대)나 헌병·HID는 민간인 범죄에 관한 수사·검거는 절대 엄금함. 단, 군에 직접 관계된 간첩·편의대(便衣隊, 예전에 중국에서 사복 차림으로 적 지역에 들어가서 후방을 교란하고 적정을 탐지하던 부대)는 이에 제외함"이라는 지시를 국방부장관에게 내리고 있다.[34] 이 지시사항에서 특히 주목되는 것은 "간첩·편의대를 제외한 민간인의 범죄에 대해 헌병·CIC·HID는 검거·수사하지 말라"는 것인데, 이는 그동안 이들 군 수사 또는 정보조직이 민간인 사건에 관여한 사실을 반증하는 것이다. 또한 이들 군 조직으로 하여금 여전히 간첩·편의대로 의심되는 민간인에 대하여는 검거 및 수사활동을 계속할 수 있게 하고 있다는 점이 확인된다.

(라) 사회적 대응

6·25 전쟁이 발발하자 이승만 정부가 보여준 최초의 반응 중 하나는 정치적 반대세력의 제거였는데, 이는 대표적으로 국민보도연맹원, 형무소 재소자에 대한 조치에서 확인된다. 이에 대해 당시 서울지역에서 국민보도연맹을 지도하던 정희택(이후 합동수사본부 심사실장)은 이렇게 말했다.

"(국민보도연맹은) 6·25 일 년 전쯤부터 전국적으로 조직돼 모두 33만 명이나 됐고, 서울에서만도 1만 6,800여 명이었어요. …6·25가 터지자 나는 서울의 보도연맹원들을 각 구별로 집합시켜 그들의 동태를 장악했어요. 이들을 시켜 서울로 쏟아져 들어오는 피난민 안내, 구호사업, 포스터 첩부 등의 일을 했어요. 서소문동 본부에 나와 동맹 간부들이 지휘했지요."

한국전쟁이 발발한 직후인 1950년 6월 28일경부터 국민보도연맹원들에 대한 소집과 학살이 강원도에서부터 시작되었다.

강원도 횡성군 횡성읍 일대의 주민 60여 명이 6월 30일경 경찰에 의해 곡교리 남성국민학교 운동장에 소집되었다가 고내미 골짜기에서 총살당했으며, 같은 시기 곡교리 마을 어느 집에 갇혀 있던 10여 명의 주민들도

총살당했다.[35]

여주 각 면의 보도연맹원들은 경찰에 의해 소집·연행되어 여주경찰서 임시유치장인 얼음창고에 갇혔다. 이들은 경찰과 헌병들에 의해 심사를 받은 후, 1950년 7월 1일경 후퇴하던 경찰 또는 국군 제6사단 헌병대에 의해 여주읍 교리 건지미 골짜기(현 낙원주택 인근 골짜기)에서 총살당했다.

2) 시민의 대응

시민들은 전쟁이 발발하자 일단 피난길에 오르기는 했으나 대부분 멀리 가지 못하고 되돌아와야 했다. 설령 피난을 한 경우라 하더라도 인적이 드문 가까운 산골로 피신하는 것이 고작이었다.

한국전쟁 당시 144만 6천 명의 서울시민 가운데 약 40만 명이 인민군 점령 전에 피난했는데, 그 중 80%가 월남한 이북 출신이었고 나머지 20%인 8만 명이 정부고관·우익정객·자유주의자·군인·경찰의 가족이었다고 한다.[36]

제때 피난하지 못한 것은 국회의원들도 마찬가지였다. 당시 국회의원 210명 중 148명이 남하하고 나머지 62명은 피난하지 못했는데, 이처럼 많은 수의 의원들이 서울을 탈출하지 못한 이유는 국회에서 6월 27일 새벽 만장일치로 수도 사수결의를 한데다가 행정부가 입법부에는 따로 통고도 하지 않은 채 수도를 빠져나갔기 때문이었다.[37] 당시 상황에 대해 여운홍 의원은 "내가 피난을 못 간 것은 이 결의안과 이승만 박사의 녹음방송 때문이에요"라고 했다.[38]

6월 27일 새벽 6시 이승만 정부가 수원으로 이동했다는 중앙방송의 보도를 접하고 크게 놀랐던 시민들은 27일 밤 10시부터 11시까지 세 차례에 걸친 대통령의 녹음방송을 듣고는 안심했다. 방송의 주요 내용은 "UN이 침략군을 물리치기 위하여 공중수송으로 무기와 물자를 날라 와서 우리를 도우기로 했다. 국민들은 좀 고생이 되더라도 굳게 참고 있으면 적을 물리칠 수 있을 것이니 안심하라"는 것이었다. 그러나 이 방송이 이날 정오에 공보처에서 발표한 "정부는 수원 이동을 중지하고 중앙청에서 근무 중"이라는 보도에 이어 방송됨으로써 100만 시민이 결정적인 순간에 피난하지 못하게 하는 결과를 낳았다.[39]

반면, 인민군의 전면공격이 개시되자 전황을 제대로 파악하고 있던 경찰과 군부, 정부의 고위관료 상당수는 지체 없이 피난길에 올랐다. 이에 대해 미 공군 한국 담당 정보장교인 도널드 니콜스(Donald Nichols)는 그의 책에서 당시 서울시민들의 비참한 처지에 대해 이렇게 쓰고 있다.

"남한의 국립경찰, 서울시경, 군과 정부관리들은 약삭빠른 고양이처럼 그들의 지위와 책임감, 그리고 가족을 두고 떠났다. 자신을 지킬 힘이 없는 시민들은 그들의 보호자로부터 버림받고 침략 적군의 무자비한 지배 아래 가장 잔인한 고통을 당했다."[40]

3) 인민군 점령기 시민의 처지

1950년 6월 30일 서울시 임시인민위원회는 '고시 6호'를 통해 "과거 조선민주주의인민공화국 주권에 적대되는 행동을 한 자로서 자기의 과거 죄과를 청산하고 조선민주주의인민공화국 정책을 적극 지지하며 … 과거 죄과 내용과 함께 자수청원서를 제출하면 과거의 죄과 여하를 불문하고 관대히 처분한다"라고 공포했다. 자수자들은 자수청원서, 자서전, 이력서, 보증서 등을 함께 내야 했다.

3. 9·28 수복과 이승만 정부의 부역자 처리

9·28 수복은 인민군 점령 하에서 숨죽여 지내야 했던 시민들에게 또 다른 의미에서의 혼란이었다. 당시 혼란에 대해 강원용 목사는 그의 자서전에서 "재빨리 피난을 간 사람들은 애국자가 되고, 대통령의 말을 믿고 남아 있던 사람들은 용공분자나 부역자가 되는 이상한 세상"이 되어 버렸다고 분노했다.[41]

1) 이승만 정부의 입장과 부역자 처리과정

(가) 이승만 정부의 입장

1950년 9월 7일 미 합동참모본부와 맥아더는 반격을 통해 인민군 전력을 분쇄하는 데 동의했으며, 그 후의 군사작전은 38선 남북 양쪽의 도시와 깊은 산속에서 벌어지는 게릴라전이 될 것으로 예측했다. 이에 따라 이들은 미군보다는 한국군의 전력을 강화시키는 것이 적합할 것으로 판단했다.[42] 그런데 이러한 전투방식은 한국전쟁 발발 전의 군경토벌에서 드러났던 것처럼, 결국 내전의 특성을 더욱 부각시켜 부역혐의자 등 민간인 피해 확대가 분명히 예상되는 것이었다.

한편, 군 통수권자인 이승만 대통령은 정부의 잘못은 인정하지 않은 채 오히려 국민들이 적극적으로 저항하지 않았기 때문에 전쟁 초기에 패배했다고 판단하고 있었다. 이승만 대통령은 1950년 7월 20일 로버트 올리버(Robert T. Oliver)에게 보낸 편지에서 이렇게 쓰고 있다.

> "이제까지의 우리 전략은 잘못된 것이었습니다. 우리는 국민들의 투지를 자극하는 대신 2~3일 안에 지원병과 보급품이 도착하는 즉시 유엔군이 전면적인 반격에 나설 것이라는 말로 국민들을 무지 속에 몰아넣었습니다. 안심한 국민들은 스스로 국토방위에 나서겠다는 생각을 하지 않고 있었습니다."[43]

대전에 피난하고 있던 이승만은 대통령으로서 국민들에게 사과문을 발표하라는 국회의원들의 의결 요구를 일언지하에 거절했다고 한다. 당시 상황에 대해 장택상은 이렇게 술회했다.

"국회는 이승만 대통령으로 하여금 국민들에게 사과문을 발표하라고 의결했다. 이에 해공과 죽산과 내가 도지사 관저로 이 박사를 찾아가 그 필요성을 역설하면서 간곡히 청했으나 '어디 내가 당 덕종이야? …내가 왜 국민 앞에 사과해? 사과를 할 테면 당신들이나 해요라고 하며 그 자리를 뿌리치고 나가는 것이었다."

그리고 그 뒤로도 이승만은 한국전쟁에 대해 잘못했다는 말은 전혀 한 적이 없었다고 한다.[44]

부산에서 피난하던 이승만은 1950년 9월 16일 전시에 범법행위를 하는 자는 공개총살할 것이라는 경고문을 발표했다.[45] 이는 대국민 협박에 다름 아니었는데, 사정이 이러하다 보니 일반범죄보다 훨씬 무거운 죄로 취급했던 부역혐의자에 대한 불법 총살행위는 지극히 당연한 것으로 여겨졌을 것이다. 이어 9월 18일 서울 수복 후 방침에 대해 이승만 정부는 "괴뢰 아부자는 단호히 처단"할 것이라고 밝혔다.[46]

9월 22일 이승만은 기자회견 석상에서 "살기 위해 부득이 공비들에게 협력한 자가 있을 것이니 이에 대하여 정부로서는 그 진상을 조사케 한 다음 공론에 의해서 선처할 작정이다. 특히 표면으로는 공산도배와 연락하는 따위의 박쥐 노릇을 한 자도 있을 것이다. 이러한 붕당 무리들은 단연코 허용치 않을 것이다. …공산당이었다면 부모형제간이라도 용서하지 말고 처단토록 해야 할 것이다"라고 했다.[47]

또한 이승만은 1950년 11월 연설에서 이렇게 말했다.

"구식으로 말하면, 이러한 대란이 나서 인명이 많이 상하고 또 전국적으로 파괴가 다대하게 된 후에는 임금이나 정부에서 민간에 사죄하기를 '이것이 다 당국의 잘못이요 덕이 부족한 죄로 이렇게 된 것'이라고 표시하는 전례가 있었으나, 민주국가에서는 이러한 부패하고 허위적인 형식상 습관은 다 폐지하고 사실만을 존중하는 터이므로 구식에 젖은 분들은 혹 섭섭히 여길 일도 없지 않으나 우리는 신세계 신생활을 주장하는 민주정체 하에서 과겸과실(過謙過失)하는 허식은 피하기로 주장하는 바이니 일반 민중들은 이 정신을 양해하기 바라는 바입니다. …또 불평분자들과 파당적 사고를 가진 자들이 이런 것을 이용해 가지고 허무한 부언(浮言)을 조작하여 인심을 현혹시키고 있으니 일반 국민은 이남 이북을 막론하고 이러한 선전분자의 파동을 받지 말고 오직 일심합력하여 정신상 통일을 극력 추진시킴으로써 민심을 더욱 공고히 하는 동시에 영원한 복리의 기초를 완수하기를 바라는 바입니다."

이는 전쟁 발발이 부른 비극적 결과에 대해 사과하는 것은 봉건시대의 구습이자 허식이므로 자신은 국민들에게 사과하지 않겠다는 의미이며, 나

아가 부역자는 물론 남북을 막론하고 반대세력을 용납하지 않겠다는 뜻으로 해석된다.[48]

이러한 관점은 미군의 보고서에서도 확인된다.

남한의 경찰은 남한 주민의 80% 가까이가 북한의 공격에 저항하지 않았다고 평가한다. 충성심은 분명히 부차적인 관심사이며, 주민들은 이기는 쪽이 누구인지에 더 관심이 많다.[49]

부역혐의에 대해 당시 국군 제1사단장이었던 백선엽은 인민군 점령지역에서 살아남은 자신의 부하에게조차도 유감을 가질 수밖에 없었다며 그의 저서에서 다음과 같이 썼다.

"고랑포에서 나는 뜻밖의 사건을 맞이하게 됐다. 그것은 임진강 전투에서 남하하지 못해 서울에 잔류했던 장병들 100여 명이 부대를 찾아 이곳에 '지각 합류'한 것이었다. 일면 반갑기도 하고 한편으로는 유감스러운 심정이 있었음은 숨길 수 없는 사실이다. 물론 한강을 건너 탈출하지 못한 각자의 어려운 사정이 있었을 것이나 특히 장교들은 죽음을 무릅쓰고라도 본대에 합류했어야 했다. 일부 참모들도 이들이 탈출하지 못한 경위와 부역사실 여부를 조사해야 하지 않겠냐는 의견을 개진하기도 했다."[50]

사정이 이러했으니 수복 후에 국군이 부역혐의자인 민간인을 학살한 것은 어쩌면 당연한 일이었는지도 모른다.

부역자 처리에 대한 이승만 정부의 입장은 9월 17일 국회가 제출한 '부역행위특별처리법안' 처리과정에서도 잘 나타나고 있다. 부역행위 처리에 신중을 기하고 처벌 감면을 목적으로 하는 이 법안은 9월 29일 본회의를 통과했다. 그러나 정부는 "현재 군·검·경의 긴밀한 협력 하에 본법 취지와 동일한 취지로 사건을 처리하고 있다"면서, 검찰권 침해를 이유로 부역행위특별심사위원회(중앙 및 지방)의 설치를 규정한 동 법률을 제정할 필요가 없다며 국회의 재의를 요구했다. 이에 11월 13일 국회가 다시 128대 2라는 압도적인 표차로 재가결하자 정부는 어쩔 수 없이 12월 1일 이 법률을 공포했다. 그러나 공포 후에도 정부는 이 법을 시행할 의지를 보이지 않았고, 부역자 처벌 임무는 1951년 5월 24일 해체될 때까지 합동수사본부에 의해 거의 독점되었다.[51]

서산경찰서 연혁사에는 "경찰 환주(還駐) 직전에는 치안대에서 좌익 악질분자 300여 명을 보복적으로 살해한 사실이 있으며, 경찰 환주 후 2개월간에 부역자 1천여 명을 검거 송치했다"고 적고 있다.[52] 그러나 진실화해위원회는 이것이 일부 진실에 불과했음을 확인했다.

부역자 처리의 문제점은 '제5열'의 규정과도 관련이 있다. 합동수사본부의 오제도 검사는 1951년 1월 23일 제5열에 대해 "당에 무관하더라도 공산당을 이롭게 하여 국가 민족을 해롭게 하는 일체의 행위"로 정의했다. 그는 심지어 "시국에 대한 왜곡된 견해를 공연히 유포하여 민심을 불안하게 하는 자"와 "불순한 사상적 의도 하에 애국자를 중상모략하는 자" 역시 제5열 행위를 하는 자라고 하면서 이를 근절해야 한다고 주장했다. 이는 국가보안법과 마찬가지로 제5열의 범위를 추상화시켜 자의적인 법 적용을 가능케 하는 행위로서 모든 국민을 범죄혐의자로 취급하는 결과를 낳았다.[53]

(나) 9·28 수복 직전의 부역자 파악

   합동수사본부 검사였던 오제도의 증언에 따르면, 1950년 8월 부산에서
인민군 점령지를 수복할 경우 부역자를 어떻게 처리할 것인지 결정하기
위해 관계자 회의를 가졌다고 한다.[54]

   미군 역시 수복을 앞두고 부역자 처리방안에 대해 준비하고 있었던
것으로 보인다. 1950년 9월 20일 '441 CIC Team'이 미8군 G-2에 보고한
'Counter Intelligence Target Information'에는 이승엽(서울시 인민위원
장)·조소항·김규식·여운홍 등 전 국회의원, 한신·송호성 등 국군 장
성, 김효석 전 내무부장관 등 38명이 체포 대상으로 기재되어 있었다.
1950년 9월 30일 Counter Intelligence Target Information에는 경기도를
비롯하여 강원도·충청도·전라도·경상도 등 남한 전 지역의 인민위원
379명의 명단이 정리되어 있다. 보고된 인물들 중 경기도 인민위원회 인민
위원은 박형병·김경·홍승우·박지명이며, 고양군인민위원회 인민위원은
박일·이종원·최영원이었다. 김포군 인민위원회 인민위원은 어수갑·이
화영이었는데, 어수갑은 1950년 10월 23일 이무영 고양경찰서장에 의해 직
접 총살된 것으로 추정되는 금정굴 사건 희생자이다.[55]

   1950년 10월 4일 Counter Intelligence Target Information에서는 전국농
민회·전국노동조합평의회 등 24개 좌익계열 정당 및 대중단체의 이름과
설명을 정리하여 보고하고 있다. 머리말에 "다음 좌익조직의 구성원과 지
도자는 사회 안전을 위협하므로 더 조사하기 위해 체포되어야 한다"고 적
고 있는데, 이 목록에는 정당과 농민·노동단체 외에 민주주의민족통일전
선·민주여성동맹·민주애국청년연맹·민주학생연맹·문학가동맹·인민
위원회·국민보도연맹 등이 기재되어 있다.

이들 단체 중 인민위원회·국민보도연맹·자위대에 대한 설명이 특이하다.

인민위원회는 줄여서 '인위(Inwi)', 영어로는 'Peoples Committee'로 표기했는데, "인민군에 의해 점령된 지역을 통제하기 위해 만들어졌으며, 보통 지방의 좌익 지도자들로 구성되는데 반공인사들에 대한 잔혹행위 책임이 있다"라고 설명하고 있다.

국민보도연맹에 대해서는 "남로당이 불법화되었을 때 대한민국 정부가 좌익을 우익으로 전향시키려던 조직으로 맹원들은 좌익 지하활동을 덮기 위해(은폐 또는 보상하기 위해) 가입했으며, 인민군 침략 시 부역활동과 빨치산 활동을 했고, 우익인사들에 대한 가혹행위 책임이 있다"라고 설명하고 있다.

자위대는 영어로 'Vigilante Committee'로 표기하고 있고, "북한지역에서 우익활동을 감시하기 위해 정권에 의해 만들어진 좌익조직으로 모든 북한 주민들을 이 조직에 참가시키는 것이 목적이며, 남한에 있는 같은 이름의 우익조직과 혼동하지 말라"고 설명하고 있다.[56]

(다) 부역자 처리과정 개요

합동수사본부 심사실장이었던 정희택은 서울 수복 직후인 1950년 9월 30일 이우익 법무장관으로부터 "앞으로 잔류자에게 부역 여부를 가리는 수사와 재판이 있을 것"이라는 말을 들었는데, 그에 따르면 당시 서울시민만 6만여 명이 부역혐의를 받았다고 한다.[57] 실제 많은 시민들이 수복 초기부터 체포되어 조사를 받고 있었다. 1950년 10월 1일 서울에 들어온 전국계엄사령부 법무부장 김종만 중령은 이튿날인 10월 2일 경인지구계엄사령관 이준식 준장과 함께 각 형무소와 경찰서를 돌아봤는데, 이때 이미 유치장이 비좁아 방공호 속에까지 감금되어 있는 1만 5천여 명의 부역자들을 목격했다.[58]

경찰도 부역자 처리 문제에 대해 별도의 준비를 한 것으로 보인다. 선우종원에 따르면 경찰도 민경상담소를 차려 놓고 시민의 신고를 받아 부역자들을 잡아들였으며, 지금의 서대문 농협중앙회 건물에 부역자처리본부를 두고 1천여 명을 잡아 A·B·C로 등급을 나누어 처리했다고 한다.[59]

이승만 정부는 부역자를 ① 공산주의 사상을 이념적으로 공명하고 또한 그것을 이념적으로 정당하다고 긍정하여 실천에 옮기려는 것은 적극분자인 '이념적 공명자', ② 비록 공산주의를 신봉하지는 않으나 정부의 시책에 대하여 불평을 가진 '반정부 감정 포지자', ③ 공산주의를 이념적으로 공명할 판단력도 없을 뿐만 아니라 반정부적 감정도 없으면서 소련이 강대하다고 맹단하여 일시적인 대세에 부화뇌동한 '대세뇌동자', ④ 그릇된 개인 사상으로 소아적 견지에서 일신의 명철보신을 도모하여 기회에 편승하는 자들이 강압 밑에 피동적으로 부역한 '피동분자' 등 네 종류로 나누었다.[60] 그러나 실무적으로는 A·B·C 또는 갑·을·병 세 등급으로 나누었던 것으로 확인된다. 위 4등급 구분 중 ③ 대세뇌동자, ④ 피동분자는 C 등급에 함께 포함되었을 것이다.

당시 부역자 처리와 관련하여 합동수사본부 파견검사였던 오제도는 "6·25 전부터 좌익에 가담하여 부역한 자와 '자기의 생명·재산을 보호하기 위해서'라는 선을 넘어 적극적으로 적에게 부역했거나 앞장서서 군경 가족 등을 적발 처단한 자 등을 '악질'로 규정했다"고 스스로 밝혔다.[61] 오제도의 이 발언을 '입증 가능한 객관적 증거 여부'를 기준으로 본다면 국가보안법 위반 전력이 있는 자 또는 우익인사를 살해한 것으로 입증된 자를

A 등급으로 처벌했다는 것인데, 확인된 수사기록에서 대부분 이 점을 집중적으로 증명하려고 시도하는 것으로 보아 이것이 일종의 수사지침으로 작용된 것으로 보인다. 결국 이러한 방향으로 자백을 이끌어내기 위해 많은 고문과 증거 조작이 이루어졌던 것이다.

9·28 수복 후 1950년 10월 4일 경인지역에서 활동을 시작한 합동수사본부는 연행된 부역혐의자들을 A·B·C 등급으로 나누어 군법회의(서울지구계엄고등군법회의·중앙계엄고등군법회의)와 서울지방법원 등에서 재판을 받게 했다.

형사사건기록을 분석해 보면, 부역혐의자를 학살한 경우는 '검거→연행→조사→A 등급 판단→학살(임의처형 또는 즉결처분)'의 처리과정을 거친 것으로 판단되며, 부역혐의자를 재판한 경우는 '검거→연행→조사→B 등급 판단→합동수사본부 이송→등급 구분→A 등급은 군검찰 기소, B 등급은 검사 기소→군법회의 또는 일반법원 송치→판결'의 과정을 거쳐 처리한 것으로 판단된다.

각 처리과정의 내용은 다음과 같다.

① 검거 : 경찰서 사찰계 또는 헌병대·CIC의 지휘감독 아래 민간치안조직의 정보에 근거하여 체포함.

② 연행 : 민간치안조직의 협조로 각 지서 또는 경찰서로 연행함.

③ 조사 : 각 지서 또는 경찰서 사찰계의 기초조사 후 A 등급으로 판단된 주민은 학살하고, B 등급으로 판단된 주민은 합동수사본부로 이송함. 이 단계부터 합동수사본부가 직접 지휘하기도 함. 이 과정에서 '청취서' 또는 '자수서'를 작성했으며, 그 결과를 종합한 각 수사관(경찰 또는 헌병)은 '의견서'라는 제목의 문서를 합동수사본부에 제

출함.

④ 합동수사본부 조사 : 합동수사본부는 이송된 B 등급 주민의 범죄 정도를 고려하여 다시 A · B · C 등급 중 하나로 판단하여 기재함.

⑤ 기소 : 군검찰(또는 헌병대)에 의해 조사를 받은 A 등급 주민들은 군법회의에 '국방경비법' 위반으로 기소의견서가 작성된 반면, 합동수사본부에 파견된 검사에 의해 조사를 받은 B 등급은 '비상조치령' 위반으로 기소의견서가 작성됨.

⑥ 판결 : 군법무관(또는 지방법원 파견판사)은 피의자의 최후진술을 듣고 최종 판결함(하지만 증인들은 대부분 변론의 기회조차 가지지 못했다고 증언하고 있음). '비상조치령 위반'과 '국방경비법 위반'은 1심으로 형을 집행했으므로 항소 없이 판결이 확정되었으며, 사형 판결의 경우에도 판사 1인의 판단에 의해 판결이 이루어졌음.[62] 원칙적으로 범죄 혐의가 '국가보안법 위반'일 경우에는 항소가 가능했는데도 이런 경우는 확인되지 않음.

2) 학살에 의한 부역자 처리

이승만 정부는 9·28 수복 후의 부역자 처리는 모두 재판을 통하여 합법적으로 할 것이라고 밝혔다. 그러나 이는 의례적인 발언에 불과했다. 여러 증언들을 통해 '사형을 포함한 엄벌' 처리 방침을 갖고 있었음이 확인되며, 실제로도 그랬다. 1950년 10월 초 신성모 국무총리는 "추호의 용허도 없이 처단할 방침"이라며 엄중처벌의 입장을 밝혔다.[63] 그리고 "사감과 격분에 넘침이 없이 공정관대하게 처리"하기 위해 제정된 '부역행위특별처리법'은 1950년 9월 28일 제29차 국회 본회의를 통과했으나 12월까지 시행되지 않았다.

1950년 11월 중순 서상환 검찰총장은 부역자 처리에 있어서 가능한 한 관대하게 처벌할 방침이라며, "현재 판결 결과에 있어 극형이 상당수에 달하는 것은 우선 죄상이 중한 것을 먼저 처리하는 관계로 인한 것이며, 앞으로는 차차 경의한 판결이 많아질 것이다"라고 했다. 그러나 이때는 이미 대부분의 부역혐의자들이 불법 총살당했거나 재판 후 즉시 사형당한 뒤였다.[64]

불법적으로 학살된 희생자에 대하여 판결문 등 공식 문서에서는 "인민위원장으로 부역하다가 아군 치안대에 의해 처형"이라고 적고 있다. 이로 보아 국가는 민간치안조직에 의한 학살행위를 공식적인 처벌행위로 여겼거나 또는 적어도 불법으로 여기지 않고 있었음을 알 수 있다.[65]

내무부 치안국 등에서 작성한 문헌들에 따르면 9·28 수복 후 체포된 부역혐의자는 55만 명이었다고 하는데, 이 중 재판에 의해 처리된 사람들은 2만 명이었다. 그렇다면 이들을 제외한 나머지 53만 명은 어떻게 되었을까? 경찰 공식자료는 마치 이들이 모두 석방된 것처럼 쓰고 있지만, 그렇다고 해서 자신 있게 밝히지도 못하고 있다. 그 이유는 무엇일까? 어쩌면 상당수가 재판 전에 이미 학살당했다는 사실을 숨기려니 양심에 걸렸던 것은 아닐까?

(가) 수복하던 국군에 의한 민간인 학살 사례

최초의 부역혐의자 학살사건은 인민군 점령지를 수복하던 국군에 의해 저질러졌다. 그런데 이는 국민보도연맹사건의 연장선이었고, 더 나아가서는 전쟁 발발 전부터 있어 왔던 반정부 인사에 대한 체계적 학살의 연장선에 있는 것이었다.

당시 국군 제3사단장 보좌관 겸 민사부장이었던 신동우는 "추격해 올라가는 곳마다 애국청년들이 부역자들을 잡아 놓고 우리에게 즉결을 호소했지만 사단장의 엄명으로 모두 후송, 의법 처단케 했습니다"라고 증언했다.[66] 과연 그랬을까? 제3사단은 전쟁 전 영남지역을 담당하면서 빨치산과 무관한 민간인들까지도 무차별 학살했던 부대이다.

통영 등 경남지역에서는 국군 수복 직후인 1950년 8월 20일경부터 부역 혐의를 받은 주민들이 학살된 사건이 있었다. 상주·안동·울진 등 경북지역에서는 9월 20일경부터, 경기도 지역에서는 9월 30일경부터 수복하던 국군에 의해 저질러진 민간인 희생사건이 확인된다. 이 시기의 학살사건은 국군이 수복하는 즉시 발생했으므로 국군의 진격 경로에 따라 확인된다.

이 시기에 벌어진 사건 중 주요 사례는 다음과 같다.

경북 상주에서는 공성면 산현리 백봉원 외 13명이 1950년 9월 25일 밤과 26일 새벽 사이에 북진 중 마을에 주둔하게 된 국군 제1사단 12연대에 의해 학살당했다. 이들은 인민군 측에 부역했다는 혐의로 마을 재실에 갇혀 고문을 당한 후 재실 앞 냇가에서 총살당했다. 여성 희생자는 모두 학살 전에 윤간을 당했다. 청리면 가천리 김형문·김형우·김철원·이태하는 9월 26일 마을에 주둔한 12연대에 의해 부역혐의로 마을회관에 감금되었다가 김철원·이태하는 마을 입구 하천변에서, 김형문·김형우는 공성면 옥산리 산제비 골짜기로 추정되는 곳에서 총살당했다.

안동에서는 일직면 명진리 이홍복·김영학이 1950년 9월 20일경 수복 중인 국군의 짐을 지고 가던 중 명진리 마을 앞산에서 국군에 의해 살해되었으며, 같은 마을 김임백 등 27명의 주민들은 9월 29일 일직지서 경찰들에 의해 연행되거나 명령에 따라 자진출두했다가 구금된 후, 헌병대에 인계되어 트럭에 실려 남후면 광음리 암산골로 끌려가 집단살해되었다. 풍산면 수동1리 김수용·주영봉은 9월 25일 인민군 복장으로 위장한 국군에 의해 수동2리 개천에서 살해되었고, 막곡리 막실마을 권을수 등 10명은 9월 29일 국군에 의해 막곡리 인근에서 살해되었다.

울진에서는 주민들이 1950년 9월 26일부터 9월 28일 사이 수복작전 중이던 국군 제3사단 소속 전투부대 군인에 의해 부역혐의자라는 이유로 총살당했다.

영양에서는 영양읍 대천리 주민 18명이 1950년 9월 27일 진주한 국군에 의해 총살당했다.

여주에서는 대신면 후포리의 인민위원장이었던 신재동이 수복 중인 제6사단 국군에 의해 총살당했다.

양평에서는 1950년 10월 2일경 양평면 덕평1리 노용희와 덕평리에 이웃한 신애리 주민 40여 명이 부역자 가족이란 이유로 도장굴 공동묘지 입구와 신애리 공회당 부근에서 제8사단 소속 군인들에 의해 살해당했다.

(나) 치안 확보 후 군경에 의한 민간인 학살 사례

국군이 북진한 뒤에는 경찰이 잇따라 복귀했다. 북진하는 유엔군에 배속된 경찰이 처음 선발대로 복귀했으며, 며칠 뒤 경찰서장 등이 복귀함으로써 공식적인 경찰서 복귀가 이루어졌다. 경찰서가 공식적으로 복귀하자 마을 치안대 또는 경찰에 의해 연행되었던 마을 주민들이 경찰서장의 지휘 아래 사찰계 소속 경찰관 또는 군 정보기관에 의해 A·B·C 등급으로 분류되어 처리되었다. 이들 주민들은 대부분 경찰서 인근에서 학살당했든가 아니면 합동수사본부로 인계되었다.

이 시기 최초의 희생사건은 통영에서 확인되는데, 당시 벌어진 사건 중 주요 사례는 다음과 같다.

경남 통영에서는 안승관 등 1일 내지 1개월의 인민군 점령기 동안 인민 군에게 협력했을 것으로 의심받은 주민들이 수복 직후인 1950년 8월 20일 부터 통영경찰서 또는 헌병대로 연행되었다.[67] 이들은 통영경찰서 유치장 또는 통영 항남동 헌병대 멸치창고에 갇혀 고문을 당했다. 안승관 등은 고 문을 받던 중 사망했고, 70여 명의 주민들은 9월 19일경 통영 명정동 절골 뒷산에서 총살당했으며, 150여 명의 주민들은 한산도 앞바다에 수장당했 다. 이외에도 국군 수복 후 통영 광도면·도산면·용남면에서 인민군에게 부역한 혐의를 받은 주민들이 국군·경찰관·치안대 등에게 살해당했다.

경북 울진에서는 1950년 10월 20일 저녁 무렵, 죽변지서 경찰로부터 인 계받은 부역혐의자들을 제3사단 소속 헌병대와 특무대의 지시 하에 사단 보충대 소속 군인들이 후정리 부둘골로 끌고 가 집단총살 및 생매장의 방 법으로 살해했다. 또한 10월 말경부터 11월까지 여러 차례에 걸쳐 울진경 찰서 경찰이 각 지서로부터 부역혐의자라는 이유로 인계받은 주민들을 신 림 올시골로 끌고 가 집단살해했다. 11월 26일 온정지서 경찰이 일부 주민 들을 울진경찰서로 압송한다면서 황보리 문둥이골로 끌고 가 집단살해했 다. 사계리 나그네골에서도 하당지서 경찰이 같은 이유로 일부 주민들을 집단살해했다.

안동에서는 서후면 자품리 김동석 외 6명이 1950년 9월 29일 서후지서 경찰에 의해 자품리 붓새골재에서, 태장리 신주하 외 2명은 9월 30일 성 곡동 부근과 서후지서 앞산 등에서, 교리 정용한 외 4명은 10월 2일 서후 지서에 의해 끌려가 금계리 경광마을 골짜기에서 집단살해되었다. 남선면 김원동 등은 10월 14일 마을에 들어온 국군들에 의해 원림국민학교 앞 둑에서 살해되었다. 와룡면 주하리 주민 이재태 외 5명은 9월 29일, 이상리 주민 김종만 외 2명은 10월 5일 이하역 맞은편 골짜기에서 이하출장소 경찰에 의해 살해되었다. 풍천면 구담1리 김용익·김영린·김용식 등 3명도 12월 27일 불려 나간 후 살해되었다.

전남 완도에서는 1950년 9월 10일 정자리에 진입한 완도경찰서 소속 경찰 10여 명이 주민들을 마을 입구로 집합시킨 다음 이 마을 출신 좌익 김봉만에게 함께 활동한 주민을 고르게 했다. 김봉만이 고인욱·박일재·조영철을 지목하자 경찰은 이들 3명과 김봉만을 정자리 해안가로 끌고 가 함께 총살했다. 11월 중순에는 완도경찰서 소속 경찰관들이 황간도에 진입하여 주민들을 황간국민학교 운동장에 집합시킨 후 부역혐의를 받던 주민 10여 명을 소안지서로 연행했다. 연행된 주민들은 11월 14일경 비자리와 황간국민학교 뒷산 등에서 학살당했다.

해남에서는 1950년 10월 하순 산이면을 수복한 경찰이 부역자 처벌을 위해 지서장·면장·대한청년단장 등이 참여한 시국수습대책위원회를 구성하여 부역혐의자들의 자수를 권유하는 한편, 수시로 각 마을에 가서 부역혐의자를 잡아들였다. 자수하거나 체포된 주민들은 초송리 지서 옆 창고에 구금되어 조사를 받은 후 일부는 풀려났으나 대부분은 진산리 뻘지, 금송리 국도변 대나무 숲, 두목마을 뒷산 등에서 살해되었다.

충남 아산에서는 김갑봉 형제 등 200여 명이 1950년 10월 6일경 성재산 방공호(또는 온양 금광구덩이)에서 살해되었다. 탕정면 동산리 김기성은 10월 7일 탕정지서로 연행되어 각지에서 끌려온 300여 명의 주민들과 함께 탕정지서와 곡물창고에 감금되었다가 호명되어 나간 후 지서 뒷산 방공호에서 살해되었다. 염치면 대동리 홍사학은 인민위원장을 지냈다는 이유로 9월 27일 가족들과 함께 치안대에 의해 감금되었다가 새지기 공동

대전형무소 수형자 및 보도연맹원 등의 집단사살 현장 (위) 과 경찰과 헌병들이 희생
자들을 등 뒤에서 사살하는 모습 (아래) [출처 : 지울 수 없는 이미지, 2004]

묘지에서 살해되었다. 염치면 산양리 문종숙·문종섭·문종란 형제와 그들의 모친 김삼례, 문윤수와 그의 모친 임소만 등이 10월 1일 회의에 나오라는 지시에 따라 산양1구(남산말) 이용구의 곡식창고로 모였다가 그날 밤 뒷산 방공호로 끌려가 총살당했다. 선장면 궁평리 최상현·김성진·강태춘·이만우·이상도 등은 선장지서에 연행되었다가 11월 9일 군덕리 쇠판이골에서 살해되었다. 선장면 홍곳리 김인배·김창배 형제는 10월 22일 신창면 오목리 치안대에 의해 연행되어 주민 10여 명과 함께 마을 강습소에 감금되었다가 그날 밤 살해되었다. 신창면에서는 신창지서 주임 유해진 경사의 지휘로 경찰관들이 10월 20일 오후 7시경 오목리 김옥화와 둘째 딸 이명희 외 50명을 오목리 앞산에서 총살했으며, 10월 22일 오전 5시경 이시우와 손녀 이경자 외 50명을 끌어내 염통산 방공호에서 총살했다.

　서산·태안에서는 1950년 10월 8일 서산군 근흥면 정죽리로 상륙한 해군에게 근흥면 주민 수십 명이 부역혐의로 안흥항 바위와 인근 해안에서 집단살해되었다. 10월 중순부터 12월 말경까지 서산경찰서·태안경찰서 소속 경찰과 치안대는 체포된 부역혐의자들을 각자의 관할지역에서 집단살해했다. 읍·면마다 두세 곳 정도의 집단살해 장소가 있었는데, 각각의 장소마다 수십 명의 민간인들이 살해되었다. 연행 및 살해과정은 상당수 주민들에게 목격되었고, 희생자의 시신은 사건 직후 가족들에 의해 대부분 수습되었다. 특히 각 면에서 이루어진 부역혐의자 심사·분류과정에는 지서장과 치안대 간부, 그리고 면 유지들이 참여했다. 서산읍 부역혐의자들과 서산군 각 면에서 이송된 부역혐의자들은 서산경찰서 유치장과 읍사무소 창고 등에 구금되었다. 서산경찰서의 〈경찰 연혁〉에는 "경찰 환주 후 2개월간에 부역자 1천여 명을 검거 송치했다"라고 기록하고 있다. 연행된 1천여 명의 부역혐의자들은 가·나·다로 분류되었는데, '가로 분류된 사람들은 서산 갈산리 교통호와 수석리 소탐산에서 살해되었다.

강화에서는 1950년 10월 10일 선원지서에 갇혀 있던 주민들이 선원지서 뒷산 방공호(대문고개와 동일 장소)에서 총살당했다. 수습 당시 시신은 손이 뒤로 결박된 상태였고, 이마에는 날카로운 흉기에 찍힌 상처가 있었으며, 피와 모래로 뒤범벅된 채 흙으로 살짝 덮여 있었다. 내가지서 · 서도지서 등 각 지서에서도 학살사건이 있었다.

여주경찰서는 사찰계에서 작성한 부역자 명부에 따라 치안대를 동원하여 주민들을 연행한 후 여주국민학교 앞 얼음창고에 감금했다. 그 후 이들을 A · B · C 3등급으로 나누었으며, 박동홍 · 임은규 등 일부 주민을 1950년 10월 11일경부터 여주향교 뒷동산과 여주읍 하리 강변에서 총살했다. 가남면 태평리 정의석 등 인민군 점령기에 부역한 혐의를 받던 각 리의 주민들은 가남지서로 연행되어 소방장비를 보관하던 창고에 감금되었다가, 10월경 대부분이 치안대에 의해 태평리 공동묘지와 가남지서 뒷산(현 태평근린공원), 박산고개에서 총살당했다. 금사면에서는 외평리 박신득 등 주민들이 치안대에 의해 연행되어 면사무소 창고와 이포지서장 사택 지하에 감금되었다가 10월경 대부분이 옹기정 뒷산과 흥천면 계신리 강변에서 총살당했다. 일부 주민들은 여주경찰서로 이송되어 1 · 4 후퇴 직전 여주읍 하리 강변에서 총살당했다. 대신면에서는 후포리 최용근 등 주민들이 대신면사무소 창고에 감금되었는데, 이들은 9월 30일경부터 보통리 강변 송장웅덩이와 장풍리 골짜기에서 총살당했으며 일부는 여주경찰서로 이송되었다. 북내면에서는 장암리 원긍희 등 부역혐의를 받던 주민들이 당우리 임연호 등에 의해 북내지서 앞 양곡창고에 감금되어 있다가 10월 29일경 10명씩 묶여 신남리 버시고개 골짜기와 대왕사 골짜기에서 총살당했다. 민정식 등 일부 주민들은 여주경찰서로 이송되었다. 점동면에서는 수복하는 국군에 의해 박정봉이 당진리 봉골산에서 희생당했으며, 그 뒤 형 박정만과 어머니 신삼순이 치안대에 의해 당진리 가시랏골에서 희생당했다. 홍천면 복대리에서는 9월 말경 김인식 등 7~8명이 경찰과 치안대에게 끌려가 쇠고개에서 총살당했다. 효지리에서는 9월 중순경 국군에 의해 최봉천·이준형이 마을 앞산에서 총살당했으며, 12월 중순경 최영락·길백인이 이천경찰서로 끌려가 살해당했다.

양평 강상면에서는 1950년 10월 5일경 송학리 신석정·신국한·신익한·신달한 등 4명이 헌병대 군인들에게 끌려간 후 양평경찰서에 갇혀 있다가 10월 14일과 16일 양평면 양근리 떠드렁산에서 살해당했다. 양서면에서는 10월 22일경 부역혐의를 받던 목왕리 주민 허준·허단·이자근돌 등이 양서지서로 끌려간 후 11월 9일 양수리 강변과 떠드렁산 등에서 살해당했다. 양동면 쌍학리 주민 심종윤 외 5명이 10월 23일 하대래·김영준 등 청년방위대 양평지대원들에 의해 인민군 패잔병 및 악질 부역자라는 혐의를 받고 양평면 창대리 뒷산에서 살해당했다. 용문면 신점리 신덕문·신창선과 그의 가족이 10월 27일 면 청년방위대에 의해 부역혐의자 가족이란 이유로 오촌리 흙고개로 끌려가 살해당했으며, 12월경 용문면 신점리 주민 이복순과 쌍둥이 딸 그리고 박영수가 후퇴하는 인민군들을 도와주었다는 혐의로 용문사 입구 흙구덩이에서 살해당했다. 용문지서에서는 김희춘의 아버지 등 200여 명의 주민들이 감금되어 심사를 받은 후 용문역과 용문성당 골짜기에서 살해당했다. 지제면에서는 9·28 수복 직후부터 부역혐의자와 그 가족들 100여 명이 경찰과 청년방위대원에 의해 지제지서 임시유치장인 지제면사무소 양곡창고에 갇혔다가 10월 21일 지제면사무소 철길 건너 뒷산에서 살해당했다. 양평군 양평면·강상면·양서면 등 각 면에서 끌려온 200여 명의 부역혐의자와 그 가족들이 10월경 양평면 양곡창고에 갇혀 있다가 떠드렁산 아래에서 집단살해당했다.

평택에서는 청북면 최영화 · 강봉열 · 서병철 · 서정수 · 강인배 등 20여 명이 1950년 10월 초순경 인민군 점령기 리(里)인민위원회 간부, 내무서원, 교원 등으로 활동했다는 혐의로 치안대에 의해 삼계리 염전창고와 지서로 끌려가 6일 내지 15일 동안 갇혀 있다가 10월 16일 새벽 현곡리 청북지서 뒷산 너머 골짜기에서 총살당했다.

김포에서는 고촌면 신곡리 송해붕 · 문숙 · 김기산 등이 국군 수복 직후 인 1950년 10월 1일경부터 치안대에 의해 고촌지서로 끌려가 양곡창고에 감금되었다가 10월 12일경 천등고개 방공호에서 총살당했다. 1952년 송해 붕의 시신을 발굴하는 과정에서 약 80구의 시신이 목격되었다. 김포면 북 변리 정순영, 운양리 심덕기, 감정리 이정순 등이 1950년 9월 18일경부터 치안대에 의해 김포경찰서로 끌려가 유치장과 경찰서 내 방공호에 갇혀 고 문을 당하다가 10월 11일경 함께 갇혀 있던 100여 명과 함께 2대의 트럭 에 실려 여우재고개와 독잣굴에서 총살당했다. 김포면 주민들은 여우재 고개 외에도 장릉산 독잣굴 부근의 충혼탑, 김포국민학교 뒷산, 공군부대 등에서도 집단으로 희생당했다. 대곶면 쇄암리 이달재, 오니산리 김경섭 · 이원상 등이 대곶지서로 끌려가 창고에 갇혀 있다가 11월 말경 소라리고 개 골짜기에서 총살당했다. 양동면 마곡리(현 서울시 강서구 마곡동) 안 삼순 · 이교영 · 이의석 등이 1950년 9월 22일경 부역자 가족이라는 이유 로 양동지서로 끌려가 수리조합 창고에 갇혔다가 5~6일 뒤인 9월 27일경 마곡리 한강변에서 총살당했다. 당시 수리조합 창고에는 100여 명의 주민 들이 갇혀 있었다. 양촌면 수참리 정경순 · 장경선 등 30여 명은 9월 28일 경부터 양곡지서로 끌려가 유치장과 지하 방공호에 갇혀 있다가 11월 6일 경 양곡지서 뒷산 등에서 총살당했다. 하성면 가금리 김순명, 마곡리 민병택·강범수 등 100여 명의 주민들이 9월 말경부터 하성지서 옆 2개 창고에 갇혀 있다가 10월부터 12월까지 하성지서 뒷산(태산 골짜기), 마곡리 야산(태산 건너편), 석탄리 강변, 하성성당 골짜기, 하성국민학교 뒤에서 총살당했다.

남양주 진접면에서는 현상규 가족과 박성산 형제 등 50여 명의 주민들이 진접지서로 연행되어 살해되었다. 진건면에서는 김육지·김상옥·김연옥·이관수 등 150여 명이 국군과 치안대에 의해 연행된 후 일부는 석방되었으나 상당수는 살해당했다.

가평 북면 백둔리에서는 인민위원장 유차복의 친인척 일곱 가족 28명이 희생되었다. 북면 제령리에서는 최근하·최수영 형제 등 20여 명의 부역혐의자 가족들이 제령리 마을회관에 소집된 후 꽃넘이 고개에서 희생당했으며, 김만복·최아지·김재원·김재수·함광근·노명근이 목동 산업조합 창고에 갇혀 있다가 제령리 챈골 골짜기에서 희생당했다. 북면 이곡리에서는 최광준 일가족 6명과 길근순의 처가 목동 산업조합 창고에 갇혀 있다가 희생당했다. 설악면에서는 1950년 10월 10일경 김한호·박옥순 부부, 이종철·이기학 등 부역혐의를 받던 주민 100여 명이 경찰과 치안대에게 연행되어 가평경찰서 설악지서 유치장과 양곡창고에 감금되었는데, 이들 중 20여 명이 10월 18일경 가평경찰서장의 명령에 의해 설악면 사룡리 은고개 강변에서 설악지서 주임과 가평경찰서 사찰계 형사의 입회 아래 의용경찰대에 의해 총살당했다. 이외에도 하면 신상리 양추교 밑에서 신상리 인민위원장 허만과 송기봉·유재홍 등 70여 명이 치안대에게 학살당했으며, 가평경찰서 앞 폭탄구덩이에서 홍순봉 등 10여 명이 가평경찰서 사찰계 소속 경찰관에게 총살당했다.

포천에서는 신북면 가채리 구장 이용성 등 30여 명이 1950년 10월 9일경 호병골 비행장 공사장에 소집되었다가 무럭고개 골짜기에서 집단희생 당했다.

(다) 1·4 후퇴 직전의 피해사례

6·25 전쟁 초기 후퇴하던 국군과 경찰이 국민보도연맹원 등 감시대상 주민들을 소집한 후 학살한 사실은 이미 잘 알려져 있다. 그런데 이러한 행위는 1·4 후퇴 당시에도 벌어졌다. 이번에는 부역자의 가족들이 희생당 했다.

1950년 10월 25일 중공군의 참전에 의해 전세가 또다시 반전되었다. 당시 육군 대위로 정훈국 평양분실장이었던 선우휘는 중공군의 참전으로 인해 평양에서 후퇴할 당시 군의 후퇴작전을 위해 시민들의 피난을 막으라던 상관의 명령에 대해 다음과 같이 진술했다.

"…그런데도 평양지구 헌병대장 김종원 대령은 해괴한 행동을 취했어요. …(1950년) 12월 2일 오후에 나를 부른다고 해서 갔더니, 그는 즉시 포고문을 만들어 오라고 해요. '무슨 포고문입니까?'하고 반문했더니, 그는 다짜고짜 '너 정신 있니?'라고 소리치더니, '지금 시민들이 후퇴한다고 야단들인데 어림도 없다. 그러니까 전세는 아군에 유리하니까 안심하고 생업에 종사하라고 해. 그렇지 않으면 총살에 처한다고 쓰란 말이야.' 나는 불벼락이 내릴 것을 각오하고 '맥아더 성명도 발표됐는데 어차피 철수해야 하지 않습니까?'하고 되묻자, 아니나 다를까 '이 자식, 그래도 너 군인이냐? 시민이 후퇴한다고 법석대면 군 작전에 큰 지장이 생기지 않아. ○○○. 잔소리 말고 내가 말한 대

로 빨리 써와.' …김종원 대령 뜻대로 한다면 서울 후퇴의 재판이 아
닌가. …이들을 어떻게 속일 수 있는가?"[68]

　1950년 12월 12일 전선은 다시 38선 이남으로 내려오게 되었다. 12월 15
일 경기도경찰국은 경기도 전 지역에 대해 후퇴 지시를 내렸다. 이승만 대
통령은 12월 23일 시민의 피난을 공식 명령하고, 12월 24일 서울시민소개
령을 발표했다. 이에 따라 서울의 경우 1951년 1월 3일까지 114만 명이 철
수했다.

　1951년 1월 2일자 제1회 국무회의록에는 "대통령·정부가 천도하면 민심
및 군의 사기에 영향이 우려되나 잔류 국무위원은 내무·국방·교통부장
관으로 정하고 기타 남하에 대한 국무회의의 작정을 바란다는 유시에 대
하여, ① 정부 천도는 공보처에서 발표할 것, ② 공문서로써 외국 사절단
에 연락할 것, ③ 기차는 명일 오후 서울역을 출발하되 교통부장관이 각
부처에 연락할 것, ④ 각 부처 장관은 자유행동을 취하여 남하할 것 등을
의결하다"라고 당시 상황이 적혀 있다.

　서산경찰서 연혁사에는 1·4 후퇴 직전 민간인 학살사건의 배경을 잘 알
수 있는 내용이 서술되어 있다.

　　"38 이북까지 전진하던 유엔군은 중공군의 대거 남침에 따라 재차 후
　　퇴를 하게 되었으니 민심은 극도로 악화되어, 이왕 후퇴하려면 적색
　　분자를 일제히 살해하고 후환이 없도록 하라는 여론이 충천했다."[69]

　경기도 포천군 포천면에서는 1·4 후퇴를 앞두고 선단리 주민 김산이가
치안대에게 끌려가 총살당했으며, 1950년 1월 3일경 김산이의 일가족 7명

Movement of refugees is forbidden. Return to your homes or move off roads to the hills and remain there. Any persons or colums moving toward the United Nations Forces will be fired on.

COMMANDING GENERAL
UN FORCES.

주 의 !

피난민의 이동을 엄금함!
각자의집으로 도라가든지 혹은
행길을 떠나 산속에 머물르라
어떤사람이나 행렬을 막론하고
유엔군쪽으로 오는자는 총살함

유엔군총사령관

8010

1·4 후퇴 당시의 포고문

과 인민위원회 간부였던 유인태·유인한 외 유씨 집안 2가족 12명이 설운 리 진설모루마을 다리 밑에서 총격을 받아 김순배를 제외한 18명이 모두 사망했다.

강화경찰서는 "12월 20일까지 철수 준비를 할 것"을 지시받았다. 순경 김 찬하는 당시 강화경찰서에 전달된 경기도경찰국장 한경록의 지시사항은

① 1951년 1월 4일까지 37도선 이남으로 철수할 것, ② 12월 25일까지 37 도선 이남으로 배를 철수시키고 못 쓰는 배, 삿대, 노 등은 전부 소각시킬 것, ③ 우익인사들은 데리고 37도선 이남으로 후퇴할 것, ④ 전세가 불리하여 후퇴하게 되면 A급 범죄자의 경우 서장의 재량에 의해 처단하고, B급은 엄격히 교육하여 훈방 처리하되 다시는 노동당에 가담하지 않는다는 각오를 하도록 할 것 등이었다. 그 후 강화면·선원면·하점면 등 강화군의 전 지역에서 부역혐의자의 가족들이 각 지서와 우익단체 사무실로 연행되어 살해되었다. 윤기항 등 신원이 확인된 139명을 포함한 430여 명의 강화지역(강화도·석모도·주문도) 주민들은 인민군 점령 시기의 부역혐의자 및 그 가족이라는 이유로 집단희생당했다. 이들은 1·4 후퇴를 전후하여 강화향토방위특공대에 의해 특공대 본거지인 강화경찰서와 면 지서로 연행·구금되어 고문을 당한 뒤 갑곶나루, 옥림리 갯벌, 월곶포구, 돌모루포구, 철산포구, 온수리 사슬재, 선원 대문고개, 매음리 어류정(개학뿌리) 등으로 끌려가 처형당했는데 이 같은 민간인 집단학살은 강화군 12개 면에서 동시에 조직적으로 벌어졌다.

여주경찰서 유치장에 갇혀 있던 이포리 정오목·최병주 등 주민들이 1·4 후퇴 직전인 1950년 12월 말 하리 고려병원 뒤 양섬 강변에서 총살당했다. 능서면에서는 황씨 집안 주민들을 포함한 부역혐의자들이 치안대 등에 의해 여주경찰서 매류출장소 옆 창고에 감금되었다가 1951년 1월 초순 창고에서 끌려 나가 고령토 구덩이에서 총살당했는데 이들의 구체적인 신원은 확인되지 않았다. 발굴된 시신 일부가 인근에 매장되었다고 하나 봉분이 확인되지는 않는다.

남양주에서도 같은 시기에 학살사건이 발생했다. 경기도경찰국은 1950년 12월 15일 양주경찰서로 "관공서 직원, 우익 단체원, 경찰관 가족을 한

여주 능서면 매류리 고령토 구덩이

강 이남으로 피난시키며 특히 중요 물자 및 청장년을 계획적으로 수송하라'고 통첩을 보냈다. 이를 계기로 양주경찰서는 머지않아 이 지역이 다시 점령당할 경우 인민군에게 협조할 것으로 의심되는 주민들을 연행하기 시작했다. 12월 19일 진건지서 순경 강윤수는 지서 주임 이종설의 지휘에 따라 지서에 비치되어 있던 부역자 명부를 검토한 후 살해할 주민들의 명부를 만들어 오후 4시 20분경 진건면 향토방위대 감찰부장 장수남에게 전달했다. 그리고 향토방위대장 황한규 등은 이 명부에 따라 주민 229명을 연행하여 12월 19일 오후 7시경부터 다음날 오전 4시경까지 진건국민학교 뒷산에서 집단총살했다. 사건 발생 후인 12월 22일 의용소방대장 이계순이 진건지서에 진상규명을 촉구하자, 강윤수 순경은 "검거된 사람들을 강원도 헌병이 데리고 갔다"라며 사건을 은폐했다. 이계순은 다시 양주경찰서에 진정했으나, 양주경찰서장 가창현은 이를 알고도 수수방관하는 태도를 보이며 조사하지 않았다. 그는 12월 25일 밤에야 사건 현장에 나왔다가 합동수사본부가 조사하는 모습을 보고 아무런 조처 없이 돌아갔다. 다음날인 12월 26일 가창현은 이 사건을 경기도경찰국장 한경록에게 보고했다. 합동수사본부는 면장의 동생인 이준범의 신고에 의해 12월 23일 조사를 시작했으며 의용소방대장 이계순, 양주경찰서장 가창현, 사찰주임 차경전, 양주군수 서병익을 조사한 후 1951년 1월 2일 이상범 면장과 향토방위대원에 대해 "특별조치령 제3조 1호 또는 국방경비법 제32조 위반으로 기소처분" 의견을 제출했다. 학살을 막으려던 동생의 고발로 면장이었던 형이 처벌받는 결과가 되었는데, 그 후의 재판 여부나 재판 관련 자료는 확인되지 않으며 당시 연행된 진건지서장 이종설, 순경 강윤수의 행방도 확인되지 않는다. 이상범 면장은 이후 감옥에서 얻은 병으로 석방 직후 사망했다고 하는데, 유족들은 이 죽음 역시 억울한 것이었음을 호소하고 있다.

충북 음성 대소면 오산리에 1951년 1월 5일 제6사단 19연대가 주둔하게 되었다. 당시 19연대 헌병파견대는 대소면 국민방위군에게 지시하여 9·28수복 후의 부역자수자들을 대소국민학교로 집합시키도록 했다. 소집된 주민들은 헌병파견대와 국민방위군에 의해 분류되었으며, 1월 6일 오후 '갑'으로 분류된 주민들과 '을'로 분류된 주민들 중 일부인 59명 이상이 19연대 1대대 병력에 의해 대소국민학교 및 대소중학교 인근에서 총살당했다.

충남 서산에서는 1·4 후퇴 전에 경찰이 부역혐의자들을 트럭으로 소탐산으로 이송한 후 총살했다. 후퇴를 앞두고 끌고 갈 수 없어 살해한 것이었다. 경찰은 사람들을 앉혀 놓고 뒤에서 총을 쏘는 방법으로 살해했는데, 이 때문에 소탐산 골짜기에는 수십 구의 시신이 쌓여 있었다.

아산 신창면에서는 1951년 1월 15일 신창지서 주임 유해진 경사의 지휘를 받은 의용경찰 오씨와 정씨가 구금되어 있던 부역혐의자 중 임중빈 등 6명을 총살시켰고, 1월 9일 오후 4시 부역혐의를 받던 주민 11명이 창고에 감금당했다가 총살되었다. 배방지서 순경 한정우는 향토방위대장 한상익과 공모하여 1951년 1월 6일 오후 8시 부역혐의를 받던 배방면 주민 183명을 창고에 감금했다가 인근 금광굴에서 총살했다. 이 사건에 대해 1955년 한국일보는 "1·4 후퇴 시기 신창면 수리조합 창고 및 매봉산·염통산 골짜기 등에서 150명이 총살된 대대적인 집단학살 사실이 있었다"고 보도했다. 기사 내용에 따르면, 희생자들은 부역혐의자 및 그 가족들로서 신창지서 주임 유해진의 지휘를 받은 의용경찰대에 의해 부녀자를 비롯하여 노인, 갓난아이까지 살해되었다. 목격자는 "억울한 사람들을 30~40명씩 새끼줄로 엮어 산골짜기로 끌고 가는 것을 볼 때 가슴이 막혔지만 어떻게 해요. …기관단총인가 하는 것을 가지고 있었는데, 여기서 건너다보니 픽픽 쓰러지더군요"라고 증언하며 당시의 참상을 전했다. 그러나 사건 직후는 물론이고 전쟁 후 서울지방검찰청에서 사건조사를 나왔을 때에도 시신을 분간할 수 없어서 유해 수습조차 이루어지지 못했다.

(라) 2차 수복 후 피해사례

국군과 유엔군은 1951년 2월 10일 영등포를 재탈환했다.[70]

충북 음성 대소면에서는 1951년 2월 10일 복귀한 대소면 국민방위군 대장이 주민 20여 명을 삐라 배포 혐의로 잡아들여 대소지서 유치장에 감금했다. 이들 중 8명이 대소면 국민방위군에 의해 2월 23일과 24일 두 차례에 걸쳐서 오산리 뒷산에서 총살당했다.

여주에서는 1·4 후퇴 후 재수복되자 1951년 2월 18일 마래리 변사복 등이 치안대로 활동하면서 양평에서 피난 온 조문환 등 일가족 6명을 매류리 공동묘지(고령토 구덩이 옆)에서 총살했다.

해남에서는 1951년 2월 말 최기명이 산이지서장으로 부임하면서 1950년 10월 혐의가 없어 풀려났던 주민들을 다시 연행하기 시작했는데, 이 중 20여 명이 1951년 3월 14일 산이면 대진리 주산동 뻔지에서 살해되었다.

3) 재판에 의한 부역자 처리

(가) 법적 상황

당시 부역혐의자의 처벌에 적용되었던 법으로는 '국방경비법', '국가보안법'과 '비상조치령'이 있었다. 이 외에 12월 1일에야 공포되었던 '부역행위특별처리법', '사형금지법'이 있었는데, 이 법들은 부역자의 형량을 낮추거나 적용 시기를 제한하는 것을 목적으로 했지만 거의 적용된 사례가 없었다.

① 재판에 의한 부역자 처리과정

경찰서가 부역자를 A·B·C 3등급으로 구분하여 처리했다는 데 대해서는 증언과 자료가 모두 일치한다.

인민위원회 등 인민군 점령기에 북한 점령기구에서 종사했던 주민들은 수복 후 경찰의 지휘 아래 치안대 등 민간치안조직에 의해 연행되었다. 이들은 경찰서 사찰계 소속 경찰관에 의해 조사를 받았으며, 조사결과

A·B·C 등급으로 나뉘었다. 각 경찰서 사찰계에서 근무했던 경찰들의 증언에 따르면, A 등급은 임의처형(즉결처분), B 등급은 재판 송치, C 등급은 보류 상태로 두었다고 한다. 즉, 경찰과 치안대에 의해 연행당한 주민들은 경찰서에서 조사를 받은 후 임의처형되었거나 재판소로 이송되었다고 볼 수 있다. 이때 임의처형당한 희생자들이 곧 부역혐의자 희생사건의 '부역혐의자들'이었으며, 법원으로 이송되어 재판을 받은 주민들이 '부역자'들이 되었던 것이다.

당시 고양경찰서는 계엄사령부 관할 합동수사본부의 지휘를 받아 부역자를 처리했다.

② 합동수사본부의 A·B·C 등급 구분과 처리

경찰서에서 B급으로 판단된 부역혐의자들은 작성된 조서와 함께 합동수사본부로 이관되어 다시 A·B·C 등급으로 구분되었다. 합동수사본부의 방침에 따르면 A 등급은 군법회의 송치, B 등급은 지방법원 송치, C 등급은 훈방이었다고 한다.

당시 합동수사본부 심사실장이었던 정희택은 이렇게 증언하고 있다.

"부역자를 A·B·C의 셋으로 구분했는데, 나에게 조서가 넘어온 부역자 중 살기 위해 할 수 없이 부역했고 죄상이 악질이 아닌 자는 대부분 C를 매겨 훈방했습니다. 그러나 적의 앞잡이가 되어, 숨어 있는 사람을 고발했다든가 적극적으로 공산 측에 붙어 악질적인 행위를 한 자는 A로 돌려 군사재판을 받게 했지요."[71]

합동수사본부 오제도 검사는 이렇게 말했다.

"합동수사본부에서 다룬 부역자가 모두 약 1만 8천 명이었던 것으로 기억하는데, A·B·C 3등급으로 나누어 처리했어요. 죄상이 좀 가볍다고 해서 지검으로 보낸 B급들이 군재(군사재판)로 보낸 A급들이나 다름없이 엄벌을 받은 것은 좀 난센스였어요."[72]

한편, 국가기록원에서 보관하고 있는 1950년 10월부터 1951년 4월까지의 형사사건기록(관리번호 BA0798104~BA0804603)은 합동수사본부에서 조사한 후 '특별조치령 위반'으로 서울지방법원에서 재판을 받은 경우로서, A급으로 분류되어 기소된 경우는 거의 없으며 대부분 B급으로 판정받은 주민들이었다. 이는 A급으로 판단된 경우는 군사재판으로 보냈다는 진술을 뒷받침하는 결과로 보인다. 재판을 받은 B급 인사들 중 상당수는 수형생활을 2~3개월 정도 하다가 옥사한 것으로 확인되는데, 사망원인으로는 아사(餓死)가 많았던 것으로 보아 당시 수형생활이 얼마나 가혹했는지 짐작할 수 있다.

③ 부역자 처리과정의 일원화

합동수사본부에서 근무했던 양한모는 부역자 처리과정에 대해 다음과 같이 증언하고 있다.

"우선 자치대나 민간인들이 산발적으로 미리 잡아 놓은 부역자들을 시경과 각 경찰서로 집결시켰습니다. 그리고 우리 요원들이 직접 나가서 한 사람 한 사람씩 심사를 해서 훈계방면도 하고 군법회의에 회부하기도 했어요."[73]

이로 보아 부역자 처리가 합동수사본부의 일관된 지휘 아래 벌어진 것으로 짐작된다. 또한 부역자 처리라는 이름으로 자행된 민간인 학살 역시 이들의 지휘 아래 저질러진 것임을 알 수 있다. 한편, 일선의 경찰관들이 합동수사본부에 파견되어 자기 소속 경찰서 관할구역의 부역혐의자 처리를 담당한 사례도 확인된다.

(나) 군·검·경 합동수사본부

이승만 정부는 1950년 10월 4일 계엄사령관의 지휘 하에 계엄고등군법회의를 설치토록 했으며, 이와 함께 합동수사본부를 설치하여 부역자의 체포와 기소 임무를 전담시켰다.[74] 합동수사본부는 계엄사령관의 지휘 아래에 있었기 때문에 군은 수사 협조를 위해 검찰과 경찰로부터 인력을 파견받았다. 이들은 10월 13일부터 본격적인 활동을 시작하여 10월 28일까지 9,984건을 심사·처리했다고 한다.[75]

이들은 1·4 후퇴 시기에 부산으로 이전하여 활동했다. 이에 대해 당시 경남북지구 계엄민사부장이었던 김종원 대령은 다음과 같이 말하고 있다.

"1951년 1월 8일 서울로부터 온 합동수사본부는 대구에 있는 계엄사령부 지휘 하에 본부를 대구에 설치하고 부산에는 파견대를 설치하고 있었다. 그리고 계엄사령부 합동수사본부가 상경할 때까지 수사기관 업무를 일원화하기 위하여 경남북지구 계엄민사부 합동수사본부는 2월 1일부로 해체했다. 차후 경남북에 있어서의 부역자 처단은 전적으로 계엄사령부 합동수사본부에서 개시하게 되었다."[76]

위의 진술로 미루어 볼 때 합동수사본부는 계엄사령부 산하 합동수사본부와 지구계엄사령부 민사부 산하 합동수사본부로 구분되어 활동한 것으로 보인다.

시간이 흐를수록 합동수사본부의 핵심기관인 군 CIC와 파견기관인 검찰·경찰 사이에 갈등을 빚어졌다. 그 결과 검찰과 경찰은 1951년 초에 원직으로 복귀했다. 그 후 합동수사본부는 CIC 등 군 수사기관을 중심으로 운영되면서 무한권력을 전횡하다가 1951년 5월 24일 국회의 의결에 의해 해체되기에 이르렀다.[77]

1951년 4월 29일 김종순 의원 외 28명으로부터 '합동수사본부 해체에 관한 결의안'이 제출되었는데, 해체의 이유는 다음과 같다.

1. 법률적 근거 없이 설립된 수사기관인 것.
2. 범죄수사의 사실적 협력이 아니라 한 개의 독립기관화한 것.
3. 최초 설립 당시의 목적을 초월하여 그 권한이 월권적으로 자행되는 것.
4. 일반범죄 수사는 법무부 검찰기관 영도 하에 일원화되어야 할 것.
5. 군기 숙정과 군인의 범죄수사에 대하여는 따로 강력한 입법조치를 강구할 것.[78]

국회의 결의안은 "법률적 근거 없이 설립된 합동수사본부가 독자적인 수사권을 갖는다는 것은 분명히 위헌이며, 설령 불가피한 사정으로 동 기관을 인정한다 해도 동 기관이 군사적 필요에 의한 것이라는 본래의 설립목적을 일탈한 월권행위가 자행되고 있을 뿐 아니라… 인권 유린의 작태를 근절하기 위하여 합동수사본부를 해체"하자는 것이었다. 이 결의안은

1951년 5월 2일 국회 본회의에서 94대 1로 가결되었다.[79] 그런데 이는 당시 계엄해제결의안과 함께 가결된 것으로서, 합동수사본부의 병폐에 대한 것만이 아니라 계엄 상황 전반에 대한 문제제기였던 것으로 보인다.

① 합동수사본부의 기원

합동수사본부는 '부역자 색출 및 처단'을 목적으로 군·검찰·경찰이 합동한 수사기관이었다. 그러나 실제로는 CIC(육군 방첩대)를 중심으로 한 조직으로서 마치 김창룡의 사조직처럼 활동했다. 그 연원은 미군 제971 CIC까지 올라간다.

대한민국 정부가 수립되자 이승만 정부는 1948년 8월 16일부터 9월 18일까지 미군정으로부터 권력을 이양받았다. 이미 이를 준비하고 있었던 이승만은 미군 제971 CIC를 모방한 한국 CIC를 조직하기로 결정했다. 국군보안사령부에서 발간한 〈대공 30년사〉를 분석해 보면, 이승만은 두 갈래의 경로로 CIC 등 독립된 정보기관을 만들고자 했던 것으로 보인다.

첫째 경로는 미군 제971 CIC가 만들었던 '한국조사국(Koren Research Bureau)'을 통하는 것이었다. 미군 제971 CIC는 1948년 7월 중순 이미 근무하고 있던 한국인과 경찰관 60여 명을 모집하여 '한국조사국'이라는 이름 아래 서울 경찰전문학교에서 6주간의 교육을 실시했다. 그런데 이 조직이 정적 탄압을 목적으로 만들어진 것이라며 국회가 반대하자 이승만은 '대한민국 감찰부'(초대 총감 민정식)라는 명칭으로 미 제971 CIC 별관에서 따로 창설하였고, 1949년 3월 3일 대통령령 제61호에 의해 국무총리 직속기관인 '사정국'으로 공포하여 활동하게 했다. 그러나 1949년 10월 22일 이들에 의해 불법고문 사건이 저질러지자 대통령령 제117호에 의해 해체되었다.[80]

둘째 경로는 육군 정보국 3과를 통한 것이었다. 미군 제971 CIC는 '한 국조사국'과 별도로 1948년 9월 한국군 내 CIC 창설을 구상하고 1948년 5월 27일 특별조사과로 창설된 정보국 3과로 하여금 미군의 CIC 임무를 수행하도록 했다. 그 뒤 정보국은 1948년 10월 CIC 훈련을 위하여 각 연 대 정보과에 근무하는 장교 및 간부 33명을 소집하여 서울 중구에 위치 한 일본신사(장충단 박문사)에서 교육을 시켰다. 이들이 10월 31일부터 CIC 기능을 수행함에 따라 미군 제971 CIC 파견대는 12월 미국으로 복귀 했다고 한다. 이승만 정부는 1948년 11월 1일 정보국 3과인 특별조사과를 SIS(Special Investigation Section, 부대장 김안일 대위)로 개칭했고, 1949 년 10월 10일 정보국 산하 SIS에 '군경합동수사본부'를 설치했다. 1949년 10 월 20일 SIS는 명칭을 CIC로 변경했다.[81]

전쟁 발발 후에는 CIC도 부산으로 옮겨 갔는데, 1950년 8월 1일 부산 CIC 대장으로 김창룡이 임명되었다. 9·28 수복 직후에는 서울로 이동하 여 경인지구 CIC를 설치하게 되었다. 그리고 10월 4일 경인지구계엄사령관 명령에 의해 서울 국일관에 합동수사본부(본부장 중령 김창룡)가 설치되 었다. 한편 방첩대 CIC는 1950년 10월 21일 국본(육군본부) 일반명령 제 91호에 의해 정보국으로부터 완전 독립되어 육군본부 직할 특무부대(통 상 명칭 1348부대, 부대장 김형일 대령)로 창설되었다.[82]

CIC의 전신인 SIS에 참가했던 이세호는 당시 상황에 대해 다음과 같이 증언하고 있다.

정보의 '정' 자도 모르는 내가 느닷없이 SIS 요원으로 발탁되어 1948 년 8월 20일부터 그해 11월 20일까지 약 3개월간 장충단에 위치한 박 문사(博文寺, 이 절은 이등박문을 추모하기 위해 일제가 세운 절로 지금의 신라호텔 면세상가 자리)에서 특수 정보교육을 받게 되었다. 이때 나와 같이 교육을 받은 사람들은 거의가 이미 정보계통의 경험이 많았던 사람들로, 동기생 중에는 김안일 대위와 김창룡 중위도 포함되어 있었다. …1948년 10월 20일 05시에 SIS에 비상소집이 발령되었다. 그 당시 우리들은 교육기간이 끝나지 않은 상태였으나 교육을 중단하고 총사령부 정보국으로 모이라는 지시로 영문도 모른 채 국장실에 소집되었다. …뜻밖에도 여수 14연대 반란사건이 발생했다는 것이었다. 그리하여 나에게는 그 즉시 남부지구전투사령부인 제5여단의 호남지구 SIS 대장으로 임명되어 전남 광주의 제4연대로 6명이 파견되었다. (나는) 광주 14연대에 도착하면서 우선 장교·하사관·사병 등을 구금할 수 있는 포로수용소를 설치했다. …연일 압송되어 오는 수많은 반란혐의자들을 우리 SIS 요원들만으로 도저히 감당할 수 없어 광주경찰서 수사요원들까지 총동원하게 되었고, 이분들의 지원으로 밤낮없이 이들 반란군을 신문·조사했다. …제주의 4·3사건, 여순반란 및 나주사건 등을 감안하여 정부 차원으로 이러한 사태를 제재함은 물론 근본적으로 예방하고 방지할 수 있는 법률의 제정이 필요하다고 판단, 마련한 것이 국가보안법이다. 이 국가보안법은 1948년 12월 1일부터 발효됨에 따라 이 법률에 의해 육군 정보국에서는 특별수사과를 설치했다. 1949년 1월 2일에는 특별수사과 예하에 15개 파견대를 두고 1949년 1월 20일부터 숙군작업을 시작하기에 이른다. 또한 정부에서는 1949년 10월 19일 남로당 등 좌익계의 정당 및 사회단체들의 등록을 취소시키고 공산당을 불법단체로 규정했다. 또 육군에서는 육군 정보국 특별수사과를 특무대(SIS, 대장 김안일 대위)로 이름을 바꾸는 동시에 군경합동수사본부를 설치하는 등 조직을 강화하

고 업무를 확대하기 시작한다.[83]

② 경남지구계엄사령부와 경남지구 CIC의 활동

부산에 있던 경남지구 CIC 본부(본부장 김창룡 중령)는 1950년 8월 9일 피난민 등 민간인을 상대로 사찰 및 수사활동을 하고 있었다.[84]

경남지구계엄사령관 김종원은 8월 29일 경남지구 CIC를 중심으로 군·검·경의 조사기관을 일원화하며 중요 사건은 CIC 본부에서 취급하기로 결정하고, 9월 4일 경남지구 CIC 대장을 중심으로 검찰과 경찰 등 각 기관에서 파견된 1명씩의 보좌관으로 구성한다고 발표했다. 구체적으로 국가보안법 위반행위는 CIC 대장의 지휘 아래 조사하며, 일반범죄 사건은 계엄사령관의 지휘 아래 헌병이 취급한다는 것이었다.[85] 경남지구계엄사령부는 인천상륙작전 직후인 9월 16일 업무를 중지했으며, 계엄사령관 김종원은 헌병부사령관으로 복귀했다.[86]

③ 합동수사본부의 활동

9·28 수복 직전까지 군·검·경은 부산 광복동 삼일사(三一社)에서 합동으로 정보활동과 수사활동을 하고 있었다. 인천상륙작전으로 국군 수복이 가능해 보이자 당시 군에서는 김창룡, 검찰에서는 오제도, 경찰에서는 양한모가 참여하여 수복 후의 부역자 처리 문제에 대해 논의했다. 논의 결과 이들은 부역자 처리 문제에 대해서 부역자 처리요강을 만들어 국방부장관에게 제출했다. 그 후 부산에서 활동하던 요원들이 그대로 서울로 올라와 합동수사본부를 국일관에 설치하고 경인지구계엄사령관의 지휘 하에 일을 시작했다.[87]

합동수사본부와 CIC의 수사활동은 가혹하기로 널리 소문이 날 정도였으며 심지어 이승만에게까지 전해졌다. 이에 이승만이 1950년 11월 17일 "피의자 혹은 사형자를 잡아다 악형해서 죽게 만들며, 심지어는 군경이 조선호텔 근방에서 고문을 하여 호텔에서 자는 사람들이 밤에 잠을 이루기 어렵다는 소리까지 나오게 되니…"라고 할 지경에 이르렀다.[88] 조선호텔 맞은편 건물에는 전쟁 전부터 CIC가 '대륙공사'라는 간판을 달고 활동하고 있었다.[89]

강화경찰서도 경인합수부로 경찰관을 파견하여 강화치안대·대한청년단·지서 등에서 취합한 강화 부역혐의자 관련 서류 2,600건을 분류하고 검토하는 작업에 직접 관여했다. 당시 이 서류에는 A급은 총살, B급은 경기도경찰국으로 이송 후 재판, C급은 훈방으로 분류되어 있었는데, 2,600건 중 A급은 200건, B급은 400건, C급은 2,000건이었다고 한다.[90]

치안국 소속 경감으로서 합동수사본부에서 근무했던 양한모는 "시경·치안국·군특무대·검찰에서 상당수의 인원을 차출받아 각 부서를 편성했어요. …우선 자치대나 민간인들이 산발적으로 미리 잡아 놓은 부역자들을 시경과 각 경찰서로 집결시켰습니다. 그러고는 우리 요원들이 직접 나가서 한 사람 한 사람씩 심사를 해서…"라고 했다.[91]

경인지구계엄사령관 이준식 준장의 1950년 10월 11일 담화에 따르면, 경인지구계엄사령부에 1950년 10월 4일 경인계엄사령군 제1호로 계엄고등군법회의가 설치되었으며 관할 사건은 내란에 관한 죄, 외환에 관한 죄, 이적죄, 간첩, 국가보안법 위반사건 중 중범사건이라고 했다.[92]

④ 부역자 처리의 부작용

유병진 판사의 회고에 따르면, 떡장사를 인민위원회 서기로, 여맹위원장 추대를 거부한 보도연맹원을 여맹위원장으로, 남편이 국회 프락치 사건

의 해당 국회의원이었다는 이유만으로 그의 처를 부역자로 기소했다고 한다.[93]

1950년 10월 이후 전국 형무소에서 비상조치령 위반죄, 또는 국방경비법 위반죄로 재판을 받은 주민들 중 대부분이 고문 등에 의해 조작되었거나 누명을 쓰고 실형을 받은 사례가 확인된다. 대표적으로 부여의 전재홍은 인민군 점령기인 1950년 7월 같은 마을의 우익인사 라권집을 살해했다는 이유로 계엄고등군법회의에 의해 사형판결을 받아 형이 집행되었다. 그러나 라권집은 1950년 9월 후퇴하던 인민군 측에 의해 서천등기소에서 살해되었는데 전재홍과는 상관이 없었음이 확인되었다.[94]

이승만 정부가 행한 부역자 처리의 첫 번째 과정은 각 경찰서에서 이루어졌다. 이 과정에서 여러 가지 문제점이 발생했는데, 가장 큰 문제는 수사기관의 과잉대응과 진짜 부역자들의 치안활동이었다.

이에 대해 정희택(합동수사본부 심사실장, 보도연맹 지도)은 "평소의 감정을 이 통에 풀어보려고 무고를 일삼는 거예요. 이것을 가려내기에 애먹었어요. 초기에 수사기관들의 과잉수사나 월권이 어느 정도 있었던 것도 인정합니다"라고 했다.[95] 오제도(합동수사본부 지휘부 검사)는 "10월 초에 서울에 와서 보니까 부역자 처리가 엉망이에요. 완장을 두른 자치대원들이 경찰과 협동해 부역자들을 잡아들이는데, 알고 보니 이 자치대원들 중에 일부는 진짜 부역자들이 꽤 있어요. 이자들이 자기 죄를 은폐하기 위해 자기 죄를 아는 사람들을 부역자로 몰아 체포한 사례가 꽤 있었어요"라고 했다.[96]

합동수사본부장 김창룡은 1950년 10월 29일 담화를 통해 국군 수복 초기 부역자의 가족들을 무조건 구속한 것과 부역자였던 치안대원 혹은 자위대원이 자기 죄상이 폭로될 것을 두려워하여 우익인사를 체포·구속

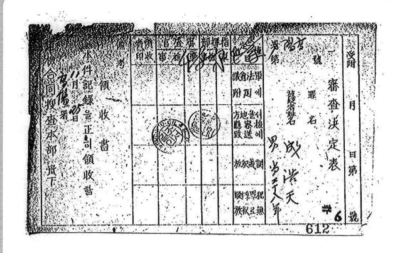

1950년 11월 고양경찰서에서 합동수사본부에 제출한 심사결정표. '서울지방검찰청에 송치'에 도장이 있는 것으로 보아 이 주민은 B급 판정을 받은 것으로 보인다.

한 사실을 인정하는 한편, 이를 구별하려는 노력 때문에 석방률이 높아졌다고 자화자찬했다.[97]

1950년 11월 합동수사본부의 김창룡과 오제도는 인민군 측 내무서원 등으로 부역했던 주민들이 국군 수복 후 치안대원이 되어 활동한 문제점에 대해 다시 한 번 지적했다. 김창룡은 "보안서원이라든가 내무서원으로서 일했던 놈들이 우리 정부가 들어오자 즉시 자치대니 이런 것을 만들어 가지고, 자기 신변이 위험하지 않을까 해서 …지하에 숨어 있는 사람들이 나오게 되면 자기를 붙잡아 갈까 봐 그것이 무서워 애국자를 잡아다가 집어넣은 일이 많아요"라고 했고, 오제도 역시 "자치대·치안대에 편입되어 가지고 자기의 죄를 은폐하기 위해서 애국자까지 잡아들인 일이 있어요"
라고 하여 당시 부역자 처리과정의 문제점에 대해 인정한 바가 있다.[98]

그런데 김창룡과 오제도는 고양지역을 비롯하여 경기도와 전국에 걸친
부역혐의자 학살사건이 벌어질 당시 그 사건의 처리기관인 합동수사본부
의 최고지휘자들이었다. 이들이 1950년 10월 말에 부역자 처리과정의 문
제점을 공론화한 것은 이 시기 이후부터 부역자 처리가 다음 단계에 돌입
했음을 의미하는 것으로 보인다.

합동수사본부의 부역자 처리활동은 1·4 후퇴로 인해 부산으로 사무실
을 옮긴 후에도 계속되었다. 합동수사본부는 부산 동광동 31사적(舍跡)
에 사무실을 두고 활동을 계속했다.[99]

(다) 군법회의

① 군법회의 개원

부역자 검거 및 기소는 합동수사본부에서 담당했지만 법령상의 재판권
은 군법회의에 있었다. 비상계엄 하에서 재판은 군법회의로 이루어졌는데,
서울시에는 중앙계엄고등군법회의와 서울지구계엄고등군법회의 등에서 8
명의 판사가 동원되어 재판이 진행되었다. 중앙고등계엄군법회의는 1950
년 10월 21일부터 서울지방법원 소년부지원 자리에서 개원했다.[100]

그러나 최소 1만 5천 명에 달하는 재판을 2개 군법회의에서 진행하는
일이 물리적으로 불가능해지자 1950년 11월 중순 결국 서울지방법원과 같
은 민간 법정에서도 재판이 진행되었다.

당시 육군중앙고등군법회의 검찰관이었던 이용석은 이렇게 증언하고
있다.

"우리는 10월 10일께 부산에서 올라와 현 서울지방법원 신관 자리에 군법회의를 개정했어요. 그때 군법회의는 검찰관 7~8명, 재판장과 법무관 4~5명이 나와서 단심제의 합의재판 형식을 취했어요. 하루에 100건 이상을 기소 판결했습니다. 현재의 즉결재판과 비슷한 약식재판이었지요. 합동수사본부에서 넘어온 부역자들을 복도에 주욱 세워 놓고 조서 내용을 심리했어요. …어떤 때는 하루에 300건도 처리한 적이 있어요. 우리는 무슨 위원회나 동맹의 장(長) 자리에 있던 부역자들은 무조건 사형을 구형하기로 방침을 세웠어요. 하루 판결 건수의 5분의 1정도가 사형을 받았습니다. 처형장은 신촌 뒷산이었어요. 형장 부근에 주둔하고 있던 영국군 부대에서 형장을 다른 데로 옮길 수 없느냐고 육본에 부탁한 일도 있었어요." [101]

당시 육군본부 법무감이었던 양정수 대령도 이에 대해 언급한 바 있다.

"부역자를 다루는 군법회의는 두 개 있었습니다. 이호 계엄사령관의 지휘를 받는 계엄고등군법회의와 우리 육본 법무감실이 관장하는 육군중앙고등군법회의가 그거죠. 합동수사본부에서 넘어오는 중요한 부역자들은 대부분 김종만 중령이 법무부장인 계엄고등군법회의에서 재판을 했어요. 물론 우리 육본 군법회의에서도 상당수의 부역자를 재판했지만 거물급 부역자나 큰 사건은 별로 다루지 못했습니다." [102]

② 군법회의 재판 결과

내무부 치안국이 발간한 〈경찰 10년사〉에 따르면, 이렇게 하여 연행된 부역자 총수는 검거 인원 153,825명, 자수 인원 397,080명으로 모두

550,905명에 달했으며, 그 중 인민군 1,448명, 중공군 28명, 유격대 9,979명, 노동당원 7,661명 등 일부 의식분자 19,116명을 제외하고는 대부분이 적의 강압에 의해 할 수 없이 부역한 자로 보였다고 한다.[103]

이 자료를 토대로 볼 때, 부역자 처리가 재판에 의해 합법적으로 진행되었다면 일부 의식분자인 19,116명은 재판에 의해 판결을 받았을 것이고, 나머지 가벼운 부역자에 해당하는 531,789명은 석방되었어야 마땅할 것이다. 그러나 고양지역에서 확인되는 희생자 수만 보아도 재판에 의해 처리된 부역자보다 부당하게 학살당한 부역혐의자 수가 월등히 많았음을 알수 있는데, 이로 미루어 볼 때 531,789명 중 상당수는 학살당했을 것으로 추정된다.

부역자 재판은 서울 수복 후 한 달이 채 되지 않은 1950년 10월 말부터 시작되었다. 10월 4일부터 11월 3일까지 한 달 동안 색출·신문 후 재판받은 부역자 가운데 180여 명이 사형을 언도받았는데, 그 가운데 소위 '악질부역자' 26명이 11월 7일 사형당했다. 당시의 신문기사가 이 소식을 전하고 있다.

"…따라서 계엄사령부 계엄고등군법회의를 비롯한 법무감 서울지방법원 등에서는 지난 10월 4일부터 11월 3일까지 1개월간에 걸쳐 180여 명에 대하여 사형언도가 있었거니와, 그 중 전 고대 교수이며 적구 침입 시에 영어 방송을 한 이인수를 비롯하여 26명 등은 11월부터 계엄고등군법회의 명령 제25·26·27·28·29·30·31·32호에 의하여 지난 7일 시외 모처에서 사형집행을 했다고 한다."[104]

신문은 이어서 11월 7일 사형집행을 당한 시민들이 이인수[105]·안익조

(제7사단 헌병대 중령) · 이상선 · 유화준 · 김우영 · 유승녀 · 조재윤 · 김동경 · 강도춘 · 박희철 · 공석선 · 김주영 · 손선학 · 김동섭 · 이개숙 · 김명균 · 김갑봉 · 문상길 · 박재순 · 방춘식 · 김홍만 · 김진섭 · 황을상 · 안석항 · 안태식 외 1명이라고 밝히고 있다.[106]

1950년 11월 23일까지 계엄사령부가 집계한 부역자 재판의 사형 선고자는 총 877명이었으며, 그 중 161명에 대해서는 이미 사형을 집행했다. 중앙고등군법회의는 169명에 대해 사형을 선고하여 96명의 형을 집행했고, 서울지구고등군법회의는 475명에 대해 사형을 선고하여 65명의 형을 집행했으며, 서울지방법원에서 233명에 대해 사형을 선고했으나 그때까지 형을 집행한 경우는 없었다.[107] 이 통계는 서울 · 경기지역의 경우만 해당되는 것으로 다른 지역 지방법원의 경우는 빠져 있다.

미 국무부는 합동수사본부에 의해 처리된 부역자 수에 대해 다음과 같이 보고하고 있다.

1950년 11월 8일 합동수사본부는 17,721명을 체포하여 7,588명을 석방하고, 7,748명을 민간 법원으로, 2,192명을 군법회의로, 193명은 인민군 포로로 헌병대에 넘겼다.

민간 법원으로 배정된 주민 중 3,457명은 석방되고 2,682명은 재판이 진행 중이다. 1,609명이 유죄판결을 받았는데 ① 사형 353명, ② 무기징역 239명, ③ 10년 이상 징역형 596명, ④ 10년 미만 징역형 188명, ⑤ 무죄 233명이었다.

군법회의로 이송된 2,192명 중 1,387명이 계엄고등군법회의로 넘겨졌는데, 이 중 1,330명은 유죄였다. 유죄를 받은 사람의 수는 ① 사형 713명, ② 무기징역 304명, ③ 20년 징역형 6명, ④ 15년 징역형 127명,

⑤ 10년 징역형 134명, ⑥ 5년 징역형 46명, ⑦ 집행유예 57명이었다.

그 외 중앙계엄고등군법회의로 보내진 805명의 재판 결과는 ① 사형 232명, ② 무기징역형 28명, ③ 20년 징역형 64명, ④ 15년 징역형 44명, ⑤ 10년 징역형 113명, ⑥ 5년 징역형 77명, ⑦ 1년 이상 징역형 66명, ⑧ 1년 미만 징역형 27명, ⑨ 집행유예 154명 이었다.

이상을 종합하면 ① 사형 1,298명, ② 무기징역형 571명, ③ 20년 징역형 70명, ④ 15년 징역형 171명, ⑤ 10년 이상 징역형 843명, ⑥ 10년 미만 징역형 188명, ⑦ 5년 징역형 123명, ⑧ 1년 이상 징역형 66명, ⑨ 1년 미만 징역형 27명, ⑩ 무죄 233명, ⑪ 훈방 11,256명, ⑫ 헌병 인도 193명, ⑬ 미결 2,682명이다.[108]

한편, 법무부 검찰국은 1950년 6월 25일부터 1951년 3월 31일까지의 범죄 일람표에서 비상조치령 위반으로 기소된 자가 9,458명, 국가보안법으로 기소된 자가 1,047명이라고 밝히고 있으며, 서울의 경우 비상조치령 위반으로 기소된 자가 5,121명이라고 집계하고 있다.[109]

1950년 11월 27일 〈부산일보〉는 25일 서울발 UP통신(대한)을 인용하여 '부역자 322명 사형 집행'이라는 제목의 기사를 전하고 있다.

"한국 정부는 공산주의에 협력한 혐의로 체포되어 유죄판결을 받은 877명 중 322명에 대한 사형을 집행했다고 25일 다음과 같이 발표했다. '서울지방재판소에서 사형을 선고한 322명의 공산당 협력자는 24일 형을 집행했다. 11월 2일까지에 공산주의자에 협력한 탓으로 전 한국에서 고발된 피고의 수는 2만 4,441명이며, 그 중 여자가 3,820명에 달하고 있다. 이 중 5,677명은 이미 석방되었으며, 2,169명은 심의 중

	합수부	계엄고등군법회의	중앙고등군법회의	민간 법원	합계
사형		723	232	353	1,298
무기징역		304	28	239	571
20년		6	64		70
15년		127	44		171
10년 이상				596	596
10년		134	113		247
10년 미만					188
5년		46	77		123
1년 이상			66		66
1년 미만			27		27
무죄				233	233
집행유예		57	154		211
훈방	7,588			3,457	11,045
헌병 인도	193				193
미결				2,682	2,682
합계					17,721

재판에 의한 부역자 처리현황 (1950년 11월 8일 기준)

에 있다. 방금 경찰 당국에서는 4,568명의 기소를 준비 중에 있다."[110]

③ 재판의 문제점

당시 계엄고등군법회의 검찰과장이었던 최영환 소령은 이렇게 증언했다.

"9·28 수복 때부터 1·4 후퇴까지 3개월간 군법회의에서 부역자 처리를 할 때는, 국가의 초비상시기로서 현 시점에서 볼 때는 기소유예나 또는 집행유예 정도의 처벌을 받을 범죄도 5년 정도의 실형을 받았습니다. 합동수사본부에서 군법회의 검찰부로 송치해 온 소위 A급 부역자들은 다시 A·B·C·D·E의 5급으로 세분해 처리했어요. D·E는 지검으로 이송하고 A·B·C급만 군법회의에 붙였지요. 군재(軍裁)에서 사형을 선고하면 모두 계엄사령관의 확인을 받아 사형이 집행됐어요. 사형확인을 못 받은 일은 없었어요. 어느 분은 A급 중 50~200명선이 사형을 받은 것으로 말합디다만 그보다 훨씬 많았습니다. B급은 5년 이상 15년까지의 해당자였고, C급은 그 이하인데…." [111]

증언 자료에 따르면, 1·4 후퇴 시기의 재판은 즉결처분과 다름없었다고 한다. 1950년 10월 12일 연행된 김복연은 사직공원 총살형장에서 총살을 면하고 종로경찰서로 이송되어 검사의 신문을 받은 후 12월 2일 1회 공판만으로 형이 확정되어, 1974년 4월 6일 출소했다. 김복연은 1950년 12월 30일경 대구에 도착했을 때, 수많은 죄수들을 세워 놓은 채 산더미 같은 서류를 쌓아 놓고 누구는 사형, 누구는 무기징역형이라고 선고하는 모습을 목격했으며, 본인도 이런 절차에 의해 무기징역형을 선고받았다고 했다. [112]

최근에는 당시 운용되었던 군법회의의 헌법적 근거가 없어 위헌이라는 주장이 제기되고 있다. 헌법학자 오동석은 이 문제에 대해 다음과 같이 지적하고 있다.

"대한민국 헌법 제정 이후 군사재판을 관할하는 기관으로서 군법회의가 운용되었지만, 1948년 헌법은 그에 대한 규정을 두고 있지 않아 군법회의에 대한 위헌론이 제기되었다. 특히 1949년 4월 21일 법무부장관 이인은 국방부장관에게 문서를 발송하여 1948년 헌법 아래에서 군법회의 위헌성을 지적했는데, 그 까닭은 법관이 아닌 현역 군인이 재판부에 참여하고 있어서 법률이 정한 법관에 의하여 재판을 받을 권리를 침해한 것이며 그리고 대법원을 최고심으로 하고 있지 않으므로 대법원을 최고법원으로 하는 법원에 재판권을 부여한 헌법 규정 (제76조)을 위반한 것이라는 것 때문이었다. 그리고 1948년 11월 30일 법률 제9호 '국군조직법' 제20조 제2항은 '군인 군속에 대한 심판은 군법회의에서 행하며 죄와 심판의 수속은 따로 법률로써 정한다'고 규정하고 있었다. 이에 대하여 이인은 국방경비법은 미군정 아래에 제정된 법규로서 1948년 헌법 제100조에 따라 헌법에 저촉되지 아니하는 한 효력을 가지는 것임에도 불구하고 재판을 받을 권리 등을 침해함으로써 헌법을 위반하고 있다는 의견을 제출한 것이었다. 국방경비법은 그 존재 및 효력 여하가 문제였을 뿐만 아니라, 그 제32조 및 제33조에서 적용 대상을 '여하(如何)한 자'로 표현하고 있음을 근거로 하여 이를 민간인에 대한 재판의 근거로 삼았던 것은 명백한 헌법 위반이다."[113]

1994년 금정굴 현장 안내문. 1993년 발족한 유족회는 이 안내문을 세운 다음해,
1995년 9월 현장 발굴에 나선다.

제3장
고양지역에서의
민간인 학살

1. 고양지역의 전쟁 전 사회상황[114]

8·15 해방 직후 고양지역에서도 건국준비위원회 등 자주독립국가 건설을 목적으로 정치·사회단체가 조직되어 활동했으며, 농민들은 농민조합에 가입하여 활동했다.[115]

미군정은 친미 우익세력을 결집시키기 위해 1946년 10월 9일 민족청년단(단장 이범석)을 결성하도록 지원했으며, 이승만은 자신의 지지기반 확대를 위해 1947년 9월 21일 대동청년단(총재 이승만, 단장 이청천)의 결성을 지원했다. 이에 따라 고양지역에서도 대동청년단이 만만치 않게 조직되어 있었다.[116] 자료에 따르면 고양지역의 초대 대동청년단 단장은 이경하였으며, 간부 및 단원은 이은칠·강금로·강영신·김금룡·강홍환·이진·최의현(마두리 단장, 금정굴 사건 희생자) 등이었다.[117]

1946년에 발생한 9월 철도총파업 사건과 이어 발생한 대구 10월 사건은 전국적으로 확산되었다. 경기도 지역에서도 10월 20일경부터 시위가 발생했으며, 이듬해인 1947년 2월 16일 원당면에서 우익계인 대한독립청년단원과 좌익계인 민주청년동맹원이 충돌한 일이 있었다.

본격적인 갈등은 남과 북의 단독정부 수립과정에서 발생했다.

1947년 미군정은 제2차 미소공동위원회가 결렬됨에 따라 남한만의 단독정부를 수립하려고 했다. 그러자 1948년 2월 7일 남한만의 단독정부 수립을 반대하는 '2·7 투쟁'이 전국적으로 벌어졌다. 고양·파주·포천 등에서도 2월 7일과 8일에 걸쳐 500여 명의 농민들이 연대하여 군중시위를 벌였다.[118] 고양지역에서 5·10 선거 시기에도 갈등이 있었을 것으로 보이나 아직까지 구체적인 사례는 찾지 못하고 있다.

남한만의 단독정부 수립을 위한 5·10 선거를 앞두고 이승만과 미군정은 부족한 경찰력을 지원하기 위해 1948년 4월 17일 각 지역 단위의 향보단(鄕保團)을 조직했다. 조병옥은 "남조선의 13,800여 개의 선거사무소를 3만 5천의 경관으로 경위하는 것은 불가능"하기 때문에 향보단을 설치하게 되었다고 말했다.[119] 향보단은 경찰 직속기관이 아니라 자치기관이었음에도 향보단원에 대한 훈련 및 비상시 지휘명령권은 각 경찰서장에게 있었다.[120]

향보단은 부정선거과 폭력행사로 많은 폐해를 낳았다는 비판을 받고 1948년 5월 25일 군정장관 딘(Dean)의 명령에 따라 해체되었다.[121] 그러나 향보단은 이미 만들어진 목적을 달성한 뒤였으며, 해체되고 얼마 지나지 않아 민보단(民保團)이란 이름으로 부활했다.

민보단은 우익청년단원이나 반공사상이 투철한 인사들로 구성되었는데, 대부분 관할서장의 추천으로 뽑혔다.[122] 민보단은 1948년 10월 9일 서울시내 각 구청별로 창단되었다. 경찰은 민보단의 조직 이유에 대해 경찰관만으로는 치안을 유지하기 곤란하므로 이에 협조를 받고자 조직했다고 밝혔다. 수도경찰청장 김태선은 "각 동 단위로 민보단을 조직케 했는데, 그 임무는 …셋째로는 장래 유사시에 전 경찰이 돌발사건 진압에 총출동하지 못할 경우에는 내부치안의 전 책임을 부하(負荷)시킬 것을 예상하고 있다"라고 했다.[123] 그러나 민보단 역시 향보단과 마찬가지로 많은 문제를 일으켜 비판을 받게 되자, 1950년 3월 11일 비판을 견디지 못한 이승만은 어쩔 수 없이 민보단 해산을 발표했다.

고양지역의 민보단은 매우 강력한 대중조직이었던 것으로 보이는데, 자료에서 만나는 대부분의 주민들은 민보단 출신이었다. 고양지역 민보단장은 한영수였으며, 단원은 성기창·허숙·조병세·조병태·이광희·이근용·이은칠·강홍환·양재남·피원용·박종철·김금룡·김영조·최우용·엄진섭·최만현 등이었다. 이들 대부분은 대한청년단 활동을 병행하고 있었다고 한다.

남한에서는 대한민국이, 북한에서는 조선민주주의인민공화국이 출범한 후 남한지역 대부분의 좌익활동은 이승만 정부의 탄압으로 서서히 소멸되어 갔다.

이승만 정부는 정부 수립 직후 권력기반 강화를 위해 1948년 12월 우익 청년단체를 모두 결집시켜 준군사조직의 성격을 가진 대한청년단을 설립했다. 간부들은 정부 요인들로 채워졌으며 단원은 200만 명에 달했다.

이와 함께 1948년 11월 30일 오늘날의 예비군에 해당하는 호국군이 창설되었다. 호국군은 국군조직법 제12조 "육군은 정규군과 호국군으로 조직한다"는 조항에 따라 창설되었다가, 1949년 8월 31일 해체되었다. 금정굴 사건의 희생자 이기철은 호국군 소위로 활동했었다. 유족에 따르면 이기철은 전쟁 전 호국군에 입대하여 온양에서 훈련을 받은 후 소위로 임명되었으며, 고양으로 돌아온 후 본인의 집을 호국군 사무실로 사용하면서 일산지역 수십 명의 호국군과 함께 일산국민학교 운동장에서 군사훈련을 했다고 한다.

전형적인 예비군 제도의 기초였던 호국군이 해체된 후 1949년 11월 초 대한청년단 등을 주축으로 청년방위대가 창설되었다.[124] 고양지역에서도 대동청년단과 대한청년단 소속의 젊은 청년들이 중심이 되어 '방위소위' 등으로 활동했다.

한국전쟁 직전 고양지역에서 가장 대규모로 활발하게 활동했던 우익관변단체는 대한청년단이었던 것으로 파악된다. 당시 우익청년단체를 모두 통합한 대한청년단은 남부단부와 서부단부로 구성되어 있었으며, 각 단부별로 200여 명씩의 단원을 두고 있었으므로 총 단원 수는 400여 명이었다. 대한청년단 서부단부는 일산·송포·중면·원당지역을 관할했으며, 남부단부는 신도·화전·벽제지역을 관할하고 있었다. 대한청년단은 단부별로 두 달에 한 번씩 전체회의를 소집하여 강습과 훈련을 했다.[125] 대한청년단 신도특별단부의 경우는 용두리가 1중대(대장 이상빈), 화전·덕은리가 2중대(대장 공은억), 현천리가 3중대였다.[126]

〈고양시사〉에 실린 이건현의 증언에 따르면, 남부단장은 정봉현, 감찰과장은 김갑규, 감찰부단장은 정순형, 성석리 단장은 김순태, 지영리 단장은 이창엽, 문봉리 단장은 안효직이었다.[127] 벽제면의 대한청년단장은 최웅호였고,[128] 송포면에서는 이준영·최성·최순이 대한청년단 활동을 했다. 신도면에서는 이상빈·정복돌·장기업·공은억이 대한청년단 활동을 했다. 중면에서는 김남식(대한청년단 고양군 단장)·이경하(후원회장)·이학동·이병학·이계득·이은칠·피원용·이진·강홍환·강금로·김봉준·경문현 등이 활동하고 있었다. 지도면 신평리에서는 최차성이 대한청년단장이었다고 한다.

한편, 고양지역에서는 단독정부 수립에 대한 저항활동이 활발했던 것으로 확인된다. 〈좌익사건실록〉 제5권에서 송포면 덕이리와 법곶리에서 단독정부 수립 반대활동이 있었음이 확인된다. 이에 따르면, 1948년 9월 초순 중면 일산리 농민회관 창고 앞 광장에서 영화 상영이 있었는데, 이곳에서 김진성 등이 단독정부 수립에 반대하는 유인물 수백 매를 제작해 배포했다고 한다.[129]

이 외에도 여러 자료에서 남한의 단독정부 수립을 전후하여 벌어졌던 반대 활동이 확인된다. 1948년 10월경 남로당 고양군 책임자는 이용운(당시 23세)이었으며, 부책임자는 권병선(당시 27세), 노력인민부 책임자는 유천(당시 28세), 농민부장은 정진규(당시 28세), 중면 책임자는 김학수(당시 27년), 선전부 기술부원 박이용(당시 31세), 조직부 책임자 김용문(당시 23세), 신도·지도·송포·원당·중면·벽제면 책임자 박병필(당시 26세), 은평면 책임자 이태양(당시 25세), 구산리 세포원 김희인(당시 31세), 재정책임자 김응규(당시 30세), 인민군 고양군 중대장 이치관(당시 23세), 책임자 이영구(당시 32세), 군당 선전부원 황인철(당시 27세), 은평면당 세포책임자 김형선(당시 39세), 역촌리 세포원 김수명(당시 29세), 중면 일산리 세포원 이종한(당시 24세)이었다. 이들의 주 활동 내용은 인민공화국을 지지하는 유인물 배포하기, 인민공화국 국기 게양하기, 봉화 올리기, 대한민국 반대 및 미군철퇴 벽보 붙이기 등이었다. 당시 이들이 내건 슬로건은 "미곡 매상 결사반대", "소(蘇)군 나갔다, 미군도 나가라", "조소(朝蘇)인민 친선만세", "남조선 정부를 결사분쇄", "여수·순천 인민학살 반대"였는데, 특히 여수·순천 인민학살 반대를 주장한 것으로 보아 1948년 10월 국군 제14연대의 봉기로 발생한 여순사건이 고양지역에도 일정한 영향이 미치고 있음을 알 수 있다.[130]

1949년경 활동한 것으로 보이는 주민들로 원당면에서는 장윤기·이원화·장석재·박설원·박상근 등이 있으며, 송포면 덕이리에서는 안진노·김진성·최상윤·임상균·안광노·최대경·최락철·임상환·임상만 등이 있다. 송포면 법곶리에서는 이달형·이기용·김봉경·김형섭·이명조·심봉식 등이 활동한 것으로 확인된다.[131]

구체적인 일자나 내용은 확인되지 않으나 고양지역 곳곳에서 갈등이 있었음도 확인된다. 신도면 용두리에서는 서울의 양정중학교와 배재중학교에 다니는 학생 4명이 좌익활동을 했다는 이유로 집안 전체가 괄시당했으며, 용두리의 우익청년들이 이웃해 있는 은평면 구산리가 좌익 마을이라는 이유로 그 마을 주민들에게 행패를 부리기도 했다.[132] 벽제면 대자1

리 고골에 사는 대한청년단원 조연택은 전쟁 전 대한청년단원들이 좌익 공산주의자를 동네 방앗간으로 끌고 나와 때려죽인 일이 있었다고 증언했다.[133]

한편, 각 마을마다 토지를 둘러싼 갈등이 있었으며, 일제강점기 징용을 둘러싼 갈등도 있었음이 확인된다. 그러나 어느 정도의 갈등상황이었는지 판단할 수 있는 내용은 알려진 바가 없다.

고양지역에서도 국민보도연맹이 조직되었다. 국민보도연맹은 1949년 4월 21일 "대한민국 정부 절대 지지", "북한 괴뢰정부 절대 반대·타도"를 목적으로 결성되었으며, 같은 해 6월 5일 '국민보도연맹 결성총회'가 열렸다.[134]

국민보도연맹 조직에 대한 기본 발상은 법률에서도 찾을 수 있다. 1949년 12월 전면 개정된 국가보안법은 "피고인에 대하여 형의 선고를 유예하는 동시에 피고인을 보도구금에 부할 수 있다"(제12조), "보도구금에 부한 자는 보도소에 수용한다"(제14조), "보도소의 수용기간은 2년으로 한다. 단, 특히 계속할 필요가 있다고 인정하는 때는 검사의 청구에 의하여 법원의 결정으로 갱신할 수 있다"(제15조), "일시 형무소를 보도소에 대용할 수 있다"(부칙 13조)라고 했다.

경기도 지역 국민보도연맹을 담당한 책임자는 오제도였다고 하는데, 이와 관련하여 2005년 6월 선우종원은 "최고지도위원은 오제도·김준연·양우정(연합신문 사장)이었다. …나는 전라도 지역을 담당했다. 오제도가 서울·경기지역을 맡은 것으로 기억한다"라고 했다.[135] 박우천은 경기도에서 1만 명이 국민보도연맹에 가입했었다고 밝힌 바 있다.

국민보도연맹 경기도연맹은 1949년 11월 4일 결성되었는데, 국토통일원 조사연구실에서 발간한 〈한국공산주의운동사 2〉에서 좌익운동 탈퇴선언

고봉산의 사찰에서 찍은 것으로 '일산소방조 일동 등산 기념촬영'이라고 적혀 있다. 중앙 원이 희생자 한창석, 우측 아래 첫줄 원이 희생자 이봉린이다 (유족 이병순 제공).

을 하고 보도연맹에 가입한 고양지역 주민들이 확인된다. 증언을 통해 법곳리·내유리·성사리·일산리 등에서 국민보도연맹이 조직되었던 사실도 확인할 수 있다.[136]

내유리의 희생자 김상국·김호연 등과 법곳리 희생자 7명이 보도연맹원이었다고 하는데, 이들이 국민보도연맹에 가입한 이유는 비료를 받기 위해서이거나 지인의 부탁을 거절하지 못했기 때문이라고 한다.[137] 태극단원

이순창의 증언이 이를 뒷받침하고 있다.

"당시 마을에는 보도연맹에 가입한 사람들이 많이 있었다. 일부는 사
전에 알고 가입했지만, 무지했던 대부분의 사람들은 미국에서 온 원
조물량을 배급받기 위해 구장에게 도장을 건네준 것이 화근이 되어
보도연맹에 가입한 것으로 되어 버린 경우도 많았다."[138]

자료를 통해 확인되는 국민보도연맹원들도 있다. 벽제면 선유리 성호천
(당시 28세)은 1949년 12월 초순경에 보도연맹에 가입했다.[139] 중면 일산
리 조병세는 전평 활동을 이유로 가맹했다가 1950년 6월 15일 3천 원을 내
고 탈맹했다.

전쟁 전부터 고양지역에서는 국민보도연맹원들이 우익 청년들에게 매
를 맞는 모습이 자주 목격되었다는 진술도 있다.[140] 여기에 대해 고양경찰
서가 어떤 역할을 했는지는 확인되지 않는다. 해방 직후 한국 경찰은 충원
과정에서 '일제 경찰 출신자의 대거 재등용과 이북 출신 경찰관의 등용'이
라는 특징을 보이고 있는데, 1949년 서대문경찰서에서 분리된 고양경찰서
역시 이러한 특성을 가지고 있었을 것으로 보인다.[141]

2. 인민군 점령기의 고양

1) 인민군 점령 직전의 고양 상황

한국전쟁 전부터 고양지역은 38선에 인접한 지리적 특성 때문에 파주·

강화·김포지역과 함께 남북간의 교류가 빈번한 지역이었다.

그러다가 전쟁이 발발하자 3일 만에 인민군이 이 지역에 진주했다. 인민군의 점령이 신속하게 이루어짐에 따라 지역 주민들은 미처 피난할 여유가 없었다.

당시 전방이었던 고양지역은 국군 제1사단(사단장 백선엽)의 관할구역이었는데, 기습을 당한 제1사단은 인민군에 제대로 대항 한 번 하지 못하고 상당수의 장비와 무기를 버려둔 채 후퇴하게 되었다. 1950년 6월 27일 출격하기 시작한 미 공군은 전선을 구별하지 못해 아군 지역을 공격하기도 했으며, 6월 28일 오전부터는 인민군의 기마대가 방어선 좌측에 출현하여 반격부대의 후방을 위협했다. 이에 따라 국군 제1사단은 이날 오후 봉일천 전선에서 철수한 다음 한강 하류로 향했다.[142]

6월 27일 밤 10시경 경의선 능곡역은 피난민과 국군의 차량들로 길이 막혀 꼼짝할 수 없을 정도로 북적댔다. 29일부터는 후퇴의 길마저도 순탄하지 못했다. 6월 28일 저녁부터 6월 29일 새벽 사이까지 각 부대는 고양지역 행주나루와 이산포 부근에서 혼란 속에서도 그런대로 한강을 도하할 수 있었다. 그러나 날이 밝자 인민군의 위협을 느꼈던 탓인지 떠난 배들이 돌아오지 않아 강을 건너지 못한 병력이 적지 않았다.[143]

국군의 후퇴 길이 어려워지자 당시 제1사단 장교였던 정승화는 군인들에게 배를 양보하라며 시민들에게 이렇게 당부했다고 한다.

"이 전쟁은 동족간의 전쟁이라서 민간인인 여러분은 군인과 달리 생명의 위협은 받지 않을 것입니다! 그러니 우리에게 양보하십시오! 조만간 다시 전열을 정비해서 돌아올 테니 서울에서 기다리십시오!"[144]

당시 사병들은 민간인 복장으로 갈아입기 위해 민가에 들어가 옷을 내놓으라고 했다. 그때의 상황을 목격했던 한 주민은 이렇게 증언한다.

"동산리 큰골에 국군 제1사단 1개 연대가 들어와 집집마다 돌아다니면서 옷을 내놓으라고 했다. 민간인 옷으로 갈아입은 군인들은 군복과 무기를 모두 던져 버리고 행주나루에서 배를 타고 한강을 건너 남쪽으로 도망갔다." [145]

고양지역의 대다수 주민들은 라디오 방송을 통해 "아군이 북진하고 있으니 동요하지 말라"는 이승만 대통령의 목소리를 들으면서 안심하고 있었다. 하지만 분위기가 심상치 않다고 생각한 일부 주민들은 그날 밤 피난길에 나섰다. 그러나 28일 새벽, 한강으로 향하던 피난민들은 천지를 울리는 요란한 폭음을 들었고 그 후 한강 인도교가 폭파된 사실을 알게 되었다. 피난길에 올랐던 주민들은 다시 집으로 되돌아와야 했다.

군인을 제외한 고양지역의 민간인 중에서 전쟁 발발 사실을 가장 먼저 안 것은 공무원들이었다고 한다. 면사무소 직원들은 근무처에서 비상대기하라는 상부의 지시를 거역할 수 없어 집에도 가지 못하고 면사무소만 지키다가 피난할 기회를 놓쳤다. 이갑용 등 벽제면사무소 직원들은 6월 26일 출근하자 상부로부터 "전쟁이 일어났으니 전 공무원은 면사무소에 비상대기하고 있으라"라는 지시를 받고 꼼짝없이 면사무소만 지키고 있었다. 이강만 등 지도면사무소 직원들은 일단 피신하자는 쪽으로 의견을 모으고는 인근 지역에서 숨어 지냈다. [146]

대한청년단원 등 우익단체 출신 주민들도 인민군이 점령할 경우 피해를 당할 것으로 짐작하여 일단 피난을 시도했었으나 한강다리가 끊어지고 배를 구할 수조차 없게 되자 되돌아와야 했다. 이들은 인민군 점령 직후부터 살해위협을 받으며 부역활동에 강제동원되었으며, 인민군 후퇴 시에 또다시 살해당할 위험에 처하게 되었다.

고양지역 경찰들 상당수도 후퇴하지 못하고 숨어 지내야 했다.

2) 인민군의 점령정책

인민군의 남한 점령정책은 1946년 북조선임시인민위원회가 발표한 20개 정강에 근거하고 있는 것으로 보인다. 정강의 주요 내용은 일제 잔재의 청산, 우익정당 및 우익인사의 정치활동 금지, 인민위원회 구성, 은행 등 공공적 성격의 기업 국유화, 무상몰수 무상분배의 토지개혁, 의무교육 실시, 단일 세금제도 실시 등이었다.[147]

북한 점령 정권은 이러한 정책방향에 따라 노동당 및 각종 대중단체를 복구했으며, 행정기관으로서 인민위원회를 구성하고 토지개혁을 추진했다. 이와 함께 물적 · 인적으로 전쟁을 지원하기 위해 각종 사업과 의용군 모집을 시도했다.

(가) 당 조직의 복구

인민군 점령 직후부터 각 지역에서는 이미 소멸한 남로당 조직이 복구되기 시작했다. 서울지도부를 중심으로 서울시 및 각 도당위원회, 시 · 군당위원회, 읍 · 면당위원회, 리와 동의 당세포가 각각 조직되었다. 7월 말에는 서울 · 경기도 · 강원도에 도 · 시 · 군의 당위원회가 구성되었는데, 당시 고양군당위원장으로 누가 선출되었는지 확인되지 않는다.[148]

남한 점령지역 내의 노동당 조직체계는 서울시 및 각 도당, 시·군당, 읍·면당, 리·동 세포였다. 시·군당은 위원장 1명과 부위원장 1명, 조직부·선전선동부·간부부 등 3개 부서로 구성되었으며, 읍·면당에는 위원장 1명과 부위원장 1명, 조직책 2~3명이 있었고, 리·동 세포로는 위원장 1명과 서기장 1명, 조직책 1명, 선전책 1명이 있었다.[149]

(나) 인민위원회 구성

1948년 9월 8일 승인된 북한 헌법 제5장 제68조에 의하면, 각 인민위원회는 도·시·군·면·리에 있어서 국가주권의 지방기관이었다. 제74조에 규정된 인민위원회의 임무는 국민의 주권 및 소유권을 보호하고, 사회질서를 유지하며, 상급기관이 공포한 법령·정령·결정·지시 등을 실행하고, 조세업무 및 예산 편성·실행을 담당하며, 교육·문화사업을 감독하고 보건업무를 담당하는 것이었다. 따라서 인민위원회는 각 지방에서의 최고행정기관이었다.[150]

인민군 측은 점령 직후인 1950년 7월 5일 먼저 임시인민위원회를 조직했다. 고양지역 임시인민위원회가 조직된 사실은 신도면 용두리(현 고양시 덕양구 용두동)에서 확인된다. 7월 5일 용두리 공립국민학교에서 300여 명의 부락민이 참가한 인민위원회가 열려 8명의 위원장 및 위원이 선출되었다. 용두리 임시인민위원회 위원장에는 원승회가 선출되었다.[151] 한편, 신도면 진관내리에서는 7월 15일 인민위원회 선거가 있었다.[152] 중면 일산리 임시인민위원회의 위원장은 이성희, 부위원장은 최만복, 서기장은 서병덕이었던 것으로 확인된다.[153]

고양지역의 임시인민위원회는 7월 20일까지 선거관리 조직을 준비했으며, 24일까지 유권자 등록사업을 마감했다. 25일부터 27일까지 95개 리에서, 29일까지 9개 면에서 인민위원회 선거가 치러졌으며, 30일에는 군 인민위원회 선거가 치러졌다. 고양군 인민위원회 선거에서는 41명의 군 인민위원이 당선되었으며, 이어 제1회 고양군인민위원회를 개최하고 이경구·박종대·최영욱·김성진·조순행·김길수·오국섭·김준만·유준영 등 9명의 상무위원을 선출했다. 이들은 같은 날 다시 제1회 상무위원회 회의를 개최하고 이경구를 고양군 인민위원회 위원장 겸 제1부위원장으로, 박종대를 제2부위원장으로, 최영욱을 서기장으로 각각 선출했다. 전체 인민위원회 선거 결과 당선자는 549명이었는데 그 중 노동자가 82명, 농민이 422명, 사무원이 17명, 상인이 2명, 기업가가 1명, 기타가 24명이었다.[154]

유권자가 750명인 고양군 용두리에서는 7월 25일 예정보다 1시간 반 앞당겨진 오전 5시 30분 임시인민위원장 진강렬의 개회 선언으로 인민위원회 위원 선거가 시작되었다. 먼저 선거에 관한 사무를 수행하기 위하여 임칠성이 추천한 진강렬·송복쇠·김복한·리조근·박정운 등 5명을 선정하고, 입후보자로는 진강렬·송복석·임해성·리조근·원경택·김복한·리홍우 등 7명이 추천되었다. 투표 결과 원경택이 위원장으로, 김복한이 서기장으로 선출되었다.[155]

벽제면 대자리에서는 우익 성향의 주민인 김정부·권상용을 인민위원장으로 추천하여 인민위원회를 구성하기도 했다. 그 이유는 마을 주민들이 우익 성향의 사람들을 중심으로 인민위원회가 구성되어야 시달림을 덜 받을 것으로 판단했기 때문이었다.[156]

이런 경우는 중면 마두리에서도 확인된다. 마두리에서는 최의현이 과거 8·15 직후 약 1년간 중면 마두리 대동청년단장을 하다가 사임했는데, 그 후 서울에서 상업을 하다가 귀향한 그를 인민위원장으로 선출했다. 주민들은 그가 우익 출신이면서 대동청년단 명부에도 삭제된 사람이므로 마을 사람들을 공평하게 위할 것으로 믿고 위원장에 선출한 것이었다.[157]

자료와 증언을 종합해 보면 당시 인민위원회 간부로 선출된 인사들은 다음과 같다.

고양군 인민위원장 이경구[158], 벽제면 인민위원장은 이재선, 벽제면 인민위원회 서기 김현룡, 고양리 인민위원장 신광영, 송포면 인민위원장 박기섭, 구산리 인민위원장 피순성, 신도면 인민위원장 진광열, 진관내리 인민위원회 서기장 최창설, 용두리 인민위원장 원경택(또는 진성운), 용두리 인민위원회 서기장 김복환, 화전리 인민위원장 황재덕, 현천리 인민위원장 황뢰성, 원당면 인민위원장 한춘식, 원당면 인민위원회 토지개혁위원장 장기만, 은평면 인민위원장 김은규, 수색리 인민위원장 황용문, 중면 마두리 인민위원장 최의현, 일산리 인민위원장 이병문, 일산리 인민위원회 서기장 강금로(또는 서병덕), 지도면 인민위원장 김준만, 행주외리 인민위원장 이창영, 오금리 인민위원장 김노마, 그리고 고양 구산리와 마주하고 있는 파주 산남리의 인민위원장은 오내기였다.[159]

인민위원회의 주요 사업은 토지개혁, 폭격으로 인한 도로 복구공사, 의용군 출동, 현물세 제정사업 등이었으며, 때때로 군량미를 수송하고 배급하기도 했다.[160]

신도면 용두리 인민위원회는 전쟁용 물자 수거 및 일반 행정업무를 수행했다. 7월 10일 신도면 인민위원장인 진광열의 지시로 원천만·박은돌·원승희·김복환(여) 등이 노동당에 입당원서를 제출했으며, 7월 하순 방공용 가마니 15매를 부락민에게서 모아 면당으로 운반했다. 그리고 9월 초순 주민 30여 명을 동원하여 3일간 도로 수리와 제초작업을 했다.

일산리 인민위원회는 의용군 출정과 노력동원, 물자공출 등의 일을 했다.[161] 강금로는 서기장으로 있으면서 리 인구를 연령별로 조사하고 연초 및 석유 배급을 했으며, 농작물을 조사하고 고추장·호박 등을 수집하여 면으로 보냈다. 그리고 가마니 280매를 공출했다. 김금룡은 반장 일을 보면서 구장의 지시에 의하여 수저·양재기 등을 수집한 사실이 있다고 한다.

(다) 사회단체의 조직

북한 점령 당국은 노동당과 인민위원회를 조직하는 한편, 다양한 대중적 사회단체를 조직하는 데에도 많은 노력을 기울였다.

이 중 가장 대표적인 단체는 민주청년동맹(민청)이었다. 민청은 선전활동을 주로 담당했는데, 의용군 모집에도 적극적이었다. 그리고 인민군에게 물자를 원조하라는 내용의 벽보를 붙이거나 문맹자에 대해 조사했다.[162] 민청 소속의 젊은 청년들은 부락 경비에 동원되기도 했다.

민주여성동맹은 주로 부식물 모으기 등 전쟁물자 지원사업을 했다고 하며, 농촌위원회는 토지개혁을 수행했다. 대체로 이들의 역할은 인민위원회의 활동을 실질적으로 수행한 것으로 보인다.

자료와 증언에서 나타나는 사회단체 인사들은 벽제면 민청조직부장 박윤덕, 내유리 민청위원장 김상완, 송포면 대화리 내촌부락 민청위원장 김형장, 송포면 민청위원장 안진노, 신도면 현천리 농민위원장 황온순, 원당면 성사리 민청위원장 장기○, 성사리 자위대장 이철수, 중면 민청위원장 한창수, 일산리 자위대장 조병세, 일산리 민청위원장 피원용, 풍리 민청위원장 이계득, 마두리 민청위원장 전대봉, 부위원장 차기원, 마두리 자위대장 서임봉 등이다.[163]

(라) 토지 개혁

1949년 6월 22일 이승만 정부의 농지개혁이 시작되었는데, '유상몰수 유상분배' 원칙이 부재지주를 확대하는 결과를 낳았다. 이후 1950년 7월 4일 북한은 최고인민위원회에서 '조선 남반부 지역에 토지개혁을 실시함에 관한 정령'을 발표했다. 주요 내용은 "무상몰수·무상분배의 원칙(제1조), 20 정보까지 자작농 허용(제2조), 농민총회에서 토지 분배방법 결정(제4조), 현물세 납부(제6조), 리 단위로 7~9명의 농촌위원회 조직(제8조)" 등이다. 위 정령에 따르면 몰수 토지의 대상은 ① 미국과 이승만 정부 소유의 토지, ② 5정보 이상 또는 (면적과 상관없이) 계속 소작을 주는 토지였다. 토지 분배는 고용농민, 토지 없는 농민, 토지 적은 농민들에게 이루어졌다.

북한은 점령지역의 토지개혁을 주관할 토지개혁지도위원회를 구성했으며, 이들은 1950년 7월 15일 서울에 도착했다. 7월 16일에는 경기도에서 토지개혁을 실행할 책임자를 정하여 7월 17일과 18일 이틀 동안 교육을 실시했다. 토지개혁실행위원회의 책임자와 농민 대표를 교육시킨 후 토지개혁지도위원들은 7월 19일부터 남한 각 지역으로 파견되어 토지개혁을 지도했다. 경기도에서의 토지개혁이 8월 10일 완료되었다고 발표했다.[164]

기록에 따르면 모든 농지는 농민동맹위원장의 주관 아래 고루 분배되었는데, 제1차로 착수한 토지개혁은 7월 16일경부터 8월 15일까지 완료했다고 하며, 다음으로 작황면적(수확면적) 및 수확예상고를 조사한 후 현물세판정위원을 선출하고 논은 수확예상고의 2할 7부, 밭은 2할 3부로 조정하여 현물세를 징수했다.[165]

농촌위원회는 고용농민, 토지 없는 농민, 토지 적은 농민으로 구성되었는데 이들은 농민총회에서 공개거수의 방법으로 추천되어 뽑힌 사람들이었다. 위원의 수는 5~9명이었고, 시·면 인민위원회의 승인 아래 토지개혁 업무를 수행했다. 농촌위원회의 임무는 ① 몰수될 토지 조사통계와 면적 확정, ② 분배받을 농민 관련 조사통계, ③ 농민총회 소집 후 분배 면적과 절차 심의결정, ④ 시·면 인민위원회 비준 후 토지분배 실시, ⑤ 토지소유 권증명서 발급 등이었다.

고양지역의 토지개혁과 관련하여 북한 언론은 1950년 7월 18일 토지개혁실행위원회가 조직되어 8월 9일 토지개혁 실시를 완료할 예정이라고 보도했다.[166]

(마) 의용군 동원

전쟁 당시 치열한 전투로 인해 남북 모두 전투병력을 충원하는 것이 가장 큰 문제였다.

1950년 7월 1일 '인민의용군을 조직할 데 대하여'라는 군사위원회의 결정에 따라 남한에 인민의용군을 조직할 방침이 제시되었고, 그에 따라 의용군 모집이 본격화되었다. 의용군 모집 방침에서는 만 18세 이상의 노동자·빈농·청년학생들을 주요 모집대상으로 규정했다.

인민군 점령시기에 있었던 의용군 징집에 대한 학계의 연구 결과에 따르면, 서울·경기·강원·충남북·전남북·경남북 일부 등 인민군 점령 아래에 들어갔던 지역에서 약 60만 명이 의용군으로 징집되었다고 한다.[167]

의용군 동원은 남한 주민들에게 가장 큰 피해를 남긴 점령정책이었는데, 고양지역에서도 적지 않은 피해를 남겼을 것으로 추정되지만 구체적인 피해 규모는 파악되지 않는다. 그 이유 중 하나는 이승만 정부가 의용군으로 강제동원당한 것 자체를 큰 부역행위로 보았으므로 당사자들이 쉽게 그 사실을 밝히려 하지 않았다는 데 있다. 실제 이 문제는 상당히 모순되는 결과를 낳았다.

먼저, 의용군의 성격에서 그 모순을 찾을 수 있다. 의용군은 정식 군대인 인민군과 구분되었다. 정식으로 무기를 지급받지도 않은 채로 전투현장에 투입되었으므로 소모품 취급을 당했다는 주장이 있다. 반면, 이승만 정부는 이들을 전투원으로 간주하여 국군 수복 후 극형의 대상으로 삼게 되었다.

초기 의용군 동원은 자발성의 형식을 빌렸으나 실제로는 암묵적 강압이 있었다. 특히 배신자로 취급되었던 국민보도연맹 출신들은 충성심을 보이기 위해 의용군으로 참여한 경우가 많았다.

1950년 8월경부터는 의용군 동원에 있어서 강제적인 성격이 강해졌으며, 대한청년단 등 우익청년들에 대한 징벌적 성격도 더해졌다. 이들 우익청년들은 의용군을 갈 것인지 아니면 자위대에 남을 것인지 양자택일해야 하는 처지에 놓이게 되었다. 자위대에 남으면 부역자 소리를 들을지언정 목숨은 부지할 수 있을 것이라는 판단도 있었고, 다른 한편으로는 의용군으로 갔다가 탈출하는 방법을 궁리하기도 했다고 한다.

실제로 인민군 점령기 중반을 넘어서면서 의용군에 강제징집당한 청년들 중 상당수가 도중에 탈출하는 경우가 많아졌다. 이 청년들은 마을에 돌아와서도 숨어 지내야 했는데, 그러다가 발각되어 내무서 등에 의해 집단희생된 경우도 있었으며, 수복 후에는 부역자로 몰려 국군에 의해 희생 당하는 경우도 발생했다.

의용군으로 징집되어 전투 현장에 동원된 청년들 중에는 유엔군 포로 수용소에서 지내다가 석방되어 귀환한 경우도 있었다. 이들 중에는 부역 혐의로 경찰에 연행되어 실형을 받은 경우도 있으나 대부분은 다시 국군으로 입대했다.

송포면 대화리 김형장은 8월 4일경 의용군에 자진입대하여 황해도 등지에서 한 달간 훈련을 받고 박격포 부대에 편입되었으나 후퇴하는 인민군 틈에서 탈출하여 10월 31일경 귀환했다. 이후 체포되어 비상조치령 위반으로 처벌받았다.[168]

한편, 국군 수복 후 의용군에 강제징집당했던 주민의 가족들 중 상당수가 부역자 가족으로 몰려 희생당하거나 감시의 대상이 되어야 했다. 중면 일산리 이규봉과 그의 딸 이정례, 송포면 구산리 김영선과 그의 딸 전옥자가 의용군에 강제징집된 가족이라는 이유로 금정굴에서 희생당했다.

(바) 인민재판 등에 의한 피해

① 우익인사에 대한 보복 피해

인민군 점령 초기부터 우익인사에 대한 보복이 자행되었다. 인민군이 고양지역을 점령하자 전쟁 전 이승만 정부와 그의 지휘 하에 있던 우익청년단체에 의해 억압을 당하던 국민보도연맹 등 좌익단체 출신 인사들이 보복에 나섰던 것이다.

인민군 점령 초기에 인민군의 점령정책에 반대하던 인사들이 희생당한 일이 있었다. 미처 피난을 가지 못한 원당면장·원당지서장 등 일부 공무원이 인민군 측에 의해 희생당했으며, 경찰관들은 내무서에 끌려가 고문을 당하기도 했다. 고양경찰서 경찰관 정준섭은 벽제내무서로 끌려가 통나무를 다리에 끼운 채 밟히고 매를 맞는 고문을 당했다.

인민군 점령 초기, 대한청년단 간부들이 인민군 측에 의해 연행되었다. 중면 일산리 이계득은 대한청년단 간부였다는 이유로 1950년 7월 8일경

한청 총무계장·조직계장·감찰계장과 함께 내무서에 체포되었는데, 이계득을 제외한 3인은 석방되고 이계득은 3주일 동안 구속을 당해야 했다.[169] 대한청년단 남부단장 정봉현, 감찰과장 김갑규, 감찰부단장 정순형, 단원 조대흥은 체포되어 서대문형무소로 이송되었다가 납북되었다.[170]

벽제면 선유리 안재호는 전쟁 전에 대한청년단 선유리분단 조직부장으로 활동했는데, 인민군이 고양지역을 점령하자 1950년 7월 22일 벽제면 자위대원에 의해 벽제내무서로 끌려가 유치장에 구속되었다가 7월 25일 서울시 남산 밑에 있는 고양내무서 본부로 가서 "대한청년단에서 활동하던 반동분자가 의용군 출정을 반대했다"는 이유로 취조를 당했으나 7월 27일 오후 5시경 석방되어 귀가했다.[171]

벽제면 선유리 이선백은 전쟁 전 선유리 구장이었다는 이유로 구속되어 취조당한 사실이 있었다. 이선백은 면 자위대장 노원석(당시 25세가량)으로부터 농민조합에도 가입하지 않고 인민공화국 정치를 반대하는 역도배라고 하며 전신을 구타당했고, 구금되었던 10여 일 동안 매일 신문을 당했다. 1950년 8월 2일 오전 11시경 앞으로는 인민공화국에 충성을 다하라는 일장 연설을 듣고 서약을 한 후 풀려 나와서는 신도면 동산리로 피신했다. 구속당한 장소는 고양군 벽제면 고양리에 있던 벽제내무서 유치장이었다.[172]

② 인민재판에 의한 피해

인민군 점령 당시 인민재판이 있었던 사실은 판결문 자료를 통해 확인된다. 당시의 수사기록이 극심한 공포 상황에서 작성되었던 사정을 감안할 때 사건 경위와 원인에 왜곡이 있을 수는 있으나, 인민재판이 있었던 것은 사실로 판단된다. 해당 부분은 다음과 같다.

1950년 8월 15일 오전 6시경 당세포 사무실로 쓰인 장순득의 집 바깥
채에서 인민재판관 김광현의 주도 하에 주민 100여 명이 모여 인민재
판을 열어 주민 이상식을 숙청할 것을 결정했다. 이때 사정을 모르고
참가했던 한민당원 원봉택을 발견하자 진석순이 "이놈도 반동분자"
라고 하여 결국 두 사람이 난타당한 후 숨져 중촌부락 하천에 매장당
했다. 같은 날 오후 2시경 세포위원장인 진만종이 원천만에게 지시하
여 "반동분자를 상부의 지시 없이 숙청한 이유"를 조사하여 보고하도
록 했다.[173]

③ 인민군 후퇴기의 피해

인민군 측에 의해 발생한 인명피해의 대부분은 인민군 후퇴시기에 발생
한 것으로 보인다. 전황이 불리해지자 북한 노동당은 각 지역 당에 '유엔
군 상륙 시 지주가 될 모든 요소를 제거할 것에 대한 지시'를 내렸는데, 이
것이 많은 주민들을 희생시키는 결과를 낳았다. 이 시기의 대표적인 집단
희생 사건으로는 국군 수복을 준비하던 태극단원들이 송포면 덕이리 은
장에서 희생당한 사건이 있다. 그리고 같은 시기 성석리 김씨 집안 사람들
을 포함한 15명이 희생당한 사건, 벽제면 오금리 주민 13명과 피난민 5명
이 함께 희생당한 사건이 있다.[174]

• 태극단 희생사건

태극단은 인민군 점령지역에서 열차 탈선, 전단 살포, 통신선 절단, 의용
군 탈출 방조 등의 비군사적 저항활동을 전개했다. 인천상륙작전으로 대
표되는 유엔군의 반격시기를 전후해서는 인민위원회 간부를 암살하거나
후퇴하는 인민군을 공격하는 등 적극적인 군사활동을 하기도 했다. 그러

던 중 1950년 9월 15일 태극단원 이응복이 북한 보안대원에게 발각되어 총살되었고, 9월 20일경에는 단원 이병렬이 체포된 후에 시체로 발견되는 등 참변이 이어졌다.

1950년 9월 15일 인천상륙작전이 벌어지고 유엔군과 인민군의 전선이 경기도까지 올라오는 상황에서 '태극단 희생사건'이 발생했다. 발단은 9월 28일 의용군에서 도망 나와 수수밭에 숨어 있던 구산리 태극단원 이태영·이두영 형제가 결전이 있을 것이라며 집으로 돌아와 총을 손질하던 중 머슴의 신고로 붙들리면서 시작되었다. 그 결과 고양군 중면과 송포면, 파주 산남리의 태극단원 38명이 송포면 덕이리 은장 등에서 희생당하게 되었다.[175)]

당시 덕이리 은장의 학살 현장에서 구사일생으로 살아난 이준영은 당시 상황에 대해 이렇게 증언했다.

"일곱 명씩 주욱 뒤에 세워 놓고서 뒷동산에서 총살하는 거예요. 산남으로 들어가는 이발소가 있는데, 이발소가 사무실이라고 거기다 총살을 시키는데… 어, 정말 못 견디겠어. 벌벌 떨리고 그러는데, 먼저 형하고 동생하고 총살하고…. 음력 8월 17일일 거예요. 15일이 명절이니까 명절 쇠고 이틀 있다가 처형당했으니까. 잡혀간 때는 그날 17일에 잡혀 가지고 그날 돌아가신 거야."[176)]

〈태극단 투쟁사〉에는 1950년 9월 20일경 송포지단 11명, 산남지단 13명, 청석지단 4명, 본단 10명 등 모두 38명이 덕이리 은장에서 희생되었으며, 금촌지단 태극단원들은 수복하는 국군을 맞이하기 위해 만들어 놓은 태극기 500매와 M1소총 등의 무기가 발각되면서 6명이 금촌내무서로 끌려가 희생당했다고 기록되어 있다.[177)]

이기호는 1999년 10월 14일 경기도의회에서 덕이리 은장 사건에 대해 증언했다.

"1950년 9월 25일경 결전이 있을 것이라면서 집에서 총을 닦던 송포면 구산리의 한 단원이 집 머슴의 신고로 발각되어 전체 54명이 체포되었고, 그 중 나를 포함한 9명은 구사일생으로 살아났습니다."

또한 태극단 감찰부장이었다는 김경열은 〈내일신문〉에서 이렇게 증언했다.

"무기는 국군 패잔병의 것을 모아 조립했습니다. 그 밖에 태극기·완장·명부 등도 준비했는데 너무 서두르다가 발각돼 버렸어요."

이들 외에도 태극단 활동 중 사망한 단원으로는 1950년 8월 초 행주나루터 백미운송선 습격사건에서 전사한 한기성·김재덕·이성운·손기성·임용식 등 수색지단원 5명이 있으며, 9월 19일 정발산 공격에서 전사한 백마지단 이승환이 있다.

한편, 태극단원 38명을 직접 학살한 주체의 신원은 확인되지 않고 있다. 당시 현장에서 학살 직전 내무서 일을 돕던 친구의 도움으로 살아날 수 있었다는 이준영의 증언으로 미루어 볼 때, 1950년 9월 28일 희생당한 태극단원들은 당시까지 월북하지 않고 있던 내무서원 또는 부역자들에 의해 연행되어 희생되었을 것으로 추정된다. 그런데 9월 28일은 송포면을 포함한 고양지역 전역이 유엔군에 의해 수복된 날이므로 그때까지 후퇴하지 않고 남아 학살을 자행한 북한 측 내무서원 관련자들이 누구이며, 과연 그럴 수 있는 상황이었는지에 대해서는 의문이 남는다.

· 고양경찰서 뒷산 희생사건

벽제면 성석리 안골은 언덕으로 둘러싸인 조용한 마을로 2개 파의 김해 김씨가 대성을 이루며 부유하게 살고 있었다. 2개 파는 김현모 집안의

5형제와 김현수 집안의 5형제였는데, 이들은 아주 가깝게 지냈다.

해방이 되자 벽제면에서는 대동청년단 등 우익단체들의 활동이 활발했는데, 이 와중에 안골의 김현모는 식사리의 서당 훈장 한춘식과 연락하며 반정부활동을 전개했다. 그러다가 인민군이 고양지역을 점령하자 훈장 한춘식은 원당면 인민위원장으로 선출되고, 김현모는 벽제면 인민위원회 선전부장 직책을 맡게 되었다.

김현모의 활동 또는 안골의 지형 특성과 관련이 있을 것으로 추정되지만, 인민군 점령기에 성석리 안골은 많은 우익 인사들의 피난처가 되었다. 그런데 인민군 후퇴기를 당해 안골 주민들의 상황은 크게 달라졌다. 1950년 9월 20일 유엔군이 능곡까지 진출하자 김현모 집안의 일부 인사들은 월북 피신했고, 성석리 인근에는 후퇴하는 인민군과 빨치산으로 보이는 낯선 사람들이 드나들게 되었다.

김현수 집안 인사들은 유엔군이 진주한 능곡지역으로 피신하려고 했으나 9월 26일경 누군가의 고발에 의해 빨치산으로 추정되는 자들에게 연행되어 당시 고양경찰서 뒷산(현 일산사회복지관 터)에서 총살당했다. 이들의 시신은 국군 수복 직후 발굴하여 안장되었는데, 발굴 당시 시신은 철사로 팔이 묶인 채 얕게 매장되어 있었으며, 그 밑으로 다른 주민들의 시신이 있었다. 당시 희생된 성석리 김씨 집안 인사들은 김현수 · 김현주 · 김순배 · 김한배 · 김경배 · 김현배 · 김홍배 · 김용희 등 8명인데, 이 시기에 희생당한 중면의 주민들도 이때 함께 희생당했을 것으로 추정된다.[178]

같은 시기에 일산리 오홍석이 인민군 점령기 동안 내무서에서 활동하면서 벽제면 성석리에 사람을 체포하러 간 사실이 있었다고 하며, 일산리 주민 이창훈은 인민군 점령기에 성석리 안골 김준배 집의 사랑에 피신하던 중 '고양내무서 벽제분주소장과 자위대 및 빨치산'에 의해 피검되었으나

고 김현수 표창장. 대한민국 정부는 1950년 10월 1일경 타공결사대(또는 빨치산)에게 희생당한 벽제면 성석리 주민 김현수 등 희생자들에게 표창장을 수여하고 3년 동안 위령제를 열었다.

당시 일산리 자위대장이었던 조병세에 의해 풀려난 적이 있었다고 한다. 그러나 국군 수복 후 고양경찰서 의용경찰대원이 된 오홍석은 "이 소문은 김현수 집안 사람인 김현구가 개인감정으로 중상을 한 것"이라며 부인한 바 있다.[179]

1950년 9월 26일경 있었던 이 사건의 직접 가해자들의 구체적 신원은 확인되지 않으나, 관련자들의 증언으로 미루어 볼 때 인민군 측 내무서의 지시를 받던 조병세와 오홍석이 관련되어 있었던 것으로 추정할 수 있다.

특히 9월 20일 능곡지역에서 시작되어 28일 고양지역이 완전히 수복된 상황과 이때 이미 중요한 부역행위자들은 월북한 뒤였다는 상황을 고려한다면, 이 사건의 직접 가해자가 누구였는지 더욱 정확히 밝힐 필요가 있다. 그러나 아직까지 이에 대한 증언이나 자료가 확인되지 않고 있다.

· 벽제면 오금리 치안대 희생사건

1950년 9월 20일경 인민군이 후퇴하기 시작하면서 마을 치안에 공백이 생기자 벽제면 오금리 주민들은 스스로 치안대를 만들어 마을을 지키고자 했다. 그러던 중 9월 30일 국군복을 입고 나타나 대한타공결사대라고 자신을 소개한 일단의 청년들이 인민군 패잔병을 잡으러 가자며 오금리 주민들에게 협조를 요청하자 13명의 마을 주민들이 이들을 따라나서게 되었다. 그런데 인민군 패잔병이 숨어 있다는 장소에 도착한 마을 주민들은 도리어 자신들을 인도한 청년들에게 잡혀 움막에 갇히게 되었다. 다음 날 서울에서 피난 왔다는 5명이 더 잡혀 왔다.

10월 1일 밤이 되자 자칭 대한타공결사대라는 자들이 18명을 뒷산 토굴로 끌고 가 총과 창으로 살해했다. 오금리 주민 12명과 피난민 5명이 희생당했으며, 이홍오는 현장에서 구사일생으로 생존했다. 당시 신도지서에는 순경 박희로 등 경찰관들이 복귀해 있었으나 무서웠던지 사건을 접수하고도 수습에 나서지 않았다고 한다.[180]

오금리 주민 등을 학살한 자가 누구인지에 대해 증언과 자료가 엇갈린다. 유족 등 일부 주민들은 가해자가 인민군 측 내무서원이었다고 하며, 또 다른 주민들은 가해자가 대한타공결사대였다고 한다. 반면, 검찰과 경찰의 자료는 일관되게 대한타공결사대였다고 결론내리고 있다. 희생 시기로 보아 이 사건의 가해자는 대한타공결사대원일 가능성이 높지만, 앞의

두 사건의 경우처럼 월북 피신하지 않고 남아 있던 내무서원 또는 빨치산 등이 가담했을 가능성도 완전히 배제하기는 어렵다고 판단된다.

김봉운에 따르면 1963년 내각수반이 오금리 희생자들에게 표창장을 수여하고, 그해부터 3년 동안 고양군청에서 10월 1일에 추모제를 지내 주었다고 한다.[181]

3. 고양경찰서의 복귀와 민간인 학살

1) 국군 수복 초기 유엔군에 의한 학살과 고양경찰서 선발대의 복귀

1950년 9월 15일 인천에 상륙한 유엔군은 9월 19일 김포비행장을 점령한 후 한강 남쪽 언덕에 도착해 있었다.

미 해병대 제1사단 5연대와 국군 해병대 1연대는 20일 도하과정에서 인민군의 강력한 저항에 의해 미 해병대원 40여 명이 사망하는 피해를 입으면서 행주지역을 점령했다.

능곡으로 진출한 미 제10군단장 알몬드(Edward M. Almond)는 서울 탈환 예정 시간인 9월 25일에 맞추기 위해 해병대 제1사단장 스미스(Oliver P. Smith)를 재촉했다. 그러나 스미스는 서울로 급진하는 것보다 남은 잔당을 소탕하고 적의 보충부대를 차단하려면 서울 서쪽을 돌아 북쪽인 의정부 방면에서 서울을 공략하는 것이 낫다고 판단했다. 그리하여 결국 유엔군의 주력은 능곡·수색을 지나 연희지역으로 진출했지만, 미 해병대 일부는 의정부 방면으로 진출했다. 의정부 방면의 전투는 9월 26

일 새벽 1시 45분에 시작되었다.[182]

고양지역에 진출한 미 해병대 등 유엔군은 부역자들을 색출하여 학살했다. 신도면 용두리에 진주한 유엔군은 주민들에게 "누가 빨갱이냐"고 물은 후 주민들의 지목에 따라 주민 5명을 그 자리에서 총살했다.[183]

신도면 화전리에서는 치안대에 의해 리 인민위원장 황재덕 등 부역혐의를 받은 주민들이 감금되어 있었는데, 해병대 군인들이 나타나 "리 인민위원장이 누구냐"고 물은 후 황재덕을 끌어내어 그 자리에서 바로 총살했다.[184]

은평면 수색리 황용문은 아들 황상균이 태극단원이었음에도 불구하고 자위대 활동을 했다는 이유로 수색리 주민 10여 명과 함께 국군 해병대에 의해 총살당했다.[185]

한편, 고양지역에 가장 먼저 도착한 경찰관은 유엔군, 특히 미 해병대에 배속되었던 고양경찰서원들이었다. 인사기록으로 보아 이들은 미 해병 제1사단 5연대에 배속되었던 경비주임 석호진 경위와 천일균 순경이었을 것으로 보인다. 특히 당시 석호진 경위를 만났다는 기록은 태극단원의 증언 등 여러 자료에서 확인된다.

인민군 점령기 동안 피난하지 못한 채 숨어 지냈던 송병용 순경은 수색에서 석호진 경위를 만났으며, 9월 20일경 능곡에서 치안대를 조직하게 되었다. 이 시기 능곡에서 치안대 활동에 가담하게 된 조병세는 주민들을 체포하여 미 CIC에 인계하기도 했다.

한편, 태극단원들은 9월 28일경 미 해병대 임시장교의 신분이었던 석호진 경위가 자신들에게 경찰 복귀 전까지 일산지역의 치안권을 넘겼다고 한다. 석호진의 신분에 대해 밝히고 있는 〈태극단 투쟁사〉의 내용은 다음과 같다.

고양·파주 일원의 치안유지에 심혈을 다하는 가운데 미 해병대 임시
장교인 석호진 중위가 일산에 와서 주민을 모아 놓고 하는 말이, 한국
경찰이 돌아올 때까지 이 지역 치안유지를 태극단에 위임하니 주민들
이 갖고 있는 무기가 있으면 곧바로 태극단으로 반납하라는 훈시를
내렸고, 5일 후 고양경찰서가 복귀됨에 따라 가두어 두었던 빨치산
20여 명과 극렬분자 70여 명을 인계했음.[186]

9월 20일경 석호진·송병용 등 경찰관들에 의해 능곡에서 조직된 치안
대와 태극단원들은 28일경 유엔군과 함께 일산으로 진입하여 부역혐의자
들을 연행하는 등 치안활동을 했다. 중면 치안대 감찰차장 강홍환 등은
10월 2일 40여 명의 주민을 체포했다.

이상으로 보아 석호진 경위 등 미 해병대와 함께 고양지역에 진주했던
고양경찰서 소속 경찰관들 일부가 인공 치하에서 잔류하고 있던 경찰관
과 함께 치안대를 조직하고 치안활동을 지휘하는 선발대의 역할을 했던
것으로 보인다.

2) 고양경찰서의 복귀와 부역자 처리

인천 상륙에 이은 국군의 북진에 따라 경찰도 수복작전을 전개했다. 치
안국 비상경비총사령부는 경인지구의 치안확보를 위하여 치안국 정보수
사과장(비상경비총사령부 연락참모) 선우종원 경무관으로 하여금 경찰
선발대를 편성케 한 다음 1950년 9월 25일 대구를 출발했다. 이들은 9월
27일 김억순 경감 책임 하에 부산 제2부두에서 유엔군 용역수송선 신흥
환(新興丸, 일본 국적의 선박)에 승선하여 10월 1일 새벽 2시 인천에 상륙

하여 경인지구를 수복했다.[187]

이 선발대의 편성 인원은 치안국 116명, 서울시경찰국 809명, 경기도경찰국 1,054명, 검사 5명, 종교인 10명, 적십자 요원 1명, 국민회 5명, 대한청년단 50명으로 모두 2,049명이었다.

비상경비총사령부도 10월 4일 서울에 복귀하여 전국 경찰에 다음과 같은 긴급임무를 부여함으로써 수복지구의 치안태세를 확립케 했다.

① 동회장 및 반장을 통한 주민등록 사무의 개시
② 자수 및 귀순공작의 철저
③ 민중조직-정보망, 공작조직의 활용
④ 정훈공작의 철저-공보 · 선무 · 대적 공작
⑤ 위험물의 제거
⑥ 통신 및 교통복구의 급속화
⑦ 잔적토벌 철저
⑧ 기타 치안확보상 필요한 경찰활동 강화[188]

송병용 순경 등 잔류 경찰관을 제외한다면, 고양경찰서 소속 경찰관들이 복귀하기 시작한 것은 1950년 10월 3일이었던 것으로 보인다. 송병용은 정청화 · 황재연 순경이 10월 3일에 복귀했다고 했으며, 〈태극단 투쟁사〉에 따르면 태극단이 일산에 도착한 것은 9월 28일이었는데 5일 뒤인 10월 3일경 고양경찰서가 복귀했다고 한다. 한편 〈경찰 10년사〉에서는 이무영 고양경찰서장의 발령일이 10월 3일로 확인되며, 경기도경찰청의 〈사령부 순경급(1950년)〉에서도 10월 4일 이동파 · 김유돈의 고양경찰서 인사발령 사실이 확인된다.

10월 6일경에는 대부분의 경찰관들이 복귀한 것으로 판단된다. 같은 날 사찰주임 이영근 경위는 20여 명의 경찰들과 함께 복귀한 사실이 확인된다. 이날 이후 그동안 중면 치안대로 활동했던 주민들이 사찰주임의 지휘 아래 고양경찰서 의용경찰대로 개편되었다. 의용경찰대원 강흥환은 사찰주임의 명령으로 부역자들을 체포했다고 한다.

한편, 고양경찰서장 이무영은 1950년 11월 8일 합동수사본부에서 "6·25 사변 전 김포경찰서장으로 있다가 지난 10월 3일 고양경찰서장으로 발령을 받고 같은 달 11일 취임했습니다"라고 했다.

3) 금정굴 사건-고양경찰서의 직접지휘에 의한 민간인 학살

(가) 치안대·의용경찰대·태극단의 주민 연행

유엔군이 1950년 9월 20일경 한강을 건너 행주를 점령하자 황인수 등 잔류 경찰관과 태극단원이 행주지역의 부역혐의자 100여 명을 체포하여 유엔군에 넘겼다. 이 과정에서 일부 부역혐의자들이 유엔군에 의해 그 자리에서 살해당하기도 했다.

유엔군이 행주리에 진주했다는 소식이 들리자 그동안 고양군에서 숨어 지냈던 군인·경찰·대한청년단·태극단원이 석호진 경위 등 미 해병대에 파견된 경찰관의 지휘 아래 능곡과 수색지역에 모여 치안대를 조직하고 부역혐의자를 연행했다. 잔류 경찰관 송병용은 석호진 경위의 지시에 따라 능곡지역에서 치안대를 조직하고 태극단원들과 함께 부역자를 체포했다. 당시 일산리 이봉린·김석권·이기철 등 고양군 각 지역의 주민들이 유엔군을 환영하기 위해 능곡역으로 왔다가 이들을 알아본 치안대에 의

해 연행되었다. 수색리에서는 태극단원들도 치안대 완장을 두른 채 치안 대원으로서 활동했다고 한다.[189]

능곡에서 조직된 치안대의 대원들은 1950년 9월 28일 유엔군이 고양군 대부분 지역을 수복함에 따라 각자 자기 지역으로 돌아가 치안활동을 했다. 일산리 조병태 외 12명은 경찰이 공식복귀하기 전에 중면 치안대를 조직하여 부역자 7명을 체포한 후 능곡에 있던 미군 CIC에 넘겼다.[190] 이후 사찰주임 등 부역자 처리의 실질적 책임자들이 복귀한 10월 6일까지 치안대에 의해 고양경찰서 유치장과 양곡창고로 연행된 주민은 80여 명에 이르렀다. 10월 5일경부터 치안대로 활동한 이은칠은 70여 명이 치안대에 의해 잡혀 있는 모습을 봤다고 한다. 10월 2일경 귀향한 강흥환은 중면 치안대를 조직하고 감찰차장으로 활동하면서 40여 명을 체포했으며, 중면 각리에서 잡혀 중면 치안대에게 넘겨진 부역자들이 40여 명이었다.[191]

중면 치안대는 10월 6일 사찰주임 이영근 경위의 지시에 따라 의용경찰대로 개편되었으며, 취조반·사찰심사반 등의 부서로 구분되어 있었다. 개편 당시 의용경찰대 수사반원은 최상순·차계원·엄진섭·강흥환·피원용·최상철·이영환·김완배·양재남·최명진·이영식·김효은·이진 등 13명이었으며, 정보책임자는 전 대한청년단 경기도본부단부 간부였던 김완배였다. 의용경찰대원들은 김완배와 사찰계 경찰이 작성한 명부에 따라 주민들을 체포했는데, 체포명령은 고양경찰서장이 내렸다.[192]

의용경찰대 사찰심사반 제1반 책임자였던 강흥환은 10월 6일경 각 리 구장이나 반장들이 가져온 정보에 따라 주민들을 체포했다. 제1반에서 검거한 주민들은 약 15명이었다.[193] 이은칠에 따르면, 피난에서 돌아온 경찰 등은 인민군 점령기 주민들의 동향을 잘 알지 못하므로 주로 지하공작을 하고 있던 태극단원과 우익청년들이 제공한 정보에 의해 검거했다고 한다.

그러다가 10월 20일경에 인민위원회원 등의 명부가 발견되자 이를 토대로 검거했다는 말도 있었다.[194]

소극적인 부역혐의자 및 그 가족들은 피해를 예상하고 피신하던 중에 연행당하기도 했으며, 가족들이 자기로 인해 괴롭힘을 당할까 염려하여 자수하기도 했다. 그러나 대부분은 자신의 행위가 큰 죄는 아니라고 스스로 판단하여 그냥 집에 있다가 연행당했다.

연행당한 주민들은 1차로 거주지 가까운 곳의 지서나 치안대 사무실, 임시유치시설에 감금되어 있다가 지서 소속 경찰관 또는 치안대의 조사과정을 거쳐 고양경찰서 유치장으로 인계되었다. 경찰 측에서는 감금당한 주민들에게 밥을 주지 않았다. 주민들은 감금 사실을 안 가족들이 가져오는 식사를 나누어 먹어야 했다.

1950년 9월 20일경부터 능곡·행주지역에서 연행된 부역혐의자들은 먼저 능곡지서로 끌려갔다. 능곡지서에는 유엔군의 진주를 환영하기 위해 능곡국민학교와 능곡역으로 왔던 주민들 중 부역혐의를 받던 일산리 이봉린·김석권 등이 연행당해 감금되어 있었다.

10월 2일경 중면 치안대 감찰차장 강홍환 등은 40여 명의 주민을 체포했으며, 의용경찰대 조병세는 10월 초순 치안대장 이학동의 명령에 의하여 일산리 정영학·김영한을 체포했다. 10월 5일 일산리 동곡마을 구장이었던 이규봉은 태극단원들에게 연행되어 고양경찰서 유치장에 수감되었으며, 10월 6일경 치안대원 중 4명이 부역혐의로 검거되었다가 3명은 석방되었으나 1명은 석방되지 못했다.[195]

10월 10일경 중면 마두리 인민위원장 최의현과 일산리 윤영규는 고양경찰서 경찰관과 의용경찰대원 피원용·조병세에게 연행되었다.[196]

행주의 이금현은 부역혐의자 가족으로서는 비교적 늦은 시기인 10월 15

일경 공회당에서 부역혐의자의 행방을 추궁하는 고문을 당하다가 능곡지서로 연행되었다. 신평리의 이병희도 공회당을 거쳐 능곡지서로 끌려갔다.

송포면 가좌리 김용남, 대화리 이돌섭, 덕이리 안점봉, 법곶리 심재천, 구산리 김영선·전옥자 등은 1차로 송포지서에 감금되었다가 그 후 다시 고양경찰서로 끌려갔다. 송포국민학교에서 열린 유엔군 환영행사에 참석한 법곶리 노인성·노춘석 등은 가좌리 중산말 석유창고로 끌려갔다. 송포지서에 갇힌 주민들은 경찰과 치안대원들에게 총알을 손가락 사이에 끼운 채 발로 밟히는 고문을 당했다. 덕이리 창고로 끌려간 안봉이는 치안대 최범쇠으로부터 남편의 행방을 대라며 몽둥이로 구타를 당한 후 다음날 풀려났다. 당시 덕이리 창고에 함께 감금되어 있던 주민들은 30~40명 정도였다. 송포면 법곶리 심기만은 도촌치안대 사무실로 끌려갔다가 송포지서를 거쳐 고양경찰서로 갔다. 일산과 가까운 곳에 살았던 덕이리 김영환, 장항리 박근식과 일산리 서상용 등은 바로 고양경찰서 유치장이나 임시유치창고에 감금되었다.

(나) 고양경찰서의 감금·취조·고문·분류

각 지서에서 1차 조사를 받은 주민들은 고양경찰서로 이송되었다. 고양경찰서에는 매일 15명가량의 주민들이 연행되거나 이송되어 왔는데, 10월 10일경에는 송포지서에 잡혀 있던 있는 주민 101명이 한꺼번에 고양경찰서로 이송되어 왔다.[197]

고양경찰서에는 4개의 유치장이 있었으며, 경찰서 앞 양곡창고를 임시유치시설로 사용하고 있었다. 당시 4개의 유치장에는 80여 명이 감금되어 있었고, 양곡창고에는 180여 명이 감금되어 있었다. 의용경찰대원 조병태

에 따르면, 주민들 중 10월 27일까지 검찰청으로 이송된 경우는 없었다고 한다.[198]

대부분의 연행자들은 고양경찰서에서 3~7일 동안 고문을 당했다. 덕이리 희생자 김진홍은 대소변을 볼 때마다 도움을 받아야 했으며 빨리 죽었으면 좋겠다는 말을 했다고 한다. 고양경찰서에서 이틀 동안 감금당했던 임서북은 뺨을 맞는 등의 고문을 당했으며, 감금된 주민들이 마실 물이 없어 자기 오줌을 먹는 모습과 경찰서 맞은편 유치 창고에서 치안대가 잡혀 오는 사람을 총 개머리판이나 장작개비로 무자비하게 때린 후 집어넣는 장면을 목격했다. 유치장 담당 순경 정준섭 역시 마실 물이 없어 오줌을 마시는 모습과 7~8명 들어가는 유치장에 남녀 구별 없이 20여 명을 가둬 두는 바람에 여자들이 서서 소변을 보는 모습, 아침 점검 때마다 고문으로 다 죽어가는 사람들을 목격했다.

조사는 주로 사찰계 소속 경찰들이 했고, 조사결과는 진술서로 작성되었다. 유치장에는 유치인들을 관리하는 명부가 있었는데, 유치장 담당 경찰관이었던 정준섭은 당시 상황에 대해 다음과 같이 증언했다.

"여자 남자를 구별 않고 7~8명 들어갈 곳에 한 20여 명을 때려 넣은 거야. 여자들은 오줌도 서서 싸는 거야. 오줌을 마시는 것도 봤어. 오죽 목이 타면 그래. (그 후) 유치장이 꽉 차니까 창고에 넣었어. 그냥 와글와글 했어. 매일 아침 점검을 해야지. '아무개, 아무개' 하면, 다 죽어 가는 대답으로 '네~'하는 사람도 있고…. 이렇게 점검하는 데 두서너 시간 걸려. (고양경찰서에서는 주민들에게) 밥을 안 줬어요. 그 많은 사람들을 어떻게 해줘. 잡혀간 사람 가족들이 밥을 해 와. (밥을) 죽 늘어놓는데, 갇혀 있는 사람들 서너 명을 데리고 나와서 가지고 들어가. 이걸 배식해 줘야 해요. 밥 속에 속내의 넣는 사람, 양말 넣는 사람들도 있고, 밥 속에다 뭘 써서 넣은 사람도 있고. '잘 있느냐', '너라도 잘 있어라.' 이런 건 전해 주지 않았어요."[199]

당시 고양경찰서에 끌려갔다가 조사 후 풀려난 사람으로 신평리 유해응, 법곶리 김정운, 일산리 임서북(희생자 서상용의 처), 구산리 전왈성(희생자 김영선의 아들) 등이 있었다. 그런데 임산부였기 때문에 풀려난 임서북 외에 유해응·김정운으로부터는 간접증언조차도 확인할 방법이 없다. 따라서 현재까지 연행된 부역혐의자들이 경찰서에서 어떠한 조사를 받았으며 어떻게 풀려나게 되었는지 확인되지 않는다. 유족 전왈성은 대한청년단 이학동에 의해 금정굴에서 희생당하기 직전에 풀려났는데, 이는 단지 이학동과 잘 알고 있었기 때문이라고 증언했다.

고양경찰서 사찰계는 의용경찰대 취조반원 이계득·방규순의 도움을 받아 취조한 결과 A·B·C로 등급 분류하여 A급은 총살, B급은 유치, C급은 석방했다.[200]

(다) 금정굴 학살

고양경찰서는 사찰계의 취조 결과 A 등급으로 판단한 주민들을 금정굴에서 학살했다. 학살은 사찰계 소속 경찰관과 사찰주임이 복귀한 10월 6일부터 시작되어 10월 25일까지 저질렀던 것으로 판단된다.

유치장 담당 경찰관이었던 정준섭에 따르면, A 등급으로 분류되어 학살 대상자가 된 주민들을 유치장에서 끌고 나가는 것부터 아무나 할 수 있는 일이 아니었다. '진명부'라고 부른 부역자 명부에 서장·교무과장·수사과장의 도장이 찍혀야 주민들을 내보낼 수 있었다고 한다.[201]

유치시설에서 끌려 나간 주민들은 적게는 5명에서 많게는 47명까지 고양경찰서 앞 공터에 모여 양팔이 군용통신선(삐삐선)에 묶인 채 경찰관·태극단·의용경찰대의 감시 아래 금정굴로 향했다. 두 명이 함께 묶인 경우도 있었다.

금정굴은 고양경찰서에서 약 2킬로미터 떨어진 야산에 위치해 있었으므로 30여 분을 걸어야 했다. 처음에는 가장 빠른 길인 일산시장 관통로를 지나갔는데, 이를 목격한 주민들이 많아지자 그 다음부터는 목격자가 적은 철길로 우회했다. 나중에는 트럭을 이용하여 금정굴 현장으로 이송하기도 했다.

금정굴에 도착한 주민들은 태극단과 의용경찰대원의 감시를 받으며 현장 아래 공터에 집결해 있다가, 경찰의 지시에 따라 5~7명씩 학살 현장으로 불려 올라갔다.

금정굴 현장에는 먼저 도착한 5~7명의 경찰·의용경찰대·태극단원이 학살을 준비하고 있었다. 이들은 주민들을 굴 입구에 앉혀 놓고 각각 1명씩 분담하여 M1소총 또는 카빈소총으로 1미터 정도 뒤에서 쏘아 학살했다. 총살은 1회에 5명 내지 7명씩 했으며, 처음에는 총을 쏘아 굴로 바로 떨어뜨렸으나 생존자가 발생하자 굴 입구에서 총살한 후 굴 속에 던져 넣는 방식으로 바꿨다.

학살은 20일 동안 계속되었는데, 고양경찰서 소속 경찰관·의용경찰대원·태극단원 60여 명이 번갈아 가며 교대로 가담했다. 이들은 1회부터 4회까지 학살에 가담하여 200여 명을 죽였음에도 불구하고 책임이 분산되어 크게 죄책감을 느끼지 않았으며, 계엄 상황 아래서 고양경찰서장의 명령에 의해 저질러진 것이므로 일부 가담자들은 범죄행위라는 사실조차도 전혀 인식하지 못했다.

이진은 "의용경찰대원으로서 경찰에 협력하여 고양경찰서 사찰주임의 명령으로 인민군에게 협력했다는 군민 60여 명을 3회에 걸쳐 총살시킨 사실이 있습니다'라고 진술했다. 총살에 직접 가담했던 의용경찰대원 이광희는 고양경찰서장의 명령으로 3회 금정굴 학살을 목격했고, 1회는 직접 가담했다고 했다. 치안대원 김규용은 1995년 10월 3일 방영된 MBC TV〈PD 수첩〉에서 "사람을 한 번 죽이고 그 위에 흙을 덮고, 또 죽이고 덮고, 여러 켜로 덮었다"라고 증언했으며, 같은 프로그램에서 태극단원 김인성은 "무차별로 처단하는 것을 보고 나는 태극단에서 나왔다"고 증언했다.

한편, 1999년 10월 14일 경기도의회에서 이장복은 "태극단은 부역자 연행과정에 1회 참여했을 뿐 어떠한 학살에도 가담한 일이 없고, 법치주의 국가이념에 따라 체포한 부역자들을 적법하게 인도하기만 했다. 또 금정굴 사건 발생 이전에 군 입대 지원을 위해 태극단원은 일산을 모두 떠나 있었다. 치안대의 존재와 활동에 대해서 아는 것이 없다'라고 하며 태극단의 학살 가담사실을 부인했다.

1950년 10월 6일부터 10월 25일까지 금정굴에서 있었던 학살사건을 일자별로 정리하면 다음과 같다.

• 10월 6일

학살은 10월 6일부터 시작되었다. 6일부터 8일까지 3일간 한 번에 15명 내지 30명씩 3회에 걸쳐 50여 명이 사찰계 형사에게 불려 나가 총살당했다.[202] 의용경찰대원 강신원은 국군 수복 후 중면 치안대원으로 활동하다가 복귀한 고양경찰서 경찰관에 의해 부역혐의를 받고 10월 6일부터 8일까지 3일간 구금되었다. 그는 구금되어 있는 동안 50여 명의 주민이 끌려나가는 것을 목격했다.

• 10월 7일

고양경찰서 유치장에 감금되었던 김○○ · 김영규 외 12명의 주민들이 고양경찰서원들에 의해 벽제지서로 이송되던 중 김○○ · 김영규를 제외한 12명이 어디에선가 희생되었다.[203] 이송 명분은 CIC로 넘기기 위해서라고 했지만, 고양경찰서에서 벽제지서로 가는 도중에 금정굴이 있는 것으로 미루어 볼 때 이들 12명의 주민들도 금정굴에서 희생되었을 가능성이 높다. 하지만 아직 발견되지 않은 또 다른 희생 장소가 있을 가능성도 배제할 수 없다.[204]

• 10월 8일

오후 6시경 감금 중이던 주민들 중 일부가 치안대원과 태극단원들에게 학살당했다.[205] 이 사실은 송병용 순경이 10월 9일 오전에 동료 경찰관들로부터 들은 것이다.

• 10월 9일

고양경찰서에 감금되어 있던 김석권 외 46명이 오전 11시경 끌려 나와 고양경찰서 사찰계 경찰관, 태극단원, 의용경찰대원 등 20여 명에 의해 양손이 뒤로 묶인 채 신작로를 통해 걸어서 감내고개 금정굴(숯고개 뒷산)로 끌려가 학살당했다. 의용경찰대에서는 강홍환 · 김이성 · 양재남 · 이광희 · 이영환 · 이진 · 조병태 등이 학살에 가담했다. 양재남은 이진이 가자고 하여 금정굴까지 갔으나 주변 경비만 했을 뿐 학살에 가담하지는 않았다고 한다. 고양경찰서에서는 사찰계 김한동 경사와 송병용 순경이 가담했다. 의용경찰대원들이 이날 목격한 희생자들은 김석권 · 박상하 · 박중원(박상하의 부친) · 안희준 · 임종태 · 이경학 · 이기봉 · 이기봉 딸 · 이영창 · 이종안 모친이었으며, 유족들이 목격한 희생자들은 김석권 · 이봉린 · 박상하 · 박중원 등이었다.[206]

10월 9일 아침 이순창 등 태극단원들은 조성구 부단장에 의해 집합되었다. 이장복은 "이 자리에서 서장이 나한테 요구하기를, 부역자들이 너무 많아서 문산경찰서로 이동을 시켜야 하는데 경찰병력이 약하니까 태극단이 호송을 맡아 달라고 했다'고 증언했다. 그리하여 당시 남아 있던 태극단원 20여 명 대부분이 호송작업에 동원되었다.

유족 서병규는 아침밥을 전달하려고 갔다가 부친 서상용을 비롯한 희생자들이 양곡창고에서 끌려 나오는 장면을 목격했다. 끌려 나온 희생자들은 그 즉시 양팔을 뒤로 묶였다. 그 후 서병규는 정오경 금정굴 방향에서 총소리를 듣게 되었다. 잠시 후 부근에 살던 당숙 서상준이 와서 아침에 끌려간 사람 모두가 금정굴에서 죽었다는 소식을 알려 주었다.

고양경찰서를 출발한 희생자들이 봉일천 방향으로 끌려가는 모습은 희생자 김석권의 부친 김상용도 목격했다. 김상용은 금정굴로 끌려가는 희생자들을 뒤따라갔으며, 금정굴 건너편의 고봉산 중턱에서 학살 장면을 목격했다.

희생자들이 끌려가는 길옆에 집이 있던 이병순 역시 연행 행렬의 마지막에 있던 부친 이봉린을 목격했다. 이들을 호송하던 태극단원 · 치안대원 · 경찰은 M1소총을 메고 있었는데 총 끝에는 태극기가 묶여 있었다. 경찰들은 유엔군복을 입고 있었고, 치안대원들은 완장을 차고 있었다고 한다.

이날 몇 명의 경찰관들이 금정굴 현장에서 미리 총살 준비를 하고 있었다. 오전 11시경 이송 행렬이 산 중턱에 도착하자 산 위에 있던 경찰들이 산 중턱의 경찰과 태극단원들에게 주민들을 다섯 명씩 끌고 올라오라고 지시했다. 경찰은 끌려온 주민 다섯 명을 수직굴인 금정굴 벼랑에 입구를 바라보게 하여 꿇어앉힌 후 다섯 명의 경찰관이 뒤에서 이들의 머리 등에 조준사격을 가했다. 양손이 묶인 희생자들은 총격의 충격에 의해 17미터 깊이의 굴 안으로 떨어졌다. 두 명이 함께 묶인 경우 한쪽은 총격을 당하지 않았어도 총격을 당한 나머지 한쪽과 함께 떨어졌고, 어떤 이들은 총소리만으로 놀라 떨어지기도 했다. 그 후 경찰과 태극단은 금정굴 속으로 흙을 뿌려 희생자들의 시신을 덮었다. 총격에 의해서든 떨어진 충격에 의해서든 목숨을 잃기는 마찬가지였으나, 이경선만은 이날 기적적으로 목숨을 건졌다. 그러나 그 사실이 알려지고 난 후 두 번 다시 이런 기적은 일어나지 않았다.

이날 금정굴 학살현장에 있었던 태극단원 이순창은 당시 목격한 상황에 대해 다음과 같이 진술했다.

"그래서 금정굴에 갔는데, 나는 지리를 모르잖아. 산속으로… (지도를 그리며) 문산 가려면 금촌 지나서 가야 하는데 얼마 가다가 이쪽으로 들어가더라고. 그래서 나는 문산 길이 이쪽으로 있는가 그렇게 생각했는데… 이렇게 산이 있고 이렇게 산이 있었어. 계곡으로 들어간 거야. 전부 앉혀 놨어. 우리는 총 메고 있고. 겨냥할 것도 없지. 가지고 다니는 거니까. 경찰이 먼저 올라갔었던가 봐. 누가 내려오더니 경찰이 다섯 명 데리고 올라오라고. 태극단원들도 몇 올라오라고. 나도 쫓아 올라갔어. 태극단원도 몇 사람 올라갔어. (올라갔더니 경찰이 희생자들에게) '하나 둘 셋 넷 다섯, 꿇어앉아!' 그러더니 경찰관들이 등 뒤에서 쐈거든. 우리는 깜짝 놀랐거든. 문산으로 보낸다더니 여기서 사람을 죽이는구나. 그때 당시 빨갱이는 당연히 죽는 걸로 알았어. 그래서 여기서 살상을 다 해버렸다고. 현장까지 갔으니까. 내 눈으로 봤으니까. 전화선, 밧줄로 엮어. 확실히는 모르겠어. 밧줄은 썩어 없겠지. 삐삐선만 남았겠지."

47명을 총살한 경찰관·태극단·의용경찰대가 돌아가자, 현장을 모두 목격한 김상용이 마을로 돌아가 이 사실을 알렸다. 그러자 이삼린 등 희생자 이봉린의 가족과 주민 7~8명이 마차와 밧줄을 준비해서 금정굴로 떠났다.

이들이 현장에 도착해 굴을 살펴보고 있는데 안에서 사람의 신음소리가 들렸다. 이삼린과 주민 한 명은 급히 밧줄을 타고 굴 안으로 내려갔고, 얼굴에 총알이 스친 채 살아 있는 이경선을 발견하고는 꺼내 주었다. 굴 밖으로 나온 이경선은 좀 전의 상황을 설명했다.

"함께 희생된 주민들은 나를 포함해 47명이었으며, 총을 쏜 자들은 태극단·의용경찰대·고양경찰서원들이다. 굴 앞에 사람을 세워 놓고 총살을 하여 구덩이에 시체를 떨어뜨렸다."[207]

금정굴 사건 현장까지 함께 갔던 희생자 이봉린의 아들 이병순은 당시 상황에 대해 다음과 같이 진술했다.

"저는 그 소식을 듣고 억울하지만 아버님의 시신이나마 수습해야겠다는 생각으로 즉시 작은아버님과 함께 반장을 보셨던 동네 어른들 7명과 금정굴로 달려갔습니다. 밧줄과 사다리, 마차 바를 가지고 갔습니다. 이때가 점심때 즈음이었습니다. 밧줄을 이용해서 작은아버지와 동네 반장어른, 두 분이 내려가셨습니다. 두 분이 내려가시자 '사람 살려'라는 소리가 들렸고, 살아 있는 사람이 있었습니다. 그분이 이경선 씨입니다. 우리가 꺼내 주자마자 바로 고봉산 쪽으로 도망갔습니다. 나중에 이경선 씨 사위를 우연히 만나게 되었는데, 그때 이경선 씨는 뺨에 총알이 스치는 상처만 입었다고 하더군요. 작은아버지가 내려갔다 오시더니 그냥 피비린내가 나고 숨이 덜 끊어져 살려달라고 악을 쓰는 사람, 팔이 떨어진 사람들로 가득 차 있어 도저히 견딜 수가 없어 올라왔다고 합니다. 흙이 조금씩 덮여 있었고요. 비록 시간은 점심때였지만 굴 안은 캄캄했고 비좁아서 어떻게 해볼 도리가 없었습니다. 어디 시신을 옮길 수도 없었어요."[208]

• 10월 12일

주민 6명이 사찰주임의 명령 아래 금정굴에서 학살당했다. 당시 학살에 가담한 자들은 의용경찰대원 이진·강홍환, 고양경찰서 사찰계 경찰관 4명, 태극단장과 태극단원 4~5명이었다. 이날 희생당한 주민들의 신원은 확인되지 않는다.[209]

• 10월 13일

주민 18~19명이 태극단원과 고양경찰서 경찰관에 의해 금정굴에서 학살당했다. 의용경찰대에서는 피원용 등이 학살에 가담했다. 피원용은 철도까지 경비를 했으나 학살 현장에는 가지 않았다고 한다. 증언과 자료에 따르면 이날 희생된 주민은 김영환·최의현이다.[210]

희생자 김영환의 아들 김기조는 할미마을 철둑 건너편(현재 일산역과 이마트 사이)에서 구멍가게를 하던 친척으로부터, 손이 뒤로 묶인 채 끌려가던 김영환을 목격했다는 말을 들었다. 그의 증언에 의하면 20여 명이 경찰의 포위 아래 포승줄(삐삐선)로 묶여 끌려갔다. 당시 경찰은 여섯 명 정도였고, 치안대는 군복을 입고 있었다. 희생자들이 금정굴로 끌려가는 모습은 중산마을 약수터 인근 주민들에 의해서도 목격되었다.

중면 마두리 주민 최승윤은 10월 10일 체포당한 최의현이 13일 금정굴에서 희생되었음에도 고양경찰서에서 이 사실을 가족들에게 알리지 않았으며, 평소 알고 지내던 민동선 순경에게 별도로 부탁하여 10월 26일에서야 최의현의 희생사실을 알게 되었다고 했다.

• 10월 14일

오전 11시경 주민 14~15명이 태극단원·의용경찰대원·경찰관에 의해 금
정굴에서 학살당했다. 이날 학살에 가담한 고양경찰서 사찰계 경찰관은
김한동·송병용·김종봉 외 2명이었으며, 의용경찰대원은 강금로·피원
용·강홍환·이진이었다.[211]

사찰계 경찰관 송병용은 이렇게 증언했다.

"사찰계 취조반 형사 김한동이 동행하자고 하여, 60여 명을 취조한 결과
14~5명을 A급으로 판단하고 전선으로 양손을 뒤로 붙들어 맨 채 부락이
있는 대로를 피하여 소로로 약 2킬로미터 북쪽으로 갔다. 그다지 높지 않
은 산 밑에 일동을 앉히고 4~5명씩 산으로 데리고 가서 그곳에 있는 금광
굴(마치 우물같이 판 약 5~6길쯤 되는 굴) 옆에 앉히고 본인과 동행한 경
찰관들, 태극단원들이 휴대했던 M1소총으로 사살한 후 시체는 굴속에 넣
어 버렸다. 그때 동행했던 자들은 김종봉 등 사찰계 경찰관, 의용경찰대원
4~5명, 태극단원 10여 명이었다."

다음은 의용경찰대원 이진의 증언 내용이다.

"세 번째 (학살에) 가담했는데, 전회와 같이 사찰주임의 명령으로 10여
명을 총살시킨 사실이 있으며, 장소는 3회 전부 고양군 송포면 덕이리 산
4번지였다. 폐금광 구덩이 입구에 앉혀 놓고 총을 쏘아 죽였다."

• 10월 15일

주민 5명이 경찰관과 의용경찰대원들에 의해 금정굴에서 학살당했다.
이날 학살에 가담한 경찰관은 김천옥 순경 외 1명이었으며, 의용경찰대원
은 신현섭·엄진섭·강홍환·김효은·조병세였다.[212]

이날 처음으로 학살에 가담했다는 의용경찰대원 조병세는 이렇게 증언

했다.

"경찰서에서 약 3마장쯤 북방에 있는 광산굴에다 데리고 가니, 5명을 굴 옆에 앉히고 데리고 갔던 계호원 전부가 M1 또는 카빈총을 발사하여 죽이고 그 시체는 굴속에 넣어 버렸다."

· 10월 17일

주민 26명이 금정굴에서 학살당했다. 이날 학살에 가담한 것으로 확인된 경찰관은 송병용이며, 의용경찰대원은 이광희·강홍환이다.[213]

경찰관 송병용은 2회째 가담한 것이라고 했으며, 의용경찰대원 이광희는 이날의 사건을 이렇게 증언하고 있다.

"고양군 벽제면 성석리 산중 금광굴에서 군 내무서원 1명과 내가 데리고 가던 자 1명 등 2명을 내가 직접 총살한 사실이 있고, 그 전에는 2회 경비에 동원된 사실이 있다. 강홍환 동지가 고양경찰서 사찰계 형사의 지시라며 같이 가자고 하여 가게 된 것이다."

· 10월 18일

파주 출신 등 5명의 주민이 사찰계 경찰관 박용길, 의용경찰대원은 이진·최상철·이영환·조병태 등에 의해 금정굴에서 학살당했다. 현재까지 파악된 희생자 중 파주 출신은 야당리 채기동뿐이므로 이날 학살당한 파주 사람은 채기동일 것으로 추정된다.[214]

조병태는 이날을 이렇게 기억하고 있다.

"고양경찰서 사찰계 박용길 경사의 명령에 의해 파주군 사람 등 유치인 5명을 각각 한 사람씩 맡아 가지고 총살시켜 금광굴에 쓸어 묻은 사실이 있다. 피의자 5명 중 성명은 알 수 없으나 파주 사람이 하나 있었는데, 그

때도 나와 이진·최상철·이영환, 그리고 유치장 순경 5명이 가서 전번과 같이 금광굴에다 한 사람씩 맡아 총살시키고 구덩이에 떨구어 버렸다. 이것은 고양경찰서 사찰계에서 명령하여 한 것이다."

• 10월 20일

19명(또는 15명)의 주민들이 금정굴에서 학살당했다. 이날 학살현장의 목격자는 태극단원 김영배였는데, 그는 태극단장 이장복의 소집으로 동원되었다가 고양경찰서원과 태극단원이 금광굴에서 6~7명씩 총살하는 것을 옆에서 목격했다. 이날 학살에 가담한 것으로 확인되는 경찰관은 송병용 순경이며, 의용경찰대원은 피원용·이경구 등이다. 이날 학살당한 것으로 확인되는 주민은 이계상·오일섭·김규순 등이다.[215]

김영배는 이날의 사건에 대해 비교적 상세히 증언했다.

"대장의 명에 의하여 동원을 당했다. 경찰서에 와서 보니 사찰계에서 죄인 이계상·오일섭·김규순 외 16명을 데리고 나와서 같이 가라 하기에 뒤에서 따라갔었다. 금광구덩이로 데리고 가게 되었다. 인솔자는 경찰 송 순경(송병용)이었고, 같이 따라가게 된 사람은 피원용·이경구 외 3~4명이었다. 산에 올라가서는 송 순경이 6명만 올려 보내라고 하여 그렇게 하고 나는 죄인 옆 한켠에 앉아 있었다. 조금 있다 총소리가 나더니 6인을 또 올려 보내라고 했다. 나는 그때까지도 안 가보고 있다가 마지막에 따라가 보았더니, 금광구덩이 옆에 앉혀 놓고 총으로 쏴서 죽인 다음에 구덩이에 넣는 것이었다. 나는 인정상 차마 볼 수가 없어 한쪽에 가서 총소리가 날 때는 보지도 못하고 있다가, 총소리가 끝나고 돌아보니 죄인들이 죽어 있었다. 그래, 구덩이에다 끌어넣는 것만 좀 보고 돌아왔다."

• 10월 22일 (또는 23일)

북한 출신 예심판사, 김포보도연맹 간사장, 전라남도 출신 민청 선전부장, 인민위원장 출신 2명 등이 금정굴에서 학살당했다. 당시 총살에 가담한 자는 고양경찰서 유치장 이○○ 순경, 의용경찰대원 이진·이광희·최상철·조병태였다.[216] 조사 결과 희생자 중 김포 출신으로 확인된 사람은 김포군 하성면 석탄리 어수갑뿐이므로, 어수갑이 이날 희생된 것으로 추정된다.

한편, 지도면 신평리 희생자 이병희의 처 송기순의 다음 증언으로 미루어 볼 때 이병희도 이날 희생되었을 것으로 추정된다.

"남편과 함께 끌려간 주민들이 네댓 명 정도였던 걸로 기억납니다. 그 중에는 전라도에서 와서 사는 사람이 있었어요. 유해응 씨만 나오고 전라도 사람과 남편은 돌아오지 못했습니다."[217]

• 10월 25일

밤중에 서병철 등 주민 20명이 고양경찰서장 이무영, 사찰주임 이영근 등 경찰관과 이진·강홍환·조병세·엄진섭·김효은 등 의용경찰대원들에 의해 트럭에 실려 금정굴로 끌려가 학살당했다. 태극단원은 이날부터 국방부 정훈국으로 편입되었으므로 학살에 동원되지 않았다고 한다.[218]

이에 대해 이진은 이렇게 증언한다.

"25일 총살 집행에는 서장 이무영, 사찰주임 이영근도 참가했다. 서장도 2명을 직접 총살했다. 나도 3회에 걸쳐 5~6명을 총살했다. 당시 총살은 고양경찰서장의 명령에 의한 것이었고, 계엄령 지구니까 죽이는 것이 합법적인 줄만 믿었다. 피살자 중 내가 아는 사람은 10월 25일 총살된 서병철뿐이다."

강홍환도 이날을 기억하고 있다.

"피살자들 대부분은 고양군민이지만 전라도 또는 타지에서 온 자들도 섞여 있었다. 10월 25일 20명을 즉결할 때에는 서장 이무영 경감이 그 중 2명을 직접 총살했는데, 그 피살자는 서장 식구들을 죽이고 집을 점거했던 자라고 했다. 내가 총살한 자는 전부 5명이었다."

조병세의 증언은 이렇다.

"제2차로 10월 25일 달밤에 경찰 10여 명과 의용경찰대원 엄진섭·강홍환 등과 함께 피검자 20여 명을 자동차에 태워 가지고 금광굴에 가서 사살했는데, 그때 나는 굴까지 올라가지 않고 산 밑에 있는 길에서 동인들을 굴 쪽으로 올라가지 못하게 경비하고 있었다. 밤이어서 나는 잘 보지 못했는데, 그 때 사찰주임과 서장도 함께 갔다는 말을 김효은과 강홍환으로부터 들었다."

조병태의 증언도 있다.

"내가 총살한 것은 앞서 말한 2회뿐이다. 고양서 경무주임 고 경위(고영준)가 김포경찰서로 압송한다고 피의자 5명을 데리고 그 방향으로 가는 것을 보았다. 그리고 이틀 전(10월 25일)에도 그 장소에서 야간에 총성이 수십 발 났으나 순경 말이 놀랄 필요 없다고 했다."

고양경찰서장 이무영의 증언이다.

"나는 사찰주임 이영근 경위의 보고를 듣고 괴뢰군 시대에 활약하던 좌익분자라고 하기에 정확한 일자는 기억할 수 없으나 1차에 약 30~40명 즉결한 사실은 있었다."

금정굴에서의 집단총살 장면은 인근 주민들에게도 목격되었다.

정종만은 인민군 측에게 희생된 것으로 추정되는 손한영의 장례식에 참석하던 중 사건을 목격했다. 금정굴 근처에서 치안대와 경찰이 열댓 명의 주민을 끌고 와서는 "아저씨들, 잠깐 피해 주소!"라고 말한 후 그들을 총으로 쏘아 금정굴에 집어넣었다.

금정굴 사건이 한창 진행 중이던 10월 중순, 전쟁 전 능곡지서에 근무하다가 고양경찰서로 복귀한 순경 김사철은 근무 중 서너 차례에 걸쳐 연행·감금된 주민들을 총살하는 데 동료 경찰관들이 동원되는 장면을 목격했다. 당시 한 번에 동원된 경찰관은 서너 명이었고, 총살당한 주민들은 대여섯 명이었다는 말을 경찰 동료로부터 전해 들었다.

고양경찰서 유치장에 근무했던 정준섭에 따르면, 그가 근무할 당시(1950년 10월 10일 이후로 추정) 오전에 처형하는 일은 없었고 오후 3시에서 5시 사이에 끌고 가서 처형했으며, 나중에는 차를 이용하기도 했다고 한다. 〈조병세 등 형사사건기록〉에서 10월 25일에는 희생자들을 트럭에 실어 학살현장으로 이동했던 사실이 확인된다.

(라) 유족들의 저항과 군·검·경 합동수사본부의 직접개입

① 개입과정

이미 살펴봤듯이 1950년 10월 4일 경인지역계엄사령부가 설치되고 그 산하에 부역자 처리문제를 전담하는 군·검·경 합동수사본부가 가동되었다. 이들은 가동 직후부터 육군 CIC·헌병대, 검찰, 경찰을 총동원하여 부역자를 색출했다.

고양경찰서 역시 계엄사령부와 합동수사본부의 지휘를 받는 경기도경찰국의 명령에 의해 부역자 문제를 처리해 왔다. 그런데 국군 수복 직후 고양경찰서의 부역자 처리는 학살 일변도였음이 확인된다. 9월 20일부터 10월 25일 사이에 연행된 주민들이 검찰로 송치된 경우는 확인되지 않는다. 의용경찰대원 역시 이 시기에 검찰에 송치되는 모습을 본 적이 없다고 증언하고 있었다. 그리고 이 시기 고양지역에서 확인되는 형사사건기록은 서울지역과 미군에게 체포된 경우 등 일부를 제외하고는 대부분이 10월 26일 이후 검찰 또는 군 수사기관으로 이관된 것들이었다. 즉, 10월 25일까지 고양경찰서로 연행된 주민들은 대부분 학살당했으며, 10월 26일까지 생존해 있던 주민들과 그 후 체포된 주민들이 헌병대나 검찰로 송치되었던 것으로 보인다.

무차별 학살이 진행되는 공포 상황에서 대부분의 유족들은 숨죽여 지낼 수밖에 없었다. 그러나 시간이 지나면서 더 이상 참을 수 없는 지경에 이른 유족 중 지역유지 또는 군인이나 경찰의 가족들이 문제를 제기하기 시작했던 것으로 보인다.

사건 초기인 1950년 10월 7일 마두리 치안대장 임대복 등 140여 명의 주민들이 고양경찰서에 갇혀 있는 최의현을 석방시키기 위해 연명으로 진정서를 작성하여 제출했다. 진정서의 내용은 최의현은 반역도배가 아니고 계획적으로 동민을 구원했으니 석방해 달라는 요지였다.[219] 그러나 진정서를 제출한 보람도 없이 최의현은 10월 13일 학살당했다.

형사사건기록에 따르면, 희생자 최의현의 학살사실을 몰랐던 최만현은 10월 19일 검찰총장 앞으로 진정서를 제출했다. 문서로 확인되지는 않으나 증언에 따르면, 희생자 한창석의 유족들도 군 관계자들에게 진정을 했다고 한다.

② 개입의 동기

합동수사본부는 부역자 처리를 전담하는 계엄사령부 산하의 수사기관이었다. 이들은 부역자들을 학살 처리하는 과정을 총괄지휘하는 위치에 있었으므로 국군 수복 직후부터 자행된 민간인 학살사실을 몰랐을 리 없다. 그런 그들이 학살과정에 개입을 시도한 것은 부역자 처리과정이 그들의 의도와 다르게 진행되고 있었든가 아니면 이미 목적을 달성한 뒤였기 때문으로 보인다.

실제 김창룡은 당시 언론 인터뷰를 통해 "부역자로서 자기 신분을 엄폐한 채 치안대 혹은 자위대원이 되어 자기 죄상이 폭로될까 두려워 일시적 보신책으로 우익인사를 체포 구속한 것 등인데…"[220]라고 하여 치안대원 중 상당수가 부역자였다고 판단하고 있다. 이때 김창룡은 민간인 학살에 대해서는 거론하고 있지 않고 있다. 그의 고민은 치안대에 의해 억울하게 학살당한 민간인이 많았다는 점이 아니라, 부역자 상당수가 살아남아 여전히 치안대로 활동하는 데에 있었던 것으로 보인다.

김창룡 등은 국군 수복 초기 부역자들을 가려낼 수 있는 방법에 대해 어떻게 생각했을까? 피난했거나 피신해 있던 주민들은 마을 사정을 전혀 알 수 없었으므로 부역행위 여부를 판단하는 데 도움이 되지 않았을 것이다. 결국 잔류해 있던 주민들의 여론을 듣는 것 외에는 방법이 없었을 것이고 그 과정에서 내부 배신자, 즉 부역자의 의견이 가장 큰 비중을 차지했던 것을 알고 있었다. 그 결과가 1950년 10월 4일 전국 경찰에게 내려진 세 번째 긴급임무 '민중조직―정보망, 공작조직의 활용'으로 나타났을 것이다.

그렇다면 군경의 고위급 간부들은 처음부터 치안대원의 상당수가 부역자였음을 알고 있으면서 이를 이용했다고 볼 수 있다. 결국 합동수사본부는 10월 한 달 동안의 부역자 처리과정에 이들을 치안대로 이용한 뒤 다시 부역자로 재처리한 것으로 판단된다. 토사구팽, 즉 치안대원들은 토끼 사냥이 끝나고 잡아먹힌 개의 신세가 된 것이었다. 그리고 이는 치안대원들이 비상조치령에 의해 부역자로 처벌된 것이지 주민 살해 범죄 때문에 처벌된 것이 아니라는 점, 부역행위를 했더라도 전쟁 전에 우익활동을 한 것으로 보이는 치안대원들은 모두 석방되었다는 점, 학살과정에 가담한 경찰관 중 처벌받은 자는 아무도 없었다는 점에서 확인된다.

③ 합동수사본부의 조사 경과

주민들의 진정에 따른 직접적인 결과인지 아니면 때가 되었다고 판단한 합동수사본부 수뇌부의 결정인지는 알 수 없으나, 10월 23일 합동수사본부는 고양경찰서에서 석방된 김상용(희생자 김석권의 부친)에 대한 조사를 시작으로 금정굴 사건에 대한 본격적인 수사에 착수했다. 형사사건기록에 따라 합동수사본부의 수사일지를 재구성하면 다음과 같다.

10월 19일   검찰총장 앞으로 유족 최만현이 '사건 심사에 관한 건'이라는 제목의 진정서를 제출함.

10월 23일   합동수사본부는 금정굴에서 이경선을 구출했다는 이유로 10일부터 22일까지 고양경찰서에 구속되었다가 석방된 유족 김상용을 면담함. 합동수사본부의 압력으로 석방되었을 가능성이 있음.

10월 25일   고양경찰서장이 직접 가담하여 금정굴에서 20명을 총살함. 이날 이후 금정굴에서의 총살사실이 확인되지 않는 것으로 보아 이날이 금정굴에서의 마지막 총살이었던 것으로 보임. 그런데 이날의 총살은 이미 합동수사본부가 이 사건을 인지하고 있는 상황에서 벌어진 것이므로 합동수사본부의 직접지시 아래 벌어졌을 개연성이 있음.

10월 26일　　합동수사본부가 유족 한익석·이규붕·최승윤·박완순과 의용경찰대원 조건식·강신원을 면담함.

10월 27일　　의용경찰대원 조병태를 면담함.

11월 2일　　의용경찰대를 소집한 후 모두 연행함.

의용경찰대원 성기창·조병태(2회)·피원용·이진·양재남·강홍환·강금로·박종철·김금룡·김영조·최우용·엄진섭·김정식·이계득·최상철·허숙·조병세·이광희·신현섭·이근용·이은칠·이승권으로부터 청취서를 받음. 유치장 담당 순경이었던 정준섭은 이경하 등 시국대책위원과 고양경찰서 의용경찰대원들이 합동수사본부에 의해 연행당하는 모습을 목격함. 당시 합동수사본부는 이들을 연행하기 전에 유치장을 둘러봤다고 함.[221] 부역자 처리를 전담하는 기구인 합동수사본부는 항상 부역자 처리현황에 대해 점검하여 처리방침을 결정했을 것이므로, 정준섭이 목격한 합동수사본부의 유치장 점검행위는 특별한 의미가 있는 것으로 보임.

11월 3일　　서울지방검찰청 검사 장재갑이 범죄조사서를 작성함. 조병태 외 26명의 범죄행위는 부역활동으로, 이경하·안병선의 범죄행위는 재산갈취로 적었음.

합동수사본부는 시국대책위원회 안병선, 의용경찰대원 김영배, 경찰관 한경옥·송병용을 조사하고 청취서를 작성함.

11월 4일　　몰수품 대장과 현금수불장을 영치했으며, 의용경찰대원 이은칠·조병세로부터 피의자신문조서를 작성함. 청취서가 아닌 것으로 보아 이날 이후 의용경찰대원들이 피의자 신분으로서 조사를 받은 것으로 보임.

11월 5일   의용경찰대원 조병태·강홍환·이진·이경하·양재
        남·피원용,시국대책위원장 이경하, 위원 안병선으로부터 피
        의자신문조서를 작성함.

11월 6일   성폭행 피해자 김○○을 청취조사함.

11월 7일   주민 강영신, 치안대원 강신원을 증인 자격으로 신
        문하여 증인신문조서를 작성함.

11월 8일   부면장 이기현, 시국대책위원 김성규, 고양경찰서장
        이무영, 중면장 최영직으로부터 청취서를 받음. 고양경찰서장
        이무영이 피의자로서가 아니라 증인 자격으로 조사를 받은
        것으로 보아 처음부터 고양경찰서원들의 금정굴 학살행위가
        합동수사본부의 조사대상이 아니었던 것으로 판단됨.
        검사 장재감 등 검찰 직원들이 금정굴 현장을 방문하여 검증
        조서를 작성함.

11월 9일   의용경찰대원 엄진섭·이진(2회)·오홍석·강금로·
        김영배로부터 피의자신문조서를 작성함.

11월 10일   의용경찰대원 25명에 대하여 구속영장을 발부함.

11월 18일   의용경찰대원 이은칠로부터 피의자신문조서를 작성
        함.

11월 19일   의용경찰대원 이계득·박종철·김금룡·김영조·최
        우용·최상철·이광희·신현갑·이근용·김정식·김효은·
        허숙으로부터 피의자신문조서를 작성함.

11월 20일   서울지방검찰청은 안병선·이진·양재남·강홍환·
        성기창·박종철·김영용·김영조·최우선·엄진섭·김정식·
        최병철·허숙·오홍석·이광희·김영배·신현섭·이근용·김

효운 등 19명에 대하여 불기소를 결정했으며, 조병세 외 나머지 7명에 대하여 공판청구서를 작성함. 이로 보아 합동수사본부는 안병선 외 18명에 대해서는 C급으로, 조병세 외 7명에 대해서는 B급으로 결정한 것으로 판단됨.

12월 22일　　　군법회의(서울지방법원)가 조병세 외 7명에 대해 선고함. 조병세·이경하는 사형, 이계득은 징역 10년을 선고함 (이계득은 12월 28일 감형령으로 인해 징역 5년으로 감형됨).

1951년 1월 13일　　조병세가 대전형무소에서 영양실조로 병사함.

1951년 10월 11일　이계득이 병보석으로 석방됨(1954년 5월 재수감).

1953년 4월 25일　　피원용이 형집행정지로 석방됨.[222]

④ 합동수사본부의 조사결과

·결과 1 : 고양경찰서의 은폐 시도와 희생사실 확인

가해자 측은 사건 초기부터 금정굴 사건을 숨기기 위해 치밀하게 계획하고 실행한 것으로 판단된다. 고양경찰서는 임시유치장에서부터 처형 의도를 철저히 숨긴 채 이송작업을 했다. 이는 희생자와 그 가족들이 재판을 받기 위해 이송되는 줄 알고 있었으며 호송작업에 참여한 태극단원들도 그렇게 알고 있었다는 점에서 확인된다. 그러나 이러한 일이 반복되자 희생자 가족들도 희생사실을 짐작할 수 있게 되었다.[223]

고양경찰서의 학살 은폐 시도는 금정굴로의 이송과정에서도 드러난다. 금정굴로 끌려가는 행렬이 곧 죽음의 길이라는 사실이 주민들에게 알려진 후부터 금정굴로의 이송경로를 바꾸었으며, 이송 중에도 다른 주민들이 보지 못하도록 공포탄을 쏘는 등 위협적인 분위기를 연출했다.[224]

고양경찰서는 학살사건 후 이 사실을 희생자의 가족들에게 알리지 않았다. 최승윤은 친척인 최의현이 10월 13일 금정굴에서 희생되었는데도 10월 26일에야 개인적으로 친분이 있던 경찰에게 부탁해 그 사실을 알게 되었다고 한 바 있다.[225]

이병순은 부친 이봉린이 처형되었다는 사실을 김상용으로부터 전해들은 후 삼촌 이삼린과 마을 주민 등 7명과 함께 금정굴로 가 이경선을 구해냈으나 부친의 시신은 찾지 못했다. 이들은 오후 1시경 마을로 돌아왔는데, 잠시 뒤인 오후 3시경 형사부장과 치안대원들이 이삼린의 집에 들이닥쳤다. 이들은 땔감용 나뭇더미 속을 대검으로 쑤시면서 시체를 내놓으라고 했고, 형사부장은 공포탄을 2~3발 쏘기도 했다.[226]

한편, 1950년 11월 이무영 고양경찰서장은 금정굴에서의 집단학살 사건에 대하여 지휘책임을 인지하고 있었으면서도 처벌을 면하기 위해 태극단장 이장복에게 이 사건을 태극단이 저지른 것으로 해달라고 부탁했었다고 한다.[227]

금정굴 학살사건에 대한 이러한 은폐 시도에도 불구하고 합동수사본부의 조사과정에서 상당 부분의 진실이 드러났다. 의용경찰대원들은 자신들이 저지른 학살범죄에 대해 구체적 경위와 지휘명령 계통까지 아는 바를 밝혔으며, 이를 확인하기 위해 당시 사상검사로 유명했던 장재갑이 금정굴 현장을 방문하여 굴속에 겹겹이 쌓여 있는 희생자들의 시신을 목격하고 다음과 같은 검증조서와 현장 약도를 작성하기도 했다.

검증조서
조병태 외 26명에 대한 비상사태하범죄처벌에관한특별조치령 위반
피의사건에 관하여 서울검찰청 검사 장재갑은 수사관 안정주, 서기

강○○(해독 안 됨) 입회 하에 1950년 11월 8일 고양군 벽제면 성석리에서 다음과 같이 검증함.

1. 검증 장소

  고양군 벽제변 성석리 '감내고개' 금광굴

1. 검증 목적

  우(右) 광내에 투기된 사체의 유무 및 그 상황을 확인함에 있음.

1. 검증 결과

  '감내고개'는 고양경찰서 소재인 고양군 중면 일산리로부터 동북방면 2킬로미터 지점에 있고, '감내고개' 금광굴은 일산리로부터 곡능으로 통하는 동(同) 고개 도로에서 서북쪽으로 약 200미터 되는, 높이 약 50미터의 작은 정상에 있는데, 그 주변에는 혈흔이 점점(点点)하고 M1 탄피가 산재했으며, 광(壙) 직경은 약 3미터였음. 광내를 자세히 내려다보면 광은 마치 정(井)같이 직하로 약 10미터였는데, 그 저면(底面)에는 석양 그늘에 명확하게는 보이지 않으나 피투성이가 된 시체가 쌓여 있음을 확인할 수 있었고, 광내에서 떠오르는 부패된 시체의 악취가 코를 찔러서 오랫동안 보고 있을 수가 없었음.

이 검증은 1950년 11월 8일 오후 4시 30분부터 동일 오후 5시까지 했음.

1950년 11월 8일

동소(同所)에서

서울지방검찰청 검사 장재갑

•결과 2 : 사건의 왜곡

당시 검찰은 민간인 학살사건의 진상을 확인하고도 오로지 의용경찰대원들의 부역혐의만을 기소했으며 이 사건에 대해서는 전혀 판단을 하지 않았다. 마치 민간인 학살은 범죄로 여기지도 않은 것 같았다.

그 단적인 예가 고양경찰서 의용경찰대원 조병세에 대한 조사결과에서 드러난다. 당시 검찰은 금정굴에서의 학살에 대해 "전투 중에 벌어진 사건으로, 즉결처분이었으며 고양경찰서 경찰관의 지시에 의한 것이었다"라는 의견만을 제출했다. 이는 금정굴 학살사건을 불법적인 것으로 여기지 않을 것이며, '불가피했던 것'이라기보다는 오히려 '적절했던 것'으로 판단하겠다는 의지가 담겨 있는 것으로 보인다. 하지만 당시 고양지역은 전투가 끝나고 한 달 가까이 지나 치안이 회복된 후였다. 즉결처분의 불법성은 당시 수사관의 질문에서도 확인되는바, 검찰의 이 의견은 학살사건에 대한 왜곡임에 틀림없다.[228] 신문을 받던 조병세조차도 "경찰의 지시에 의한 것이긴 하지만 사람을 해치는 것은 좋지 않다"고 말한 바가 있다. 당시 민간인에 대한 즉결처분은 당연히 불법이었다.

·결과 3 : 학살에 의한 부역자 처리에서 재판에 의한 부역자 처리로 이행

고양 금정굴 학살사건은 마치 합동수사본부의 직접개입에 의해 중단된 것처럼 보인다. 중면 부면장 이기현은 "검찰에서 체포 후에 즉결처분이 중지된 것 같으니 주민은 이때 법의 존재를 확인하여 더욱이 안도감을 느끼고 있다"고 말하고 있다.[229] 그러나 이는 사실로 보기 어렵다. 그 이전까지의 민간인 학살도 합동수사본부의 지휘 아래에서 자행되었음이 분명하므로, 이들의 개입에 의해 학살이 중단된 것이 아니라 오히려 학살이 끝난 후에 합동수사본부가 개입했다고 보는 것이 맞을 것이다.

합동수사본부가 고양경찰서 부역자 처리과정에 직접 개입한 최초 날짜

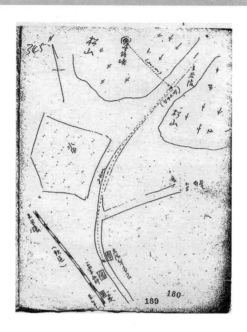

검증조서 내 금정굴 사건 발생 위치도. 지금과 비교해도 크게 다르지 않다.

는 적어도 김상용 노인이 조사를 받은 10월 23일로 확인된다. 따라서 합동수사본부는 10월 23일 이후 그동안 있었던 금정굴 학살사실에 대해 구체적으로 파악했고, 또한 학살이 계속 진행 중인 사실을 알게 되었음이 분명하다. 그런데 이미 살펴본 대로 10월 25일 고양경찰서장이 직접 가담하면서까지 20여 명을 또다시 학살했다. 합동수사본부가 이를 직접 지휘했는지 또는 방조했는지는 확인되지 않으나, 분명한 것은 이미 알고 있으면서도 10월 25일의 금정굴 학살을 막지 않았다는 사실이다. 그리고 부역자 처리를 전담하고 있던 합동수사본부의 지위로 보아 오히려 이날의 학살사건을 직접 지휘했을 개연성이 크다고 판단된다. 합동수사본부는 10월 26일부터 본격적으로 의용경찰대원 및 주민들을 소환하여 조사했으며, 11월 2일 의용경찰대원들을 소집하여 연행했다. 태극단은 10월 25일 국방부 정훈국으로 편입되었으므로 연행당하지 않았다.

이상을 정리하면, 1950년 10월 25일부터 11월 2일 사이의 시기는 마치 '학살에 의한 부역자 처리'의 마지막 과정이 끝나고 '재판에 의한 부역자 처리'가 시작되는 이행기처럼 보인다. 그리고 이러한 판단의 근거는 고양지역의 비상조치령 위반사건 관련 재판기록 대부분이 10월 26일 이후에 나타난다는 점에서도 확인된다.

고양지역에서 '재판에 의한 부역자 처리'의 결과는 어떻게 나타났을까?

재판 결과 조병세는 자위대장이었다는 이유가, 이경하는 인민군환영위원장이었다는 이유가 사형 판결의 주요 원인이었던 것으로 보인다. 조병세는 다른 의용경찰대원과 비교할 때 총살에 참여한 횟수도 적고 참여사실에 대해서도 잘못을 인정하고 있다. 이경하의 경우는 총살에 참여했다는 기록이 없고, 고양군 시국대책위원장으로서 재산 수탈에 관여한 과정도 명확하지 않다.

이계득은 11월 3일 집합당한 후 체포되었다고 하는데, 당시까지 자신의 죄명을 몰랐다가 부산형무소에 수감되어서야 비로소 부역행위로 인한 특별조치령 위반으로 처벌받은 사실을 알았다고 했다.[230]

1950년 11월 3일 범죄조사서는 다음과 같이 적고 있다.

"제1, 피의자 조병태 · 김정애 · 피원용 · 이진 · 양재남 · 강흥환 · 성기

창·강금로·박종철·김금룡·김영조·최우용·엄진섭·김정식·이
계득·최상철·허숙·오흥석·조병세·이광희·김영배·신현섭·이
근용·이은칠·김효은은 북한 괴뢰군이 남침한 금차 비상사태에 승
하여 괴뢰군 자위대에 자진가입하여 민족진영 인사들을 체포 또는 추
출하고, 제2, 피의자 이경하·안병선은 공모하고 이번 비상사태에 승
하여 4283년 10월 상순부터 동월 하순까지 사이에 두서(頭書) 피검자
등의 주소지인 고양군 중면 일산리에서 소위 역산이라 하여 약 10세
대의 가산을 전부 갈취한 것이다."

이로 보아 합동수사본부에 연행된 의용경찰대원들은 결국 모두 부역혐
의로 기소될 처지였던 것이다.

이경하는 비상조치령 위반으로 1950년 12월 22일 서울지방법원 판사 강
봉제로부터 사형을 선고받았으며 대구형무소에서 집행되었다고 한다. 그
러나 〈대구교도소 재감인명부(1950, 1951)〉와 〈대구교도소 군예치인명부
(1951)〉에서 재감 및 형집행 사실은 확인되지 않는다.

4) 고양경찰서 지휘 또는 감독 아래 치안대에 의한
   민간인 학살

고양지역에서 부역혐의를 받았던 주민들은 고양경찰서의 직·간접적 지
휘와 감독 아래에서 희생되었다. 고양경찰서 및 경찰서장의 직접지휘 아래
고양지역 전체의 주민들이 연행되어 희생된 것이 금정굴 사건이었다면, 고
양경찰서까지 오기도 전에 각 지서가 있던 면 단위에서 희생된 사건들도
있었다.

(가) 한강변 사건

　1950년 10월 초순 구산리·가좌리·대화리에서 끌려간 주민들은 대개
송포면 가좌리 양곡창고와 대화리 양곡창고로 끌려갔다. 가좌리 창고 부
근에는 가좌리 출장소와 송포(구산리) 치안대 사무실이 있었으며, 대화리
창고 옆에는 송포지서가 있었다. 대화리 창고는 매우 커서 200여 명이 감
금되어 있었는데, 그 중 101명이 10월 10일 고양경찰서로 이송되었다.[231]

　10월 20일 김포에서 왔다는 정체불명의 치안대원 세 사람이 야간 경비
활동 중이던 희생자 이범인을 체포했고, 이어 그 옆집에 살던 피원순을 연
행했으며, 다시 내려가면서 피원기도 잡아갔다. 이들이 끌려 나오는 동안
인민군 점령 당시 희생당한 피백성의 동생 피인용이 보초를 보았다. 그 후
이범인·피원순·피원기 세 명은 치안대에 끌려 이산포 방향으로 갔으며,
그 뒤를 치안대 감찰부장 피영권이 따라갔다.[232]

　이범인의 아들 이병희(당시 16세)는 부친의 시신을 수습하기 위해 일주
일 동안 한강변을 찾아다니다가 피원순의 시신을 목격했는데, 이병희가
목격한 시신들은 총상을 당한 상태였다.[233] 희생자 피원순의 아들 피영배
는 이병희의 연락을 받고 조부 피창손과 함께 현장으로 가서 부친의 시신
을 인근 한강변에 임시로 수습했다.

　당시 구산리 태극단원이었던 이준영은 전날 밤 총소리를 들은 후 구산
리 자택 부근 한강변에서 30~40명의 시신을 목격했다. 희생자들은 구산
리 장월·거그메·노루메 등에서 끌려온 부역혐의자들이었고 하며, 이들
외에 가좌리 양곡창고에 갇혀 있던 주민들도 주로 한강변에서 희생되었다
고 한다.[234]

　유족들의 증언에 따르면 해변이나 강변에서 많은 민간인들이 희생당했

는데, 이는 시신 유기와 범죄증거의 인멸이 쉬웠기 때문이었다. 이병희는 10월 20일 사건 직후부터 일주일 동안 파주 교하읍 산남리 황마름 강변에서부터 고양 이산포 강변에 이르기까지 200여 구에 달하는 시신을 목격했다. 40~50구씩 한 무더기를 이룬 시신이 5~6곳에 있었다. 그리고 그나마 이 시신들은 강물에 떠내려가지 않은 일부에 불과한 것이었는데, 시신 중에는 부녀자와 어린아이들의 것도 있었다. 시신들은 유선줄로 양 손목이 묶여 있었고, 육지 쪽 풀밭에 있는 시신은 방치되어 부패한 냄새가 심하게 났다.

이병희가 부친의 시신을 찾아다닌 지 일주일째 되던 날, 들개들이 모여 뭔가를 뜯고 있어 쫓아내려가 보니 그곳에 같은 마을의 희생자 피원순으로 보이는 시신이 있었다. 그리고 그 외에 시신 2구가 썰물에 떠내려간 자리를 확인할 수 있었다. 피원순의 시신은 진흙더미에 파묻혀 있었기 때문에 떠내려가지 않았던 것으로 보였다. 이병희는 이범인·피원기·피원순 세 사람이 같은 날 같은 곳으로 끌려갔다는 마을 주민들의 목격담을 근거로 썰물에 떠내려간 자리를 희생자 이범인과 피원기의 것으로 추정했다.

피영배 일행이 피원순의 시신을 발견할 당시 들개에 의해 심하게 훼손되어 정확한 신원을 알 수 없었으나, 허리띠를 보고 신원을 확인할 수 있었다. 연행 당시 피원순은 아들 피영배의 허리띠를 차고 있었던 것이다. 피영배가 희생자의 시신으로부터 허리띠를 빼려고 하자 조부가 망자(亡者)의 물건은 손대는 것이 아니라고 하여 그대로 두었다고 한다.

같은 시기 피경애·김영연은 파주 심학산에서 희생당했다. 피순성·이범인·피원순·피원기는 모두 농민이었는데, 피순성은 인공 치하에서 구산리 인민위원장이었으며 피원순은 인민위원회 일을 했다. 그러나 이범인·피원기는 인민위원회 일을 하지 않았다. 피경애·김영연은 월북한 것으로 알려진 피승권의 딸과 모친이다.

이들 외에도 구산리에서 임복성 가족, 홍제관 가족, 강은성 가족이 희생당했다고 하며, 같은 마을 강놈산의 가족들도 9·28 수복 후 한강 둑으로 끌려가 죽었다는 증언이 있다.[235]

(나) 새벽구덩이 사건

'새벽구덩이'[236] 사건은 한국전쟁 중 고양지역의 민간인 학살사실이 알려진 계기가 된 사건이었다. 당시 12세로 국민학생이었던 희생자 안종옥은 1950년 10월 3일경 조부 안점봉[237]과 함께 송포지서로 끌려갔는데, 10월 10일 안점봉만 고양경찰서로 넘겨지고 안종옥은 송포지서에 그대로 있었다. 같은 시기 당시 16세로 중학생이었던 안종옥의 형 안종덕은 서울에 피신해 있다가 덕이리 치안대에게 잡혀 송포지서로 끌려왔는데, 이로써 두 형제는 송포지서에서 만날 수 있었다. 그 후 10월 20일경 지서 경찰관이 "아이들이 무슨 죄가 있느냐"며 풀어주었으나, 덕이리 치안대 유병문·정수연은 다시 이들을 잡아 덕이리 430번지 자택에 묶은 채 감금했다. 당시 덕이리 430번지 가옥은 치안대가 점유하고 있었다.[238]

안종덕·안종옥 형제는 다음날인 10월 21일 새벽 치안대에 의해 끌려나가 인근 뒷산에 있던 새벽구덩이에서 희생당했다. 증언에 따르면 당시 희생자들을 끌고 나간 치안대원은 정수연이었다고 한다.

희생자 안종덕·안종옥은 송포면 덕이리에 거주하던 가족 또는 친척들이 모두 금정굴에서 희생당한 뒤 희생되었으므로 시신을 수습할 사람이 없었다. 가족 중 유일한 생존자인 안종호는 당시 5세로서 안종덕과 함께 서울에 피해 있었는데, 장독에 숨어 치안대의 연행을 피할 수 있었다. 안종덕·안종옥은 좌익활동을 했던 안진노의 조카였으며, 그들의 부친·조부·삼촌 등 일가족은 직전에 금정굴 사건으로 희생당했다.

(다) 귀일안골 사건

1950년 10월 초순경 김현세 일가 5명과 박상진 가족 3명, 김용배 가족 3명 등 진밭·잣골·귀일안골 주민들 20여 명이 벽제면 치안대(대장 홍기세)에 의해 옛 성석국민학교에 갇혀 있다가 10월 30일경 성석리 뒷골 방공호(현재 고양시 일산동구 성석동 산 14-4번지)에서 학살당했다.

박상진은 인민군 점령 하에서 복구대장을 맡았다는 이유로 연행되었으며, 아랫마을 반장 이각, 윗마을 반장 김용배가 함께 끌려갔다. 안골에서는 김씨 집안 장손이었던 김현모가 인민위원회 일을 보았다는 이유로 마을에 남아 있던 그의 친인척들이 모두 연행당했다.

옛 성석국민학교 교실에 감금되어 있던 20여 명의 주민들은 일주일 동안 치안대가 주는 주먹밥을 먹고 지냈으며, 이각 등 일부 주민은 갇혀 있다가 풀려 나오기도 했다. 유족 박성례는 학교 근처에 거주했으므로 끌려간 자신의 모친 현아순을 어렵지 않게 만날 수 있었는데, 이때 현아순은 본인이 배급받은 주먹밥을 박성례에게 먹으라고 주기도 했다.

10월 30일경 벽제면 치안대가 옛 성석국민학교에 감금되어 있던 주민 20여 명을 벽제지서로 넘긴다며 끌고 가다가, 귀일안골로 넘어가는 고개인 뒷골 골짜기에서 사살하여 방공구덩이에 암매장했다.

당시 유족 박성례는 옛 성석국민학교에 감금되어 있던 부친 박상진과 모친 현아순으로부터 어디론가 갔다가 돌아올 것이라는 말을 들었는데, 그로부터 며칠 후에 가보니 교실에 아무도 없었다. 그리고 그날 밤 문봉으로 넘어가는 고개 쪽(뒷골)에서 엄청난 총소리를 들었다.

희생자들은 대개 일가족이 몰살당했으므로 시신을 수습하지 못했고, 친인척들조차 함께 희생당할 위험이 있었으므로 당시에는 시신 수습에 나설 수 없는 분위기였다. 귀일안골 주민들에 따르면, 지금은 평지가 되었으나 옛날에는 뒷골에 큰 봉분이 있었고 그 근처에 방치된 유골이 있었다고 한다.

사건 발생을 전후하여 이와 관련된 자료가 있다. 자료에 따르면 성석리 김현룡(당시 32세)은 전쟁 전에 금융조합연합회 양곡부 가공과 공장계 서기로 있다가 전쟁 발발 후에는 벽제면 인민위원회 재정책임자로 있었는데, 1950년 10월 7일 서울 서대문경찰서에 연행된 후 그해 12월 14일 서울형무소에서 병사했다. 김현룡은 인민위원회 선전책임자 김현모의 동생으로 확인된다.

귀일안골 사건의 희생자로 확인되는 주민은 성석리 진밭에 살던 박상진·현아순·박성인, 성석리 귀일안골에 살던 김현세·차제순·김태규·김봉규·이해용, 성석리 잣골에 살던 김용배·김현남·안일례 등이다.[239]

(라) 주엽리 하천 사건

중면 장항리에 살던 한일성(당시 20세)·한효수(당시 21세) 외 주엽리 주민 1명이 국군 수복 후 부역혐의로 주엽리 치안대 사무실에 감금되었다가 1950년 10월 18일 오후 6시경 의용경찰대와 시국대책위원회에 의해 주엽리 앞 하천에서 학살당했다.

당시 학살에 관여한 자는 의용경찰대원 김효은·이은칠·엄진섭·오형구·신현섭, 청년방위대원 장귀동, 주엽리 치안대원 최만재와 시국대책위

성석리 뒷골 방공구덩이가 있던 자리. 이각 노인이 증언해 주었다.

원회 이병학 등 8명이었다. 이 중 이병학·장귀동·최만재가 직접 총살에
가담했으며, 김효은은 총성만 듣고 돌아왔고, 이은칠은 총살 후 현장을 목
격했을 뿐이라고 한다.

마포 승리고무공장 노동자였던 한요수·한일성은 인민군 점령기 민청에
가입하여 자위대 일을 보았다고 한다. 한요수의 부친 한익석은 주엽리에서
아들이 학살당했다는 소문을 듣고 시신을 찾으러 갔으나 어느 시체가 한
요수의 것인지 분간할 수 없어 그대로 돌아왔다고 했다.[240]

(마) 현천리 사건

현천리에서는 일제강점기에 구장이었던 민영환이 희생자 황뇌성을 강제 징용 보내려고 했던 전력이 있어 양쪽 집안의 관계가 좋지 않았다고 한다.

한국전쟁 중 9·28 수복이 되자 현천리 인민위원장을 지냈던 황뇌성은 양주군 송추에 피신해 있다가 10월 초순경 가족의 상황이 궁금해 집으로 돌아오던 중 치안대에게 잡혀 현천리 건너말 창고에서 감혔다. 10월 중순 그의 동생 황을성은 황뇌성의 동생이라는 이유만으로 치안대에게 끌려가 몽둥이로 맞고 풀려났으며, 그 후 일주일 정도 몸조리를 하던 중 다시 끌려가 감금되었다. 주민들이 감금되었던 건너말 창고는 방앗간으로 쓰였던 곳으로 리 사무소에서 50미터 정도 떨어져 있는 곳이었다.

황정호는 부친 황을성이 갈아입을 옷을 가지고 갔다가 치안대가 감시·관리하던 건너말 창고 안을 볼 수 있었다. 당시 창고 바닥에는 가마니와 짚이 깔려 있었고, 머리가 터져서 광목으로 둘러맨 사람, 눈도 못 뜨는 사람, 맞아서 팔이 부어오른 사람 등 열댓 명이 있었다. 황은호 역시 부친 황뇌성에게 밥을 갖다 주러 가는 모친을 따라갔다가 창고 안을 목격한 적이 있었다. 당시 황뇌성은 매를 맞아서 얼굴이 멍든 상태로 의자에 묶여 있었다고 한다.

황뇌성은 1950년 10월 10일경 수색으로 끌려가던 중 다락고개에서 희생당했다. 그의 동생 황을성은 황뇌성이 희생된 지 보름 후 현천리 공동묘지에서 살해되었다. 이때 같은 마을 주민 정범성과 남전·먹골의 주민 등 10여 명도 함께 살해되었다.

화전리 농민위원장이었던 희생자 황온순은 현천리 공동묘지에서 6명의 현천리 치안대원들에 의해 돌로 죽임을 당했는데, 이 장면은 공동묘지 정상에서 황정호가 직접 목격했다. 희생자 황온순의 시신은 가족들에 의해 사건 현장에 그대로 매장되었다. 태극단 현천지단원 공은억도 인공 치하에서 화전리 농민위원장을 지냈던 황온순을 동네에서 때려죽인 사실을 알고 있다고 했다.

황뇌성·황을성의 시신은 그들을 살해한 치안대원이 마을 주민들에게 연락을 해서 수습했는데, 시신 수습 당시 가족들은 낮에는 보복을 당할까 무서워서 밤에 남모르게 시신을 매장했다고 한다.[241]

(바) 화전리 계곡 사건

1950년 9월 20일경 행주지역이 수복되자 화전리에서는 공은억 등 치안대원들이 황재덕·지희덕 등 부역혐의자들을 체포하여 인공 치하 화전리 인민위원회 사무실이었던 곳에 감금해 두었다. 이때 행주나루터로 상륙한 해병대가 들어와 치안대가 잡아 놓은 인민위원장을 넘기라고 하자, 치안대원들은 화전리 인민위원장 황재덕을 넘겼다. 그러자 해병대는 그 자리에서 황재덕을 등 뒤에서 쏘아 사살했으며, 공은억은 이 모습을 직접 목격했다.

지희덕은 국군 수복 직후 치안대 사무실로 쓰였던 화전리 주민 김광식 소유의 한옥집 사랑채로 끌려가 여러 날 감금되었다가 신도지서로 넘겨졌다. 살아남은 지희덕·김순범 등은 마을 주민들의 탄원에 의해 신도지서에서 풀려났으나 얼마 지나지 않아 다시 이웃 마을 덕은리 치안대 최봉구·김순돌 등 4명에 의해 10월 20일 화전리 계곡으로 끌려가 학살당했다.

태극단원 공은억은 희생자들이 2차 연행될 당시 끌고 가는 치안대원들과 함께 있다가 최봉구로부터 이들을 총살하러 간다는 말을 들었다. 그

때 공은억은 "이들이 큰 잘못을 하지 않았으니 용서해 주라"고 부탁했으나 최봉구 등은 "현천리 난점 수수밭에 숨어 있던 국군 정보국 대위를 붙잡은 사람들이므로 총살할 것이다"라고 했다고 한다. 공은억은 화전리 계곡까지는 가지 않아서 사살 장면을 직접 목격하지 못했다. 그런데 마을 주민들에게는 공은억이 희생자들이 끌려가는 현장에 있었기 때문에 그가 죽인 것으로 알려졌다고 한다.

사건 직후 화전리 계곡에서 총소리가 나자 희생자들이 연행당하는 장면을 목격한 마을 주민이 이 사실을 지희덕의 부친 지득근에게 전해 주었다. 사건이 발생한 1950년 10월 20일 오후 4시경 지득근은 "자식도 (이 사실을) 알아야 한다"며 큰손자 지영호를 데리고 사살현장으로 가서 함께 시신을 수습했다. 지영호에 따르면, 지희덕은 총에 맞아 사망한 상태로 옆으로 누워 있었고 그 옆에는 또 다른 희생자의 시신 3~4구가 함께 있었다고 한다. 그리고 일부 희생자의 시신은 이미 가족들이 수습을 해 간 뒤였다. 이 외에 향동 주민들을 포함하여 모두 8명이 화전리 계곡에서 희생당했다고 한다.[242]

제4장

희생자

1. 누가 희생되었나

자료와 증언을 통해 9·28 수복 직후부터 10월 25일 사이에 고양지역에서 부역혐의를 빌미로 학살당한 주민들의 신원을 알 수 있었다. 그러나 아직도 진실을 말하지 못하거나 진실을 알고 있지 못한 유족들이 많다는 사실을 감안할 때, 현재까지 정리된 희생자의 신원 역시 중간정리에 불과하다고밖에 할 수 없을 것이다.

희생자의 이름을 알지 못하는 경우도 있었고, 겨우 이름 정도만 알고 있는 경우도 있어 더 이상 조사하지 못한 아쉬움이 남는다. 이후 추가조사가 다시 진행되기를 바라며 현재까지 확인된 희생자 명단을 다시 정리했다. 희생자 명단은 당시 거주 면이었던 중면·송포면·벽제면·원당면·신도면·지도면의 순서로 정리했으며, 각 리(里)는 가나다 순서로 정리하여 책 말미에 별표로 첨부했다.

2. 희생자들은 어떤 사람이었나

국군 수복 시에 인민위원회 간부 등 부역자 대부분은 이미 월북 피신했거나 행방불명된 상태였다. 그리고 인민군 점령기의 인민위원회 간부들은 선거에 의해 선출된 사람들로서 대개 각 리의 주민대표자들이었으며, 해방정국에서 좌익활동은 물론 정치·사회활동조차 전혀 하지 않았던 주민들도 많았다.

특히 당시 주민들은 인민위원회에 참가하거나 협력한 행위를 좌익활동으로 보기보다는 일반 행정에 대한 지원활동으로 보았으며, 그에 가담한 사람들도 대부분 명시적·묵시적 압력에 의해 할 수 없이 일을 하게 된 것이므로 국군 수복 후 극형을 받게 될 행위로 생각하지 않았다는 점이 확인된다. 그리고 이 정도의 소극적 협력을 한 사람조차도 희생자의 일부에 해당할 뿐이었으며, 대부분은 그 가족 또는 친척이었다.

한편 부역혐의와 무관하게 개인감정에 의해 희생된 경우도 있었는데, 그 중 상당수는 가족이나 증인을 찾을 수 없어서 아직도 개인별 희생의 원인을 확인할 방법이 없다. 그러나 이 경우도 대부분 실제 부역행위와 무관하게 '부역을 했을 것이라는 혐의'만으로 희생당한 것은 분명하다고 판단된다.

이들의 희생 원인을 구체적으로 나누어 보면 인민위원회 간부, 인민위원회 간부의 가족, 의용군의 가족, 전쟁 전 좌익혐의자의 가족, 우익인사들과 사적인 원한관계에 있다가 보복을 당한 주민 등으로 구분된다. 하지만 이러한 구분은 강조되는 특징에 의한 것일 뿐, 현실에 있어서는 모두 복합적으로 상호작용한 결과임을 알 수 있다. 즉, 대개 인민위원회 간부였던 주민은 마을의 지도적 위치에 있던 인사들로 한국 사회의 큰 흐름과 무관할 수 없었다. 해방 직후의 민족 자치활동, 단독정부 수립 반대 활동, 대한청년단과 국민보도연맹 등 전쟁 직전의 우익단체 단일화 활동 등을 피할 수 없었고, 이 때문에 인민군 점령기에 다시 인민위원회 간부로 활동할 것을 강요받았던 것으로 확인된다.

1) 인민위원회 또는 사회단체 간부

부역혐의자 희생사건의 희생자들 대부분은 인민위원회·농촌위원회·여성동맹위원회·교육위원회 등 행정관련 기관에서 일한 것이므로 국군 수복 후에 자신이 극형을 받을 것으로는 생각하지 않았다. 게다가 이들은 전쟁 전부터 지역사회에서 지도적 역할을 했던 주민들이었다. 이들은 피난 갈 형편이 되지 못했거나 피난 갔다가 돌아와서 어쩔 수 없이 직책을 맡게 된 경우가 많았다. 특히 전쟁 전부터 마을에서 면장·구장·교사 등 지도적 위치에 있었던 사람들은 인민군 점령 후에도 인민군의 압력 아래 하던 일을 계속 하게 되어 희생된 경우도 많았다.

2) 부역혐의자의 가족 및 친인척

사건 피해자 중에는 부역혐의자의 가족 혹은 친척이었다는 이유로 희생당한 경우가 부역혐의자라는 이유로 희생된 경우보다 훨씬 더 많았다. 이런 사정에 대한 증언은 희생자 유족 당사자보다 치안대 등 가해자 측에서 더 많이 확인된다.

태극단 감찰부장 김경열, 치안대원 김규용은 희생자들에 대해 "공산주의자라기보다는 애꿎은 가족이었다"고 했으며,[243] 고양경찰서 의용경찰대원 엄진섭은 "고양군 중면 치안대원이나 고양서 의용경찰대원들이 부역자와 그 가족을 체포하여 왔습니다. 가족들까지 잡아온 것도 보았는데, 왜 잡아왔는지는 조병세 등이 잘 알 것입니다"라고 했다. 조병태는 "인민군에 협조한 자와 그 외 그 가족까지도 총살을 시키고 있습니다. 가족까지 총살시키는 연유는 경찰서에서 하는 일이라 우리는 모릅니다"라고 했다. 태극단원 김인한은 경찰이 인공 치하 당시 인민군 측에 의해 피해당한 감정으로 부역혐의자 가족들까지 희생시킨 것이라고 했고, 고양경찰서 유치장을 관리하던 순경 정준섭은 "유치장에 있던 사람들이 무슨 빨갱이 일을 한 것도 아니고, 사촌이 일 좀 봤다면 말도 못하고 다 들어갔다"고 했

다.[244)]

한편, 당시 고양지역의 여론을 대변하는 위치에 있었던 중면장 최영직은 희생자들이 "부역행위를 한 자들도 있고, 부역행위자의 가족들도 있고, 또는 전부 애매하다고 생각되는 자도 있습니다. …당사자가 도피하여 검거하지 못했을 때, 그 친척을 대신 처벌한 데 대해서는 가혹하다는 평이 있습니다"라고 했다.[245)]

3) 정치적 반대입장 등 개인감정이 있는 희생자

희생자 중에는 대한청년단 등 우익단체 소속이었던 경우가 많았다. 이러한 사정은 한국전쟁 직전 각 지역의 시민사회가 붕괴하여 모두 관변단체로 편입된 때문인 것으로 판단된다.

당시 모든 청년단체는 대한청년단으로 통합되었으며 지역의 유지들은 민보단 등에 가입되어 있었다. 그리고 남로당 등 좌익계열의 인사들 대부분은 국민보도연맹에 가입하지 않을 수 없었다. 이처럼 전쟁 전 대부분의 주민들이 관변단체에 가입해 있었던 점을 감안하면, 피난하지 못했던 우익인사들이 국군 수복 후 부역혐의로 희생된 것은 당시 이승만 정부의 정책으로 보아 이해하기 어려운 상황은 아니다. 이러한 경우로 확인되는 대표적인 희생자는 중면 일산리 한창석과 중면 마두리 최의현이다.

4) 기타

당시 희생자들 중에는 고양군 주민이 아닌 경우도 있었다. 벽제면 성석리 어씨 집안에 피신했던 김포 하성면의 어수갑, 이북 출신의 예심판사 등이 그랬고, 전라도에서 피신 왔다가 희생된 사람도 있었다.

3. 얼마나 희생되었나

1) 금정굴 사건 희생자

1950년 10월 6일부터 25일까지 고양 금정굴에서 희생된 주민은 200여 명에 달했다. 의용경찰대원 이진·강홍환은 피살자의 총인원이 약 200명이라고 했으며, 강신원은 10월 초순부터 10월 22일까지 4~5차에 걸쳐 170~180명을 총살했다고 했다.

서울대병원에 보관되어 있는 금정굴 발굴 유골에 대한 중간보고서는 "희생자 수가 최소한 153명 이상일 것으로 판단한다"고 했다. 그리고 유골의 추가발굴 가능성에 대해 2005년 9월 충북대학교 중원문화연구소는 다음과 같이 밝혔다.

"유해가 마지막으로 나온 약 13미터 지점에서 2미터 이상 더 지하로 내려갔을 때인 약 15미터 지점에서 동벽에 바위가 묻혀 있는 것이 확인되었고, 나머지 바닥을 1미터 길이 탐침봉으로 조사한 결과 토질은 굵은 마사토로 탐침봉의 목까지 꽂아 보았으나 아무런 이상도 찾을 수 없었다."

당시 발굴에 참여했던 고준희 역시 비슷한 의견을 내놓으며 추가발굴 가능성을 낮게 보았다.

"1995년 발굴 당시 유해는 8~13미터 깊이 사이에 묻혀 있었다. 바닥의 돌은 동벽을 파고 묻었으며 유해가 나오지 않아 이틀간 더 작업을 했으나 마사토만 있었다. …수복 초기에 희생당한 것으로 알려진 박중원의 도장이 유해의 바닥 아래 부분에서 발굴되었다는 증언에 근거하여 종합하면, 금정굴의 희생자들은 8~13미터 깊이에 매장되었다고 결론지을 수 있다."

서울대 의대 법의학교실에 보관된 발굴 유품 중에 한 사람의 팔목을 묶었을 것으로 추정되는 8자형 삐삐선이 140개, 두 사람을 함께 묶었을 것으로 추정되는 88자형 삐삐선이 10개이다. 이것으로 미루어 볼 때 모두 160여 명이 삐삐선에 묶였을 것으로 추정된다. 일부 증언에 따르면 삐삐선뿐 아니라 밧줄로도 묶었다고 하므로 최소한 160명 이상이 학살당했을 것으로 추정할 수 있다.

또한 서울대 의대 법의학교실 유골보관소에는 M1소총 탄피 149개, 카빈소총 탄피 22개가 있다. 학살 가담자와 현장 목격자의 증언에 따르면, 굴 앞에 꿇어앉은 희생자들을 근거리에서 정조준 사격을 했으며 피격당한 희생자들은 13미터 깊이의 수직굴로 굴러 떨어졌다고 한다. 따라서 탄두가 발사되고 남은 탄피 1개는 1명의 희생자에 대응된다고 볼 수 있는데, 이들 탄피의 수를 근거로 한다면 최소한 171명 이상의 주민들이 희생되었을 것으로 추정된다.

2) 한강변 사건 희생자

송포면 구산리 희생자 이범인의 아들 이병희는 당시의 상황에 대해 이렇게 진술하고 있다.

"한 군데가 아니라 한참 가다 보면 무더기가 있고, 한참 가다 보면 무더기가 있고… 강변에서 주욱 가다 보면 무더기로 따진다면 5~6군데라고 할까, 산발적으로. 그리고 내려가다 흘러가다 있는 것도 있었고. 풀밭에 있는 것은 그대로 있었고."[246]

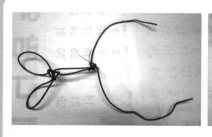

88자형 삐삐선   8자형 삐삐선

그리고 태극단원 이준영은 구산리 치안대 사무실에서 20여 명의 치안대원이 활동을 했고 창고에는 200여 명의 부역혐의자들이 감금되어 있었으며, 구산리 한강변에서만 30~40구의 시신을 목격했다고 했다.[247]

이상의 진술을 종합할 때, 부역혐의로 한강변에서 희생된 주민들은 200여 명으로 추정할 수 있다.

3) 귀일안골 사건 희생자

1993년 9월 13일 〈중앙일보〉는 이 사건에 대해 다음과 같이 보도했다.

"…또 당시 좌익세력이 많았던 것으로 알려진 고양시 성석동 귀란골에서는 어린이·부녀자 할 것 없이 한 마을 주민 40여 명이 끌려가 몰살당했고…".[248]

그러나 이 보도의 구체적 근거는 확인할 수 없었다.

유족 박성례는 옛 성석국민학교 교실에 갇혀 있던 주민 20명 정도를 목격했다고 증언했으며, 정준섭 역시 신명복 등 20여 명이 희생당했다고 진술했다.[249] 따라서 귀일안골의 희생자는 모두 20여 명으로 추정된다.

4) 현천리 사건 등 희생자

현천리 건너말 창고에는 사람들로 가득 차 있었으며 황씨 집안의 네 사람 외에도 남전·덕은·대덕·옹골·화전마을 주민 열댓 명이 희생당했다고 한다.[250] 그리고 화전리에서는 화전 뒷산에서 지희덕 등 주민 8명이 희생당했다고 하므로, 현천·화전리에서는 모두 20여 명이 희생당한 것으로 추정된다.

이외에 대한타공결사대에 의해 희생당했다는 100여 명의 주민들과 행주내리 63명, 은평면 수색리 10여 명 등 제대로 조사가 안 된 지역까지 감안하면 희생자의 수는 더욱 많을 것이다.

4. 희생자에 대한 기억

유족들의 증언을 중심으로 하고 여기에 발굴된 자료를 보완하여 희생자들이 어떤 사람들이었으며 어떤 경위로 희생당하게 되었는지 재구성해 보고자 한다. 정리 순서는 중면·송포면·벽제면·원당면·신도면·지도면·은평면 등이다.

1) 중면

• 마두리 최의현

최의현은 8·15 해방 후 1년간 마두리 대동청년단장으로 활동하다가 서울에서 상업을 했으며, 전쟁 발발 전에 귀향했다.

인민군 점령기인 1950년 7월 10일경 마두리 임시인민위원회 위원장으로 선출되었고, 7월 26일 정식 인민위원장으로 선출되었다. 이는 최의현이 이전에 우익청년단체에서 활동했으므로 인민위원회 활동을 하더라도 우익 인사들을 해치지 않을 것이라고 믿은 주민들의 추대에 의한 것이었다. 강영신에 따르면, 실제 최의현은 주민들에게 의용군 강제동원 계획을 알려주어 이를 피할 수 있게 했고, 내무서에서 체포하려던 중면장 최영직과 최영휴·경문현(마두리 대한청년단장)·정용성·강신원·최만현·최승윤·경두현 등 9명을 도피시켰다고 한다.

한편, 그와 6촌간인 최만현은 1947년부터 마두리에서 같은 마을 출신 김정애와 정미소 동업을 시작했는데, 경영이 악화되자 책임 소재를 두고 다투다가 법정까지 가게 되었다. 그 뒤 6·25 전쟁이 발발했고, 당시 최만현은 마두리 구장으로서 대한청년단 후원회장이었으므로 6월 26일경 서울로 피신했다. 3개월간 은신생활 후 9·28 수복을 맞아 고향으로 돌아와 마두리 치안대에서 활동을 했으나 중면 치안대 최상순·조병세·피원용이 잡으러 온다는 소문을 듣고 다시 서울로 피신했다. 10월 6일경 일산리 의용경찰대원들이 최만현을 체포하러 왔다가 그가 없자 대신 최의현(당시 36세)을 고양경찰서로 연행해 갔다.

그러자 10월 7일 그의 가족들은 마두리 치안대장 임대복 등 마을 주민 140여 명으로부터 최의현 석방탄원서에 서명을 받았으며, 처 이갑순이 고양경찰서로 밥을 날랐다. 그의 친척 최승윤은 최의현이 체포당한 후 13일이 지나도록 생사 확인을 할 수 없게 되자 평소 알고 지내던 민동선 순경을 통해 최의현의 행방을 수소문하게 되었다. 결국 10월 26일 최승윤은 최의현이 이미 죽었다는 말을 듣게 되었다. 그리고 의용경찰대 강신원은 최의현이 10월 15일 고양경찰서 유치장에서 끌려 나가는 것을 보았다고 했다.

한편 1950년 12월 22일 형공 제1838호 판결문에는 김정애가 "경기도 고양군 중면 마두리에서 공동사업을 경영하던 최만현을 적색계열이 아님에도 불구하고 적색분자라고 허위 고발"하여 징역 15년형을 선고받았다고 기록되어 있다.

최의현이 희생된 후 일산시국대책위원회 김성규 외 2명이 일산경찰서장의 특명이라며 최의현 집안의 가재도구와 전답에 있는 곡식까지 모두 차압했다고 한다.[251]

・ 백석리 고산돌

고산돌은 김포에서 살다가 1950년 3월 고양군 중면 백석리 백신마을로 이사 와 농사를 지었다. 6·25 전쟁이 나자 고향인 김포로 피난을 가려 했으나 배가 없어 갈 수 없었다.

백석리에서 살던 그의 조카 고준수·고준구가 좌익활동을 하다가 전쟁 중에 행방불명된 일이 있었는데, 국군 수복 후 치안대원들이 이들의 행방을 찾는다며 고산돌을 연행했다. 고산돌은 1950년 10월 초 점심식사를 마친 직후 총을 메고 들이닥친 치안대원들에 의해 삐삐선으로 묶인 채 끌려갔다. 고산돌의 처 김어진이 매달리면서 따라가자 치안대원들은 총부리로 찌르며 마치 쏠 것처럼 위협적으로 총을 겨누었다. 그래서 가족들은 따라

가지 못하고 고산돌이 끌려가는 것을 마당에서 지켜볼 수밖에 없었다.

그를 끌고 간 자들은 백석리 치안대(대장 박인학)였다. 4~5명의 치안대원들은 평상복을 입고 있었고 팔에는 완장을 찼으며, 그 중 두 명이 총을 메고 있었다.

고산돌이 연행된 지 2~3일 후 고양경찰서로부터 밥을 가져오라는 연락을 받고는 그의 큰딸 고정임이 열흘간 도시락을 날랐다. 그런데 열흘째 되던 날 고양경찰서 경찰관으로부터 "다른 곳으로 갔으니 더 이상 밥을 가져오지 마라"는 말을 듣게 되었다.

가족들은 고양경찰서로 끌려간 주민들이 모두 죽었다는 소문을 들은 후 고산돌 또한 어디선가 죽었을 것으로만 짐작했을 뿐 1995년 유골이 나올 때까지 금정굴에서 희생되었을 것이라고는 생각하지 못했다고 한다. 고산돌은 초기에 연행되어 12~13일 후에 희생되었으므로 10월 12일경에 희생된 것으로 추정된다.

사건 후 고산돌의 처 김어진도 고양경찰서로 끌려가 행방불명된 조카들을 찾아내라며 한 달 동안 손가락에 총알을 끼워 조이는 고문을 당했다.

그 후 허창 등 치안대원들이 고준수 등 행방불명된 조카들의 땅을 빼앗아 가자 김어진이 경찰서로 찾아가 이 사실을 바로 잡아달라고 진정했는데, 경찰은 오히려 "고씨 성이 아닌 김씨(김어진)가 관여할 일이 아니다"라며 그녀를 협박했다. 결국 그 땅은 1980년 특별조치법에 의해 허창 소유의 땅이 되어 버렸다고 한다.[252]

• 백석리 유해진

중면 백석리 백신마을에 살면서 농사를 지었던 유해진은 전쟁 전부터 좌익 성향이 있던 신용철 · 정택산 · 한월선 · 신복선 등과 친구였다.

9·28 수복이 되자 유해진은 부역혐의를 받아 흰돌마을의 치안대원 박인학과 서중권에게 끌려갔다. 이때 유해진은 동생 유해옥에게 "딸 둘을 남의 집에 보내서 살게 해달라"고 부탁했다.

그 후 큰딸 유순자가 고양경찰서로 밥을 날랐는데, 어느 날 갑자기 경찰서에서 밥을 받아 주지 않아 그냥 돌아올 수밖에 없었다. 그리고 돌아오는 길에 같은 마을에 사는 할머니로부터 "너희 아버지도 금정굴로 갔구나"라는 말을 듣고 부친의 죽음을 짐작했다.

동생 유해옥은 유해진과 함께 감금되어 있었던 같은 마을 주민 김태현으로부터 고양경찰서에서 끌려 나가던 희생자의 마지막 모습에 대해 전해들었다. 유해진의 모친은 울화병으로 얼마 뒤 사망했다.[253]

• 백석리 한복영

인민군이 점령하자 한복영은 백신마을 인민위원회 일을 보았는데 9·28 수복 후에는 피신했다. 그러자 치안대원 박인학이 그의 부친을 끌고 갔으며, 이어 한복영도 흰돌마을 치안대에 잡혀 고양경찰서로 가게 되었다. 그 후 한복영의 처 조경희가 고양경찰서로 도시락을 날랐는데, 어느 날 빈 그릇에서 '살려 달라'는 쪽지를 보게 되었다. 그 다음날 경찰로부터 "내일부터는 오지 마라"는 말을 듣게 되었으며, 당시에 고양경찰서로 잡혀간 사람의 밥을 받지 않으면 금정굴에서 죽은 것이라는 소문이 돌았으므로 가족들은 한복영이 금정굴에서 죽었을 것으로 짐작했다.[254]

• 백석리 허정임

당시 늑막염을 앓고 있었던 허정임은 인민군 치하에서 오이지나 감자를 걷어다 공출하는 일을 하도록 강요받았다. 허정임과 그의 가족들은 견

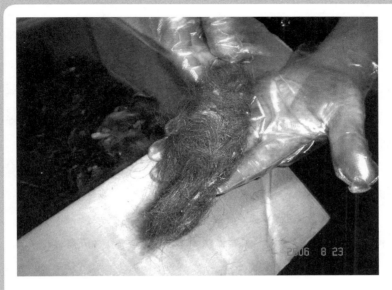

서울대 의대 법의학교실에 보관 중인 댕기머리

다다 못해 몰래 도망쳐 서울로 피난을 갔다가 얼마 후 수복되어 다시 마을로 돌아왔다. 그러나 마을로 돌아오는 길에 허정임은 부역을 했다는 이유로 치안대장 박인학에 의해 백마국민학교로 잡혀갔는데, 이 모습은 함께 있던 언니 허구례 등 가족들이 목격했다. 그 후 행방을 수소문해 허정임이 고양경찰서로 끌려갔다는 사실을 확인하고는 허구례가 밥을 해서 몇 번 찾아갔으나 나중에는 더 이상 오지 말라는 소리를 듣게 되었고, 이로써 그녀가 죽었다고 생각했다. 허구례는 당시 허정임이 댕기머리를 땋고 있었으므로 1995년 금정굴 유골 발굴 때에 나온 숱 적은 짧은 댕기머리가 바로 허정임의 것이라고 주장하고 있다.[255]

• 일산리 김광제

김광제는 전쟁 전 일산리 삼재마을 독고개에 살면서 서울역 개찰업무를 보고 있었다.

그가 인민군 점령 당시 어떤 일을 했는지는 명확히 알 수 없다. 어쨌든 김광제는 9·28 수복 후에 치안대원 최가철에 의해 끌려갔다가 풀려 나왔으나 그날로 다시 끌려가게 되었다.

김광제가 끌려가자 형수인 김병순이 4~5일 동안 고양경찰서로 식사를 날랐으며, 집에 세들어 살고 있는 사찰계 형사 김종순에게 부탁하여 얼굴을 잠깐 볼 수 있었다.

1950년 10월 20일경 독고개(일산역에서 축동 방향에 있던 고개) 부근의 목화밭에서 함께 일하던 김병순과 전병숙(김광제의 처)은 경찰 등이 김광제를 포함한 피감자들을 고양경찰서에서 끌고 나와 금정굴 방향으로 가는 모습을 목격했다. 당시 경찰이 공포를 쏘며 주위에 있던 주민들에게 모두 엎드리라고 소리를 질렀으므로 김병순은 엎드려 있느라 끌려가는 사람들을 직접 보지는 못했다. 그러나 같은 마을에 살던 이근필이 김광제를 포함한 주민들이 두 명씩 삐삐선에 묶여서 끌려가는 모습을 목격했다.

김광제의 죽음 이후 남은 가족들은 도망치듯 군산으로 내려갔으며, 몇 년 후 다시 올라왔을 때는 이미 집과 가재도구가 다른 사람 소유로 바뀌어 있었다.[256]

• 일산리 김석권

김석환으로도 불렸던 김석권은 일산리에 살면서 농사를 지었으며, 그의 부친 김상용은 일산 읍내에서 씨앗가게를 했다.

인민군이 고양을 점령하자 이들은 피해 다니다가 잡혀 자위대 활동을 하게 되었다. 그러고는 다시 도피했다가 잡혀 의용군으로 강제동원되었다. 의용군에 동원된 김석권은 수원까지 갔다가 또다시 도망하여 서울 충신동에 있는 종조부 집에 은거하던 중 9·28 수복을 맞이하게 되었다.

김석권은 국군이 서울로 진주하는 모습을 보고는 고양군으로 돌아와 1950년 10월 6일경 지도면 능곡역 앞에서 열린 국군환영대회에 참가했다가 경찰에게 체포당했다.

다음날 김석권이 고양경찰서 유치장에 감금되어 있는 사실을 부친 김상용이 알아내고는 오필례(김석권의 처)로 하여금 밥을 가져다주게 하였다.

3일째 되던 날, 오필례가 밥을 가지고 갔으나 고양경찰서에서는 이를 받지 않았으며 이미 유치장이 텅 비어 있었다. 그날 아침, 연행된 사람들을 창고에서 끌어내고 있다는 소식을 들은 김상용이 아들 일행을 금정굴까지 몰래 따라갔다. 그리고 김상용은 경찰 등이 굴 입구에 여러 명을 앉혀놓고 총을 쏴서 죽이는 장면을 목격했다.

김상용은 총살을 마친 경찰·태극단·의용경찰대 등이 떠나고 난 뒤에 아들의 시신이나마 수습할 생각으로 마을 주민들과 함께 금정굴 현장으로 갔다. 그들은 시신을 찾으려고 굴속을 들여다보던 중, 안쪽에서 나는 신음소리를 듣게 되었다. 그리하여 밧줄을 타고 내려가 이경선(이보인의 장남)을 구출했으나 겹겹이 쌓인 시신들 때문에 정작 아들의 시신은 발견하지 못했다.

김상용은 인민군 점령기에 농지위원으로서 토지개혁 업무를 봤던 이경선을 구출해 줬다는 이유로 1950년 10월 10일 고양경찰서 유치장에 불법감금되었다가 10월 22일 석방되었다.[257)]

• 일산리 박순조 · 박순환

희생자 박순조는 개성 출신으로 남로당에 가입하라는 압력이 심해지자 누이가 살던 파주군 탄현면 갈현리로 이사하게 되었다. 이곳에서 누이의 소개로 김의숙을 만나 결혼한 후 고양군 중면사무소 소재지 삼정고개 부근에서 양복점을 했으며, 그의 처는 한복을 만들었다. 그의 동생 박순환은 특별한 직업이 없었으며, 막내 동생 박순득은 의용군으로 갔다가 월북한 것으로 알려져 있다.

1950년 10월 3일경 아침 누군가 사이렌을 울리면서 주민들을 나오라고 했고, 그 소리를 듣고 나간 박순조 · 박순환 형제는 경찰서 옆 양곡창고로 끌려갔다. 당시 가해자 측은 집합 사이렌을 울려 주민들을 모아 놓고 그중 특정인의 이름을 불러 창고로 끌고 갔다고 한다.

그날 이후 박순조의 처 김의숙은 하루도 빠짐없이 먹을 것을 가지고 면회를 가서 남편을 만났다. 그런데 5~6일 후 박순조가 보이지 않자 김의숙은 경찰에게 어떻게 된 일인지를 물어 보았다. 경찰은 단지 "없다"는 답만 했다. 김의숙은 어디 다른 곳으로 끌려갔나 보다 생각하고 그냥 돌아왔는데, 그 뒤부터 박순조 · 박순환 형제의 행방을 찾을 수 없었다.

금정굴 사건의 유일한 생존자인 이경선은 박순조와 가까운 사이였는데, 두 사람 모두 고양경찰서에 함께 갇혀 있었다고 한다. 박순조의 피해사실은 그의 처남인 태극단원 김희정 · 김희옥의 증언에서 확인되는데, 정황을 종합해 보면 박순조와 박순환은 10월 10일경 희생되었을 것으로 보인다.

사건 당시 4세였던 박순조의 아들 박화송은 그 후 재가한 모친을 따라 성을 바꾸고 살아야 했으며, 군 입대를 앞두고서야 호적이 없다는 사실을 알게 되었다. 이때 호적을 새로 만들면서 당시 생존해 있던 백부 박순영으로부터 부친과 삼촌의 사망 경위에 대해 듣게 되었다고 한다.[258]

• 일산리 서상용 · 서병철 · 서병욱

서상용은 당시 일산국민학교 관리인이었다. 그의 큰아들 서병철은 능곡
국민학교 행주분교 교사였고, 셋째 아들 서병욱은 중학교 3학년 학생이었
다. 둘째 아들 서병숙은 일산에서 이발소를 하고 있었다.

인민군이 고양지역을 점령하자 서상용의 조카였던 서병덕이 일산리 인
민위원회 서기를 보게 되었고, 서병숙이 이에 협조하게 되었다.

1950년 10월 2일 오전 10시 30분경 이름이 밝혀지지 않은 치안대원 두
사람이 찾아와서는 서병숙이 부역을 했다며 서상용을 연행해 갔다. 다음
날인 3일 오후 2시경 같은 사람들에 의해 서병철이 연행당했으며, 5일 오
전 10시경에는 서상용의 처인 임서북이 연행당했다. 그리고 6일 정오경 집
앞 수평대에서 운동을 하던 서병욱이 연행당했다.

임서북은 임신 중이라는 이유로 연행된 지 하루 만인 6일 오후에 풀려
나왔다. 임서북은 고양경찰서 유치창고에 감금되어 조사를 받으면서 서병
숙의 소재를 추궁당하며 뺨을 맞는 등 가혹행위를 당했다. 또한 임서북은
고양경찰서 유치장에 감금되어 있는 동안 마실 물조차 주지 않아 갇힌 주
민들이 자기 오줌을 먹는 모습과 경찰이 잡혀온 주민들을 총 개머리판이
나 장작개비로 무자비하게 때리는 장면을 목격했다.

서상용의 아들 서병규는 감금된 부친과 형들을 위해 10월 6일부터 9일
까지 고양경찰서로 도시락을 날랐다. 서병규는 9일 오전 9시경 같은 사정
으로 도시락을 가져온 마을 주민 20여 명과 함께 경찰서 측의 명령에 따라
창고 뒤편으로 가 있던 중, 부친 등 주민들이 삐삐선에 묶인 채 임시유치장
인 창고에서 끌려 나오는 모습을 목격했다. 유치장에서 나온 주민들은 경
찰·치안대·태극단의 감시 하에 봉일천 방향으로 끌려갔다. 그리고 그의
가족들은 11시경부터 12시까지 봉일천 쪽에서 나는 총소리를 들었다.

일산시장에 있던 희생자 서상일의 사촌 서상준과 일산시장에서 거주하던 주민 이병순, 희생자 김석권의 부친 김상용이 봉일천 쪽으로 끌려가는 주민들 속에서 서상용 등을 목격했다. 당일 사건 현장에서 생존한 이경선은 서상용 등과 함께 묶여 있었던 사실에 대해 서병규에게 말했다. 1995년 금정굴 발굴 시에 희생자 서병욱의 것으로 추정되는 한성상업중학교 교복단추가 출토되었다.[259] 한편, 의용경찰대원 이진은 서병철이 10월 25일 희생되었다고 증언한 바 있다.[260]

- **일산리 서병숙**

서병숙은 희생자 서상용의 둘째 아들로 전쟁 전에는 이발소를 운영했었다. 인민군 점령기에 강제부역한 사실 때문에 9·28 수복 후 어디론가 피신했던 그는 1950년 12월경 파주 봉일천에서 자수하여 고양경찰서로 끌려왔다.

고양경찰서로 연행되던 서병숙은 일산시장 길가에서 사촌인 서병직을 만났는데, 그 자리에서 부친 서상용과 형 서병철, 동생 서병욱이 희생당한 사실을 전해 듣고는 "내가 부역을 하는 바람에 집안이 그렇게 되어 자수했다"는 말을 했다. 서병숙이 고양경찰서로 연행된 후 가족들은 더 이상 그의 소식을 들을 수 없었다.

1951년 〈대구교도소 재소자인명부〉에는 "번호 제720호, 형명 특별조치령 위반, 1951. 1. 3. 구치감, 서병숙(22), 1951. 3. 27. 군에 인도"라고 적혀 있다. 그런데 〈대구교도소 재소자인명부〉는 1950년 7월 국민보도연맹원들과 함께 형무소 재소자들을 학살할 당시에는 "군 헌병대 인도"로 기재했으며, 1951년 2월 군법회의에 의해 사형으로 판단한 부역자들을 총살할 당시에는 해당 항목에 "군 사형집행"이라고 기재했다. 이로 보아 "군에 인도"

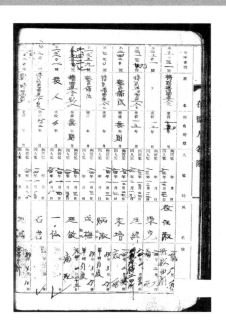

대구형무소 재감인 명부. 특별조치령을 위반했다는 이유로 22살의 청년 서병숙이 1951년 1월 3일 대구형무소에 입감되었다가 3월 27일 '군에 인도'된 사실이 확인된다. '군에 인도'는 곧 총살을 의미했다.

라는 것이 임의처형을 말하는 것인지 사형집행을 말하는 것인지는 알 수 없으나 서병숙이 군에 의해 총살당한 것만은 분명해 보인다. 1951년 3월경 대구교도소에 수감되어 있던 수용자들이 인근에서 헌병들에 의해 총살당했다는 기록으로 보아 서병숙도 이때 희생되었을 것이다.[261]

한편, 서병숙과 함께 〈대구교도소 재소자인명부〉에 올라 있는 사람들 중에서 1951년 1월부터 3월 사이 군법회의에 의해 사형당한 사람들의 재판기록이 확인되는 경우는 '최능진 사건' 외에는 거의 없는데, 실제 기록이 없는 것인지 아니면 공개하지 않는 것인지는 알 수 없다. 최근 진실화해위원회는 제주 4·3 학살사건 이후 한국전쟁이 휴전이 되기까지 군법회의에 의한 법집행은 헌법에 설치근거가 없어 위헌이며, 법률로 정한 법관에 의한 재판이 아니므로 판결로 볼 수 없다고 결론 내렸다.[262]

• 일산리 안희준

안희준은 해방 전 황해도 서흥군 신막면에서 살다가 해방 후에 월남하여 처자식들과 함께 일산에 거주했다. 안희준은 중면사무소에 근무했었는데, 동생들에 의해 연행 장면이 목격되었다. 사건 후 안희준 가족들의 생사 여부는 확인되지 않는다.

의용경찰대원 조병태 등이 안희준의 희생사실을 알고 있었는데, 이들의 증언에 따르면 안희준은 10월 9일 희생당했다고 한다.[263]

• 일산리 윤영규

윤영규는 후퇴하는 인민군에 의해 북으로 끌려가던 중 도망하여 왔으나 치안대가 "왜 그곳까지 따라갔느냐"며 연행하여 고양경찰서로 끌고 갔다.

의용경찰대 피원용은 자신이 직접 마두리 최의현과 함께 윤영규를 체포했다고 증언했으며, 의용경찰대 강신원·강흥환은 1950년 10월 10일부터 25일 사이에 총살당한 희생자 중에 윤영규가 있었다고 했다.[264]

• 일산리 이규봉·이정례

이규봉은 1만여 평의 농사를 짓던 대농으로서 일산금융조합 부이사, 일산리 동곡마을 구장이었다. 사건 당시 큰아들 이종민은 동국대 3학년이었고, 작은아들 이종태는 서울대 1학년(또는 미문중학교 학생)이었는데, 인민군 점령 당시 이종민·이종태 모두 의용군으로 끌려갔다. 그 후 이종태는 행방불명되었다.

9·28 수복이 되자 이규봉은 10월 5일 가족들이 보는 앞에서 태극단원에 체포되어 고양경찰서 유치장으로 끌려갔다. 그 뒤 3일 동안 가족들이 밥을 날랐는데, 4일째 되는 날 서울로 보냈다고 하면서 경찰서에서 밥을 받지 않았다. 그리고 얼마 후 가족들은 이규봉과 그의 딸 이정례가 금정굴에서 총살당한 사실을 알게 되었다.

금정굴 사건의 유일한 생존자 이경선은 고양경찰서 임시유치시설에 이규봉이 함께 갇혀 있었다고 말했다고 한다.

이규봉이 금정굴에서 총살당한 후 시국대책위원회와 고양경찰서는 그의 가족들을 내쫓고 집과 살림살이를 몰수했다. 1995년 금정굴에서 발굴된 회중시계는 이규봉의 것이라고 한다.[265]

• 일산리 이기철

이기철의 본적지는 장항리였다. 거주지는 일산리 고양경찰서 앞이었고, '무시로'라고 하는 고공품(藁工品, 가마니 등 짚이나 풀줄기로 만든 수공예품) 사업을 하고 있었다.

전쟁 전 이기철은 호국군에 입대하여 온양에서 훈련을 받고 소위 계급장을 달고 돌아왔으며, 그 후 자신의 집을 호국군 사무실로 사용하게 되었다. 당시 일산의 호국군은 수십 명이었으며 일산국민학교에서 군사훈련을 했다.

전쟁이 나자 호국군은 집에 있던 서류를 그대로 둔 채 모두 도망했고,

피난을 못 간 이기철과 그의 가족들이 서류들을 집 뒤에 파묻었다.

인민군이 진주하여 인민위원회가 생기고 폭격이 심해지자 이기철과 가족들은 방공호를 파고 숨어 지냈다. 얼마 후 이기철의 경력에 대해 알고 있던 장항리의 좌익인사 김동표가 그에게 인민위원회 일을 할 것을 강요했고, 이를 거절했던 이기철은 매를 맞고 서울로 끌려갔다가 돌아왔다. 그후로 어쩔 수 없이 며칠 동안 인민위원회 일을 보게 되었다.

9·28 수복 무렵 이기철은 국군을 환영하기 위해 집을 나갔다가 그 후로 소식이 없었는데, 당시 중면 부면장으로 있던 동생 이기현이 그가 고양경찰서에 갇혀 있다는 사실을 알아내어 가족들에게 알려주었다. 이기철은 대동양복점을 하던 대한청년단 이병학과 평소 사이가 좋지 않았다.[266]

이기철의 처 홍유임이 음식을 나른 지 열흘도 채 되지 않은 10월 25일, 이기현은 면사무소로 출근하던 중 후동(지금의 일산3동 후곡마을 아파트단지) 부근에 도착했을 때 요란한 총소리를 들었다. 이상한 예감이 들어 고양경찰서에 확인했더니 이기철은 이미 끌려 나간 뒤였다.

의용경찰대원 강홍환은 이기철이 희생당한 사실을 알고 있었다.[267]

• 일산리 이봉린

희생자 이봉린은 해방 직전부터 일산리 2구장이었다. 일산리는 구가 2개였는데, 1구장은 이범진이었다고 한다.

일제강점 말기에 일본 군인들의 부식으로 쓰려던 30여 마리의 소가 일제 패망에 따라 일산역에 방치되는 사건이 있었다. 당시 열차운송회사 '마르보시'의 일산소장이었던 최경춘이 이를 착복하려고 하자 이봉린이 이를 가로막고 나서 일반 주민들에게 분양하게 만들었다. 이 때문에 최경춘은 이봉린에 대해 나쁜 감정을 갖게 되었는데, 그가 9·28 수복 후 치안대로 활동했으므로 이봉린의 희생과 어떤 관련이 있을 것으로 보인다.

인민군이 고양시를 점령하자 이봉린은 구장 경력 때문이기도 했지만 전쟁 전부터 잘 알고 지내던 마을 반장 김규남의 권유에 따라 농촌위원장을 맡아 곡식의 이삭 수를 세는 등 공출 양을 계산하는 부역을 하게 되었다.

인천상륙작전 후인 9월 28일경 이봉린은 여러 마을 주민들과 함께 유엔군을 환영하기 위해 철길을 따라 능곡으로 갔는데, 환영 장소에서 그를 알아본 치안대에 의해 능곡지서로 연행당하게 되었다. 당시 이봉린 외에도 여러 주민들이 능곡지서로 연행되었는데, 감금 장소는 능곡역 앞 양곡 창고였다. 이틀 후 뒤늦게 이 소식을 들은 이봉린의 처 이계선이 능곡지서 유치창고로 사흘간 도시락을 날랐다.

10월 5일경 이봉린은 고양경찰서로 이송되어 임시유치시설에 감금되었다. 가족들은 그가 금정굴로 끌려가기 전까지 도시락을 고양경찰서 양곡 창고로 날랐다. 그러던 중 10월 9일 아침, 밥을 가지고 갔던 이계선은 고양경찰서로부터 "문산으로 좌익 심사를 받으러 가니 오늘은 밥을 받지 않는다"는 말을 듣게 되었다.

그 뒤 이봉린이 10여 명의 경찰과 치안대·태극단에게 끌려가는 모습이 목격되었다. 이봉린은 행렬의 맨 뒤에 있었다. 당시 연행하던 경찰은 유엔 군복을 입고 있었으며, 치안대원들은 완장을 차고 있었다. 마침 이봉린의 집이 길옆에 있었으므로 가족들이 모두 나와 그가 끌려가는 모습을 목격했다. 가족들은 그가 문산으로 심사를 받으러 가는 줄만 알고 있었다.

점심 즈음, 가족들은 요란한 총소리를 듣긴 했으나 그것이 이봉린 등을 처형하는 소리라고는 생각지 못했다. 잠시 후 함께 끌려간 김석권의 부친 김상용이 이봉린의 집에 들러 "봉린이 형님 돌아오셨어요?"라고 물었고, 동생 이삼린이 "문산으로 심사 받으러 갔다"고 대답했다. 그러자 김상용은

"심사는 무슨 심사입니까? 모두 금정굴에서 쏴 죽였어요"라고 했다.

희생자들의 시신이나마 수습해야겠다고 생각한 이삼린과 반장 김성남, 김상용 등 7명이 밧줄과 사다리, 마차를 가지고 사건 현장으로 갔다. 금정굴에 도착한 일행은 "사람 살려!"라는 소리를 듣게 되었고, 이삼린과 김성남이 밧줄을 이용해서 굴 안으로 내려갔다. 굴 안은 어둡고 피비린내와 악취가 진동했다. "사람 살려!"라는 소리를 지른 사람은 이경선이었다.

이경선을 굴 밖으로 꺼내 준 일행은 가족들의 시신을 찾고자 했지만 피비린내와 악취가 진동하는데다 어둡기까지 한 굴속에서 도저히 찾을 수가 없었다. 그리고 설사 찾는다 해도 시신을 들어서 옮길 만한 공간조차 전혀 없어 결국 어쩔 도리 없이 도로 올라오게 되었다.

경찰과 치안대가 쫓아올 것으로 예상한 일행은 올라갔던 길과는 달리 지금의 일신자동차학원 개울둑으로 내려왔다. 예상대로 치안대원들이 처음 일행이 올라갔던 길로 자전거를 타고 쫓아왔다. 오후 3시경 이삼린의 집에 들이닥친 형사부장과 치안대가 겨울 땔감으로 마련해 놓은 나뭇더미 속을 대검으로 쑤시면서 시체를 내놓으라고 했고, 곧이어 온 집안 살림을 뒤집어 놓았다.

형사부장은 이삼린에게 권총을 겨누기도 했는데, 분을 참지 못했는지 땅바닥에다 대고 공포를 2~3발 쏘았다. 형사부장과 치안대원들이 철수한 후 조금 있다가 다시 치안대원들이 들이닥쳐 집에 있던 닭 일곱 마리를 빼앗아가고 밭에 있던 배추를 모두 뽑아가려 했다. 이때 옆집에 살던 박민연 순경이 야단을 쳐 그들의 만행을 그치게 했다. 당시 옆집에는 박민연 형사 외에도 대한청년단 고양군 단장 이학동이 살고 있었다.

같은 날 희생자 서상용 등이 고양경찰서 유치장에서 끌려 나오는 장면을 목격했던 서병규는 행렬의 맨 뒤에 이봉린이 있었다고 증언했다.

일산리에서 이봉린과 함께 끌려갔던 최기준은 대한청년단 이학동과 동서지간이어서 풀려날 수 있었다고 한다.[268]

• 일산리 정한희·정대철·정영학

인민군 점령 당시 고양경찰서 의용경찰대원 이진의 형 이정·이완이 희생되었는데, 9·28 수복이 되자 이진은 이에 대한 보복으로 한 마을에 살던 정한희·정대철·정영학을 연행했다. 이들은 고양경찰서에서 모진 고문을 당하다가 1950년 10월 9일경 금정굴에서 학살당했다.

치안대원 조병세는 수복 초기에 당시 치안대장이었던 이병학의 명령에 의해 정영학을 체포했다고 한다.[269]

• 일산리 한창석

일제강점기 측량기사였던 한창석은 해방 후 대서소 사업을 했는데, 일산국민학교 후원회장, 의용소방대장 등으로 활동하여 마을 주민들에게는 지역유지로 널리 알려져 있었다.

수복이 되자 한창석은 특별히 부역한 혐의가 없음에도 10월 5일경 치안대에 의해 고양경찰서로 연행당했으며, 10월 17일경 새벽에 금정굴로 끌려갔다. 이를 목격한 마을 주민들에 따르면, 금정굴로 끌려가는 도중 한창석이 여러 차례 뒤를 돌아봤다고 한다. 그 후 그의 아들 한인택도 고양중학교로 끌려갔으나 곧 풀려 나왔다.

한창석의 가족들은 그를 죽게 만든 사람이 같은 대서소 사업을 하던 이경하(고양군 시국대책위원장)였다고 알고 있다. 의용경찰대원 강신원·강홍환과 시국대책위원회 부위원장 김성규는 한창석의 희생사실을 알고 있었다.[270]

• 장항리 권학길

9·28 수복이 되자 부역을 했다며 치안대가 권성집·권학길 일가족을 잡아다 헛간에 가두고 매를 때렸다. 특히 권성집은 흘러내린 피에 옷이 들러붙을 정도로 매를 많이 맞았다.

가족들은 열흘 이상 헛간에 갇혀 있다가 모두 풀려났다. 그러나 권학길만은 풀려나지 못했으며 며칠 후 고양경찰서로 이송되었다. 고양경찰서 창고의 책임자로부터 밥을 해오라는 연락을 받고 그의 딸 권희숙이 동생을 업은 채 밥을 날랐다. 그러나 보름 정도 후에 권희숙은 더 이상 밥을 해오지 말라는 말을 들었다.[271]

• 장항리 박근식·박인식

한국스레트라는 회사의 서무과장이었던 박근식은 노량진에 살고 있었는데, 전쟁 발발 직전에 부친을 만나기 위해 고향에 왔다가 한강다리가 끊기는 바람에 돌아가지 못하고 장항리 묵원마을에 눌러앉게 되었다. 그의 동생 박인식은 전쟁 전부터 이 마을에 살고 있었다.

전쟁이 나고 인민군이 점령하자 박근식은 배급소에서 일을 했고, 박인식은 3일 정도 보초를 서게 되었다.

그 후 9·28 수복이 되었는데, 박근식·박인식은 부역이라고 해야 며칠 잔일을 한 것에 불과하므로 별일 없을 것이라 생각했다. 그러던 중 군복을 입은 사람들에 의해 바로 고양경찰서로 끌려갔다.

박근식·박인식 형제가 연행당하자 가족들은 고양경찰서로 면회를 갔다가 누군가로부터 부친의 땅을 주면 고양경찰서에 갇힌 그들을 빼주겠다는 말을 들었다고 하는데, 결국 금정굴에서 총살당하고 말았다.

10월 15일까지 그들을 본 사람이 있다고 하므로, 당시 정황으로 보아 박근식·박인식은 10월 15일에 희생된 것으로 보인다. 사건 후 남은 가족들은 집안의 가재도구를 모두 빼앗겼으며 살던 집에서도 나가라는 협박을 받았다.[272]

• 장항리 최종석

최종석은 중면 장항리 무검마을에서 농사를 짓고 살았다.

인민군 점령 아래에서 동네일을 보았던 최종석은 9·28 수복 후인 1950년 10월경 부역혐의로 치안대에게 끌려가 고양경찰서에 감금되었다.

최종석이 연행된 후 가족들은 어떤 조처도 취하지 못했으며, 집으로 몰려온 치안대원들에게 시계를 빼앗기는 등 행패를 당했다.

장항리 노첨마을에서도 한 명이 희생당했다고 하는데, 구체적인 신원은 확인되지 않았다.[273]

• 장항리 한요수

한요수는 국민학교를 졸업하고 농사일을 하다가 서울 마포에 있는 승리고무공장에서 직공으로 근무했다. 그러던 중 전쟁이 발발하자 강제로 민청에 가입되어 자위대 일을 보게 되었다.

국군 수복 후 의용경찰대 이은칠, 시국대책위원회 이병학, 청년방위대장 귀동 등에게 연행되어 주엽리 치안대에게 조사받던 중 1950년 10월 18일 근처 하천에서 총살당했다. 그의 부친은 이 소문을 듣고 시신이라도 수습하기 위해 밤에 현장을 찾아갔으나 시신을 구별할 수 없어 그대로 돌아와야 했다.

한요수의 희생사실에 대해 의용경찰대 강신원·조병태, 중면장 최영직이 알고 있었다.[274]

• 장항리 한일성

한일성 역시 한요수와 마찬가지로 국민학교를 졸업하고 농사일을 하다가 전쟁 발발 전에 서울 마포의 승리고무공장에서 직공으로 근무했다. 인민군이 고양지역을 점령하자 한일성은 강제로 자위대에 편입되어 면 인민위원회에서 일을 보게 되었다. 당시 장항리에 좌익분자로 활동하던 자가 있었는데, 그자가 한일성에게 "젊은 놈이 자위대에 와서 일이라도 보아야지 안 그러면 재미없다"라고 을러대는 바람에 나가게 된 것이었다.

국군이 고양지역을 수복하자 한일성은 치안대원 3명에게 끌려갔고, 3일 만에 주엽리 하천에서 총살당했다는 소문이 났다. 그의 어머니는 아들의 죽음을 애통해했다.

"자기 죄로 죽는 것은 별수 없겠으나 어미 된 마음에 가슴이 아프다. 아들이 죽어 없어지고 보니, 다른 사람들은 평화가 왔다고 기뻐하는데 (나는) 즐거워할 여지도 없이 슬프기 한이 없다."

한일성의 희생사실에 대해 의용경찰대 강신원, 중면장 최영직이 알고 있었다.[275]

• 주엽리 박희문

중면 주엽리 새말에 살던 박희문은 농사를 짓고 있었다.

1950년 10월 4일경 박희문은 덕이리 치안대원 최가철 · 김수정 · 최범쇠에 의해 연행되었다.

박희문이 고양경찰서로 이송되자 그의 어머니가 매일 도시락을 가져다 주었다. 그러던 어느 날 경찰서에서 도시락을 받지 않아 그의 형 박선문이 확인해 본 결과 박희문이 금정굴로 끌려가 총살당했음을 알게 되었다.

10월 4일경에 끌려간 사람들은 주로 고양경찰서 부근의 일산리 · 덕이리·주엽리 주민들이었는데 대개 같은 시기에 희생되었으므로 박희문도 10월 10일경에 희생되었을 것으로 추정된다.

사건 후 남은 가족들은 그의 처가가 있던 경기도 광주군 도촌면 지누리로 갔다.[276]

2) 송포면

• 가좌리 김용남

김용남은 전쟁 전부터 송포면사무소 일을 보았는데, 인민군이 점령한 후에도 같은 일을 보게 되었다.

9·28 수복이 되자 김용남은 자신의 부역행위가 큰 죄는 아니라고 판단하여 직접 치안대에 가서 자수했고, 그들로부터 돌아가라는 말을 듣고는 귀가했다. 그러나 10월 9일 치안대 김종근 등이 들이닥쳐 공포를 쏘며 김용남과 그의 가족들을 끌고 가려 했다. 김용남은 "내일 자수할 테니 기다려 달라"고 사정하여 그날은 넘길 수 있었다. 약속대로 김용남은 가좌리 치안대에 자수했고 이튿날 고양경찰서로 이송되었다.

김용남이 굶고 있다는 연락을 받고 큰딸 김옥년이 밥을 해 갔다. 10월 11일 밥을 그만 가져오라는 쪽지가 빈 밥그릇에 들어 있었고, 다음날인 10월 12일에는 경찰서에서 아예 도시락을 받지 않았다.

그로부터 얼마 후 치안대에서 몰려와 추수한 곡식을 모두 압수해 가버렸다. 김용남의 집에서는 소식이 끊어진 음력 9월 1일(1950년 10월 11일)을 기일로 삼아 제사를 모시고 있다. 가족들은 20년이 지난 1970년에야 김용남이 금정굴에서 희생된 사실을 알게 되었는데, 이때 받은 정신적 충격과 후유증으로 많은 고생을 해야 했다.[277]

• 구산리 김영선 · 전옥자

1950년 10월경 치안대 문상덕이 부역혐의자의 가족이라고 하여 김영선 · 전옥자를 고양경찰서로 연행했는데, 그 모습을 아들 전왈성이 숨어서 지켜보았다. 이후 전왈성도 부역혐의를 받고 중산마을 창고와 고양경찰서로 끌려가 매를 많이 맞았으며, 금정굴에서 총살되기 직전 평소 알고 지내던 대한청년단장 이학동의 도움으로 풀려나게 되었다.[278)

• 구산리 이범인 · 피원기 · 피원순

송포면 구산리 이범인 · 피원기 · 피원순은 이웃해서 살고 있었다. 피원기는 순박한 농사꾼이었고, 피원순은 똑똑하고 활동적이었으며, 이범인은 인간관계가 원만하여 반장 일을 봤다.

국군 수복 후인 1950년 10월 20일 밤, 마을에서 야경을 서고 있던 이범인이 김포에서 왔다는 치안대원 세 명에게 연행당했다. 이어 이웃에 살던 피원기와 피원순도 함께 연행당했다. 치안대는 이들을 구산리 노루메 치안대 사무실을 지나 한강 이산포까지 끌고 가서 학살했다.

이범인 등 치안대에게 연행당한 주민들이 돌아오지 않자 그 가족들이 한강으로 시신을 찾으러 갔다. 이범인의 아들 이병희 등은 파주 산남리 강변에서부터 고양 행주리 강변까지 샅샅이 뒤지는 동안 무더기로 쌓여 있는 시신들을 목격했다. 시신 무더기에는 여성과 아이들도 있었으며, 어른들의 시신은 유선줄에 묶인 채였다.

김포 맞은편인 이산포에서 피원순의 시신이 발견되었다. 발견 당시 시신은 들개에 의해 심하게 훼손된 상태였으나 어렴풋이 얼굴을 알아볼 수 있었다. 시신을 찾았다는 연락을 받고 온 피원순의 가족들은 그가 입고 있던 옷의 허리띠를 보고 신원을 확인할 수 있었다. 허리띠는 피원순의 아들 피영배의 것이었다. 피원순의 시신은 옮길 수가 없어 가까운 강변 둑에 매장되었다.

피원순의 시신 옆에는 두 구의 시체가 놓여 있던 흔적이 있었는데, 피원순의 시신이 강변 진흙에 파묻혀 떠내려가지 않은 반면 이범인과 피원기로 추정되는 두 구의 시신은 강물에 떠내려가고 흔적만 남아 있었다.

피원기·피원순·이범인은 한날 같이 끌려가 희생되었으므로, 유족들은 모두 음력 9월 10일에 제사를 지내고 있다.

사건 후에는 유족들마저 수시로 송포지서에 끌려가 고통을 당했으며, 이범인의 아들 이병희는 1·4 후퇴 직전 치안대 피영권이 쏜 총에 맞았으나 다행히 목숨을 건졌다. 이들 외에 양용한도 한강변에서 학살당했다고 한다.[279]

• 덕이리 김진홍

김진홍은 송포면 덕이5리 추산마을에서 농사를 지으며 살고 있었는데, 인민군이 고양지역을 점령하자 그의 형 김진호가 인민위원회 일을 보게 되었다.

9·28 수복 후인 10월 10일경 치안대가 이들 형제를 잡으러 다니자 김진호는 어디론가 숨었고, 김진홍은 파주 탄현면 금산리로 피신했다.

그 후 김진홍은 큰 죄를 짓지 않았으므로 별일이 없을 것으로 판단하고 자수했다. 고양경찰서로 끌려간 그는 경찰로부터 형 김진호의 행방에 대해 추궁을 당했다.

1950년 10월 23일, 김진홍의 어머니가 고양경찰서로 밥을 나른 지 3일째 되던 날 경찰로부터 "다른 곳으로 갔으니 밥을 가져오지 마라"는 말을 듣게 되었다. 김진홍은 고양경찰서에 갇혀 있는 동안 심하게 고문을 당하여 주변의 도움 없이는 혼자서 소변도 볼 수 없는 상태였으며 "빨리 죽었으면 좋겠다"는 말을 했다고 한다.

김진호는 동생이 끌려간 후에도 계속 숨어 다니다가 김진홍이 총살당한 3일 뒤에 고양경찰서로 끌려갔다. 그러나 합동수사본부의 개입으로 곧 풀려나게 되었다.[280]

• 덕이리 김천홍

김천홍은 아들 김동춘·김동우와 함께 송포면 덕이2리 할미마을에 살면서 농사를 짓고 있었다.

덕이리의 김씨 집안에는 좌익활동을 하던 사람이 두 명 있었는데 이 때문에 집안 청년들이 의심을 받게 되었다. 국군 수복 후 김천홍은 친척인 김기범의 집안에 남자들이 없어 낫을 가는 등의 일을 도와준 것이 빌미가 되어 부역혐의자로 끌려가게 되었다.

김천홍은 곧바로 고양경찰서로 끌려가 금정굴에서 희생되었으며, 남은 형제들은 외가로 피신하여 장독에 숨어 지냄으로써 목숨을 부지할 수 있었다.[281]

• 덕이리 김재환·김영환

사건 당시 송포면 덕이리 할미마을에 살던 형 김재환은 농사를 지었고, 동생 김영환은 철도국에 근무하고 있었다.

인민군이 고양지역을 점령하자 같은 마을 주민 유병문과 정수연은 인민위원회에서 활동하며 곡식 이삭을 세는 등의 부역을 주민들에게 강요했다. 당시 집에 와 있었던 김영환은 이에 못 이겨 며칠 동안 참여했다가 도망했으며, 9·28 수복 후에야 집으로 돌아왔다.

그동안 마을에서는 유씨 집안 사람 한 명이 인민군에 의해 납북되던 중 희생당한 일이 발생했는데, 유씨 집안에서는 이 사건의 원인이 덕이리에 사는 김씨들 때문이라며 치안대에게 고발했다.

한편, 수복이 되자 인민군 치하에서 활동하던 정수연·유병문 등이 다시 치안대로 활동을 하면서 인민군 점령 아래에서 자신들의 지시로 부역을 한 주민들을 잡아들였다.

수복 직후인 1950년 10월 3일경 김재환·김영환은 치안대에 의해 바로 고양경찰서로 끌려갔다. 그러자 가족들이 매일 도시락을 날랐는데, 처음에는 밥도 전달하지 못한 채 매만 맞고 돌아왔으나 그 후 다시 찾아가 며칠 동안 사정한 끝에 밥을 전달할 수 있었다.

그렇게 열흘쯤 지난 10월 12일경 고양경찰서는 가족들에게 "김재환·김영환이 문산경찰서로 갔다"고 하면서도 밥은 받아 주었다. 그러나 그 다음 날에는 밥을 받지 않았다. 경찰서 유치장에서 나갔다고 하면서도 어디로 갔는지 이야기해 주지 않자 가족들은 여기저기 마을 주민들을 찾아다니며 수소문했다. 그리고 금정굴로 끌려갔다는 말을 듣게 되었다.

10월 13일 할미마을 철둑 건너편(현재 일산역과 이마트 사이)에서 작은 가게를 하던 먼 친척이 손을 뒤로 묶인 채 철길을 따라 끌려가는 김영환을 목격했다. 그때 끌려가던 주민은 20여 명이었으며 경찰과 치안대원 6명 정도가 앞뒤로 호송하고 있었다고 한다.

당시 마을에서는 10여 명 정도가 함께 끌려갔는데, 안씨네와 김천홍, 김기범의 부친 등이 희생당했다.

사건 후 김재환·김영환의 어머니가 송포치안대에게 끌려가 고문을 당했으며, 살림살이는 모두 치안대원들이 빼앗아 갔다.[282]

• 덕이리 박만협

박만협은 어머니와 처 김일순, 아들 박헌수 등 네 식구와 함께 송포면 덕이3리 자방마을에서 살고 있었다.

박만협은 수복된 지 며칠 뒤인 10월 4일, 특별한 부역혐의가 없음에도 불구하고 고양경찰서로 연행당했다가 10월 10일경 금정굴로 끌려가 총살 당했다. 평소 자신에 대한 개인적인 악감정과 처에 대한 욕심을 품고 있던 치안대원 최범쇠에 의해서였다.

박만협이 금정굴로 끌려가는 모습을 탄현마을의 주민들과 그의 당숙이 목격했는데, 이 사실은 나중에야 밝혀졌다.

박만협이 죽고 나자 치안대원 최범쇠는 그의 처를 후처로 삼았다. 이 일련의 사건으로 박만협의 어머니는 화병으로 사망했고, 어린 아들 박헌수는 고아나 다름없는 처지가 되었다. 박헌수는 굶어죽기 직전 이를 보다 못한 마을 주민들에 의해 겨우 목숨을 건졌으나 극도의 불우한 시절을 보내야 했다. 사건 후 박만협 소유의 논 900여 평과 산 1,800평이 타인 명의로 소유권이 바뀌게 되었다고 한다.[283]

• 덕이리 안점봉·안형노·안상노·안종덕·안종옥

안점봉(당시 59세)은 일제강점기부터 철로반 반장으로 일했으며, 그의 큰아들 안형노는 장사를 하면서 만주로 독립운동 자금을 운반했다. 셋째 아들 안상노는 대성고등학교를 졸업한 뒤 특별한 직업이 없는 상태였으며, 손자 안종덕(안형노의 큰아들)은 성동중학교 3학년, 손자 안종옥(안형노의 둘째 아들)은 국민학교 5학년 학생이었다.

둘째 아들 안진노(당시 27세)는 인민군 점령 당시 송포면 민청위원장으로 활동했는데, 인민군이 후퇴할 때 함께 월북했다. 9·28 수복이 되자 문봉에서 피난생활을 하던 안점봉과 손자 안종옥이 치안대에 의해 송포지서로 연행되었으며, 그 후 다시 고양경찰서로 끌려갔다.

안형노는 피난했다가 귀향하던 중 일산 부근에서 잡혀 매를 맞은 후 금정굴로 끌려갔다. 안상노는 안점봉이 희생된 후에 역시 치안대에 끌려가 금정굴에서 희생되었다.

안종덕은 생모 최득복이 생후 6개월 만에 사망하자 서울 약수동에 있는 친척집에서 안종호와 함께 살고 있었는데, 9·28 수복 후 송포의 치안대원들이 서울 약수동까지 찾아와 안종덕을 체포해 갔고 안종호는 항아리 속에 숨어 화를 면했다.

안점봉과 함께 연행되었던 안종옥은 할아버지가 10월 9일 금정굴에서 희생된 후에도 송포지서에 계속 감금되어 있었다. 그 후 치안대에 의해 서울에서 송포로 연행된 형 안종덕과 송포지서에서 만났으며, "아이들이 무슨 죄가 있느냐"며 경찰관이 풀어 주는 덕에 풀려날 수 있었다. 그러나 돌아가는 길에 다시 마을 치안대에 연행된 그들은 자신들의 집으로 끌려와 밤새 기둥에 묶여 있다가 다음날 새벽 할미마을 뒷산인 속칭 '새벽구덩이'로 끌려가 희생당했다.

9·28 수복 당시 월북했던 둘째 아들 안진노는 1953년 1월 국가보안법 위반으로 구속되어 14년 징역형을 선고받았으며, 1967년 만기출소했으나 감옥에서 얻은 질병 후유증으로 1980년 사망했다.[284]

• 덕이리 안용노

9·28 수복이 되고 치안대가 부역자 가족까지 처형하는 상황이 벌어지자 가족 중 부역자가 있었던 안점봉 일가는 모두 집을 떠나 피신해야 했으며, 그 빈집을 안용노 가족이 지키고 있었다. 그러던 어느 날 점심때 낮

을 갈고 있던 안용노는 가족들이 보는 앞에서 치안대에게 끌려가 고양경찰서 앞 양곡창고에 감금되었다. 경찰서로 끌려간 것을 알고 그의 처가 밥을 날랐다.

안용노는 특별히 부역활동을 한 바가 없었으므로 유치장에 갇혀 있지 않고 경찰서 마당에서 장작을 패는 등 허드렛일을 도와주고 있었다. 그러던 어느 날 밥을 가지고 갔던 안용노의 처는 경찰로부터 "오늘 나가니 밥을 가지고 돌아가라"는 말을 들었고, 그날 이후 남편의 행방을 알 수 없었다. 나중에야 금정굴로 끌려가 희생당한 사실을 알게 되었다.[285]

• 덕이리 **유희철**

송포면 덕이리 한산부락에 살던 유희철은 전쟁 전부터 철도국에서 일했는데, 국군 수복 후 탄현삼거리에서 치안대에 잡혀갔다.

그의 처는 그가 고양경찰서 유치장에 있다는 연락을 받고는 고양경찰서로 도시락을 날랐다. 그 후 치안대가 그의 집에서 기르던 소를 잡아먹게 달라고 하여 주었으나 끝내 유희철은 금정굴로 끌려가 희생되었다.

그의 처 김문갑은 사건 후 행방불명되었다.[286]

• 덕이리 **이용우**

전쟁 당시 이용우의 매제가 국군이었는데, 이 때문에 인민군 점령 당시 이용우의 부친이 고초를 겪게 되었다. 이용우는 부친을 구하기 위해 부역을 할 수 밖에 없었다. 이후 9·28 수복이 되면서 이용우는 치안대 최범쇠에게 부역혐의로 끌려가 고양경찰서에 감금당했으며 결국 금정굴에서 희생되었다.[287]

• 덕이리 조병호 · 김진섭 · 방용섭 · 김명산 · 김만성

조병호는 전쟁 전 송포면 덕이5리 추산마을에서 농사를 지으며 살고 있었다. 국군 수복 후인 1950년 10월 10일경 조병호는 고양경찰서에 자진출두했다가 그날 늦게 풀려났다. 그러나 다음날 다시 불려갔으며 그 후로 풀려나지 않아 아들 조한복 등이 고양경찰서로 밥을 날랐다.

10월 13일 김명산의 부친이 끌려가는 아들 김명산과 조병호의 모습을 보았다. 당시 방용섭 등 주민들도 이들과 함께 끌려갔는데, 얼마 후 모두 금정굴에서 총살당했다는 소문이 돌았다. 유족들은 이들의 제사를 1950년 10월 13일에 해당하는 음력 9월 3일에 지내고 있다.

당시 추산마을에서 끌려간 사람은 조병호 · 김진섭 · 방용섭 · 김명산 · 김만성 · 이용우 등 모두 6명이었다.[288]

• 덕이리 최연 · 최담 · 최재옥 · 최단

최연은 6형제 중 다섯째, 최담은 여섯째이며 함께 희생된 최재옥과는 사촌간이다.

최담의 큰형 최성과 넷째 형 최훈이 전쟁 전 덕이리 대한청년단장과 감찰부장으로 활동을 했는데, 전쟁이 발발하고 인민군이 마을을 점령하자 최담은 형들을 구하기 위해 부역활동을 하게 되었다. 국군 수복 후 최담은 치안대에 자수를 하게 되었으며, 송포지서에 3일간 갇혀 있다가 10월 9일경 고양경찰서로 이송되었다.

최연과 최재옥은 교사였는데, 인민군 점령 아래에서도 교편생활을 계속했으며 이 때문에 10월 4일경 함께 연행되었다.

최재옥의 처 이경순은 10월 9일 고양경찰서로 밥을 가지고 갔다가 경찰의 호명에 따라 끌려 나오는 주민들을 목격하게 되었으나, 곧 유치창고 뒤로 내몰려 더 이상 그들의 모습을 볼 수 없었다. 그러나 그 후부터 최담·최연·최재옥의 밥을 받지 않았으므로 이들이 그 무리에 포함되어 있었던 것으로 판단했다.

이들 외에도 치안대 강홍환은 최단이 금정굴에서 희생당한 것으로 기억하고 있었다.[289]

• 대화리 이돌섭

이돌섭은 송포면 대화리 벵게마을에서 농사를 지으며 살았다. 전쟁이 나자 그는 가족을 데리고 벽제면 지영리로 피난을 갔는데, 그 후 아무도 없는 그의 집에서 당시 대화리 인민위원회 관련 활동을 하던 집안의 먼 친척 이윤섭의 주도로 인민재판이 열렸다고 한다.

9·28 수복이 되자 피난 갔던 이돌섭과 가족들이 돌아왔는데, 그의 동생 이연순이 먼저 송포지서로 연행되었다가 2~3일 후에 풀려나고 이돌섭만 고양경찰서로 이송되었다.

가족들은 그 후 고양경찰서로 일주일 동안 밥을 날랐으며, 10월 12일경 경찰서 측으로부터 밥을 더 이상 가져오지 마라는 말을 듣게 되었다. 이돌섭의 행방을 수소문 한 끝에 가족들은 그가 금정굴로 갔다는 사실을 알게 되었다.

이 소식을 들은 이돌섭의 어머니는 금정굴 현장으로 갔다가 큰 구렁이를 보았다고 하는데, 그 구렁이가 억울하게 죽은 자식의 영혼이라며 그날 이후 한 달 동안 앓다가 결국 사망했다.[290]

• 법곶리 심기만·심우현·심준섭

송포면 법곶1리 동촌마을에서 농사를 지으며 살던 심기만·심우현·심준섭은 1949년경 비료를 나누어준다고 하여 보도연맹에 가입하게 되었다.

　그러다가 전쟁이 발발하여 인민군이 마을을 점령하자 심기만은 동네에서 반장을 맡아 주민들을 동원하는 일을 했다. 당시 송포면 인민위원장이었던 박기섭은 월북했다고 알려져 있다.

　9·28 수복이 되자 도촌마을 주민 일부가 마을의 큰 집을 장악하고 주민들을 연행해 가는 등 치안활동을 했다. 도촌치안대로 알려진 이들이 동촌마을에 와서 심기만·심우현·심준섭 세 사람을 한꺼번에 도촌치안대 사무실로 끌고 갔다. 오후 2~3시경 총을 메고 사복 차림에 빨간 완장을 찬 도촌치안대원 네 명이 와서 심기만을 불러내자 그는 "죄가 없으니 별일 없을 것"이라며 따라나섰다. 세 사람은 1차로 도촌치안대 사무실로 끌려갔으며, 그 후 지서를 거쳐 고양경찰서로 이송되었다.

　그들이 고양경찰서에 감금되어 있다는 사실을 고양경찰서에서 일하고 있던 같은 마을 주민이 알려주어 가족들이 밥을 나르게 되었다. 심기만의 동생 심기호는 고양경찰서로 밥을 나른 지 일주일쯤 되었을 때, 고양경찰서에서 일한다는 마을 주민이 "이제 경찰서에 없으니 밥을 그만 가져오라"고 하여 더 이상 밥을 나르지 않았다.

　당시 고양경찰서에서는 그들을 다른 곳으로 넘겼다고 했으므로 가족들은 그대로 믿을 수밖에 없었다. 이후 유족들은 그들이 행방불명된 것으로만 알고 있었다가, 45년이 지난 1995년 유골이 발굴되고 나서야 금정굴에서 희생된 것으로 확신할 수 있었다.

　법곳리에서는 모두 7명이 희생되었다고 한다.[291]

• 법곳리 유필준

　유필준은 남로당 활동을 한 전력이 있으며 그 후 보도연맹에 가입했다.

인민군 점령기에 동네 전체 일을 보았던 그는 9·28 수복이 되자 치안대에 자수하여 고양경찰서로 끌려갔다. 가족들은 태극단이 관리하던 고양경찰서 창고로 밥을 날랐는데, 어느 날 가져갔던 밥을 돌려받으면서 이제 그만 가져오라는 말을 들었다.

10월 16일 유필준은 금정굴로 끌려가던 날 아직 경찰서에 남아 있던 마을 후배 김정훈에게 자신이 입고 있던 잠바를 벗어주었는데, 이후 풀려난 김정훈에 의해 이 사실이 가족들에게 알려졌다. 유필준의 아들 유배근은 밥을 전해 주기 위해 경찰서에서 기다리는 동안 계속되는 총소리를 들었다.[292]

• 법곶리 노인성

송포면 법곶리 동촌마을에 살면서 농사를 짓던 노인성은 전쟁 전 비료를 타기 위해 보도연맹에 가입하게 되었다.

전쟁이 나고 인민군이 고양지역을 점령하자 그의 형이 부역을 했고, 그는 의용군으로 나가지 않기 위해 인민위원회 일을 조금 도와주어야 했다.

9·28 수복 후 유엔군을 환영하는 대회가 송포국민학교에서 열렸을 때 노인성 등 주민들이 이에 참가했는데, 치안대가 보도연맹에 가입했던 사람들을 골라내어 송포면 가좌리 중산말 석유창고로 끌고 갔다. 그때 노인성은 같은 마을에 살던 심재천·심기만·유필준 등과 함께 끌려갔다.

며칠 후 고양경찰서로 이송되어 노인성의 처 박이례가 일산으로 며칠 동안 밥을 날랐는데, 어느 날 갑자기 경찰서에서는 밥을 받지 않았고 그와 함께 소식도 끊기게 되었다. 그 후로 그가 어떻게 되었는지 몰랐는데, 당시 동네에서 함께 끌려간 사람들이 모두 금정굴에서 죽었다는 소문을 듣고는 그런 줄 알고 있었다.[293]

• 법곶리 심재천

심재천은 송포면 법곶리 동촌마을에 살면서 농사를 짓고 있었다. 그는 전쟁 전 농기구와 비료를 준다고 해서 보도연맹에 가입했다.

9·28 수복 후 심재천이 가족들과 함께 보리타작을 하고 있을 때 전혀 안면이 없는 치안대원이 찾아와 동행할 것을 요구했고, 그는 이에 응하여 따라갔다. 가족들이 이 장면을 모두 목격했다.

당시 동촌마을에서 함께 끌려간 주민은 노춘석·노인성·심기만 등 6~7명이었다.

심재천이 처음으로 연행당한 곳은 송포지서였는데, 그는 "죄 없는 사람도 3일은 조사를 받아야 한다는데, 나는 아무런 부역을 하지 않았으니 곧 풀려난다"고 가족들에게 말했다고 한다. 그래서 가족들은 그가 며칠 동안 조사를 받고 나올 줄 알고 있었다. 그러나 심재천은 며칠 후 고양경찰서로 넘겨졌으며, 이 사실은 함께 끌려간 마을 주민들의 가족을 통해 알려졌다.

심재천이 고양경찰서로 이송된 후 그의 어머니 윤기분이 도시락을 날랐는데, 어느 날 "가져오지 마라"는 말을 듣고 그래도 혹시나 하고 가져갔다가 누구 것인지 모를 머리카락이 짓이겨진 밥이 든 도시락을 돌려받았다.

그 후 심재천의 동생 심재서는 어머니를 모시고 벽제 관산리로 시집간 누이 집을 가던 중 어머니가 금정굴 방향을 가리키면서 "일본 놈들이 금을 캐다가 만 굴이 있는데, 네 큰형이 전깃줄로 묶여서 끌려가 거기에서 죽었다"고 말하는 것을 들었다. 어머니는 사건이 일어나고 얼마 후 울화병으로 사망했다.[294]

• 법곶리 노춘석

송포면 법곶리에서 농사를 짓던 노춘석은 전쟁 발발 전 비료를 준다고 해서 보도연맹에 가입한 일이 있었다.

9·28 수복 후 노춘석은 강제로 끌려가다시피 하여 송포국민학교로 갔다. 이때 그는 "괜찮다"고 말했지만, 고양경찰서로 옮겨진 후 가족들에게 연락이 왔다.

노춘석이 고양경찰서로 연행당하자 그의 처 엄간난이 밥을 해서 가져다 주었다. 그러던 어느 날 돌려받은 빈 도시락 속에 누구의 것인지 모를 머리카락이 들어 있었다. 그때 엄간난은 '이제 죽었구나'라고 생각하게 되었고 그 후부터는 고양경찰서로 가는 일을 멈추었다고 한다.

얼마 뒤 가족들은 노춘석이 고양경찰서 인근 산에서 총살당했다는 소문을 듣게 되었다.[295]

3) 벽제면

• 성석리 홍기원

벽제면 성석리 귀일안골에 살던 홍기원은 홍기순이라는 이름으로도 불렸는데, 전쟁 전 일산금융조합에서 근무를 했다.

인민군이 점령하자 그는 인민위원회에서 선전부장을 맡게 되었다. 그후 국군에 의해 일산지역이 수복되자 체포를 피해 성석리 집에 숨어 있던 중 일산치안대에 의해 연행되어 고양경찰서로 끌려갔다.

홍기원과 가까운 친척이었던 벽제면 대동청년단장 홍기세는 그를 살려줄 수 있는 지위에 있었는데도 그냥 방치한 것이라고 한다.

의용경찰대 강홍환은 1950년 10월 10일부터 25일까지 총살당한 주민들 중 홍기원이 있었다고 기억하고 있다.[296]

• 내유리 김상국

벽제면 내유리 신선마을에 살면서 농사를 짓던 김상국은 고양지역과 인접한 파주군 조리면의 좌익 송영덕에 의해 국민보도연맹에 가입되었다. 내유리 인근에서는 전쟁 발발 전 국민보도연맹원들이 끌려 나와 매를 맞는 모습이 자주 목격되었다. 김상국의 형 김상진 역시 국민보도연맹원이었던 것으로 보이는데, 전쟁 발발 직전부터 행방불명되었으므로 피살당했는지 여부는 알 수 없다.

전쟁 전에 국민보도연맹에 가입했던 김상국도 인민군 점령 아래에서 의용군을 가든가 아니면 남아서 부역을 하든가 양자택일을 강요당했다. 결국 그는 의용군에 가지 않기 위해 부역을 선택했다.

당시 부역을 한 주민들은 주로 곡물의 낟알을 세는 일을 했는데, 그 일에 참여했던 사람들은 9·28 수복 직후 모두 살해당했다. 미군이 마을에 들어오고 난 후 3~4일 사이에 국민보도연맹원과 부역혐의자들이 모두 잡혀 들어갔으며, 김상국도 이때 끌려갔다.

수복이 되자 치안대가 김상국을 잡으러 왔는데, 그가 큰집으로 피신하고 없자 대신 부친 김영재를 내유2리 치안대 사무실로 잡아갔다가 풀어주었다. 이 소식을 들은 김상국은 다음날 집으로 돌아왔다가 바로 치안대 이종율에게 묶여 끌려갔다.

당시 가족들은 매나 몇 대 맞고 풀려 나올 줄 알고 있었다고 한다. 부친 김영재가 "너 가도 괜찮겠냐?"라고 하자 김상국은 "저는 죄가 없어요. 아무 일도 없을 거예요"라며 치안대를 따라갔다. 그러나 그는 곧바로 고양경찰서로 끌려갔으며 가족들이 교대로 7~10일 동안 밥을 날랐다.

당시 고양경찰서에는 구금된 가족에게 밥을 전해 주기 위해 면회를 온 사람들이 많았다. 밥을 가지고 가서 접수를 한 후 한동안 기다리고 있으면 이름을 불렀고, 밥을 건네주고 나서 다시 빈 그릇이 나올 때까지 기다리곤 했다. 마지막으로 밥을 나른 가족은 김상국의 처였는데 "(이제는 김상국이) 없으니까 밥을 도로 가져가라"는 말을 듣고 그냥 돌아왔다. 그 말을 듣고 가족들은 이제 그가 죽었구나 하고 생각했다. 그 후 가족들은 치안대가 부역혐의자들을 쏴 죽여서 한강에 띄웠다는 이야기를 들었지만, 당시로서는 참고 있을 수밖에 없었다고 한다.

그때 마을에서 김상국과 함께 연행되었던 이웃 주민 김구연은 쌀 수십 가마를 주고 풀려났다고 알려졌다.[297]

• 내유리 김호연

희생자 김호연은 파주지역과 접해 있던 벽제면 내유리 신선마을에서 농사를 짓고 살았다.

전쟁 발발 전 이웃 마을인 파주군 조리면 장곡2리 송영덕이 좌익활동을 했는데, 그가 내유리에도 많은 영향을 끼쳐 마을 청년들끼리 갈등이 많았다고 한다. 9·28 수복 직후에는 구장 이홍열 등 마을 일을 보던 사람들이 군용차가 지나는 모습을 보고 도로에 나와서 만세를 불렀다.

김호연은 노동당에 가입했던 전력 때문에 자수를 해야 한다면서 가족들의 만류에도 불구하고 관산파출소로 갔다. 그 후 그의 어머니와 조카 김동철이 일주일 동안 지서에 밥을 전해주고 빈 그릇이 나오기까지 기다렸다가 돌아와야 했다. 김동철은 밥을 나르는 동안 인근 산에서 부역자를 총살하는 소리를 들었으며, 같은 마을의 김상길이 그의 형 김상국의 밥을 나르는 모습도 보았다. 그러다가 며칠 후 관산파출소에서 김호연이 고양경찰서로 이송되었으니 그쪽으로 밥을 가져가라는 말을 들었다.

고양경찰서까지는 거리가 멀었으므로 큰조카 김동열이 밥을 날랐다. 그런데 10일 정도 지난 어느 날 경찰서에서는 더 이상 밥을 받지 않았으며, 김호연이 금정굴에서 희생되었다는 소문을 듣게 되었다. 시신을 수습하기 위해 집안 어른들과 친척들이 금정굴로 갔는데, 입구를 폭파시켰는지 흙으로 모두 덮인 후여서 어떻게 할 도리가 없었다.

김호연은 사건 초기 일주일 정도 관산지서에 감금되어 있었고, 고양경찰서로 이송된 후에도 10일 동안 밥을 날랐으므로 10월 17일경 희생되었을 것으로 추정된다.

내유리 주민들 중 금정굴에서 희생된 사람은 김호연 외에도 김상국·이○○(이병호의 부친)이 있다고 하며, 고양경찰서로 끌려가기 전 마을에서 희생된 주민들이 더 많았다고 하나 구체적인 명단은 확인되지 않고 있다.[298]

• 사리현리 이봉훈

이봉훈은 사리현리 왁새울 마을에서 살았으며 인민군 점령 아래에서 인민위원회 일을 보았다.

9·28 수복 후 이봉훈은 마을 치안대에게 잡혀갔는데, 치안대원들은 모두 평소 그와 알고 지내던 사람들이었다. 그 후 고양경찰서로 옮겨지자 그의 처 김동순이 밥을 날랐는데 10월 17일 "고양경찰서에 없으니 가지고 돌아가라"는 말을 듣게 되었다. 그 후로 가족들은 이봉훈이 금정굴에서 희생되었을 것으로 짐작하게 되었다.[299]

• 사리현리 서정희

벽제면 사리현리 새터말에 살던 서정희는 일산의 '제일금융'이라는 금융회사에서 일했다. 전쟁 발발 전 그는 야간에 주민들을 모아 놓고 한글을 가르치기도 했으며, 사리현리의 이봉훈과 함께 활동하다가 보도연맹에 가입하게 되었다.

9·28 수복 후 서정희는 벽제 읍내로 오라는 연락을 받고 간 후 소식이 끊어졌다. 그러자 처 이순남이 읍내로 찾아가 수소문한 끝에 그가 치안대 사무실로 쓰이던 창고에 감금된 사실을 알게 되었고, 그 후 6일 동안 밥을 해서 날랐다. 그러나 일주일째 되던 날 다른 곳으로 옮겨져 창고에는 아무도 없었다.

가족들은 서정희가 고양경찰서로 옮겨 갔다는 소식을 당시 함께 끌려갔던 조대희로부터 들을 수 있었다. 조대희는 서정희보다 먼저 치안대에 잡혀 취조를 받고 있었는데, 이때 그가 서정희의 보급단 활동사실을 진술하는 바람에 서정희가 잡혀가게 되었다고 한다. 조대희는 얼마 뒤 풀려났다.

같은 시기 사리현리에서 희생된 주민은 서정희 외에 이○○(원종선의 외삼촌)·이봉훈·김화진 등 모두 4명이다.[300]

● 사리현리 김대봉·최대철

당시 고양경찰서 유치장에서 근무하던 정준섭은 매일 유치장을 방문하던 사리현리 김대봉의 어머니로부터 "유치장에 갇혀 있는 우리 아들 잘 있느냐?"는 질문을 들어야 했는데, 전쟁 전부터 친구였던 김대봉이 금정굴에서 죽었다는 말을 차마 할 수 없었다고 한다.

정준섭에 따르면, 김대봉은 사리현리에서 농민위원장의 직책을 맡았었다는 혐의를 받아 고양경찰서로 연행되었다가 자신이 유치장을 맡기 직전에 금정굴로 끌려가 총살되었다고 한다.

사리현리에서는 김대봉 외에도 최대철이 금정굴에서 희생되었다.[301]

4) 원당면

• 도내리 장기연 · 장석용 · 장기철

도내리에서 보도연맹원으로 활동했던 사람으로 장기만 · 김형옥 · 장이복이 있었다. 국군 수복 후 부역혐의를 받은 주민들 10여 명이 도내리 창고로 끌려갔다가 장기연 · 장석용 · 장기철은 금정굴에서 희생되었으며, 다른 주민들은 마을 뒷산에서 희생당했다.

자료에 따르면, 장기만은 원당면 인민위원회 양정 책임자 장윤기(당시 39세)의 사촌동생으로 인민군 점령 당시 면 토지개혁위원장이었으며, 8월 10일경 고양군 인민위원회로 전근되었다고 한다.[302]

• 주교리 박중원 · 박상하

박중원과 그의 아들 박상하는 국군 수복을 전후하여 원당면 주교리에서 은평면 북가좌리로 피난했으나, 국군 수복 후 치안대에 의해 원당으로 다시 끌려왔다. 박중원의 큰형 박○○은 서울에서 교사로 있다가 원당까지 끌려왔으나 금정굴로 가던 중 평소 알고 지내던 제자들에 의해 풀려났다. 그러나 함께 끌려가던 박중원과 박상하는 희생당했다.

박중원의 며느리 신연호는 유치창고에서 밥을 해 오라고 해서 어린 시동생을 업은 채 밥을 날랐다. 1950년 10월 4일 서병규가 치안대에 의해 고양경찰서로 끌려가는 박중원 · 박상하의 모습을 목격했다. 1995년 금정굴 발굴 시에 박중원의 도장이 바닥 부근에서 발견된 사실로 보아 이들은 사건 초기인 10월 9일경 희생된 것으로 추정된다.

의용경찰대원 조병태가 이들 부자의 희생사실을 알고 있었다.[303]

5) 신도면

• 현천리 황뇌성 · 황을성

황뇌성 · 황을성은 형제로 현천리 복령골에 살았는데, 마을에서는 황뇌성을 황노성으로, 황을성을 황문성으로 불렀다. 형 황뇌성은 마을에서 농사를 짓고 있었으며, 동생 황을성은 철도기관과의 기관장이었다. 그러다가 인민군이 점령하자 황뇌성이 리 인민위원장 일을 맡게 되었다.

9·28 수복이 되자 황뇌성은 송추로 피신했다가 붙잡혔고, 황을성은 부역자의 동생이라는 이유로 10여 명의 치안대원들에게 매를 맞았으며 일주일 후 다시 치안대에 끌려가 그들이 사무실로 쓰고 있던 현천리 건너말(상촌) 방앗간 창고로 연행되었다. 당시 창고에는 열댓 명이 감금되어 있었는데, 여기에는 현천리 주민들뿐 아니라 근처 마을인 덕은리 · 향동리 · 화전리 주민들도 있었다.

황뇌성은 1950년 10월 10일경 다락고개에서, 황을성은 10월 25일경 현천리 공동묘지에서 학살당했다. 가족들은 황뇌성의 희생사실을 치안대원으로부터 들어 알게 되었으나 낮에는 무서워서 시신 수습을 못하다가 밤중에 사람들의 눈을 피해 수습하게 되었다.

황뇌성 · 황을성이 연행당하자 치안대원들이 항아리 · 옷 · 쌀 · 가마솥 등에 압류딱지를 붙여 사용하지 못하게 하다가 이들이 희생된 후 모두 가져갔다. 며칠 뒤 황을성의 재산은 다시 찾아올 수 있었으나 황뇌성의 재산은 돌려받지 못했다고 한다. 또한 치안대는 황뇌성 · 황을성의 가족들을 끌고 가 죽이려다가 주민들이 사정을 하여 풀어준 일이 있었다.[304]

• 화전리 황재덕 · 황온순 · 정범성

황재덕은 화전리 인민위원장이었는데, 국군 수복 직후 치안대에게 체포되어 감금되어 있던 중 1950년 9월 20일경 수복하던 해병대에 의해 학살당했다.

화전리 농민위원장이었던 황온순은 1950년 10월 초 현천리 공동묘지에서 돌로 타살당했으며, 정범성 등이 이들과 함께 희생당했다.[305]

• 화전리 지희덕 · 유순범

고양군 신도면 화전리 지희덕은 마을에서 지덕문으로 불렸으며, 방앗간일과 전기 관련 일을 하면서 대한청년단과 국민보도연맹에 함께 가입해 있었다.

1950년 10월 초 지희덕은 치안대 사무실로 쓰였던 같은 마을 주민 김광식의 사랑채로 끌려갔다. 20여 일간 감금당하는 동안 식사는 가족들이 날랐다. 아들 지영호는 아버지가 사랑채 마루에서 초췌하게 앉아 있던 모습을 기억하고 있다.

지희덕은 10월 10일경 같은 마을 주민 유순범, 향동리 주민 8명과 함께 의용경찰대에 의해 화전리 뒷산 계곡에서 총살당했다. 이들의 총살 소식이 전해진 오후 3~4시경 지희덕의 부친은 지영호를 데리고 마을 뒷산으로 올라갔다. 이들이 도착했을 때 현장에는 총살당한 지희덕 외에도 3~4구의 시신이 방치되어 있었다.[306]

6) 지도면

• 강매리 이태우

강매리에 살던 이태우는 전쟁 전부터 리 사무소 일을 추천받았으나 개인사정으로 하지 못했다. 그러던 중 6·25가 터졌으며 부득이하게 인민군 측의 일을 보게 되었는데, 그러면서도 그는 동네에 피해를 주지 않기 위해 많은 노력을 했다.

9·28 수복이 되자 이태우는 직접 고양경찰서로 찾아가 자수를 했다. 따라서 중간에 창고나 능곡지서에 감금된 일은 없었다. 고양경찰서에 감금되어 있는 동안 그의 처가 보름 정도 옷과 밥을 날랐다. 그러던 어느 날 고양경찰서에서 그만 오라고 했고, 그 후부터는 그의 소식을 전혀 들을 수 없었다.

당시 고양경찰서로 끌려간 사람들은 모두 금정굴에서 죽었다는 말만 들을 수 있었다. 이때 이태우와 함께 같은 마을 주민 심언섭이 끌려갔다고 한다.[307]

• 신평리 이병희

이병희는 서울 을지로에 있는 악기점에서 악기 판매와 수리를 했으며 주로 서울에서 지냈다.

당시 신평리 땅의 대부분은 서울 출신의 부재지주가 소유하고 있었다고 한다. 이 때문에 마을에 여러 가지 갈등이 있었는데, 이병희는 토지분배 과정에서 벌어진 갈등으로 지주의 미움을 받고 있었다.

이병희가 모내기 등 농사일을 하러 신평리 집에 와 있던 중 전쟁이 발발했다. 전쟁이 나고 인민군이 고양지역을 점령하게 되자 그는 얼마 동안 부역을 했다. 그리고 1950년 9월 12일경 가족들과 함께 소만리(지금의 행신동)로 피신했다가 9·28 수복을 맞이하게 되었다.

수복 후 이병희는 집으로 돌아왔으나 신평리 치안대(대장 최차성)에 의해 밤중에 끌려 나갔다. 그 후 그는 동네 공회당에 일주일 동안 감금당했

금정굴에서 출토된 이병희 도장

다가 능곡지서로 끌려갔으며, 이때 그의 여동생이 능곡지서로 밥을 날랐다. 밥을 나른 지 일주일 즈음 되던 날, 여동생이 밥을 가지고 가 보니 능곡지서 유치장이 비어 있었다. 그러자 가족들이 그의 행방을 수소문을 하였고, 고양경찰서로 끌려갔다는 말을 듣게 되었다. 그 후 그의 처 송기순은 시아버지로부터 일산에 사는 지인에게 쌀 한 말을 주고 밥을 해주라고 했다는 말을 들었다.

가족들은 이병희와 함께 백석리 노첨부락에서 고양경찰서로 끌려갔다가 풀려난 유해웅으로부터 "이병희와 함께 고양경찰서 유치장에 갇혀 있었는데 어느 날 새벽에 불려나간 후 그는 돌아오지 않았다"는 말을 전해 듣고 그가 금정굴에서 희생되었을 것으로 생각했다.

1995년 금정굴 발굴 당시 이병희의 도장이 출토된 바 있다. 이 도장은 이병희가 손수 파서 만든 것이라고 한다.[308]

• 행주외리 이금현

행주외리 소애촌에 살던 이금현의 남편 이창영은 여자들도 공부를 해야 한다며 딸들을 서울의 중학교에 보낼 정도로 경제적 여유와 사회적 의식이 있는 사람이었다. 그리고 학식도 갖추고 있어 마을에서 지도적 위치에 있었다. 이 때문에 인민군 점령 아래에서 리 인민위원장의 일을 보게 되었다. 당시 둘째 딸 이정남은 리 여성동맹위원장을 맡았었다고 한다.

행주지역은 1950년 9월 20일경 수복이 되었는데, 그 직후 이창영과 이정남·권태윤은 부역혐의로 체포되어 서울로 이송되었다. 그리고 10월 15일경 이금현을 비롯한 남은 가족들이 치안대에게 끌려가 마을공회당과 한강변의 얼음창고에서 고문을 당했으며, 그 후 이금현만 다시 능곡지서로 끌려갔다. 이금현이 끌려가자 아들 이의모(당시 16세)가 능곡지서로 밥을 날랐으나 며칠 후 일산의 고양경찰서로 이송되어 밥을 전달하지 못했다. 그 후 이의모는 어머니가 금정굴로 끌려갔다는 소문만 들었을 뿐 생사를 확인할 방법이 없었다.

부모를 잃고 방치되어 있던 이금현의 자녀들은 부산으로 피난했던 큰딸 이영재가 돌아와 데리고 갔다. 이영재는 군인이었던 남편을 따라서 국군수복 초기 해병대와 함께 돌아왔던 것이다.

한편, 이창영은 군사재판에 넘겨져 사형을 선고받았다고 하는데 판결문 등은 확인되지 않는다. 그의 딸 이정남은 서울로 연행되어 용산에 있던 합동수사본부에서 조사를 받은 후 석방되었다.

사건 후 이창영 소유의 재산은 누군가에 의해 처분되었는데, 고양경찰서의 지휘를 받던 고양군 시국대책위원회에 의한 것으로 추정된다.[309]

7) 은평면

• 수색리 김순동

당시 은평면 수색리(현 서울시 은평구 수색동)에 살던 김순동은 수색역의 철도원으로 근무하고 있었다.

9·28 수복 전후 김순동을 포함한 수색리의 젊은이들은 부역혐의자 연행을 피하기 위해 마을의 굴속에서 숨어 지냈다. 그러나 이들은 10월 5일경 치안대로 활동하던 태극단원 등에게 모두 끌려갔으며 이후 고양경찰서로 이송되었다.

김순동 등이 고양경찰서로 연행되자 그의 처 유순복이 일산까지 3~4차례 방문했으나 면회를 시켜주지 않았다. 그 후 남편이 금정굴에서 희생당한 것을 알게 되었다.

김순동의 아들 김용성은 고등학생이었던 1962년경에서야 사건 당시 부친과 함께 연행되었다가 풀려난 부친의 친구로부터 "토굴에 있다가 같이 끌려간 사람 중 살아 나온 사람은 나 하나밖에 없다. 다른 사람들은 모두 죽은 것으로 봐야 한다"는 말을 들었다.

김순동의 유족들은 마을의 치안대 권씨(또는 이씨)가 무고하여 그가 죽게 되었다고 믿고 있다. 치안대에 연행된 후 고양경찰서로 끌려가지 않은 주민들 중 상당수는 당시 모래내 천변(현 경의선 가좌역 부근)에서 희생당했다고 한다.[310]

• 구산리 정○○ · 안종건 · 안복례

안종건(당시 19세) · 안복례(당시 17세)는 정○○(여, 당시 53세)의 손주들로서 고양군 송포면 덕이리의 희생자 안점봉과는 친척간이다.

일제강점기 정○○는 만주를 오가며 장사를 하는 것처럼 위장하여 독립군들에게 자금을 전달했다. 그때 그녀의 집은 일본식 고급주택이었는데, 이웃 마을 김씨가 9·28 수복 후 부역자 처단의 바람이 불자 안씨 집안에 부역자가 있는 것을 기화로 치안대에 밀고했다고 한다.

안종건 · 안복례와 할머니 정○○는 국군 수복 후 친척인 안점봉 일가가 좌익이며 특히 안형노가 이들의 집에 피신했었다는 이유로 구산리 치안대 김인건 등에게 끌려갔다. 고양경찰서로 끌려간 이들은 금정굴에서 희생되었다.

그 후 김씨는 안씨 집안 소유의 집과 밭 1천여 평을 빼앗아 갔고, 남은 가족들은 고향을 등지게 되었다. 정○○의 며느리는 충격을 이기지 못해 자살했다고 한다.[311]

• 불광리 고춘선

고춘선(당시 41세)은 은평면 불광리(현 서울시 은평구 불광동) 새장골에서 농사를 지으며 살았다. 고춘선의 집안은 17세기 말부터 이곳에 자리 잡고 살았는데, 당시 불광리는 원불광리 · 초불광리 · 새장골 · 웃말 · 박새기(박석고개)로 구성되어 있었다.

고춘선의 사촌 고영길은 당시 연희전문대 학생이었고, 고영섭은 경성대학 학생이었다. 고영길은 같은 마을인 새장골에 살았고, 고영섭은 박석고개에 살았다. 당시 이들이 살던 집은 큰 기와집이었는데 안방은 서울, 건넌방은 고양군이라는 말이 있을 정도로 집이 크고 넓었다. 이들은 인민군 후퇴 당시 월북했는데, 2002년 5월 9일자 〈조선일보〉에 따르면 고춘선의 6촌 고천식은 김책공업대학 교수가 되었다.

9·28 수복 후 고춘선은 월북한 고영길·고영섭을 대신해서 구파발삼거리에 있던 신도지서로 연행되었다. 당시 아들 고재식이 일주일 동안 밥과 옷을 날랐는데, 고춘선이 갈아입은 옷에는 피가 많이 묻어 있었다. 신도지서에는 여러 사람이 함께 잡혀 있다가 1950년 10월 8일 고양경찰서로 이송되었다.

고춘선 외에 고영순(고영길의 동생)도 피살되었다는 소문이 있는데 구체적인 사정은 알려져 있지 않다.[312]

8) 기타

• 파주군 교하면 야당리 채기동

파주 교하면 야당리 구름물에 살면서 농사를 짓던 채기동은 일제강점기에 강제징용을 당해 6년 동안 중국에도 다녀왔다고 한다. 당시 야당리는 행정구역상으로는 파주였지만 생활권은 고양과 더 가까웠다.

전쟁이 나자 피난길에 나섰던 채기동의 가족들은 고양군 백마까지 갔으나 더 이상 가지 못하고 고봉산 아래 누이 집에서 며칠 동안 지내다가 돌아와야 했다. 채기동은 인민군 점령 하에서 그들에게 손씨네와 함께 쌀을 걷어 준 일이 있었다.

국군 수복 후 채기동이 보리를 심기 위해 밭을 갈러 나간 후, 빨간 완장을 차고 총을 멘 군복 차림의 일산치안대원 2명이 집으로 들이닥쳐 그를 찾았다. 그 중 1명은 곽경선(또는 박경선)이었다고 한다.

길을 따라 내려가던 채기동은 그 자리에서 묶여 구장 집으로 끌려갔고,

그 후 고양경찰서로 이송되었다. 그러자 그의 처는 고양경찰서로 일주일간 밥을 날랐는데, 경찰서에서 밥은 받으면서 한 번도 면회를 시켜주지 않았다. 경찰서에 아는 사람이 근무를 하고 있어 그를 통해 알아보니 "고양경찰서에 들어온 적도 없고 명단에도 없다"고 하여 그때부터 남편이 죽은 것으로 생각하고 도시락 나르는 일을 그만두었다.

그 후 가족들은 채기동과 사이가 나빴던 손씨 집안 사람과 다투던 중 "빨갱이 자식, 네 애비는 금정굴에서 죽었다"는 말을 들었다.[313]

• 김포군 하성면 석탄리 어수갑

어수갑은 어씨 집안의 7대 종손으로 1896년생이다. 애국지사이자 독립투사이며 민족주의 사상가였던 그는 3 · 1 운동에 참가했다가 1922년 보안법 위반으로 체포되어 1923년 석방되었다. 그리고 〈시대일보〉 사회부 기자로 활동하다가 1926년 6 · 10 만세운동에 참가했으며, 1927년 3월 조선공산당사건에 연루되어 또다시 옥고를 치렀다. 해방 후 초대 하성면장을 지냈고, 1948년 북한지역에서 열린 인민대표자대회에 김포 대표로 참가했으며, 이후 민전 서기부장으로 활동했다.

전쟁이 났을 때 그는 하성에 있었지만 특별히 한 일은 없었다고 한다. 국군이 김포 하성면을 수복하자 어수갑은 서울로 피신했다가 다시 어씨 집성촌이었던 고양군 중면 일산리 진밭으로 피신을 했으나 고양경찰서에 체포되어 1950년 10월 23일경 금정굴에서 희생당했다.

하성면 석탄리에 어씨들이 살아온 지는 200년이 되었으며, 고양군 벽제면 성석리 진밭은 550년 되었다고 한다.

〈한국사회주의운동인명사전〉은 어수갑에 대해 이렇게 소개하고 있다.

"어수갑(魚秀甲, 1896~?) : 조선공산당 당원. 경기도 김포에서 태어나 부유한 환경에서 성장했고 어려서는 서당에서 한문을 배웠다. 1908년 교동보통학교에 입학했다가 이듬해 중퇴했다. 1909년 4월부터 1911년 3월까지 휘문의숙 예비과에서 수학했다. 그해 4월부터 1913년 3월까지 서울중앙학교에서 수학했다. 같은 해 4월 경성전수학교에 입학하여 1914년 3월 졸업했다. 이후 포천 청성학교 교원으로 근무했다. 1915년 3월 청성학교를 그만두고 1916년 5월 철원 사립학교 교사가 되었다가 7월 퇴직했다. 1922년 2월 경성복심법원에서 제령(制令) 7호 위반 혐의로 징역 1년을 선고받았다. 출옥 후 〈시대일보〉 기자가 되었다. 1924년 11월 화요회에 가입했다. 1926년 3월 조선공산당에 입당하여 경성부 제1구 제7야체이카, 언론기관 프랙션에 배속되었다. 7월 일본 경찰에 검거되어 1928년 2월 경성지법에서 치안유지법 위반으로 징역 2년을 선고받았다. 1929년 4월 만기출옥했다. 1945년 11월 전국인민위원회 대표자대회에 김포군 대표로 참석했다. 1946년 2월 민주주의민족전선 경기지부 서기부장을 지냈다."[314]

2010년 정초, 서울대 법의학교실에 보관 중인 희생자 유골을 찾아 전국유족회에서
새해 인사를 올리고 있다.

제5장

가해자

1. 가해의 주체

고양 금정굴 사건이 알려지던 초기부터 가해주체에 대한 오해가 있었다. 가장 대표적인 견해는 가해 주체가 경찰이 아니라 민간치안조직이었다는 것이다. 이러한 견해는 집단학살이 고의적 또는 계획적으로 저질러졌다기보다는 개인적 감정이 중요한 동기가 되었다는 주장의 토대가 되고 있다.

유골 발굴 직후인 1995년 10월 19일 〈News+〉 4호는 "9·28 수복 후 고양군 일대에서는 대대적인 좌익 소탕작전이 벌어졌다. 이에 앞장선 것은 경찰도 군대도 아니었다. 치안대나 태극단 등 우익 민간치안조직이었다"고 하였으며, 1995년 10월 월간지 〈민〉 역시 "경찰은 소수였고 조직이 복원되기까지는 상당한 시간이 걸렸기 때문에 치안대의 힘에 의존할 수밖에 없었다"라고 하여 사건의 주체가 경찰 등 공권력이 아닌 민간치안조직이었다고 보고 있는 것이다.

그러나 앞에서 살펴본 바와 같이 사건 초기부터 공권력이 개입하고 있었음을 확인할 수 있다. 각 마을의 치안대는 경찰이 공식 복귀하기 전부터 잔류 경찰, 대한청년단, 태극단 등을 중심으로 마을에서 자체적으로 조직되었다. 대개 경찰이 공식 복귀하기 전까지는 주로 인민위원회 등 단체의 간부들을 연행하여 감금하는 활동을 주로 했으며, 함부로 주민들 해치는 등의 활동을 하지는 않았다. 이 시기 학살은 북진하는 국군에 의해서 저질러진 경우가 많았는데, 고양지역에서는 주로 국군 해병대가 한 것으로 확인된다.

고양지역에서 학살에 의한 부역자 처리가 본격적으로 시작된 것은 고양 경찰서의 공식 복귀 이후이다. 특히 사찰주임과 사찰계 소속 경찰관들이 복귀하면서 치안대가 의용경찰대로 재편되었고, 부역혐의를 받던 주민들의 명부가 작성되는 등의 활동이 이루어지면서부터 학살이 시작되었다.

당시 부역혐의자 학살의 직접적인 주체는 고양경찰서와 민간치안조직이었다. 이들은 경기도경찰국, 군·검·경 합동수사본부, 경인지구계엄사령부의 지휘·명령을 받고 있었다. 특히 합동수사본부는 계엄사령부 산하의 부역자 처리를 전담하는 기구로서 이 사안에 관한 한 최고의 지위에 있었다고 볼 수 있다.

1) 고양경찰서

고양경찰서는 희생자들을 유치시설에서 금정굴로 이송하여 처형하는 과정을 주도했다. 금정굴 사건 당시 고양경찰서의 하부조직인 각 지서 및 출장소는 희생자들의 연행과 선별과정에 참여했다. 각 지서는 사무실 일부를 치안대에게 제공하기도 했으며, 곡물창고 등 임시유치시설을 이용하여 부역혐의자들을 감금·고문했다. 지서에 감금된 주민들은 손가락에 총알을 끼운 채 발로 밟히는 등의 고문을 당한 후 일부는 고양경찰서로 보내졌으며 일부는 한강변이나 심학산 등 근처에서 희생당했다.

고양경찰서는 1949년 10월 11일 서대문경찰서로부터 분리되어 설치되었다. 사건 당시 경무계·사찰계·수사계·보안계·통신계 등 5계와 고양경찰서 직할지서·벽제지서·능곡지서·신도지서·원당지서·송포지서 등 6개 지서, 그리고 덕은출장소·행주출장소·고양출장소 등 3개 출장소로 구성되어 있었다.[315)

1급 경찰서는 총경을 서장으로 하고 2급 경찰서는 경감을 서장으로 했으므로, 이무영 경감이 서장이었던 고양경찰서는 2급 경찰서에 해당했다.

경찰서장의 즉결권과 훈계방면처분권은 1945년 11월 1일 법원에 이관되었으며 사건 당시 경찰서장에게 임의처형 권한은 없었다.[316]

사건 당시 고양경찰서장은 이무영 경감이었으며, 사찰주임은 이영근 경위, 경비주임은 석호진 경위, 경무주임은 고영준 경위였다. 고양경찰서는 1950년 10월 6일부터 10월 25일까지 부역혐의를 받던 주민들 200여 명을 학살하는 일에 가담했으며 또한 이를 지휘했다. 자료와 증언을 통해 당시 학살에 직접 가담한 것으로 확인되는 경찰관은 고양경찰서장 이무영 경감, 사찰주임 이영근 경위, 경무주임 고영준 경위, 사찰계 김한동 경사, 송병용·김종순·박용길 순경 등이다. 이 중 이무영 경찰서장과 송병용 순경 등은 본인이 학살에 가담했음을 스스로 시인하고 있다.[307]

2) 민간치안조직

흔히 치안대라고 부르는 민간치안조직의 활동은 1950년 7월 22일 선포되어 8월 4일 국회의 승인을 얻은 '비상시 향토방위령'에 근거하고 있다.[318]

민간치안조직은 전쟁 발발 후 1950년 8월 5일 대구시,[319] 8월 14일 부산시[320]에서 자위대라는 이름으로 각각 결성되었음이 확인되며, 초기부터 계엄사령관 등 정부기관의 지원에 의해 활동이 고무되었다고 판단된다.

'비상시 향토방위령'에서 적고 있는 '자위대'는 조직·활동·지위 등에 있어 고양지역의 치안대와 일치되는데, 그 근거로 ① 치안대가 각 마을을 기본단위로 조직되어 있었고, ② 한 마을에 다른 치안조직은 없었으며, ③ 치안대 간부는 대한청년단과 같은 우익단체 간부들이 맡고 있었고, ④ 치안대는 부역혐의자 감시활동와 야간 경비활동으로 경찰 치안활동을 보조했고, ⑤ 고양경찰서장의 지휘감독을 받았다는 사실 등을 들 수 있다.

(가) 민간치안조직에 대한 경찰과 합동수사본부의 입장

합동수사본부가 설치됨에 따라 부역자 처리와 치안을 담당하던 민간치안조직들은 모두 군경의 지휘를 받아야 했는데, 특히 군의 역할이 중요시되었다. 당시 서울시경국장에 헌병대 부사령관이었던 이익흥이 임명되었는데, 그는 "수도의 치안확보를 대외적인 체면을 생각해서 경찰이 주로 담당하되 군의 경험이 있는 사람을 시경국장으로 임명하도록 결정한 것"이라고 했다.[321]

서울경찰청 선발대 400여 명이 1950년 10월 1일 복귀한 후, 합동수사본부가 활동을 시작하기 하루 전인 10월 3일 서울시경국장 이익흥은 민간치안조직을 해체하고 무기를 반납할 것이며 개인자격으로 협조해 달라는 담화문을 발표했다.[322] 10월 7일 서울시경찰국은 또다시 민간치안조직이 사용하고 있는 무기를 하루빨리 관계기관에 반납할 것과 민간치안조직이 부역혐의자를 체포할 경우 경찰에 연락할 것을 바란다고 입장을 발표했다.[323] 이로 보아 경찰은 민간인의 정보를 필요로 했으며, 따라서 민간치안조직의 해체보다는 오히려 경찰의 통제를 받는 민간치안조직이 필요했음을 알 수 있다. 서울시경국장 이익흥 스스로 '향토방위대'를 조직하여 협조를 받았음이 확인된다.[324] 다음은 민간치안조직 협조의 필요성과 중요성을 인정하고 있음을 알 수 있는 이익흥의 언론발표 내용이다.

부역자 적발은 수사당국에서 했지만 각 동회 국민반 단위로 그 반 내에서 유지들로 하여금 위원회를 조직하여 부역자·악질분자를 적발하여 이들을 예심한 결과를 수사당국에 보고하여 주기를 바란다. 이유는 어느 개인의 고발보다도 그 반 내에서는 그 누구가 악질분자인 것을 잘 알 수 있을 것이며, 또한 부역자 숙청에 있어서 국민반을 통한다면 이웃 사람 간의 문제인 만큼 공정을 기할 수 있을 것이기 때문이다. 심사위원회의 조직에 대해서는 이미 합동수사본부에서도 성안이 서 있으나 이 심사위원회는 자치적으로 각 동회와 애국반에서 조직하기를 바란다.[325]

(나) 고양지역 치안대(의용경찰대) 활동

치안대는 각 마을마다 대한청년단 등 우익단체원들을 중심으로 경찰의 치안활동을 보조하기 위하여 만들어진 준군사조직이다. 이들은 고양경찰서의 지휘·감독을 받아 활동했다.

치안대는 각 마을을 기본단위로 조직되었다. 치안대는 경찰의 복귀에 호응하여 각 지서와 인접해 있는 이발소·공회당 등을 중심으로 독자적인 사무실과 유치시설을 확보하여 활동했다. 이들은 주로 경찰시설을 이용하거나 가까운 곳에 자신들의 사무실을 두었으며, 그렇지 않을 때는 마을에서 가장 큰 집을 점거하여 사무실로 썼다. 그리고 치안대 사무실 부근에 있는 양곡창고 등을 임시구금시설로 쓰고 있었다.

이들은 각 마을의 부역혐의자들을 1차로 연행하여 감금하고 고문했다. 행주내리 치안대는 공회당과 한강변 얼음창고를 유치시설로 사용했다. 가좌리의 치안대 사무실은 송포지서와 가까운 송포국민학교 앞 이발소였으며 대화리 창고를 유치시설로 쓰고 있었다. 성석리 치안대는 벽제지서와의 긴밀한 협조 속에서 옛 성석국민학교 교실을 유치시설로 사용했던 것으로 확인된다.[326]

대부분의 치안대원들은 평상시에는 몽둥이로 무장했으나 필요할 경우 M1, 카빈 등 소총으로 무장했다. 이들이 야간경비나 부역혐의자 살해를 목적으로 소총을 가지고 갈 경우에는 각 지서로부터 실탄을 받아 갔다. 소총 사용은 주로 간부들이 했으며, 일부 청년들은 군사훈련을 받기도 했다.[327]

치안대·의용경찰대는 고양경찰서의 지휘 아래 태극단과 함께 총살에 가담했다. 금정굴에서는 고양경찰서장의 지시 아래 사찰계 경찰관을 중심으로 중면 치안대였던 의용경찰대와 태극단이 부역혐의를 받던 주민 200여 명을 학살한 사실이 확인되며, 주엽리에서는 시국대책위원회 소속 치안대와 주엽리 치안대, 의용경찰대가 한요수 외 2명을 학살한 사실이 확인된다.

치안대는 부역혐의를 받고 있는 주민들을 직접 학살하기도 했다. 이는 치안대가 경찰의 지휘를 받아 치안활동을 보조하는 조직이므로 경찰의 묵인 또는 지휘 하에서 이루어진 것으로 보인다. 지도면 인민위원장 김준만이 수복 직후 치안대에게 처형당했으며, 행주내리 맨돌마을 63명이 치안대에 의해 희생되었다고 알려져 있다.[328] 그리고 일산리뿐 아니라 수색리에서도 치안대원들이 먼저 주민들을 잡아 놓고 보복을 했으며,[329] 성석리에서도 진밭·잣골·안골의 주민들 일부가 치안대에 의해 뒷골 방공호에서 희생당했다.[330]

치안대의 주요 임무는 크게 부역혐의자 감시 등 정보업무와 야간경비 등 방범업무로 구분되나, 결국 이들의 활동은 모두 부역자 처리와 관련하여 고양경찰서의 업무를 보조하는 것이었다.

치안대는 같은 마을에 사는 주민들의 부역활동 여부에 대해 잘 알고 있었으므로 사찰활동을 하던 경찰에게 결정적 정보를 제공했다. 서울지방법원 형공 제1838호 판결문에 따르면, 이경하가 "한창석을 좌익으로 경찰에 고발"했다는 것으로 보아 민간치안조직의 주요 역할 중 하나가 부역자에 대한 정보를 제공하는 것이었음을 알 수 있다.

또한 치안대가 주로 한 활동은 부역혐의자를 연행하는 일이었다. 이들은 인공 치하에서 자신들이 탄압받은 것에 대한 '보복심'[331]과 '살아남기 위한 변신'[332] 과정에서 다른 주민들을 희생양으로 삼았다. 그리고 대부분의 치안대는 평소 알고 지내던 같은 마을 주민보다는 이웃 동네의 주민들을 연행했으며, 때로는 복면을 하고 주민들을 연행하기도 했다고 한다.[333]

연행된 주민들은 취조 명목으로 항상적인 고문·폭력에 시달려야 했으며, 심지어 일부 태극단원 등 우익단체원들도 예외가 되지 못했다. 태극단원 이윤형은 후퇴하는 좌익에 끌려가다가 임진강 건너 고랑포에서 탈출 중 선유리 치안대에 잡혀 혹독한 고문을 당했고, 이어 문산경찰서로 넘겨져 또다시 갖은 고생과 고문으로 수난을 당했다고 한다. 능곡치안대는 태극단 수색지단장 조성구, 본단 정보부장 김복환이 내무서에서 근무한 사실을 빌미로 참혹한 고문을 가하기도 했다고 한다.[334] 고양경찰서 의용경찰대에는 취조반이 따로 있었다. 이상으로 보아 치안대 역시 취조활동에 직접 관여한 것으로 확인된다.

고양지역 치안대원들은 고양경찰서장의 지휘·감독을 받았다.[335] 벽제면의 경우 치안대원 5~6명이 벽제지서 경찰관 1명과 함께 밤 10시부터 새벽 4시까지 순찰을 돌았다.[336] 고양경찰서 정준섭 순경은 담당구역을 맡아 구역 내 치안대 사무실을 정기적으로 감독했다. 그 과정에서 치안대원들의 가혹행위를 목격하고 이를 중단시켰던 적이 있었다고 한다. 그는 치안대 전체를 관리한 것은 고양경찰서장이라고 증언했다.[337]

고양지역의 치안대는 1950년 9월 20일 유엔군에 의해 가장 먼저 수복된 능곡지역에서 조직되었다. 그때 잔류해 있던 송병용 순경은 미 해병대에 배속되어 인천상륙작전에 참가했던 석호진 경위를 만나 치안대를 조직하

게 되었다.[338]

이러한 사실은 송포면 태극단 감찰부장 김경열에게서도 확인된다. 김경
열은 치안대가 9월 20일 직후 먼저 수복된 능곡으로 모인 청년들을 중심
으로 중면 치안대가 조직되었고, 다음으로 송포면 치안대가 조직되었다고
했다. 그에 따르면, 송포면 치안대는 국군이 능곡지역을 수복한 지 열흘
정도 후에 송포로 들어가 가좌리에 사무소를 내고 치안유지를 담당했다.
민간치안조직에 대하여 경찰 복귀 전에는 치안대, 복귀 후에는 의용경찰
대로 구분되나 통상 치안대라고 불렀다고 한다.[339]

송병용 순경은 1950년 10월 2일경 능곡과 중면 백석리에서 치안대원 50
여 명, 태극단원 30여 명을 데리고 고양경찰서로 복귀했다.

치안대로 활동한 주민들과 태극단원들 중 일부 도피자를 제외하고는
대부분 인민군 점령지역에 남아 있던 주민들이었다. 치안대 간부는 대한
청년단·대동청년단·태극단과 같은 우익단체 출신들이었다. 고양군 치안
대장이었던 이학동은 대한청년단 고양군 단장이었으며, 벽제면 치안대장
홍기세는 벽제면 대동청년단장이었다. 신도면 현천리 치안책임자는 태극
단원 정상국이었고, 신도면 화전리 치안대원 공은억은 대한청년단 중대장
이었다.

고양경찰서 의용경찰대는 주로 중면에서 활동하던 치안대를 중심으로
구성되었다. 1950년 10월 6일경 고양경찰서원들이 복귀하면서 치안대 일
부는 의용경찰대로 재편되었다. 의용경찰대는 간부로 대장 1명, 부대장 2
명, 정보부장 1명, 경비대장 1명, 심사사찰부장 1명을 두었으며, 처음에는
이진·최상순·차계원·엄진섭·강홍환·피원용·최상철·이영환·김완
배·양재남·최명진·이영식·김효은 등 13명이었다.[340] 이후 강금로·김금
룡·김영배·김영조·김정식·박종철·신현섭·오홍석·이광희·이계득·

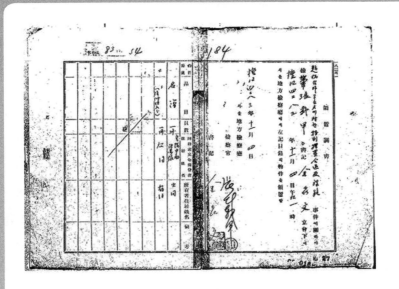

중면 치안대 명부 영치조서. 영치물 목록에서 고양군 중면 치안대 명부가 확인되는데, 이로 보아 중면 치안대가 체계적으로 관리되었음을 알 수 있다.

이근희 · 이근용 · 이은칠 · 조병세 · 최우용 · 허숙 등이 의용경찰대로 가담했다.

중면 마두리 치안대장은 임대복, 부대장은 최광휘였으며, 백석리는 박인혁 · 허창, 일산리는 이학동(치안대장) · 최경춘 · 곽경선과 장기락의 사위, 장항리는 조남수 · 박영화, 주엽리는 최가철 · 김수정이 치안활동에 가담한 것으로 확인된다.

송포면 치안대장은 장백원이었다고 하며, 구산리에서는 이영춘 · 피인성·피인용, 덕이리는 최범쇠·정수연·유병문이 치안대 활동을 했다고 한다. 법곶리에는 도촌치안대와 이산포치안대가 있었다. 구산리의 치안대장은 이영춘이었는데 주민들에게 '향토방위대장'으로 알려져 있었다. 이영춘은 치안대 일을 하면서 희생자 양용한이 살던 한옥집을 빼앗아 살았으며, 사랑채를 치안대 사무실로 쓰면서 '향토방위대'라는 간판까지 달았다고 한다. 구산리 치안대원 중 감찰부장 피영권·문상덕·피인용(대갈장군으로 불림)이 적극적으로 활동을 했으며, 이들을 포함하여 모두 20여 명이 구산리 치안대원으로 활동했다.[341] 문상덕은 외지인으로 마을에 일가친척이 없었으므로 이영춘의 명령에 따라 인정사정없이 주민들을 때렸다고 한다. 구산리 주민 전활성에 따르면, 문상덕은 인민군 점령 아래에서 인민위원회 활동을 했는데 국군이 수복하자 변신하여 자신의 죄를 은폐하기 위해 극렬히 치안대 활동을 했다고 한다.[342] 송포면의 경찰은 주로 대화리에 있는 송포지서를 중심으로 활동했으며, 구산리의 피영권은 가좌리 대화파출소에서 근무할 정도로 경찰과 긴밀한 관계였다. 덕이리에서 활동한 치안대원 유병문·정수연·최범쇠는 고양경찰서 순경 유재덕과 함께 부역혐의자를 색출하고 연행하는 활동을 했다. 정수연은 인민군 점령 당시 덕이리 인민위원회에서 부역을 하던 사람이었는데, 국군 수복 후 살아남기 위해 치안대로 돌변하여 같은 동네 사람을 많이 희생시켰다고 한다.

벽제면 내유리는 이종율·김상목·이병정·이장환·조재철·김형묵이, 대장리는 김삼록이 치안대원이었다. 벽제면의 치안대장은 홍기세였고 간부는 최봉산·정재용[343]이었으며, 이각·김상희 등 마을 청년들이 치안대원으로 활동했다. 전쟁 전 홍기세는 벽제면 대동청년단장이었고 이각은 대동청년단원이었다. 국군 수복 후에는 총이 흔했으며 총은 치안대 사무실에 보관했는데, 즉결처분 등 총이 필요할 때면 간부들이 가지고 나갔다.

인민위원회 반장 직책을 맡았던 이각은 국군 수복 후 돌아온 홍기세에게 끌려가 문초를 당했으나 고양경찰서 경찰관 이진 등을 살려준 적이 있어 풀려날 수 있었으며 그 후 치안대로 활동했다. 벽제면 치안대원 중에는 최봉선이 주로 나서는 편이었다.[344] 신도면 치안대원은 현천리 민두식, 지도면 신평리 최차성, 행주외리 신○○·장○○, 행주내리 김덕규(행주내리 63명의 사살을 주도했다고 함) 등이었다.

1950년 10월 중순경 고양경찰서 덕은출장소의 지휘·감독을 받는 현천·화전리 치안대 정상국·공은억 등과 덕은리 치안대 최봉구 등은 희생자들을 현천리 공동묘지와 화전리 뒷산 계곡 등에서 사살했다. 현천리에서는 태극단원 정상국·민두식이, 화전리에서 태극단원 공은억이, 덕은리에서는 최봉구·김순돌이 치안대원으로 활동했다. 희생자 황뇌성은 태극단원이었던 치안대원 민두식에 의해 치안대 사무실로 끌려갔으며 민두식에 의해 직접 사살당했다고 알려져 있다. 치안대원들은 황뇌성을 서울로 가는 길인 다락고개에서 사살했다. 태극단원이었던 공은억에 따르면, 사건 당시 태극단원 정상국이 현천리 치안책임자였다. 공은억 등 화전리 치안대는 인민군 패주 직후 주민 김광식 소유의 한옥집 사랑채를 사무실로 사용하면서 황재덕 등 부역혐의자들을 체포하여 감금하고 있었다. 이때 진주한 해병대가 리 인민위원장 황재덕을 사살했다. 고양경찰서의 복귀 후 화전리 치안대가 부역혐의자들을 신도지서로 넘겼으나 주민들의 탄원으로 모두 풀려 나왔다. 그러나 얼마 지나지 않아 덕은리 치안대 최봉구·김순돌 등 4명이 이들을 다시 끌고 가 화전리 뒷산 계곡에서 사살했다.

이들 치안대원들은 인민군 점령기의 희생에 대한 보복의 감정을 가지고 있는 한편, 이들 역시 인민군 점령지역에 있었으므로 부역혐의의 의심으로부터 벗어나기 위하여 경찰의 동원에 응할 수밖에 없는 처지였다. 또한 경찰도 자신들에게 협조하지 않을 경우 부역자로 몰아 처벌할 수 있는 사회적 지위를 이용하여 협박 등 강압적인 수단을 통해 치안활동, 특히 임의 처형에 치안대원들을 강제동원한 것으로 확인된다. 치안대원들은 이런 여러 가지 요인들에 의해 국군 수복 직후부터 구성되어 활동했다.

일부 치안대원들은 인민군 점령 당시 인민재판 등에 의해 희생당한 가족에 대한 보복으로 치안대 활동을 했다. 송포면 구산리 치안대 감찰부장 피인성과 피인용은 1950년 9월 인민군 측에 의해 희생당한 형 피백성에 대한 보복심으로 치안대 활동을 한 것이었다. 그리고 의용경찰대원 이진은 두 형의 죽음에 대한 복수로서 금정굴 학살에 가담한 것이라고 했다.[345]

한편, 대부분의 치안대원들은 인민위원회 활동을 하던 부역혐의자였다. 이들은 자신들이 받던 의심을 피하기 위해 적극적으로 치안대 활동을 했을 가능성이 높다. 고양경찰서의 복귀 이후에 강신원 등 중면 치안대원 4명이 부역혐의를 받아 체포되었다가 풀려난 적이 있으며, 송포면 구산리 치안대 감찰부장 피영권은 서울 휘경동에서 인민위원회 일을 보았기 때문에 서울 치안대가 체포하러 왔던 일이 있었다고 한다. 같은 마을 문상덕, 덕이리 정수연도 부역활동을 했다. 이들은 자기가 죽지 않으려고 마을 주민들을 끌고 간 것이었다는 평이 있었다. 벽제면 성석리 이각은 인민위원회 반장을 했는데 국군 수복 후 벽제면 치안대에 끌려가 고초를 겪은 후 풀려나 치안대로 활동하게 되었다.[346]

이외에 일반 주민들도 야간경비 등 치안대 활동에 강제동원되기도 했으며, 치안대원 역시 경찰의 동원 요청을 거절할 수 없는 처지에 있었다.[347]

치안대는 주민들을 연행·감금할 수 있는 권한을 이용하여 재물을 갈취하기도 했는데, 이러한 행위는 전쟁 중 전국 여러 지역에서 흔히 발생했던 현상이었다. 내유리의 치안대는 쌀을 달라고 하는 등 재산을 요구하기도 했으며, 어떤 사람은 쌀 몇 십 가마니를 치안대에게 주고 풀려나기도 했다.[348] 장항리의 치안대는 박근식·박인식이 치안대 사무실에 감금되어 있는 사이 가족들에게 찾아가 재산을 내놓으면 풀어준다고 했으나 그들의 부친이 거절한 일이 있었다.[349]

(다) 태극단

대한청년단원·호국군·전국학생연맹뿐 아니라 경찰과 잔류 국군까지 포함되어 있었던 태극단은 보복심에서, 또는 자신들에 대한 부역 의심에서 벗어나기 위해 치안활동에 적극 참여한 것으로 보인다.

태극단은 1950년 8월 20일 작전회의 결정사항 제8항으로 부역자 명단 작성을 임무로 했으며,[350] 수색지역의 태극단원들은 태극단의 조직이 정비되기 이전부터 이미 치안대 활동을 한 사실이 확인된다.[351] 대부분의 태극단원들은 고양경찰서 복귀 이전부터 치안활동에 가담했다. 국군 수복 초기에 연행되었던 금정굴 사건의 희생자 이규봉·최담은 태극단에게 연행된 것이라고 한다.[352]

태극단과 경찰과의 관계는 긴밀했던 것으로 보인다. 경찰 중 태극단원이었던 사람도 있었는데, 당시 26세 경찰관이었던 백석리의 허창은 태극단 백마지단원이었다.[353] 그리고 태극단 행주지단장 황인수는 수복 후 자신의 치안활동이 태극단원으로서 한 것이 아니라 경찰관 신분으로서 한 것이라고 말한 바 있다.[354]

태극단은 유엔군의 일산지역 수복 직후 미 해병대 임시장교 석호진 중위로부터 치안권을 위임받아 고양경찰서가 복귀하기 전까지 치안을 담당했다고 한다.[355] 석호진은 고양경찰서 소속 경찰관으로 미 해병대에 배속된 신분이었다.[356] 치안 권한을 위임했다는 석호진은 미 해병대 장교로서가 아니라 고양경찰서 경찰관으로서 그러한 권한을 행사했으며, 태극단은 석호진으로부터 고양경찰서장이 부임하는 공식 복귀 이전까지 고양지역의 치안활동에 적극적으로 임해 달라는 협조요청을 받은 것으로 보인다.

고양경찰서 복귀 후 태극단은 고양경찰서 직할파출소를 태극단 본부로 사용하면서 일산리 치안대원과 함께 주민들을 고양경찰서로 붙잡아 들였으며 유치장 경비를 맡았다.[357] 일산에서도 태극단원들이 치안대원으로서 활동했다는 증언이 있으며,[358] 동패리 태극단원 김희정은 태극단 일부가 치안대로 활동했다고 말했다.[359]

태극단원들은 금정굴 총살과정에서 자신들이 주민 감시와 호송 역할을 맡았다고 주장한다. 1950년 10월 9일 사건 당시 희생 현장에 있었던 태극단원 이순창은 당시 태극단원들의 역할에 대해 이렇게 증언한 바 있다.

"그날 아침에 조성구 부단장이 태극단 집합하라고 했어. 이장복이 훈시했어. '서장이 나한테 요구하기를 부역자들이 너무 많아 문산경찰서로 이동을 시켜야 하는데 경찰병력이 약하니까 태극단이 호송을 맡아 달라고 했다' 그래. 그래서 태극단원들이 거의 다 갔어."[360]

김인한의 증언 내용도 이와 비슷하다.

"거기까지 인도해 준 것을 우리가 죽였다고 그러는데, 우리는 죽이지 않았어요. 경찰들이 죽였지. 우리가 뭐라고 죽여. 아무리 원수 같은 놈이라도. 우리는 끌고 가서 인도만 해주었어."[361]

태극단 교하지단장 이기호는 대부분의 부역혐의자 연행활동은 치안대가 한 것이지 태극단은 관계가 없다고 주장했다.[362]

1995년 10월 3일 방영된 MBC TV 〈PD 수첩〉에서 태극단원 김인성은

"(태극단이) 무차별로 처단하는 것을 보고 나는 태극단에서 나왔다"라고 증언했다. 이에 대해 1999년 10월 14일 경기도의회에서 태극단장 이장복은 이렇게 증언했다.

"김인성이라는 사람은 알지 못하고, 태극단원도 아니다. 태극단은 부역자 연행과정에 1회 참여했을 뿐 어떠한 학살에도 가담한 일이 없고, 법치주의 국가이념에 따라 체포한 부역자들을 적법하게 인도하기만 했다. 또 금정굴 사건 발발 이전에 군 입대 지원을 위해 태극단원은 일산을 모두 떠나 있었다. 치안대의 존재와 활동에 대해서는 아는 것이 없다."[363)

그러나 1983년 태극단이 발행한 〈태극단 투쟁사〉에 따르면, 태극단은 1950년 9월경 정○○을 체포하여 경의선 백마역 부근에서 교살했으며, 같은 무렵 인천 내무서원 김○○ 등 3인을 체포하여 태극단원 한동식·한동춘·이인구와 함께 이들을 산골짜기로 데리고 가 모두 사살했다고 한다.

1950년 〈조병세 등 형사사건기록〉에는 "즉결(처분)은 태극단이 하다가 국군에 편입되었고, 즉결은 경찰서에게 경찰관의 지시로 감행되었으며…"라고 적고 있어 태극단이 금정굴 사건 당시 학살에 가담하였음이 확인된다.[364)

같은 문서에서 태극단원 김영배는 1950년 7월 2일 태극단에 가입하여 지하공작을 하다가 국군 수복 후인 10월 20일경 태극단장 이장복의 소집에 의해 벽제면 감내고개 금광굴로 가서 총살하는 장면을 옆에서 지켜보았을 뿐이며, 총살은 송병용 순경과 다른 태극단원이 했다고 했다.

"1시경 대장의 명에 의하여 동원을 당했다. 경찰서에 와서 보니 사찰계에서 죄인 이계상·오일섭·김규순 외 16명을 데리고 나와서 같이 가라 하기에 뒤에서 따라갔었다. 금광구뎅이로 데리고 가게 되었다. 인솔자는 경찰 송 순경(송병용)이었고, 같이 따라가게 된 사람은 피원용·이경구 외 3~4명이었다. 산에 올라가서는 송 순경이 6명만 올려 보내라고 하여 그렇게 하고 나는 죄인 옆 한켠에 앉아 있었다. 조금 있다 총소리가 나더니 6명을 또 올려 보내라고 했다. 나는 그때까지도 안 가보고 있다가 마지막에 따라가 보았더니, 금광구뎅이 옆에 앉혀 놓고 총으로 쏴서 죽인 다음에 구뎅이에 넣는 것이었다. 나는 인정상 차마 볼 수가 없어 한쪽에 가서 총소리가 날 때는 보지도 못하고 있다가 총소리가 끝나고 돌아보니 죄인들이 죽어 있었다. 그래, 구뎅이에다 끌어넣는 것만 좀 보고 돌아왔다.” [365]

이상의 자료와 증언들을 통해 태극단이 부역혐의자들을 적법하게 인도만 했다는 주장은 사실이 아니며, 지휘하거나 주도한 것은 아니지만 금정굴 사건 등 학살에 직접 가담하는 등 치안대와 의용경찰대의 역할을 함께 수행했음을 알 수 있다.

이후 태극단원들은 10월 26일부터 서울 창천국민학교에서 국방부 정훈국 별동대원으로 훈련을 받게 되었다. 당시 이들이 교육받은 내용은 주로 국군이 북한지역을 점령한 후 대한민국 정부의 정통성을 선전하는 활동이었다고 하는데, 10월 중순에 개입한 중공군에 의해 유엔군이 후퇴하게 되자 일정이 취소되었다고 한다. 그 뒤 12월 8일 태극단원 40여 명이 육군정보국 심사를 거쳐 육군정보학교에 입학했으며, 나머지 단원들은 국민방위군 등으로 참가했다. 육군정보학교에서는 북파공작원 훈련을 받은 후 KLO 등 유격부대에 배치되어 주로 북파 정보활동을 하게 되었다. 당시 교장은 한관홍 중령이었고, 강창남 소령과 정보국 2과장 이극성 중령이 관여했으며, 정보국장 백인엽 준장이 교육장을 방문하여 훈시를 했다고 한다. [366]

(라) 고양군 시국대책위원회

시국대책위원회는 여순사건 발생 후 각 군과 면 단위에까지 조직되어 있었다. 당시 시국대책위원회 소속 청년들은 총기를 소지했으며 각 군과 면에 할당된 회비를 걷었다고 한다. 국회에서는 양민 구타 등 민폐가 심해지자 시국대책위원회를 폐지하도록 했고, 이와 유사한 단체를 만들지 않겠다는 조건부로 예산안을 통과시켰다.[367]

한국전쟁 중 경찰서 및 군 정보기관의 활동을 물적으로 지원하는 시국대책위원회가 1950년 7월 초순에 다시 결성되었다.[368] 고양지역에서는 1950년 10월 9일 고양군 시국대책위원회가 구성되었다. 간부는 위원장에 이경하, 부회장에 김성규 · 이송윤, 서기는 안병선이었다. 이경하는 시국대책위원회가 구성될 당시 상황에 대해 "환(還)고향하여 여러 동지들은 상봉하니 감개무량하고 여러 유지의 추천을 받아 군경 원호기관인 고양군 시국대책위원회장에 피임되어 적절한 처사와 신망을 받아 오며 군경 원호에 전력을 다했다"라고 했다.[369]

이들의 공식 임무는 인민군이 버리고 간 가축 등 역산(逆産)을 처분하여 고양경찰서의 재정을 지원하는 것이었다. 그러나 처음부터 인민군 소유의 재산이랄 것이 얼마 없었으므로 이들이 처분할 역산이란 다름 아닌 부역혐의를 받던 주민들의 재산을 말하는 것이었다. 시국대책위원회는 고양경찰서의 지휘 아래 부역혐의를 받고 희생된 주민들 소유의 재산, 즉 식기 · 가구 · 이불 등 가재도구에서 부동산까지 모두 빼앗았다. 이들의 역할에 대해서 시국대책위원회 부위원장 김성규(당시 53세)는 시국대책위원회가 유지의 기부금과 역산 축우 등을 처분해서 경찰과 치안대의 비용을 대고 있다고 했으며, 안병선은 고양경찰서에서 다루고 있는 피의자 또는 피

의자 가족의 가재를 몰수하는 데 보조역할을 하고 있다고 했다.[370]

경찰과 부락 치안대에서 '역산 몰수'라고 결정하면 경찰관·의용경찰대원·시국대책위원 등이 나가서 재산을 몰수했다. 몰수한 재산은 운반하여 일산리 송림회 창고에 넣어두고 열쇠는 경찰에서 보관했다.[371]

시국대책위원회는 1950년 10월 13일경 중면장을 통해 고양군수로부터 '역산 처분에 관한 건'이라는 문서를 받았다. 그 내용은 고양군수의 지시가 있을 때까지 역산 자유처분을 금지하고 보관하라는 것이었다. 이에 따라 시국대책위원회에서 몰수한 재산은 고양경찰서로 인계되었다.[372]

시국대책위원회로부터 창고와 함께 몰수 재산을 인계받은 고양경찰서는 본격적으로 시국대책위원회와 의용경찰대를 동원하여 연행된 주민의 재산을 몰수했으며, 일부 재산을 매각하여 치안활동 비용으로 썼다. 일부 비용은 시국대책위원회의 주도로 지역유지로부터 기부 명목으로 받은 돈도 있었다. 일반 유지 1인당 1천 원에서 10만 원씩 징수했으며, 1950년 11월 초순 60만 원 정도가 남아 있었다고 한다.[373]

시국대책위원회는 고양경찰서 사찰계에서 지시하는 몰수대상자의 집에 사찰계 소속 경찰과 함께 가서 재산을 압수하고 그 목록을 작성했다. 압수한 물건은 창고에 운반해 보관했으며, 열쇠는 수사계 박홍일 순경(당시 32세)이 가지고 있었다.[374] 1950년 11월 5일까지 시국대책위원회가 가산 몰수한 건수는 50여 건이었으며, 가격으로는 2천만 원 정도였다고 한다. 대개 몰수 물건은 가구와 의류·곡류 등이었다.[375]

시국대책위원회는 일산리 동곡마을 구장 이규봉의 가족들을 집에서 내쫓고 집과 가재도구를 모두 몰수했다.[376] 최의현이 희생된 후 일산 시국대책위원회 김성규 외 2명이 고양경찰서장의 특명이라며 가재도구와 전답에 있는 곡식까지 모두 차압했다고 한다.[377] 피해자 조건식 역시 고양경찰서

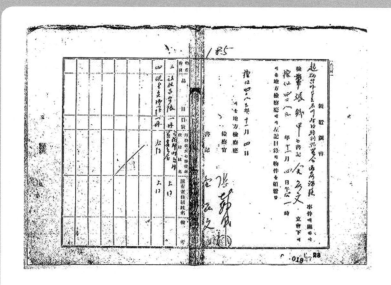

영치조서. 영치물 목록에서 고양군 시국대책위원회 몰수품대장과 현금수불부가 확인된다.

와 시국대책위원회가 본인의 소유인 가구와 의류 등을 차압하고 농사짓던 곡식까지 몰수해 갔다고 증언했다.[378]

시국대책위원들의 활동 내용은 여기에서 그치지 않는다. 그들은 치안대와 마찬가지로 무장하고 다니면서 총살에 가담하기도 했다. 시국대책위원회 이병학은 1950년 10월 18일 의용경찰대원 이은칠, 방위대 장귀동과 함께 주엽리 하천에서 한요수 등을 총살했다.

송병용 순경은 "시국대책위원회에서 역산을 지정하고 그 목록을 작성할 때에 본인도 2일간 입회했는데…"라고 말한 바 있으며, 당시 수사주임 한

경옥은 수량은 잘 모르겠지만 시국대책위원장 이경하로부터 몰수품 대장을 인수받은 바 있다고 했다.[379]

시국대책위원장 이경하는 시국대책위원회가 인민군이 버리고 간 소 3마리를 매각한 것과 유지의 기부금 외에 역산 취급은 하지 않았다고 했다.[380] 그러나 몰수품 대장의 존재로 보아 이는 사실이 아님이 확인되는데, 시국대책위원회는 고양경찰서 사찰계의 지시에 의해 한 일이었음에도 불구하고 함부로 역산으로 몰수해서 평이 나빴다고 한다. 중면장 최영직은 시국대책위원회의 재산몰수 행위에 대해 "함부로 역산이라고 몰수해서 민폐가 많다는 평입니다"라고 했다.[381] 부면장 이기현은 일반 주민은 모르고 시국대책위원회와 고양경찰서만 서로 알고 있는 사정인데, 폭격 등으로 겨울나기에 어려움을 겪고 있는 주민들이 역산의 분배를 기대하고 있으나 전혀 대응이 없으며, 부역자의 친척 또는 유가족의 재산까지 몰수하는 것은 가혹하다고 했다.[382] 서기 안병선은 재산을 몰수당한 가족들에 대하여 이불과 겨울 의복만이라도 내어주면 좋겠다고 말하는 것으로 보아 그 가족들은 생필품조차도 빼앗겨 혹독한 겨울을 보내야 했던 것으로 보인다.[383]

2. 가해 주체의 지휘명령 관계

고양지역에서 저질러진 부역혐의자 학살사건의 직접적인 가해 주체는 고양경찰서 소속 경찰관과 이들의 지휘를 받던 의용경찰대·치안대·태극단이었음이 확인되었다. 그런데 고양경찰서 역시 당시 상부 지휘명령 계통인 경기도경찰국과 군·검·경 합동수사본부의 명령을 받았음이 분명하며, 이들 조직은 경인지구계엄사령부에 속해 있었다. 그리고 이들은 당시 일부 군경에 대한 실질적 통수권자였던 이승만 대통령, 전체 국군 통수권자였던 유엔군사령부를 최고명령권자로 두고 있었다.

1) 고양경찰서의 민간치안조직 지휘

고양 금정굴 사건 등 부역혐의자 희생사건에 대한 가장 대표적인 오해가 민간인 사이의 보복감정 때문에 벌어진 것이라는 점에 대해 이미 지적한 바 있다. 이것은 사건의 발단이 될 수는 있으나 단순 보복을 넘어 집단학살 상황에까지 이를 정도는 아니었다. 집단학살 상황은 공산정권에 대한 증오감 또는 부역행위에 대한 죄책감을 극대화시켜 "결백을 증명하려면 학살에 가담하라"는 신호를 받고서야 시작되었다. 그리고 이런 분위기를 조장한 자들은 다름 아닌 국가권력이었다.

고양지역을 가장 먼저 수복한 세력은 미 해병대 제1사단 5연대에 배속된 석호진 경위 등 경찰관이었다. 이들은 1950년 9월 20일경 수복지역인 능곡에서 먼저 잔류 군경을 규합하고 치안대와 태극단을 조직했으며, 9월 28일경 고양경찰서를 수복했다. 고양경찰서 앞 직할지서는 태극단 사무실로 쓰였으며 그 옆의 양곡창고는 임시유치장으로 쓰였다. 이들은 인천을 통해 상륙한 경찰이 고양경찰서로 복귀하자 본격적인 치안활동과 학살에 가담하게 되었다.

(가) 민간치안조직의 다중적 성격

인민군 점령기와 국군 수복 직후, 남과 북으로부터 번갈아 가며 버림받고 유린당한 경기도 고양군의 땅에서, 살아 있었다는 이유만으로 죽음의 위협을 받고 죽음의 경계를 넘나들어야 했던 주민들과 보도연맹원·낙오군경·우익청년단원들은 다시 한 번 살기 위한 선택에 내몰렸다. 대통령 이승만, 군·검·경 합동수사본부장 김창룡, 사상검사 오제도가 가장 싫어했다는 "박쥐 같은 주민"들은 국군 수복 후 부역자 처리과정의 말단에서 또다시 살기 위한 선택을 해야 했던 것이다.

이승만 정부는 이런 상황을 적극적으로 이용하려 했던 것으로 보인다. 1950년 10월 4일 서울에 복귀한 비상경비총사령부가 전국 경찰에 내린 긴급임무 중에는 ② 자수 및 귀순공작의 철저, ③ 민중조직—정보망, 공작조직의 활용이란 것이 있었다. 이와 별도로 ⑦ 잔적토벌 철저가 있는 것으로 보아 이 임무는 부역자 색출 및 처리와 관련된 것으로 보이는데, '귀순공작, 정보망과 공작조직의 활용'이 무엇을 의미하는지는 지금도 분명하게 밝혀지지 않고 있다. 그러나 피난하지 못하고 잔류해야만 했던 주민들에 대한 이용방안임은 분명해 보인다.[384]

이런 판단의 근거는 1950년 10월 10일 신성모 국무총리의 기자회견에서 확인된다. 신성모는 자수자에 대한 대책으로 "부득이 협력을 하게 된 자는 정도의 여하에 따라 포섭하겠다. 그리고 과거의 보련(국민보도연맹) 같은 조직체도 필요 없을 것같이 생각된다"라고 했으며, 또한 부역자에 대한 대책으로 "(부역자는) 첫째, 지하에서 공작을 한 자, 둘째, 생명 위협에서 몸만 피하여 간신히 연명한 자, 셋째, 탄압에 눌려 본의 아니게 협력을 한 자가 있는데 전기 둘은 무조건 포섭할 것이며…"라고 했다.[385]

치안대와 의용경찰대는 경찰의 필요에 의해 조직되었다. 경찰의 인원이 부족한 탓도 있었지만 실제로는 후퇴해 있던 처지에서 부역자에 대한 정보를 전혀 가질 수 없었던 사정 때문이었다. 실제 의용경찰대와 치안대 간부 상당수는 부역자가 누구인지 잘 알 수 있는 처지의 주민들이었다. 반면, 부역혐의를 받던 주민들로서는 치안대원이나 태극단원으로 편입될 경우 부역혐의에서 해방될 수 있는 가능성이 높았으므로 주민 체포에 적극적으로 나섰다.

유엔군의 고양 진주 직후인 9월 20일경 치안대원 30여 명, 태극단원 20여 명이 능곡과 수색에서 조직되어 9월 28일경 고양경찰서를 수복했다. 이들은 10월 3일경 공식 복귀한 경찰에게 치안활동의 주도권을 인계했다. 10월 6일경 고양경찰서는 중면 치안대를 의용경찰대로 재편하면서 4명의 치안대원을 부역혐의로 체포하여 조사한 후 3명을 석방했다. 강신원 외에 이들의 구체적 신원은 확인되지 않으나 대부분은 다시 의용경찰대로 활동한 것으로 추정된다.

한편, 이들 외에도 치안대원 상당수가 부역혐의를 받은 사실이 확인된다. 1950년 11월 2일 합동수사본부에 연행된 30여 명의 의용경찰대원들은 모두 부역혐의를 받고 있었는데, 이들 중 8명만 기소되었다. 1950년 12월 22일 서울지방법원 형공 제1838호 판결문과 형사사건기록에 따르면, 치안대 이계득·이경하·이은칠·피원용·조병세·조병태와 태극단원 강금로 등은 좌익활동 사실로 인해 '비상조치령' 위반으로 실형을 선고받았다. 이계득은 중면 풍리 민청위원장을 지냈고, 이경하·이은칠은 인민군을 환영했으며, 피원용은 리 민청위원장, 조병세는 일산리 자위대장, 강금로는 중면 일산리 인민위원회 서기장이었다고 한다.

그런데 "이계득 등이 인민군 점령기에 부역을 했으며 자신의 죄상을 숨기기 위해 경찰에 아부하면서 내막을 잘 아는 사람을 없애려고 했다"라고 진술한 의용경찰대원들 역시 부역혐의를 받던 사람들이었다.[386] 따라서 이 증언 역시 본인들이 부역혐의에서 벗어나기 위해 또 다른 희생양을 만들기 위한 방안의 하나였던 것으로 보인다.

의용경찰대원 강신원은 부역혐의를 받았던 4명 중 1명이었다. 강흥환·김영조·김정식·허숙은 민청원이었으며, 김금룡은 20일간 인민위원회 반장을 했다. 김효은·오홍석·이광희도 부역활동을 했으며, 박종철은 중면 일산리 자위대원이었다. 성기창은 벽제면 관산리 자위대원이었고, 신현섭은 보건업무원, 양재남은 민청원, 이근용은 지영리 민청원이었다.[387]

이들은 전쟁 발발 전 민보단 등 우익단체 소속이었으므로 인민군 점령기에 반동분자로 지목당해 목숨이 위태로운 처지에서 생명을 부지하기 위해 부득이 부역활동을 하게 되었다고 했다.[388]

중면 치안대원 외에 각 면 치안대원들 역시 부역활동을 했다는 증언이 많다.

송포면 구산리 치안대원 피영권은 서울 휘경동에서 인민위원회 일을 보았던 전력이 있어 서울 치안대가 잡으러 온 적이 있었다고 한다.[389] 덕이리 치안대원 정수연은 현물세와 관련된 부역 일을 보던 주민이었다고 한다.[390]

구산리 치안대원 문상덕 역시 좌익활동을 하다가 치안대로 나섰다. 전왈성은 그에 대해 "문상덕이도 빨갱인데 자기가 죽지 않으려고 (주민들을) 자위대라고 끌고 갔어요"라고 증언한 바 있다.[391]

태극단원들도 사정은 크게 다르지 않았다.

능곡지단원 김인한은 인민군 점령 초기 우익계열의 학생운동을 했다는 이유로 일주일 동안 감금당해 있다가 풀려났으나 의용군에 동원되었다가 금촌에서 도망했다.[392] 1950년 9월 28일 송포면 덕이리 은장에서 희생당한 태극단원 이태영·이두영 형제는 의용군을 나갔다가 도망 온 사람들이었다고 한다.[393]

마두리의 한 태극단원도 의용군에 자원했다가 인민위원장의 도움으로

탈출했다.[394)]

태극단 본단 조직부장 김복환과 이수경·안병철은 민청원으로서 일산 내무서와 고양군 민청 학생과 등에서 일한 바 있다.[395)] 파주지역에서도 인민군 측 정보라도 빼낼 생각으로 내무서에 근무한 태극단원이 있었다.[396)]

이러한 이중적인 처지 때문에 일부 태극단원들은 부역혐의를 받고 치안대에 연행당해 총살당할 뻔하기도 했다.

파주 청석면의 이윤형은 부역자의 친척이라고 하여 치안대에게 잡혀 전기고문까지 당했다.[397)] 일산내무서에 있었던 김복환·조성구는 능곡치안대에게 잡혀 고문을 당했다가 풀려났으나, 김복환은 같은 태극단원인 백마지단 강화신에게 다시 잡혀 총살당할 뻔했다.[398)]

1950년 11월 2일경 강금로 등 태극단 소속 치안대원을 포함한 의용경찰대원 30여 명이 합동수사본부에 의해 연행되었다. 이들은 금정굴에서의 살인혐의로 연행된 것으로 알고 있었으나 실제 이들이 연행된 이유는 부역혐의 때문이었다.

합동수사본부는 수사 초기에는 주로 금정굴에서의 학살사실에 대해 조사를 했으나 검찰로 이송된 28명의 의용경찰대원에 대해서는 학살 가담 여부보다는 부역사실에 대해 조사를 했으며, 이 중 8명만 '비상조치령'에 의해 부역자로 기소되었다.

합동수사본부장 김창룡 대령은 10월 29일 담화를 발표했는데, 주요 내용은 국군 수복 초기 부역자 가족을 무차별로 구속한 일, 부역자가 자기의 부역행위를 숨기기 위해 치안대원이 되어 우익인사를 체포한 일을 바로 잡아 석방자가 많이 늘었다는 것이었다. 그런데 이는 당시 부역자의 가족이 피해를 받은 사실을 인정하는 한편, 향후 치안대원에 대한 어떤 조치가 있을 것임을 암시한 것이었다. 다음은 당시 담화 내용이 담긴 언론 기사이다.

9월 24일 입경(入京) 당시에는 각 동회 치안대·자위대 등이 난립하여 빨갱이 숙청이라 하여 무차별 체포로 인하여 치안상태가 매우 혼란했으나 서울 시내 관계 수사기관이 속속 입경함과 동시에 당 군경 수사본부 발족 이래 이들 옥석을 분별 선출하는 데 불철주야 노력한 결과 근자에 와서는 석방률이 매우 많아졌다. 그 원인으로서는 부역자의 가족들을 무조건 구속한 것과 또는 부역자로서 자기 신분을 엄폐하여 치안대 혹은 자위대원이 되어 자기 죄상이 폭로됨을 두려워 일시적 보신책으로 우익인사를 체포 구속한 것 등인데….[399]

김창룡과 오제도는 1950년 11월 말 언론 인터뷰에서 부역자들이 민간치안조직을 만들거나 치안대에 편입되어 활동했는데, 이들은 자신들의 부역행동을 은폐하기 위해 우익인사들을 잡아들인 일이 많았다고 말했다. 먼저 김창룡의 말을 들어 보자.

"괴뢰군에 가담해서 보안서원이라던가 내무서원으로서 일했던 놈들이 우리 정부가 들어오자 즉시 자치대니 이런 것을 만들어 가지고 자기 신변이 위험하지 않을까 해서, 지하에 숨어 있는 사람들이 나오게 되면 자기를 붙잡아 갈까 봐 그것이 무서워 애국자를 잡아다가 집어넣은 일이 많아요."

오제도 역시 같은 내용의 발언을 했다.

"자치대·치안대에 편입되어 가지고 자기의 죄를 은폐하기 위해서 애국자까지 잡아들인 일이 있어요."[400]

당시 부역자 처리의 총 실무책임자들이었던 김창룡과 오제도는 1950년

10월 치안대에 의해 '애국 우익인사'들이 처참하게 학살당했다는 사실을 알고 있었으며, 또한 그 치안대원들 역시 1950년 11월 부역혐의로 연행되어 '비상조치령' 위반으로 사형 구형이 있었던 사실을 알고 한 발언임에 주의할 필요가 있다.

(나) 고양경찰서의 지휘

1950년 10월 6일 중면 치안대를 의용경찰대로 개편한 고양경찰서는 같은 날 이들과 태극단원을 동원하여 이미 고양경찰서 유치장에 감금되어 있던 부역혐의자들을 학살하기 시작했다.

각종 자료 및 증언은 고양 금정굴 사건이 고양경찰서 서장 및 사찰주임의 명령에 의해 저질러졌다는 것을 일관되게 보여주고 있다.

> "우리는 단지 서장의 명에 복종했을 뿐입니다. 서에서 A·B·C로 구별해서 서원들도 같이 가서 집행한 것입니다. 당시에는 합법적인 줄 믿고 있었습니다. 사람을 죽이고 나서도 양심에 비추어 조금도 가책을 받지 않았습니다."   — 강홍환 (의용경찰대원)

> "서장 명령에 의하여 3차 총살 현장에 가서 1차는 직접 총살했습니다. 총살은 서장 명령을 지켰을 뿐입니다." — 이광희 (의용경찰대원)

> "의용경찰대원으로 경찰에 협력하게 되자 고양경찰서 사찰주임 명령에 의해서 인민군에게 협력했다는 군민을 3회에 걸쳐 60여 명을 총살시킨 사실이 있습니다. …25일 총살집행에는 서장 이무영, 사

찰주임 이모(이영근)도 참가하여 서장도 직접 2명을 총살했습니다.
본인도 3차에 걸쳐 5~6명 총살했습니다. 서장의 명령이고 계엄령
지구이니까 죽이는 것이 합법적인 줄만 믿었습니다."

　　　　　　　　　　　　　　　　　　　　— 이진(의용경찰대원)

"우리는 그저 경찰의 명에 복종했을 뿐입니다."

　　　　　　　　　　　　　　　　　　　— 조병세(의용경찰대원)

"의용경찰대원은 고양경찰서장이 명령하고 있습니다. 고양경찰서로
부터 총과 실탄을 받고 있습니다"[401]　　— 조병태(의용경찰대원)

　　이에 대해 고양경찰서장 이무영은 "나는 사찰주임 이영근 경위가 괴뢰군
시대에 활약하던 좌익분자라고 하기에 정확한 일자는 기억할 수 없으나 1
차에 약 30~40명 즉결한 사실은 있었으나 그 전에 한 사실은 전연 알지 못
하고 있습니다"라고 했다.[402] 고양경찰서 순경이었던 김사철은 사건 당시 이
무영 서장이 조회 중 권총을 쏠 정도로 포악했으며, 서장의 말이 대통령보
다도 강했으므로 총살 지시는 서장이 한 것으로 생각한다고 했다.[403]
　　태극단장이었던 이장복은 1999년 경기도의회에서 이렇게 증언한 바 있다.
　　"1950년 11월 중앙에서 금정굴 조사가 내려오자 이무영 서장이 우리 태
극단 간부들에게 찾아와 그 사건을 태극단이 한 걸로 해줄 수 있겠느냐
고 부탁하기에 내가 거절했다."
　　이는 태극단의 학살 책임을 회피하려는 의도가 있는 것으로 보이지만,
이무영 서장과 관련된 부분에 거짓이 없다면 이 사건은 실질적으로 이무
영 서장이 지휘했으며 또한 이무영 서장이 금정굴 사건에 대한 지휘책임

을 인지하고 있었음을 알 수 있다. 한편, 만약 태극단이 이 제안을 받아들였다면 아마 신도면의 '대한타공결사대'와 같은 운명이 되었을지 모른다.

당시 고양경찰서는 하부 지역조직인 지서는 물론 각 리의 치안대도 관리했다. 순경이었던 정준섭은 담당구역을 맡아 구역 내 치안대 사무실을 정기적으로 감독했으며, 치안대 사무실에서의 가혹행위를 직접 목격하고 이를 중단시키기도 했다.[404]

이상을 종합할 때, 고양경찰서장이 금정굴 사건을 직접 지휘했다는 것에는 의문의 여지가 없다.

2) 고양경찰서에 대한 지휘명령 계통

1950년 10월 당시 고양경찰서의 공식적인 지휘명령 계통을 살펴보면 최고 경찰통수권자였던 이승만 대통령을 비롯하여 계엄사령관은 육군참모총장 정일권 소장이었으며, 내무부장관은 조병옥, 내무부 치안국장은 김태선, 경기도경찰국장은 한경록이었다. 한편, 부역자 처리와 관련해서는 이승만 대통령, 계엄사령관, 군·검·경 합동수사본부의 지휘명령 계통을 가지고 있었다.[405]

(가) 경기도경찰국과 내무부 치안국

고양경찰서에 대한 직접적인 지휘책임 관련자는 내무부 치안국장 김태선, 내무부 치안국 정보수사과장 선우종원, 경기도경찰국장 한경록이다. 1950년 8월 4일 경기도경찰국장으로 취임한 한경록은 취임 직전 경북경찰국장이었다.

한국전쟁이 발발한 직후인 1950년 7월 15일 내무부장관이었던 백성욱이 물러나고 미군정기에 초대 경무부장을 지낸 조병옥이 그 자리에 취임했다. 이것은 미국에 작전지휘권을 넘긴 이승만이 자신의 영향력 아래에 있던 경찰을 통해 한국전쟁 과정에서 국민에 대한 통제력을 유지하고자 개입한 것이라고 한다.[406]

내무부 발표에 따르면, 각 시도 경찰국에서 검거한 부역자 총수는 1950년 11월 13일 현재 서울 13,948명, 경기 11,129명, 강원 2,169명, 충남 11,893명, 충북 955명, 경북 2,886명, 경남 2,786명, 전남 2,780명, 전북 5,596명, 철도 1,667명 등 55,509명이었다. 이들 중 12,377명이 일반 법원으로 송치되었으며 1,267명은 군법회의로 송치되었다. 취조 중인 건수는 25,700여 명이다.[407]

충남경찰국장 김호우는 1950년 11월 13일 그동안 부역자 총수가 2만여 명이었는데 9천여 명은 석방했고 나머지는 조사 중이라고 했다.[408]

(나) 군·검·경 합동수사본부

일부에서는 합동수사본부가 활동하기 전에는 주로 경찰조직에 의해 부역자가 검거, 처벌되었다고 주장한다.[409] 이는 일면 타당한 측면이 있다. 경찰 선발대가 부산항을 떠난 것이 10월 1일인 데 비해, 언론을 통해 합동수사본부의 활동이 알려진 것은 10월 18일이기 때문이다. 그러나 합동수사본부는 1950년 10월 4일부터 계엄사령부의 지휘 아래 공식적으로 활동한 사실이 확인된다. 그리고 이에 따라 군법회의도 함께 활동을 시작했다. 같은 시기 경인지역의 각 경찰서도 경찰관들이 복귀됨에 따라 대부분 회복되었다. 즉, 10월 4일이면 부역자 처리를 위한 제도적·물리적 준비는 모두 끝난 시점이었다. 이어 '학살에 의한 부역자 처리'과정이 시작되었으며, 여기서 살아남은 자들은 다시 '재판에 의한 부역자 처리'과정에 들어갔다.

이승만 정부의 공식 입장은 '의법 조치'였으나 실제로는 '위법 조치'였음을 앞에서 확인했다. 합동수사본부에 의해 부역혐의자로 지목된 사람들은 즉결처분 · 고문사 · 법살(法殺) · 옥사를 당했으며, 그 와중에 살아남은 주민들도 최악의 경우에는 40년 이상의 장기형을 받게 되었다.

개별 사건 외에 집단학살과 관련하여 합동수사본부가 관여한 것으로 확인되는 사건으로 고양 의용경찰대 사건, 고양 대한타공결사대 사건, 창동 대한민국의용군화랑대 사건, 남양주 향토방위대 사건 등이 있다. 이 사건들은 부역자 처리의 먹이사슬 꼭대기에 자리 잡고 있는 합동수사본부의 지위를 알 수 있게 해준다. 이 사건들은 경찰조직이 진행한 것이었으나 정작 경찰은 처벌받지 않고 그 지휘와 통제를 받았던 민간치안조직들만 처벌받았다.

• 고양경찰서 의용경찰대 사건

고양경찰서의 지휘를 받던 의용경찰대원들이 1950년 10월경 고양군 내 각 지서에서 연행된 주민들 200여 명을 금정굴에서 집단학살한 사건이 발생했다는 정보를 입수한 합동수사본부는 고양 의용경찰대원 등 28명을 1950년 11월 2일 연행하여 '부역활동'을 이유로 8명을 기소했다.

• 고양 신도면 대한타공결사대 사건

1950년 11월 30일자 〈동아일보〉에 따르면, 9·28 수복 직후부터 국군(정보국) 산하단체라며 신도면을 중심으로 활동한 240명 규모의 대한타공결사대(대장 이성)가 인민군 점령기의 낙오군인 20여 명과 우익인사

100여 명을 살해했으며, 11명의 부녀자를 강간하고 양민 300여 명을 신도면 창고에 불법구금하여 다수의 주민을 고문학살했다는 혐의로 1950년 11월 25일 합동수사본부에 의해 모두 연행되었다.[410]

김창룡 대령, 오제도 검사, 장포영 중위 등 간부들은 체포 전에 실시한 사전조사 결과 대한타공결사대원들은 군조직과 아무런 관련이 없으며 그 구성원은 남로당·민청·여맹원들이 주동이 되었다고 판단하고, 1950년 11월 24일 밤 9시경 수사1반과 수사2반으로 하여금 대장 이성과 간부 25명을 유인하여 체포하게 했고, 수사3반으로 하여금 평대원 200여 명 전원을 집결시켜 체포하도록 했다.

그런데 대한타공결사대 총무부장 김영구(당시 22세)가 1950년 11월 29일 합동수사본부에 체포된 사실이 자료에서 확인되는 것으로 보아 실제 체포는 며칠에 걸쳐 이루어진 것으로 보인다.[411]

• 창동 대한민국의용군화랑대 사건

1950년 12월 12일 〈서울신문〉에 따르면, 고양지역에서 벌어진 대한타공결사대 사건과 같은 성격의 사건이 창동(당시 양주군 노해면 쌍문리)에서도 있었다. 인민군 점령기 민청위원장이었던 박승봉 등 20여 명의 창동 주민들이 1950년 9월 25일 대한민국의용군화랑대를 조직하여 창동지서의 협력 아래 활동했다. 이들은 국군 계급장까지 붙인 군복을 입고 군 기관으로 가장했는데, 9월 말 창동지서에 감금되어 있던 2명의 주민을 고문치사한 후 암매장했고, 10월 중순 주민 80여 명을 불법감금 취조하여 일부를 살해한 혐의를 받았다. 그 후 국방부 정훈국 소속이라는 구실 아래 창동지서를 통하여 거액의 기부금을 강요했으며, 면사무소로부터 백미 30여 가마를 약탈하는 등 온갖 만행을 저질렀다고 한다. 이를 알게 된 합동수사본부는 대한타공결사대를 체포한 것과 같은 방식으로 1950년 12월 6일 대장 최재근 등 30여 명을 체포했다.[412]

• 남양주 향토방위대 사건

1950년 12월 19일 진건지서의 지휘를 받은 향토방위대에 의해 신월리·진관리·사능리·용정리·오남리 등 각 리에서 끌려온 주민 229명이 진건 면사무소 창고와 사능리 방앗간에 감금되었다가, 같은 날 오후 7시경부터 다음 날인 20일 오전 4시경까지 진건국민학교 뒷산에서 집단총살당했다. 합동수사본부는 면장의 동생 이준범의 신고에 의해 1950년 12월 23일 조사를 시작했으며 의용소방대장 이계순, 양주경찰서장 가창현, 사찰주임 차경전, 양주군수 서병익을 조사한 후 1951년 1월 2일 이상범 면장과 향토방위대원들에 대해 "비상조치령 제3조 1호 또는 국방경비법 제32조 위반으로 기소처분" 의견을 제출했다.[413]

(다) 경인지구계엄사령부

계엄사령부는 다음과 같은 구조를 갖고 있었다.

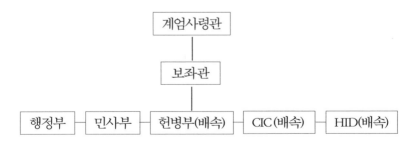

1949년 11월 24일 제정된 계엄법 제9조는 "계엄사령관은 계엄의 시행에 관하여는 국방부장관의 지휘감독을 받으며, 전국을 계엄지역으로 하는 경우에는 대통령의 지휘감독을 받는다"라고 규정하고 있다.

1950년 7월 8일 비상계엄령이 선포되자 중앙계엄고등군법회의와 경남계엄고등군법회의가 설치되었으며, 8월 10일 부산·마산지역에 계엄사령부가 설치되었다. 서울계엄고등군법회의는 9월 국군 수복 후에 설치되었다. 각 도별 위수고등군법회의가 설치된 것은 1951년 4월 24일이었다.[414] 제5사단 계엄고등군법회의는 1950년 11월 8일 대구법원에서 개정되었음이 확인된다.[415]

이승만 정부는 9·28 수복이 되자 10월 3일 부산·마산의 계엄사령부를 해체하고 서울과 각 도에 계엄민사부를 창설했다. 민사부의 업무 내용은 ① 전투지구 민간인의 철수 또는 복귀, ② 필요한 자원 또는 인마(人馬)의 징발, ③ 계엄 하의 군사재판 및 일반 사법사무 관장, ④ 피난민 구호, ⑤ 민간 고용인원의 채용, ⑥ 지방행정 및 치안기관에 대한 감독, ⑦ 기타 민간인과의 연락 등이었다고 한다. 그러나 당시 업무가 체계화되지 못하여 활동 기록이 남아 있지 않으므로 구체적인 내용은 확인되지 않는다.[416] 판결문 자료 등에 따르면, 계엄사령부에 배속되었던 헌병·CIC·HID는 주로 부역혐의자 색출 및 학살 활동에 관여한 것으로 확인된다.

계엄 하에서의 경찰은 계엄사령부에 의해 철저히 통제되었다. 1950년 7월 22일 대통령 긴급명령 제8호로 '비상시 경찰관 특별징계령'이 제정되었음에 주목할 필요가 있다. 경찰에 대한 통제를 강화한 이유는 전쟁 발발로 인한 혼란기에 있을지도 모르는 경찰의 권력남용을 규제하기 위한 것이라는 주장도 있으며,[417] 다른 한편 국가공무원법에 의한 징계 일반과 크게 다를 바가 없는 것이어서 단지 경찰관 직무의 중요성을 역설적으로 강조한 것이라는 주장도 있다.[418] 그러나 징계의 대부분이 방어선을 이탈한 경찰관에게 적용되었다는 점과 징계 사유를 규정하고 있는 제3조 2호 "비겁한 행동을 하거나 또는 상관의 명령에 복종하지 아니했을 때"로 보아, 이 법은 주로 일반 경찰활동에서의 잘못을 규제하기보다는 계엄사령부의 명령에 따르게 하기 위한 군사적·정치적 목적을 가지고 있는 것으로 보인다.

(라) 대통령 이승만

합동수사본부는 이승만의 권력유지를 위해 마치 개인조직처럼 활동했으며, 활동의 대부분은 공포정치에 이용되는 결과를 낳았다. 이러한 이유 때문에 합동수사본부에 대한 평가는 매우 나빴다.

이승만은 자신의 사조직처럼 활동하면서 정치적 반대세력을 제거해 온 합동수사본부를 옹호했다. 김창룡으로 대변되는 합동수사본부장 자리는 계엄 하에서 이승만과 직접보고 통로를 가지면서 사실상 수사권을 독점하던 위치였다. 김창룡은 독재자의 측근에 머물러 있으면서 권력을 무자비하게 행사할 수 있었다고 한다. 김안일은 김창룡에 대해 "공(功) 앞에선 전우가 없었고, 이해가 상반되는 사람을 용공으로 모는 버릇이 있었다"고 평가했다.[419]

1950년 12월 18일 미 국무부조차 지나치게 사형선고를 남발하는 이승만의 부역자 처리방침에 대해, 공산주의의 역선전이 염려되므로 중단을 요구해야 한다는 입장을 가지고 있었음이 확인된다.

공산부역자들에 대한 한국의 대량 처형과 군사상황 및 부족한 수형시설에 비추어 공산주의자들에 대한 재판과 처형을 빨리 하라고 명령한 이승만의 성명에 관해 지난주의 언론 보도는 미국과 해외에서 지나친 역반응을 만들고 있다. 당신은 즉각 이승만에게 비공식적으로 사형선고 부과에 대해 모든 가능한 감형을 강력히 권유하고, 세계 여론과 UN 특히 지금 직접 한국을 돕고 있는 UN 국가들의 여론에 역효과를 줄 수 있는 보도를 지적할 것을 지시한다. 현재와 같은 일이 지속되면 한국의 승인 문제로 분화됐던 UN 내에서의 입장을 더욱 분열시켜 공산주의 선전에 가장 효과적인 무기가 될 것이다. 체포되어 투옥되고, 석방되고, 징역형을 선고받고, 사형을 선고받은 사람들을 다루는 데 있어서 가능하다면 한국이 적절하게 처리할 수 있도록 계속 노력해야 한다고 제안하라. 조사 절차, 구금 방법, 피의자의 권리보호 등등…."[420]

1956년 김창룡을 살해한 허태영 대령은 형무소 안에서 〈김창룡 중장 저격거사 동기서〉를 작성했다. 이 글을 통해 그는 "김창룡이 검거했다는 사건의 9할은 허위조작이고, 나머지 1할도 침소봉대한 것"이라고 폭로했다. 허태영은 김창룡에 의해 허위조작된 대표적 사건 중 하나로 삼각산 사건을 들고 있는데, 이것이 곧 대한타공결사대 사건이다. 언론은 이 사건을 '북악산 빨치산 사건' 또는 '삼각산 빨치산 사건'으로 불렀다. 허태영 대령은 이 삼각산 사건에 대해 "9·28 수복 후 삼각산 후면에 위치한 모 부락에서 인민군에게 강점 당시 도피하여 산에 숨어 있다가 국군이 수복하자 인민군 패잔병으로부터 탈취한 무기를 가지고 부락 자치를 하는 것을, 반동분자 공산당들이 서울시를 습격 음모한다고 조작하여 불법 살상하고 본인의 공명만을 올린 사실인데, 이 건도 대통령에게 보고하여 수상(受賞)까지 받았음"이라고 적고 있다.[421] 허태영의 주장에 의하면, 대한타공결사대 사건은 김창룡이 개인의 업적을 위해 조작한 사건으로 판단된다는 것이다. 이렇게 허위조작 또는 침소봉대한 사례는 고양 금정굴 사건을 저지른 고양경찰서와 의용경찰대의 처리과정에서도 확인된다.

이승만은 합동수사본부를 해체하라는 주장에 대해 오히려 "합동수사본부에서 관민간 대소 불법행동과 제5열 공작 등을 수사하는 데 많은 공로가 있었으므로 그 내용에 병통이 있거나 폐단이 있을 때까지는 이를 유지해야 되겠으니, 총참모장에게 지휘해서 누가 무슨 언론으로든지 이를 방해하는 자가 있으면 그가 누구인지 알아서 보고하며 경비계엄령이 있을 동안에는 경찰이나 검찰에서 파견한 인원을 소환하는 것을 못하도록 할 것을 지시"했다.[422]

이승만은 군경에 의한 민간인 학살사건에 대하여 크게 여론화되지 않는 이상 문제가 안 된다고 생각했음이 분명하다. 이승만은 국군 제11사단에 의해 1951년 2월 저질러진 거창·산청·함양 민간인 학살사건에 대하여 그해 4월 30일 이렇게 말했다.

"거창사건으로 인해서 많은 논쟁이 생겼고 따라서 외국인까지라도 중대하게 알 만치 되었으니, 일의 곡직(曲直)은 더 조사해서 완전히 판단할 것이나 한 가지 드러난 조건은 군인이 여러 생명을 희생한 것이 비록 법적으로 했다 할지라도 문제가 이만치 되기에 이른 이상 군인들이 그 책임을 거부하기 어려우므로 정부의 체통으로 모르는 척하고 있을 수 없는 터인바, 제11사단장 최덕신의 발령으로 대대장이 집행한 것이라 하매 이 두 사람은 다소 처벌을 주어서 많은 시비가 생기게 한 것을 징계해야 될 것인바, 정일권 총참모장과 의논해서 적당한 벌칙을

만들어 징계함이 적당하다." [423]

이는 '여론화되지 않았다면 모르는 척하고 있었을 것'이라는 말과 다르지 않게 해석된다.

학계의 주장에 따르면, 국가범죄가 조직적·체계적·위계적으로 이루어질 경우 보다 많은 책임을 져야 할 상층부의 인사에게까지 구체적 책임을 물을 만한 연계성이 증거로 확인되기 어렵다고 한다. [424] 민간인 학살사건의 경우 권력의 최고책임자인 대통령까지 연계성이 있으므로 다른 어떤 국가범죄보다도 그 증거를 찾기가 더욱 어렵다고 할 수 있다.

9·28 수복 후의 부역혐의자 희생사건에 대해 이승만 역시 알고 있었음이 확인된다. 1950년 12월 1일 제128회 국무회의에서 이승만은 부역자 처형사실에 대해 확인하라는 명령을 내렸다. 이승만은 "유시사항, 부역자 700명 일시사형 운운의 보도가 있다고 하니 기(其) 원인과 출처를 해명하라"고 지시했다. [425]

이승만은 집단희생을 막을 의지도 없었다. 1950년 9월 17일 국회는 부역행위 처리에 신중을 기하고 처벌 감면을 목적으로 하는 '부역행위특별처리법'안을 제출하여 9월 29일 본회의를 통과시켰다. 그러자 이승만 정부는 "현재 군·검·경의 긴밀한 협력 아래 이 법과 같은 취지하에 사건을 처리하고 있고, 이 법 내용 중 부역행위특별심사위원회가 검찰권을 침해하므로 법 제정의 필요가 없다'라며 재의를 요구했다. 한편 정부는 1950년 10월 4일 계엄사령관의 지휘 하에 법률적 근거 없이 합동수사본부를 설치하여 부역자 검거 및 처리를 전담시켰다. 국회는 11월 13일에야 다시 이 법을 가결하여 12월 1일 공포했다. 그러나 공포 후에도 이 법이 적용된 사례는 거의 없었다. [426]

전쟁 초기의 패배에 대해 군경통수권자인 이승만 대통령은 정부의 잘못을 인정하지 않았다. 오히려 국민들이 적극적으로 저항하지 않은 결과라며 그 책임을 국민에게 떠넘기고 있다. 그리고 그 정치적 결과는 대통령 긴급명령 제1호인 '비상조치령'으로 나타나게 되었다.

초기 패전의 책임이 시민들에게 있다는 인식, 부역혐의자에 대한 '비상조치령'의 가혹한 처벌규정, 이를 완화하려는 노력에 대한 공격, 외신기자들의 비인도적 처형사실 폭로에 의해 촉발된 1950년 12월 23일의 사면령[427] 등으로 보아 이승만 정부는 민간인에 대한 불법 처형사태를 막을 의지가 애초부터 없었다고 판단된다.

3. 학살에 대한 기억

유가족 외의 증언을 수집하는 것은 매우 힘든 작업이며, 특히 가해자 측의 기록은 수집이 불가능한 경우가 많았다. 그러나 이 사건의 경우에는 의용경찰대원들에 대한 판결문과 형사사건기록이 남아 있어 가해자 측에서만 알 수 있는 사건 발생원인과 전개과정이 확인된다. 그런데 이 자료들이 생산된 당시의 시대 분위기가 자칫 말 한마디로 큰 피해를 입을 수도 있는데다 고문이 일상적으로 자행되던 상황이었음을 고려한다면, 이들의 증언을 모두 사실로 볼 수는 없을 것이다. 또한 문서의 성격상 주관적인 경험과 느낌에 대한 것이므로 다른 증언들에 의한 교차 확인이 필요하다.

그럼에도 불구하고 당시 수사기관은 이들의 부역혐의에 대해 조사를 했으므로 의용경찰대원이었던 이들로서는 부역혐의자를 처형했던 금정굴에서의 학살사실에 대해 딱히 거짓말을 할 이유가 없었을 것으로 판단된다.

따라서 이들이 말하고 있는 한국전쟁 전의 우익단체 활동과 경험, 국군 수복 후의 부역자 처리 경험담은 대부분 사실로 보인다.

1) 경찰

• 송병용 (사찰계 순경, 당시 22세)

1949년 10월 22일 경기도 순경으로 발령되어 1950년 2월부터 고양경찰서에 근무했다. 인민군 점령기에는 시내에 숨어 있었다.

1950년 9월 20일경 수색역 앞에서 고양경찰서 경비주임 석호진 경위를 만나 능곡과 중면 백석리에서 치안대원 약 50명, 태극단원 약 30명을 모았으며 이들을 데리고 10월 2일 중면 일산리에 있는 본서로 갔다. 그 후 석호진 경비주임은 곧 인천 해병대로 가고 본인만이 치안대 및 태극단원들과 같이 경비를 했다.

10월 3일경 순경 정청화, 형사 황재연, 형사 유모가 복귀했다. 10월 8일까지 치안대원 및 태극단원들이 고양서 관내에서 잡아온 부역혐의자가 50~60명 있었는데, 체포된 사람들이 실제 어떤 혐의를 받고 있었는지는 알지 못했다. 사찰주임 이영근 경위는 10월 8일, 서장 이무영 경감은 10월 11일에 각 귀서(歸署)했고 그동안 서원도 30여 명 모였다.

10월 9일 떠도는 말에 따르면 10월 8일 오후 6시경 치안대원과 태극단원들이 연행한 주민들을 학살했는데, 이는 고양경찰서 경찰들이 복귀하기 전에 죽인 것이라고 했다. 그런데 사찰주임이 8일 오후 3시경에 복귀했으므로 그가 학살사실을 알았을 수 있으나 이에 대해 정확히 밝혀진 바는 없다.

10월 15일경 사찰계 형사 김한동이 60여 명을 취조한 결과 14~15명을 죽이기로 하여 이에 가담했다. 주민들의 양손을 뒤로 묶은 채 대로를 피하여 2킬로미터 북쪽에 있는 금광굴로 가서 동행한 경찰관과 태극단원이 휴대했던 M1총으로 사살하고 시체는 굴속에 넣어 버렸다. 이때 동행한 형사는 김종봉 외 사찰계 4~5명이었으며, 태극단원 10여 명도 함께 있었다.

10월 17일경에도 재감자 26명을 같은 방법으로 사살했다.

부역자의 재산은 시국대책위원회에서 몰수했는데, 역산을 지정하고 그 목록을 작성할 때에 2일간 입회한 적이 있었다.

• 고양경찰서장 이무영 (경감, 당시 31세)

6·25 전쟁 발발 전 김포경찰서장으로 있다가 1950년 10월 3일 고양경찰서장으로 발령을 받고 10월 11일 취임했다.

10월 8일경 사찰주임 이영근 경위가 경찰관 20여 명을 인솔하고 복귀했다고 알고 있고, 취임 당시 이미 치안대가 해산되고 의용경찰대와 시국대책위원회가 조직되어 있었다. 당시 시국대책위원회는 역산을 몰수하여 창고에 넣어두는 일을 했다.

정확한 날짜는 기억나지 않으나 취임 후 인민군 점령기에 활약하던 주민들을 1차에 30~40명씩 즉결처분한 사실이 있다.

• 수사주임 한경옥 (경위, 당시 43세)

1950년 10월 27일 고양경찰서 수사주임으로 발령받았다.

10월 26일 고양군 중면 시국대책위원회 이경하로부터 서류를 인수하라고 하여 받았다. 아직 물건의 수량과 내용에 대해 알지 못하며 고양군 시국대책위원회로부터 인수받은 몰수품 대장만 있을 뿐이다.

2) 민간치안조직

• 강금로 (당시 33세)

일산국민학교를 졸업하고 일본에서 양계학을 공부한 후 양계업에 종사했다. 6·25 발발 전에는 대동청년단원과 중면 소방서 구호반장을 지냈고, 대한청년단 경기도 남부단부 감찰부에 있었다.

인민군이 고양지역을 점령하자 대한청년단원이었던 경력 때문에 김포로 피난하려 했으나 이미 인민군이 김포로 진입하는 모습을 보고는 되돌아왔다. 일산리 임시인민위원회 위원장 이성희, 부위원장 최만복, 남로당원 이종한·김국환의 강압에 의해 1950년 7월 8일부터 25일까지 일산리 인민위원회 서기장 일을 보았다. 서기장으로 있으면서 인구 조사, 물품 배급, 부식 수집, 농작물 조사를 했다. 7월 25일 인민위원에 당선되었을 때, 여성동맹에서 꽃다발을 주기에 받은 사실이 있었다.

25일 이후에는 피원용과 함께 지하반공조직인 대한청년단 의용대를 조직하는 동시에 일산리 인민위원회 위원으로 피선되어 9월 3일까지 근무했다. 그 뒤 현물세 학습을 받으러 서울로 가자고 하기에 이때 피신했다.

• 강신원 (당시 31세)

6·25 전쟁이 발발하자 피난하지 못하고 근처 야산으로 피해 다녔다.

9월 30일 경찰이 복귀하여 본인도 고양군 중면 치안대원으로 활동하게 되었다. 10월 6일 치안대가 해산되고 의용경찰대가 생길 때에 부역혐의로 고양경찰서에 구금되었다가 3일 후에 석방되었다. 구금되었던 이유는 야산에 피신하여 지내고 있던 9월 상순경 조국보위위원회에서 5천 원을 기부하라고 하여 처가 5천 원을 낸 사실이 있었기 때문이다. 그 명부가 나타나서 구속되었던 것이다. 10월 6일부터 8일까지 고양경찰서 유치장에 구금되어 있던 3일 동안 1차에 15명 내지 30명씩 3차에 걸쳐 50여 명이 사찰계 형사에 의해 불려 나가는 모습을 보았으며, 이들은 모두 총살당했다고 들었다.

국군이 수복하고 나자 그동안 자진하여 인민군에게 협조하던 민청위원장 피원용, 자위대장 조병세가 경찰관을 매수하여 자신들의 죄상을 알 만한 사람들은 무조건 모함하여 죽게 만들었다. 이들은 파주로 후퇴하던 인민군을 다시 불러와 이적행위를 감행하던 자들이었다.

고양경찰서에서 풀려난 후 일산리 치안대에서 활동했으나 총살에 가담하지는 않았다. 고양경찰서에 의해 총살당한 주민들은 10월 초순부터 22일까지 180여 명이었는데, 이들 중 기억나는 주민들은 일산리 이병호·한창석·안용택·임용태·이흥철·이흥철의 처·이규봉·이규봉의 차녀·최용복·윤영규·홍규원·이한상·안석모, 장항리 한일성·한요수, 마두리 최의현·이종봉, 백석리 강선봉 등이다.

총살에 가담한 사람은 사찰계 김 형사, 송 순경과 의용경찰대원 조병태·이진·조병세·김완배·차계원·최상순·이병학·이은칠·이계득 등이다.

치안대원들 중 조병세는 일산리 자위대장으로서 내무서장과 매일 함께 술도 먹고 다녔으며, 피원용은 민청위원장으로 주민 동원과 의용군 강제 모집 활동을 했다. 오홍석은 일산리 자위대원으로서 내무서원과 함께 벽제면 성석리 김현구의 가족 7명을 포함한 주민들을 잡아가 죽게 했다는 말을 김현구로부터 들었다. 이계득은 중면 풍리 인민위원장으로서 탄환 운반과 의용군 동원에 활약하여 부락에서 악평이 자자한 자이다. 조병태는 일산리 민청원이었다. 이은칠은 이경하의 장남으로서 고양군 중면 인민위원회 선전부장이었는데, 중면 민보단 부단장을 지낸 관계로 내무서에 피검되었다가 석방된 후 도피했다. 그는 일제강점기에도 조그만 일조차 경찰에 밀고해서 양민을 못 살게 굴던 자이다. 이경하는 인민군 진주 당시 인민군환영위원장으로 활약했으나 과거의 경력 때문에 반동분자로 지목을 받게 되자 도피했다. 안병선은 인민군 시대에는 도피했을 뿐 아니라 국군 진주 후에도 별 역할이 없던 사람이다. 이진은 인공 치하에서 도피했으며 열렬한 우익진영의 사람이다. 강금로는 일산리 인민위원회 서기로 있었으나 열렬한 우익이다. 박종철은 어떠한 행동을 했는지 알 수 없고, 김금룡은 일산리 자위대원이었으나 역할이 없었다. 김영조·최우용도 역시 동일하고, 엄진섭은 도피했던 사람이고, 김정식은 일산리 자위대원으로서 조병세와 같이 행동하며 악행을 많이 저지른 사람이다. 최상철은 일산리 자위대원, 허숙은 일산리 민청원이었으나 모두 악행이 없는 사람이다. 이광희도 일산리 자위대원이었지만 별다른 행동은 모르겠고, 김영배는 아무 곳에도 개입하지 않은 사람인데 태극단원으로서 인민군 시대에 많은 지하 공작을 한 사람이다. 신현섭은 중면 인민위원회 후생계원, 김효은은 일산리 자위대원으로 있었지만 모두 별다른 악행이 없는 사람이다. 강홍환은 일산리 민청위원장으로 끝까지 있으면서 노동당원 의용군 모집 등에 활약했다.

(금정굴 사건은) 인민군 측에 붙어서 활약하다가 수복이 되자 한국 경찰에 의해 처벌받을 것이 두려워서 다시 경찰에 아부하여 협력하는 체하고 날뛰면서 사람들을 붙들어간 것이라고 생각된다.

결국 인민군 시대의 죄과는 서로 잘 알고 있으며, 이번에 붙잡힌 의용경찰대원이나 피살자 모두 마찬가지 사정일 것이다. 그러니까 자기 죄상을 감추려고 내막을 잘 아는 사람을 없애려고 한 것이라고 보는 것이 타당할 것이다.

• 강흥환 (당시 24세)

경성상업학교를 졸업하고 잡화상을 했다.

6·25 전쟁 전 대동청년단 검찰대 오(伍)장, 대한청년단 경기도 본부단부 체육부장, 민보단 훈련부장 등을 역임했다.

인민군이 고양지역을 점령하자 서울에 피신하여 있다가 7월 14일 일산의 친구들이 귀향해도 좋다고 하기에 돌아왔다. 당시 민청에 가입하지 않으면 반동분자로 지목을 당하는 상황이어서 어쩔 수 없이 민청원으로 가입하여 8월 8일까지 있었다. 그 뒤 일산리 자위대장으로 있던 조병세가 피원용과 나를 체포하려 한다는 연락을 받고 파주로 피신했다.

국군에 의해 수복이 되자 10월 2일경 귀향하여 치안대를 조직하고 3일부터 고양군 중면 치안대 감찰부 차장으로 있었다. 10월 6일경까지 치안대원으로 있으면서 중면 각 리 치안대에서 연행한 부역혐의자 40여 명을 인계받았으며, 다른 주민 40여 명을 직접 체포하여 고양경찰서에 유치했다. 이들 80여 명은 10월 6일경 복귀한 경찰에게 인계했다.

경찰이 복귀하자 치안대가 의용경찰대로 개편되었는데, 이때 치안대원 중 4명이 부역혐의를 받아 검거되었다. 이들 4명 중 3명은 석방되고 1명은 석방되지 못했다.

의용경찰대에서는 사찰심사반 제1반 책임자로 있으면서 각 리 구장이나 반장이 제공한 정보를 받은 고양경찰서 사찰주임 이영근의 명령으로 주민들을 체포했다. 당시 제1반은 15명의 주민을 직접 검거했고, 10월 10일경 고양경찰서 송포지서에 검거되어 있던 주민 101명을 고양경찰서로 이송하기도 했다.

검거는 주로 사찰심사반이 했고 취조는 주로 경찰관들이 했다. 경찰관의 취조활동을 돕던 의용경찰대원은 이계득·방규순 두 사람뿐이었다. 검거된 주민들은 A·B·C로 분류되었으며, 고양경찰서장의 명령으로 200여 명의 주민을 감내고개 금광굴에서 총살했다.

본인은 3차례 총살에 가담했다. 당시 총살에 가담한 치안대원은 이진·이광희·조병태·엄진섭·강신원·조병세·김효은이었며, 고양경찰서에서는 사찰계 형사 오기섭·문○○(문상찬으로 추정)이 가담했고, 태극단에서는 10여 명이 가담했다. 피해자 60여 명을 총살하는 현장에 있었으며, 직접 총살한 것은 그 중 5명이다. 10월 25일 20여 명을 즉결처분할 때 고양경찰서장 이무영이 2명을 직접 총살했는데, 그 피살자는 서장의 가족을 죽이고 집을 점거하고 있던 자라고 했다.

피살자 대부분은 고양군민이지만 전라도 등 타지에서 온 사람도 있었다.

1950년 10월 10일부터 25일 사이의 총살당한 자는 일산리 이기철·김석권·김광제·윤영규·한창석·김암권·이한상·김윤권·장성의·서병철·서병철 부(서상용)·윤영만 모친·이종한 모친·이경학, 백석리 허진임, 덕이리 최단, 성석리 홍기원, 장항리 임상준 등 약 200명이다.

총살에 가담한 자와 참여한 횟수는 순경 오기섭 2회, 순경 김종순 1회, 순경 김천국 2회, 순경 손○○ 감수 3회, 의용경찰대원 이진 5회, 이광희 3회, 조병세 2회, 조병태 2회, 엄진섭 2회, 김효은 2회, 양재남 1회, 신현섭 1회, 최상철 1회, 강홍환 4회이며, 당시 참여한 태극단원은 약 20명이다.

총살은 모두 사찰주임과 고양경찰서장의 명령에 의한 것이므로 당시로서는 합법적인 줄 믿고 있었다. 고양경찰서에서 A·B·C 구분을 하여 총살을 했으며, 의용경찰대는 동원되어 같이 집행한 것뿐이다.

극렬 좌익분자가 인민군 침입 시 했던 행위를 생각하면 당연히 총살하여야 될 것이라고 생각하고 있고, 특히 법에 의한 판결은 없으나 경찰에서 지시한 일이니만치 결코 나쁜 일이라고는 생각지 않았다. 사람을 죽이고 나서도 양심에 비추어 조금도 가책을 받지 않았다.

• 김금룡 (당시 36세)

6·25 전쟁 전 서울 검차부에 취직했으며 대동청년단·대한청년단·민보단 활동을 했다.

인민군 점령기 수색 검차부에 일하다가 20일간 일산리 반장으로 근무했으며, 9월 26일 중면사무소에 근무했다. 반장으로서 구장의 지시에 의해 수저·양재기 등을 수집했다. 당시 리 인민위원회 위원은 위원장 이병문, 서기장 강금로, 서기 정정식·이철근·김금룡 등 5명이었다.

구속된 이유는 조병세·피원용·강금로 등 3명이 부역행위를 하다가 국군 수복 후 의용경찰대로 활동하면서 주민들을 많이 즉결처분했기 때문인 것으로 알고 있다.

• 김영배 (당시 25세)

인민군이 점령하자 도피하면서 1950년 7월 2일 태극단에 가입하여 지하공작을 하고 있었다.

10월 20일경 태극단장의 명령으로 경찰서 유치장에 있던 이계상·오일섭·김규순 외 16명을 호송하여 금광구뎅이로 데리고 갔다. 당시 인솔자는 송병용 순경이었고, 같이 따라가게 된 사람은 피원용·이경구 외 3~4명이었다.

산에 올라갔더니 송 순경이 6명만 올라오라고 했다. 6명이 올라가고 나는 죄인 옆 한편에 앉아 있었다. 조금 있다 총소리가 나더니 6명을 또 올라오라고 했다. 그때까지도 총살현장에 가지 않았으나 마지막에 따라 올라가 총살하는 장면을 목격했다. (송 순경 등은) 주민들을 금광구뎅이 옆에 앉혀 놓고 총으로 쏴서 죽인 다음에 구뎅이에 집어넣는 것이었다. 나는 인정상 볼 수 없어 한쪽 편에 가서 총소리가 날 때 보지도 못하고 있다가 구뎅이에 끌어넣는 것만 보고 돌아왔다.

• 김영조 (당시 24세)

전쟁이 발발하자 6월 27일 가족과 함께 고양군 송포면 가좌리에서 5일간, 능곡에서 2일간 피난했다가 7월 3일경에 귀가했다.

민보단 단원이었으므로 생명에 위협을 느껴 7월 27일 일산소방대 대장 김수남의 권유로 소방대 대원으로 입대했다. 7월 30일 일산 민청위원장 피원용의 권유로 민청에 가입했고, 일산리 3구 반장으로 9월 27일경까지 활동했다.

조병세·피원용·강금로는 인민군 점령기나 국군 수복 시기나 중면을 손아귀에 넣고 휘둘렀기 때문에 주민들이 아무 말도 못했는데, 고양경찰서에서 무슨 이유로 이자들을 구속하지 않았는지 의아스럽게 생각하고 있었다. 이번에 양민들이 많이 즉결당한 것도 그자들이 자기들의 죄상을 아는 자들을 일부러 죽인 것이라고 할 수 있다. 의용경찰대 내부에서는 우리 손으로 고발하지 못한 것이 분하다는 말도 있었다.

• 김정식 (당시 26세)

전쟁 전 대한청년단 감찰계원이었다.

전쟁이 발발하자 6월 27일 가족을 데리고 능곡으로 피난했으나 더 이상 가지 못하고 6월 29일 귀가했다.

7월 5일 조병세의 권유로 민청에 가입하고, 7월 23일 소방대에 가입했다. 그 이유는 과거 본인이 대한청년단 감찰계원으로 활동했으므로 생명의 위협을 느껴 거절하지 못했기 때문이었다.

• 김효은 (당시 31세)

인민군이 점령하자 피신했으며 국군 수복 후 치안대로 활동했다.

1950년 10월 18일경 주엽리에서 총살에 가담한 일이 있었는데, 장귀동 · 이병학이 먼저 가고 그 다음 이은칠이 갔다. 나는 가다가 총성만 듣고 돌아왔다.

• 박종철 (당시 28세)

6·25 전쟁 전에는 대한청년단 · 민보단 단원으로 있었다.

인민군이 점령하자 15일간 벽제면 성석리에 피신하던 중 대한청년단에서 활동한 사실이 알려졌다. 이 때문에 본인이 자위대에 가입하지 않으면 죽이겠다고 하여 부득이 7월 13일경 가입하여 정미소 경비 등을 했다.

7월 30일경 중면 마두리 처가에 7일간 피신하다가 귀가했으며, 소방대원으로 20일간 근무하다가 9월 10일경 도피했다. 국군이 입성한 후 치안대와 의용경찰대에 근무했다.

• 성기창 (당시 28세)

6·25 전쟁 발발 전에는 민보단원으로 있었고, 인민군 점령기인 7월 10일부터 7월 말까지는 관산리 인민위원회 제4반 책임자를 보았다. 8월 1일부터 8월 10일까지 관산리 자위대원으로 있었다. 그 당시 부득이하게 일을 보았다.

경찰견습생이 되기 전에는 고양경찰서 벽제지서 치안대원으로 좌익분자 수사 협조 및 경비근무에 종사하고 있었다. 1950년 10월 22일에 순경견습생 시험을 받고 합격하여 취임했으며, 보증인은 한청단장 이규성과 전 민보단장 한영수였다.

• 신현갑 (당시 34세)

7월 중순부터 8월 말까지 중면 인민위원회에서 보건업무원으로 있으면서 주로 청소를 담당하고 있었다. 인민군 점령 시에 중면에서 극렬히 활약한 자는 조병세·피원용·강금로·이계득 등이다.

• 신현섭 (당시 34세)

전쟁 전 약국에서 근무했으며 인민군이 점령하자 중면 인민위원회에서 보건후생 사무를 담당했다. 주로 한 일은 청소를 독려하는 것이었으며, 전염병예방운동 등을 했다.

• 양재남 (당시 25세)

일산국민학교를 졸업하고 목공 생활을 하다가 6년간 기계직공으로 근무했다. 전쟁 전 민보단원·정보대원 등으로 있다가 인민군이 들어온 후 7월 중순경 민청에 가입하게 되었다. 상부 명령에 의하여 3일간 부락 경비를 했으며, 부상당하고 후퇴하는 인민군을 열차까지 운반했다. 소방대원으로서는 일산시장 농회창고 근방 김응권 집의 화재를 진화하려 출동했었다.

그 뒤 병을 핑계로 누워 있다가 8월 5일경 처가인 파주군 교하면 야당리에 피신했다. 9월 10일경 일산으로 돌아왔으나 의용군을 피하기 위하여 다시 처가로 가서 숨어 있었다.

인민군이 후퇴한 후에는 의용경찰대원으로 있었는데, 10월 9일 피검자 40여 명을 총살할 때 의용경찰대 간부 이진이 함께 가지고 하여 갔다. 경찰관 1명과 태극단원·의용경찰대원들이 감내고개 금광굴에서 총살한 후 시체는 굴속에 넣어 버렸다. 당시 총살 집행은 하지 않고 경비만 했다.

• 엄진섭 (당시 32세)

전쟁 전 민보단에서 공안부장으로 있었다.

1950년 6월 27일 고양경찰서 경무주임 고영준이 민보단 간부는 피신하는 것이 좋겠다고 하여 그 의견에 따라 서울 종로2가로 피신했다가 7월 4일 귀가했으며, 다시 충남으로 피신했다가 10월 4일 귀향했다.

10월 7일 고양 의용경찰대에 입대하여 훈련을 받고 활동했다. 의용경찰대로 활동하면서 부역자의 가족까지 잡아오는 것을 목격했는데, 왜 가족까지 잡아왔는지는 모른다. 의용경찰대원 중 부역행위를 한 자는 조병세·피원용·강금로·이계득 등 4인이었는데 이들의 행위에 대해 대단히 말이 많았다.

1950년 10월 15일경(또는 18일) 오후 2시경 고양군 시국대책위원회 이병학이 중면 장항리 김동표를 검거하자고 하여 출동했다. 중면 주엽리 치안대를 방문했을 때 악질분자 3명이 구속되었다가 총살당했다는 말을 들었다.

• 오흥석 (당시 31세)

전쟁 전 대한청년단에서 활동했으며 인민군 점령기인 8월 하순 4~5일간 반장으로 있었다.

벽제면 성석리에 사람을 체포하러 갔던 사실에 관해서는 김현구라는 자가 개인감정으로 중상을 한 것이다. 그리고 본인 집 앞에 살던 이○○ 경사가 체포된 일이 있었는데, 이는 조병세 때문이라고 이 경사 모친이 말해준 사실이 있다.

• 이광희 (당시 27세)

전쟁 전 대한청년단원·민보단원으로 있었다.

인민군이 점령한 후 농민위원회 가입을 권고받았으나 가입하지 않고 있던 중 신변의 위협을 느끼고 8월 5일 파주로 도망했다.

9·28 수복으로 아군이 진주한 후 중면 치안대에 가입했으며, 9월 중순경 치안대가 해산된 후 고양경찰서 의용경찰대원으로 있다가 10월 31일부터 고양경찰서 견습생이 되었다.

1950년 10월 17일이나 18일 오후 1시경 고양군 벽제면 성석리 산중 금광굴에서 군 내무서원 1명과 데리고 가던 자 1명 등 2명을 본인이 직접 총살한 사실이 있고, 그 전에는 같은 경비하기 위해 2회 간 사실이 있다. 3회에 걸쳐 10여 명이 총살당하는 모습을 직접 목격했다. 총살에 참여하게 된 것은 의용경찰대원 강홍환이 고양경찰서 사찰계의 지시라고 했기 때문이었다. 상부의 지시에 의해 총살을 집행한 것뿐이다.

• 이근용 (당시 26세)

전쟁 전 은평 피혁공장에서 근무하다가 1950년 2월 사직하고 농사를 지었으며 은평면 민보단원으로 활동했다.

인민군이 점령하자 6월 27일 가족과 함께 처가인 고양군 원당면 원흥리에 피신했다가 7월 5일경 귀가했다.

7월 5일 주소지인 지영리 민청위원장 정순남의 권유로 민청에 가맹하여, 지영리 민청위원회의 보고서를 상부인 벽제면 민청위원회에 전달하고 상부의 지시를 하부에 전후 6회에 걸쳐 전달한 사실이 있다. 민청에 가맹한 이유는 과거 민보단 단원이었으므로 생명의 위협을 느꼈기 때문이다.

국군 수복 후에는 지영리 치안대 대원으로 있다가 경찰이 도착하고 치안대가 의용경찰대로 재편되자 10월 13일 의용경찰대로서 훈련을 받고 경찰견습생으로 활동하고 있었다.

• 이계득 (당시 28세)

6·25 발발 전에 대한청년단 풍리 단장, 대한청년단 남부단 정보책임자로 있었다.

이 때문에 인민군이 점령하기 직전 1950년 6월 28일 서울로 피신했다가 일산리 유광열의 권유로 5일 후에 귀가했으나 7월 20일경 고양경찰서 일산분주소원에게 체포되어 8일간 취조를 받고 석방되었다.

그 뒤 생명의 위협을 느껴 신분 보장도 받을 겸, 또한 주민들의 요청도 있어 7월 말경 농민위원회와 민청에 가입했다. 인민군 후퇴 당시 비협력자라고 하여 피신해야 했으며 약 200만 원 상당의 재산을 강탈당했다.

국군 수복 후 치안대원과 의용경찰대원으로 활동했는데, 주로 경비를 했고 때때로 경찰관이 취조할 때 이를 보조했다. 이때 좌익분자를 다수 검거하여 처단한 사실이 있어 합동수사본부에 구속당한 것으로 알고 있었는데, 판결이 있은 후에야 부역행위로 유죄 판결을 받은 것을 알게 되었다.

• 이은칠 (당시 32세)

전쟁 전 대동청년단 고양군단부 선전부장, 대한청년단 경기도 남부단부 선전부장, 고양군 민보단 부단장 등 청년운동을 했다.

인민군이 점령한 직후 6월 29일 요청에 의해 인민군을 환영하는 내용의 벽보 8매를 만들어 붙였으며, 7월 1일부터 3일까지 고양군 중면 인민위원회 선전부장의 직책을 맡았다. 7월 7일 일산보안서(내무서) 분주소장의 지시에 의해 대한청년단 간부였던 김남식(전 대한청년단장)·이병학·이건식·차경운·이학동을 검거했다.

그 뒤 부역을 피하기 위해 양평군 화도면 송천리에서 피신했다가 국군이 수복함에 따라 10월 5일 고양군으로 돌아왔으며, 10월 7일 의용경찰대에 입대하여 부대장으로 있다가 10월 15일 사임했다. 의용경찰대가 부역자들을 검거하게 된 것은 경찰 간부 등은 피난하여 당시 상황을 잘 모르므로 주로 지하공작을 하던 태극단원과 청년들이 제공한 정보에 의한 것이었다. 10월 20일경 부역자들의 명부가 발견되어 그에 따라 검거했다는 말도 있었다. 당시 부역자들에 대한 정보를 제공한 사람은 조병세·강홍환 등으로 기억한다. 조병세·강홍환은 자위대장과 자위대원으로 활동했으나 우익인사들을 암암리에 도와줬다고 들었다.

10월 5일경 이미 치안대에서 검거한 주민이 70여 명에 달했으며, 10월 6일경 사찰주임이 20여 명의 경찰관을 데리고 온 후 치안대를 의용경찰대로 개편했다. 검거된 주민들은 고양경찰서 관내 각 지서에서 체포하여 왔으므로 일산리 주민들만이 아니라 고양군 전체 관내 출신 주민들이 잡혀온 것이었다. 이들은 10월 10일경부터 25일경까지 즉결처분당했다.

1950년 10월 18일 오후 6시경 중면 주엽리에 오후 2시경 빨치산 대원이 출몰한다는 정보를 입수하고 고양 의용경찰대 6명과 본인 등 모두 7명이 출동하여 주엽리에서 좌익분자 3명을 총살한 사실이 있다.

당시 출동한 자는 이병학(시국대책위원회)·엄진섭·오형구·김효은·

신현섭 · 장귀동 · 최만재(주엽리 치안대원)였다. 피살자는 장항리 2명, 주엽리 1명이었다. 총살은 이병학 · 장귀동 · 최만재가 했으며, 본인은 사건 후 현장을 목격한 것뿐이다.

• 이진 (당시 26세)

대동청년단 고양군 중면지단 중산분단 별동단원, 대한청년단 경기도 남부단 감찰부 심사계장으로 있었다.

6·25 전쟁으로 충남 괴산에 피신했고 9월 13일 고향으로 돌아와 형 이정의 집에 숨어 있었다. 인민군이 후퇴할 시기에 형 이완 · 이정이 살해당했다.

9월 20일경 국군이 진주했을 때 능곡으로 가 치안대에 가담했으며, 10월 초순부터 고양경찰서 의용경찰대원으로 경찰에 협력해 오다 견습경찰관으로 근무했다. 고양경찰서 사찰주임 명령에 의해서 인민군에게 협력했다는 주민을 3회에 걸쳐 5~6명 총살했으며, 모두 60여 명이 총살당하는 현장에 있었다.

10월 10일경 강홍환이 당시 취조계에서 연행한 80여 명 중 47명을 사형시킨다면서 가라고 하여 "그러면 형님 두 분의 원수를 갚게 되리라" 하고 동행한 것이었다. 10월 13일경에도 차경운이 6명을 총살한다면서 갔다 오라고 하여 따라갔다 왔다. 10월 14일경 형들의 시신을 찾았다는 연락을 받았으며, 10월 15일경 장례식을 치르고 나오자 고양경찰서 사찰계의 지시로 또 10명을 폐금광에서 총살했다.

첫 번째 총살에 참여한 의용경찰대원은 본인 외 강홍환 · 이광희 · 양재남 등이었고, 태극단장 외 태극단원 10여 명과 고양경찰서 사찰계 송 순경 등도 총살에 가담했다. 두 번째는 의용경찰대 강홍환, 고양경찰서 사찰계

4명, 태극단장과 단원 5명이 가담했다. 세 번째는 의용경찰대 강금로·피원용·강홍환, 고양경찰서 사찰계 송 순경 외 3명이 가담했다.

총살은 1미터 떨어진 상태에서 M1총으로 각각 1명씩 사살했다. 피살자 중 면식이 있는 사람은 25일 총살당한 서병철뿐이다. 이들의 죄상을 확실히 모르는 상태에서 고양경찰서 사찰주임의 명령대로 집행했다.

피살자들은 고양경찰서 사찰계에서 A·B·C로 분류하여 A급은 총살하고, B급은 유치하여 두고, C급은 석방했다. 총살은 고양경찰서원·의용경찰대원·태극단원이 했는데, 25일 총살에는 태극단이 군에 편입되었으므로 경찰관과 의용경찰대원이 집행했다. 당시 사찰주임과 고양경찰서장이 직접 참가했으며, 서장도 직접 2명을 총살했다.

당시 총살에 대해서는 서장의 명령이 있었고 계엄령이 선포된 지구였으므로 합법적인 것으로 믿고 있었다.

• 조병세 (당시 30세)

1946년 9월경 철도공장 직공으로 근무하던 중 전평에 가입되어 철도파업에 참가하게 되었고, 이때 무단결근했다는 이유로 21일간 철도경찰에 검거되었다. 이 때문에 국민보도연맹에 가입했다가 1950년 6월 15일 제1차로 탈맹했다. 한편, 1948년 일산에서 식료품상을 개업하여 운영했으며 민보단에 가입했다.

6·25 전쟁이 발발하자 7월 1일부터 5일간 보안대 대원으로 경비를 보았으며, 이후 5일간 일산리 민청위원장으로 있다가 7월 20일경 의용군을 뽑는다기에 그 책임을 맡을 수가 없어 사퇴했다. 그 뒤 보안대가 자위대로 개편되자 국군 수복 직전까지 일산리 자위대장으로 활동했다. 이때 일산리 대동청년단 총무 이기원, 대한청년단장 김남식, 고양경찰서 후원회장

김경진, 일산병원 원장 이병택, 구세병원 원장 안병기, 대동청년단 후원회원 고광은·강충복 등 20여 명의 우익인사들에게 피신하라는 정보를 제공해 주었다.

국군 수복 당시 9월 20일경부터 능곡에서 조직된 치안대에 가입했으며, 10월 초순 경찰이 복귀하자 재편된 의용경찰대원으로 경찰에 협력했다.

10월 초순 치안대장 이학동의 명령에 의하여 정영학·김영한을 체포했다. 10월 6일경 의용경찰대원이 된 후로는 10월 10일경 사찰계장 이영근의 명령을 받아 중면 마두리 인민위원장 최의현 등을 체포했다.

총살에는 2회 참여했다. 제1회는 10월 15일경 사찰계에서 명령하는 주민 5명을 순경 김천옥 외 1명과 의용경찰대원 신현섭·엄진섭·강홍환·김효은과 함께 경찰서에서 약 3마장쯤 북방에 있는 광산굴에다 데리고 가서 굴 옆에 앉히고 데리고 갔던 계호원 전부가 M1 또는 카빈총을 발사하여 죽이고 그 시체는 굴속에 넣어 버렸다. 제2회는 10월 25일경 피검자 20여 명을 경찰 약 10여 명과 의용경찰대원 엄진섭·강홍환 등과 함께 자동차에 태워 가지고 금광굴에서 사살했다. 당시 굴 있는 산 밑에서 경비를 하고 있었는데, 밤이어서 잘 보지 못했으나 그때는 사찰주임과 서장도 총살하고 갔다는 말을 김효은과 강홍환으로부터 들었다. 경찰의 명령에 복종한 것뿐이었으며, 사람을 죽이는 것은 좋지 못하다고 생각한다.

• 조병태 (당시 22세)

일산국민학교를 졸업하고 일산리에서 식료품점을 경영했으며, 전쟁 전 민보단원과 대한청년단 감찰원으로 있었다. 인민군이 고양지역을 점령하자 6월 28일 능곡까지 피난했다가 7월 1일 일산으로 돌아왔다. 그 뒤 벽제면 성석리에 10일간 의용군 모집을 피해서 숨어 있었다. 그리고 9월 10일경 일산리 소방대에 편입되어 9월 28일까지 있었다. 형 조병세가 자위대장이었으므로 다른 단체에 가입하지 않아도 되었다.

인민군 점령기에 우익의 프락치로 활동한 사람은 김남식·심창섭·강성환이었으며, 인민군 측에 연행당할 상황에서 구해 준 사람은 김남식·김경진·안병무·고공운·강춘복·이병택·안병기·이신금·이승권·강성환·유백수·이상련이었다.

1950년 10월 초순 고양경찰서 경찰이 공식 복귀하기 전 일산리에서 12명의 청년들이 치안활동을 하여 7명을 체포했으며, 이들을 능곡에 있던 미군 CIC에 넘겼다. 경찰이 공식 복귀한 후 고양경찰서에 정보부서가 생겼으며, 전 대한청년단 간부였던 김완배가 책임자였다. 김완배가 수집한 정보에 따라 치안대와 고양경찰서 사찰계 경찰이 주민들을 체포했다.

10월 6일 고양경찰서 의용경찰대에 입대하여 10월 10일경 사찰계 순경 1명, 태극단원 5~6명, 의용경찰대원 강홍환·이광희·양재남·김이성·이진·이영환과 함께 일산리 안희준 외 46명을 총살했다. 당시 희생자 중 알고 있는 주민은 안희준, 박상하와 박상하의 부친, 그리고 이영창이었다.

10월 22일 파주군 사람 등 모르는 사람 5명을 총살시켰다. 본인이 총살한 것은 2회뿐이다.

고양경찰서에는 감옥 4개소에 80여 명, 그 앞 창고에 180여 명, 도합 260여 명이 있다. 고양경찰서에서는 27일까지 검찰청으로 송청한 사실은 없는 것 같다. 매일 15명가량이 연행되는 것 같았다. 피의자는 고양경찰서원들도 체포하여 오고 의용경찰대원만으로도 체포하고 있다. 의용경찰대원은 고양경찰서장이 명령하고 있다. 의용경찰대원도 총과 실탄을 받고 있다. 인민군에 협조한 자와 그 가족까지도 총살을 시키고 있는데, 가족까지 총살시키는 연유는 모른다. 가산 몰수에 대하여 당사자 소유는 물론 가족 재산까지도 몰수하고 있다. 1회 희생당한 47명에는 일산리 안희준·임종태·김석권·이경학·이종안의 모친·이영창, 중면 동고리 이기봉의 장녀·박상하·박상하의 부친, 장안리 한요수 등이 있었다.

총살하러 간 자는 고양경찰서 사찰계 김 경사, 박용길 경사, 송 순경 등, 의용경찰대원 강홍환·양재남·이광희 등과 일산 태극단장 외 4인이다.

2차 총살당한 자 중 파주에 거주하는 자만 알고 그 외 4명은 전연 모른다.

• 최상철 (당시 34세)

전쟁 전부터 양복점을 경영하고 있었다.

1950년 10월 5일경에 고양경찰서 의용경찰대에 편입되어 10월 23일경 주민 5명을 범용굴산으로 연행하여 오후 12시 30분경 총살 후에 매장했다. 당시 5명의 희생자들 중에는 이북 예심판사, 김포 보도연맹 간사장, 전라남도에서 온 민청 선전부장, 모처의 인민위원장 2명이었다.

당시 총살에는 유치장 이○○ 순경과 의용경찰대원 4명이 가담했다.

• 최우용 (당시 29세)

중면 일산리에서 잡화상을 경영하면서 민보단과 대한청년단 활동을 하고 있었다.

1950년 7월 6일 민보단과 대한청년단에서 일한 자가 인민공화국에 협력하지 않으면 반동분자로 규정하고 재산을 몰수한다고 하므로 일산리 민청에 가입했다.

일산리 민청위원장 피원용으로부터 식량을 징발하여 오라는 지시를 받고 본인과 이상옥·김영조·홍○○ 등 4명이 일산리 시장에 도착하여 각

집를 방문하여 백미 3두를 징발한 후 일산리 민청에 납부한 사실이 있다. 자위대원으로서 5일간 전화선을 경비했다.

• 피원용 (당시 25세)

목공업에 종사하다가 1945년부터 일산리에서 가구제조업을 하면서 일산리 대동청년단 건설대 부대장 직을 맡았으며, 1949년 12월 고양군에 민보단이 결성되자 총무반장으로 일하고 있었다.

6·25 전쟁이 발발하자 일산리 3구의 초급단체 민청위원장에 피선되어 7월 25일부터 9월 15일까지 일을 봤다. 자위대원 임창식 · 김효정 · 박순환 · 김기윤 등에게 "너희 4명은 대한민국을 위하여 투쟁해 온 우익진영 인사를 체포하려고 하니 너희들의 생명이 위험하다"라고 하는 협박장을 무기명으로 보낸 일이 있다. 9월 10일경 이런 지하운동이 폭로되어 고양군 송포면 구산리 등에서 피신하고 있었다.

9·28 수복 후 치안대원으로서 일산리에 돌아와서 치안대 감찰부원, 의용경찰대원 등으로 경찰에게 협력했다. 중면 마두리 인민위원장, 중면 노동당원, 일산리 윤영규를 고양경찰서 경찰관과 함께 체포했다.

10월 13일경 경찰관과 태극단원이 총살하러 갈 때 철도까지 경비하고 갔으며 총살 현장까지는 가지 않았다.

• 허숙 (당시 21세)

전쟁 전 한약국 직원으로 일하면서 민보단과 소방대원으로 있었다.

인민군이 침입하자 민보단원이었으므로 생명에 위협을 느껴 피신했다가 귀가했다. 8월 중순경 반 단위로 가입원서를 할당하여 가입치 않으면 총살한다 하기에 마지못해 민청에 가입했다. 그러나 그날로 중면 백석리에 15일간 피신했으며, 집에 만들어 놓은 방공호에 숨어 있었다. 9월 14일경 의용군으로 보낸다고 하여 이를 피하기 위해 방공대원으로 5일간 근무했다.

3) 기타 주민

• 김○○ (성폭행 피해자, 당시 20세)

1950년 2월 민주학련에 가입했다는 이유로 서울 동덕여자학교를 중퇴하고 집안일을 돌보고 있었다. 6·25 전쟁이 발발하고 인민군이 점령하자 여자의용군을 피하기 위해 여성동맹에 가입했으며, 인민학교 교원으로 활동하게 되었다.

이 때문에 9·28 수복 후 10월 5일 일산리 치안대원에게 체포되었다. 치안대원들은 부친을 체포하러 왔다가 집에 없자 모친·본인·동생 등 3명을 고양경찰서로 잡아가게 된 것이었다.

같은 날 12시경 고양경찰서 경무주임 고영준 외 2명의 경찰이 가택수사를 한다며 본인을 끌고 갔다. 가택수색을 마친 후 경무주임이 권총으로 살해하겠다고 위협하며 정조를 유린했다. 오전에 집에서 잡혀갈 때는 가구들이 정돈된 상태였는데, 일부 물건들은 손실되고 흐트러져 있었다.

10월 6일 치안대 대원에게 취조를 받았으며, 10월 7일 CIC로 넘긴다며 본인과 부친을 포함하여 14명이 불려 나갔다. 경무주임 외 5명의 경찰에 의해 불려 나간 14명은 일산리를 떠나 봉일천 방향으로 가던 중 부친과 본인의 포박을 풀어주어서 경찰 1명과 함께 먼저 벽제지서까지 왔다. 본인이 벽제지서에 도착한지 10여 분 후 경무주임 등 경찰 일행만 도착했고, 12명의 주민들은 도중에 처분했는지 보이지 않았다. 그때가 오후 3~4시경이었다.

• 김성규 (시국대책위원회 부위원장, 당시 53세)

전쟁 발발 직후 고양군 송포면 덕이리에서 피난하다가 10월 초순 돌아왔다.

피원용·조병세는 인민군 점령기에 우익인사를 구출했다고 변명하나 한두 명에 불과하며, 평이 나쁘다. 이경하는 동업자이면서 반목하던 한창석을 애매하게 무고하여 총살당하게 했다는 소문이 있었다.

당시 피난지에서 돌아온 경찰이 주민들에 대한 정보를 알 수 없었을 것이므로 고양경찰서에 의해 희생당한 주민들은 주로 의용경찰대원의 정보에 의한 것이라고 생각한다.

시국대책위원회는 지역유지의 기부금과 역산 축우 등을 처분한 자금으로 경찰과 치안대의 비용을 대고 있었다. 경찰과 부락 치안대에서 역산 몰수의 대상을 결정하면 경찰관·의용경찰대원·시국대책위원회 요원이 나가서 압수하고 일산리 송림회 창고에 운반해다가 넣어 두었다. 열쇠는 경찰에서 보관하고 있었다. 몰수한 역산 중 경찰에서 가져간 것도 많을 것이다.

• 안병선 (중면사무소 서기, 당시 39세)

1948년 4월 1일 파주군 장단면 서기로 취임했다. 1950년 6월 24일 장단에서 나와 고양군 중면 일산리에 살던 동생 안병기 방에 살았다. 국군 수복 후 10월 10일부터 고양군 시국대책위원회에서 일했다.

고양군 시국대책위원회는 1950년 10월 9일 군경 후원을 목적으로 결성되었는데 회장에 이경하, 부회장에 김성규·이송윤, 서기에 본인이 임명되었다. 위원회에서 한 일은 인민군이 버리고 간 축우를 매각해서 주로 고양경찰서에서 필요로 하는 비용을 대는 것이었다. 그리고 수입금 중에는 유지로부터 기부받은 것도 있다.

몰수품 대장에 기입되어 있는 재산은 시국대책위원회 직원이 고양경찰서 사찰계가 지시하는 몰수대상자의 집에 사찰계원과 같이 가서 가산을 차압하고 그 목록을 작성하여 온 것이다. 차압된 물건은 목재창고에 넣어두고 그 열쇠는 수사계 형사 박홍일이 가지고 있었다. 재산을 몰수당한 주민 중에는 도망한 사람도 있겠고 현재 거주하고 있는 사람도 있을 것이다. 몰수품 중 이불과 겨울 의복만이라도 피해자들에게 내어주면 좋겠다는 주민 여론이 있다.

시국대책위원회에서 가산을 몰수하여 준 건수는 50여 건으로, 가격으로 환산하자면 대략 2천만 원 정도 된다. 몰수 물건은 주로 가구와 의류·곡류 등이며, 이 물건은 현재 일산리 창고에 보관되어 있다. 그리고 마을 유지 1인당 최소 1천 원에서 최대 10만 원씩 징수한 사실이 있으며, 현재 60만 원가량 남아 있다.

- **이경하 (고양군 시국대책위원장, 당시 56세)**

전쟁 발발 전 일산리에서 행정대서업을 하면서 대동청년단 고양군단장, 국민회 고양군 중면지부 감사, 대한청년단 고양군단부 후원회장, 고양경찰서 후원회장 일을 했다.

인민군이 점령하자 7월 18일 양주로 피신했으며 10월 5일경 고양군으로 돌아왔다. 여러 유지의 추천을 받아 군경 원호기관인 고양군 시국대책위원회장에 피임되었다.

시국대책위원회에서는 인민군이 버리고 간 소 3마리를 매각한 돈과 유지들이 낸 돈으로 각 관공서나 청년방위대의 파괴된 건물 등을 복구했을 뿐이고 역산은 취급하지 않았다.

몰수품 대장의 재산목록은 전부 경찰서에서 한 것으로, 대장만 시국대책위원회에 비치하여 두었을 뿐이다. 장부의 '역산 수입'은 몰수한 것이 아니고 인민군들이 버리고 간 것을 처분한 것이다.

• 이기헌 (중면 부면장, 당시 32세)

1945년 10월 1일부터 중면 부면장의 직에 있었다.

전쟁이 발발하자 6월 27일경 부산으로 피난했으며, 10월 6일 복귀했다.

국군 수복 후 치안대에서 부역혐의자를 다수 검거했으나, 경찰 복귀 시까지 구속했다가 경찰에 인계했다고 들었다. 치안대가 직접 처단까지 한 것 같지는 않았다.

의용경찰대는 경찰의 인원이 부족하므로 치안을 확보하기 위해 결성된 것이었는데, 초기에는 고맙게 여겼으나 점차 불안과 공포심을 느끼게 되었다. 그 이유는 이들 중 인민군 점령 당시 협력하던 자들이 의용경찰대에 가입하여 여전히 날뛰었다는 점, 이들이 자신들의 죄상을 숨기기 위해 무관한 자를 처단한 경우가 있다는 점, 부역 정도가 경미한 주민들도 즉결처분하므로 주민 누구나 언제 죽음을 당할지 모른다는 점, 검거당한 자의 죄상이 의용경찰대원보다 덜한 경우가 있었다는 점 등이다.

시국대책위원회에 대해서 1950년 10월 13일경 고양군수로부터 고제호(高第號)로 '역산처분에 관한 건'이라는 제목의 문서를 받았다. 그 내용은 "역산의 자유처분을 금지하고 당분간 지시가 있을 때까지 보관 및 관리토록 하라"는 것이었다.

이에 따라 면장이 시국대책위원회장 이경하를 만나 역산 문제에 관하여 군수의 지시내용을 말했더니 "우리는 경찰서로 인계하겠다"라고 하여 일절 관여하지 않았다. 시국대책위원회와 경찰서 담당자들만 역산 처리과정에 대해 알고 있었다. 그 자세한 내용을 모르는 일반 주민들은 20여 호가 화재·폭격 등으로 파괴되어 겨울나기 긴급대책이 필요한 사정이므로 역산의 분배나 있지 않을까 하고 기대하기도 했다. 인민군 측에 적극 협력한 당사자의 재산을 몰수하는 데는 별 견해가 없으나, 그 친척 또는 유가족의 재산까지 몰수하는 데에는 가혹하다는 평이 있었다.

주민 총살(즉결처분)에 대해서, 인민군에게 적극 협력한 자는 당연하다 할 것이나 친척을 대신 처벌한 것은 가혹하다는 평이 있다.

중면은 물론 인근의 면에서도 다수의 인명이 처단되었고, 현재에도 다수의 인원이 구속되어 있어 주민들이 여전히 불안과 공포에 싸여 있다. 하루빨리 민심이 안정되어야 한다.

- **이승권 (당시 34세)**

전쟁 발발 전 고양군 농회 집금원으로 근무했으며, 인민군 점령 후 7월 15일까지 피난했다가 20일경부터 일산리 시장 3구 8반 반장이었는데, 부상당하고 일산으로 후퇴한 인민군을 유숙시키고 식사를 1회 제공했다.

- **조건식 (당시 47세)**

중면 백석리에 살던 중 6·25 전쟁을 맞아 장남 조덕춘(당시 24세, 동국대학교 학생), 차남 조덕유(당시 18세, 대동실업학교 4년)가 중면 민청에 협조했다는 이유로 본인 소유의 가구와 의류를 차압당했으며, 농지(8평)를 몰수당했다. 몰수는 고양경찰서와 시국대책위원회가 했다.

- **최영직 (중면장, 당시 55세)**

1946년부터 고양군 중면장으로 있었으며, 6·25 전쟁이 발발하자 서울·양주 등으로 숨어 다녔다.

국군 수복 후 의용경찰대는 경찰보다 더 심하게 주민들을 괴롭혔으며 자기 죄상을 숨기기 위해 무고한 사람까지 체포했다. 이계득·오홍석에 대해 주민들은 "아직도 저 사람들이 붙잡혀 가지 않는가?"라며 의아하게 여겼으며, 조병세가 본인을 잡으러 왔던 사실도 있다.

고양경찰서에 의해 총살당한 주민들 중에는 부역행위자도 있었지만 그의 가족이 희생당한 경우처럼 애매한 희생자도 많았다. 검찰이 의용경찰대원들을 잡아가기 전까지는 언제 누구 손에 죽을지 알 수 없는 형편이었다.

역산 몰수는 주로 경찰을 후원한다는 명목으로 이경하가 주동이 되어 한 것인데, 함부로 몰수해서 민폐가 많다는 평이다.

제6장

유족의 피해

1. 연좌제

6·25 전쟁 중 CIC·경찰 등 공안기관에서는 좌익인사 또는 그의 가족과 친인척의 명부를 관리했다. 그리고 이들의 공직 취임과 해외여행 등을 허락하지 않는 것을 비롯하여 각종 사회활동을 감시·통제하여 왔다. 1963년 박정희는 대통령 후보 연설에서 좌익 가족에 대한 차별제도를 없애겠다고 공약했으나 약속은 지켜지지 않았다. 공교롭게도 그의 약속은 암살당한 후인 1980년 신군부의 제8차 개헌에서 지켜졌다. 연좌제의 폐지는 헌법 제13조 3항 "모든 국민은 자기의 행위가 아닌 친족의 행위로 인하여 불이익한 처우를 받지 아니한다"의 신설에 따라 이루어졌으며, 이 조항은 제9차로 개헌된 현행 헌법에 이어져 오고 있다.[428]

연좌제는 가족에 대한 감시·사찰을 통해 전 국민을 공포로 몰아넣는 것이 목적이었으며, 그 결과 독재정치가 강화되었다.

연좌제는 신분증 발급을 제한하는 것으로부터 시작되었다. 이승만 정부는 "적의 잠입을 방지하고 제5열을 철저히 소탕하여 치안을 확보하고", "시민증을 가지지 아니한 시민은 적색반동분자로서 통행에도 제한을 주기" 위해 1950년 10월 20일 서울시에서부터 사상불순자를 제외한 만 14세 이상 남녀에게 시민증을 발행했다.[429] 경기도에서는 11월 중에 발행했다.[430]

그 결과 도민증·시민증을 발급받지 못한 좌익혐의자와 그 가족들은 생존권을 위협당했고, 마을 주민들로부터의 일상적인 냉대에 더해 지속적인 정보기관의 감시를 받았으며, 신분상의 불이익을 감수해야 했다. 도민증이 없는 유족들은 친인척이 사망하더라도 장례식에 참석하기 위해 집을 떠날 수조차 없었다.[431]

부역자에 대한 명부는 1950년 11월 초 이미 작성되었던 것으로 보인다. 11월 6일 합동수사본부장 김창룡과 부장검사 오제도는 기자간담회에서 부역자 수사는 제2단계에 들어갔다면서, "부역한 자들에 대한 리스트가 완료되어 각 (경찰)서에 배부"되었다고 했다.[432]

이어 이승만 정부의 정보기관들은 피학살자 유족에 대한 감시를 체계화하기 위하여 1953년부터 '처형자 명부'와 '부역자 명부'를 작성했으며, 이를 각 기관에 배포하여 신원조사 등에 활용하도록 했다.

청양경찰서는 1979년 충남경찰국에 대한 질의를 통해 "현재 부역자 명부는 본서에 일부, 지파 (지서·파출소)에 일부가 보관되어 있으며 신원조사 및 사실조사 시 사용되고 있는 바, 동 (同) 명부가 1953년도에 작성되어 무려 26년간 사용됨으로써 지면이 훼손되고 내부 기재사항이 변색되어 곤란하므로…"라고 하고 있다.[433]

또한 1978년 7월 10일 강원도경찰국장은 중앙정보부가 발행한 319권 중 34번째의 《6·25 처형자 명단》 (1부 2권으로 구성)을 각 경찰서에 배포하면서 다음과 같은 공문을 발송한 사실이 확인된다.

중정 (중앙정보부) 발행 6·25 처형자 명단을 별첨과 같이 배부하니 수령하여 다음 사항을 준수, 업무에 활용하기 바람.
1. 본 책자의 특수성을 감안, 비밀관리에 관한 제반 규정 및 본 책자 경고문 내용을 철저히 준수.
2. 본 책자 보관은 소속 장 (長) 책임 하에 보관하고, 극히 필요한 인원에 대해서만 열람시키고 위 준수사항을 주지시켜 위반사례 없도록 유념하기 바람.[434]

한편, 처형사실이 확인되지 않은 주민들에 대하여 사건 이후에도 지속적으로 감시활동을 한 사실이 1956년 대검찰청에서 작성한 공문에서 확인된다. 이 공문은 "6·25 사변 중 역도에 부합협력한 자는 대개 검거처단된 것으로 사려 되는바, 그 중 악질자는 도피하여 계속 활동 중에 있을 것이므로 여사(如使)한 자에 대하여는 물론 엄중히 단속할 것이며, 그러한 활동을 계속하지 아니하고 있더라도 그 소행이 살인·방화 등의 가중할 만한 사실에 대하여도…"라고 적고 있다.[435]

1970년 3월 16일 치안국은 '정보 2061호 긴급업무 지시'로 피학살자의 가족과 친인척을 시찰대상자로 보고 조사하라고 지시하고 있다.

시찰대상자 조사 대상

…

(5) 좌익 부역행위로 인한 처형자의 가족(배우자, 직계 혈족과 그 배우자)

…

(18) 좌익 부역행위로 인한 처형자의 친족(3촌 이내의 혈족 및 그 배우자)

포함[436]

이에 따라 1970년 3월 17일 강원도경찰국은 '정보 2061호 긴급업무 지시(응신)'로 조사결과를 다음과 같이 보고하고 있다.

시찰대상자 조사

부역행위로 인한 처형자 가족 1,314명

좌익 부역행위로 인한 처형자 친족 579명[437]

부역자 명부는 각 경찰서에 의해 보완·개정되었는데, 진실화해위원회 조사를 통해 울진경찰서에서 부역자 명부가 작성되었음이 확인되었다.

울진경찰서 정보계에서 1962년 작성한 부역자 명부는 월북도피자 568명, 전출자 230명, 사망자 273명, 현재 거주자 1,911명 등으로 분류한 총 2,991명의 명단을 싣고 있었다. 그리고 보안과에서 1983년 작성한 부역자 명부에는 총 2,716명의 부역자 명단이 기재되어 있었다. 진실화해위원회에서 서로 다른 2종의 부역자 명부를 비교분석한 결과, 중복 기재된 1,087명을 제외할 때 울진지역 부역자 총수는 4,569명으로 보았다.[438]

전두환 등 신군부 정권이 1980년에 들어서면서 〈신원기록 편람〉이라는 이름으로 부역자 및 처형자 명부가 종합되었다.

내무부 치안국에서 1980년 9월 1일 '신원기록 일제 정비계획'을 전국의 경찰서에 전달하여 약 한 달 동안 전국의 좌익활동 관련자 및 그 가족들의 신원 기록을 정비했다. 각 경찰서는 소장하고 있는 〈6·25 부역자 및 자수자 명단〉, 〈6·25 처형자 명단〉 등 각종 명부에 나와 있는 사람들의 기록을 심사하여 다시 정비한 후 새로 만든 〈신원기록 편람〉에 등재했다. 심사방법은 치안국에서 제시한 '심사기준표'에 따라 신원기록문서 정비 대상이었던 주민들을 갑종·을종·병종으로 나누었고, 다시 이를 관련 혐의에 따라 각각 7~13개로 분류했다. 이 분류 기준 중 갑종의 7(분류번호 1-7, 악질 부역 등에 가담하여 사살 또는 처형된 사람), 병종의 8(분류번호 3-8, 처형되었으나 부역사실이 없거나 부역사실 유무가 불확실한 사람)이 '처형당한 자'에 해당되었다.

서산경찰서에서도 신원기록을 정비한 후 '신원기록 심사보고'를 작성했는

업무지시 답변서(1970년 1월). 내무부장관의 지시에 따라 해당 경찰서에서 민간인
학살 희생자의 가족 수에 대해 보고하고 있다.

데 이 문서 내 '의결서연명부'에는 분류기준에 따라 작성한 2,499명의 명단
이 기록되어 있었다. 이들 중 갑종의 7(1-7)과 병종의 8(3-8)로 분류된 '처
형당한 자'의 수는 1,785명이었다.[439]

연좌제는 30여 년 동안 희생자의 유가족들을 억압했다. 직업 선택, 취
업, 출국활동을 금지당했으며 이러한 제도는 사회적으로도 희생자의 유
족들을 완전히 고립시켰다.[440] 즉, 연좌제는 희생자 유족들의 마지막 생존
수단인 사회적 지원과 보호조차도 박탈하는 제도였던 것이다. 희생자 유
족들은 연좌제에 따른 신원조회 때문에 사관학교 입학이나 공무원 승진,
취업 등에서 불이익을 받았다.[441]

2. 재산 피해

　희생자와 그 가족들의 피해는 희생자의 죽음만으로 그치지 않았고, 그가 소유했던 재산 역시 경찰에게 모두 빼앗겼다. 가재도구와 곡식은 모두 고양경찰서의 지휘를 받던 고양군 시국대책위원회(위원장 이경하)에서 몰수하여 관리하는 것이 원칙이었다. 몰수된 재산의 일부는 고양경찰서까지 오기 전에 마을 치안대에 의해 분배되기도 했다고 한다. 고양경찰서가 있던 중면의 경우, 부역혐의를 받았던 주민들의 재산은 시국대책위원회에서 직접 관리한 사실이 확인된다.

　그런데 치안대 등이 재산을 약탈한 행위는 고양지역에만 나타나는 현상은 아니었다. 이런 일은 전국적으로 벌어진 것이었는데, 1950년 10월 당시 부천지역 국회의원 박제환이 국회에서 한 발언이 이를 뒷받침하고 있다.

> "소위 역산이라고 해가지고 부역행위를 한 사람의 가옥 혹은 기타 재
> 산을 차압하고, 그래서 그 가족에 대해서 식량도 주지 아니하고 또 농
> 량미 같은 것도 전부 차압을 하고, 또는 심한 것으로 말할 것 같으면
> 가족을 축출하고. 그래서 일부 권력을 가진 사람 혹은 자위대니 이러
> 한 간부 사람들이 그 가옥을 가져가고 재산을 불법으로 처리한 것도
> 있는 것 같습니다."[442]

　정일권 계엄사령관은 1950년 10월 1일 '탈환지구 국가재산 조치에 관한 포고령'을 발표했는데, 그 주요 내용은 "권력을 빙자하여", "합법적 절차 없이", "국가재산이나 개인재산을 불법점유 또는 파괴"하는 자는 극형에 처한다는 것이었다. 이 중 "(3) 공산도배 또는 반정부적 행위가 현저한 자의

점유재산이라도 소관청에 합법적 수속을 취하지 아니하고 불법점유 또는 파괴를 감행한 자'를 처벌하겠다고 하여 역산 역시 계엄정부에서 관리한 다는 원칙을 명확히 선포했음을 알 수 있다.[443]

1950년 10월 3일 경인지구계엄사령관 이준식 준장은 "역산 물자는 군경에게 반환하라"는 내용의 포고문을 발표했다.[444]

이어 1950년 10월 4일 이승만은 국방장관과 내무장관에게 9·28 수복 후 인민군으로부터 노획한 물품을 서울시장에게 인도하라는 지시를 내렸다.[445]

이와 비슷한 내용이 1950년 10월 12일 장창국 헌병사령관에 의해 포고되었으며, 10월 19일 서울시경찰국장 이익흥은 담화문을 통해 부역자 재산에 대한 수탈을 금지한다고 밝힌 바 있었다.[446]

계엄사령부는 1950년 11월 10일 부역자의 재산 처리에 대해 '역산 처리에 관한 법률'이 공포될 때까지 임시조치를 취하게 되었다며 다음과 같이 발표했다.

"부역행위로써 또는 도주하여 관리에 곤란한 역산 중 동산에 대하여서는 그 관리를 시·군에 일임하여 관리케 하고, 그 중 부패물 또는 계절물(농작물 등)은 시·군에서 환가 처분하여 특별회계로 보관케 한다. 그리고 역산 한도 내에서 부역자 가족의 생활을 보장해 주도록 한다."[447]

그러나 이 조치가 발표될 무렵에는 이미 돌이킬 수 없는 상태가 된 뒤였다. 그리고 살아남은 유족들에게 '역산 한도 내'라는 단서를 붙여 생활을 보장해 준다는 조치는 실현 가능성이 없었다.

이승만 정부가 부역자 소유의 재산 수탈을 막기 위한 사전 조치를 취한 사실은 확인되지 않는다. 사후 조처 역시 민간인 집단희생 사건 후 부역혐의자 가족들이 빼앗겼던 가재도구 일부를 돌려주는 데에 그쳤다. 피학살자의 유가족이 엄연히 생존해 있으므로 불법적으로 약탈된 희생자들의 재산과 토지는 마땅히 그들에게 돌려주었어야 했으나 현실은 그렇지 못했다.

학살된 부역혐의자의 재산이 고양경찰서 관할 각 지서와 치안대에 의해 탈취당한 사례가 일부 확인된다. 당시 이처럼 불법적으로 점거·탈취하는 일이 잦았는데, 이에 대해 송포면 구산리 이병원은 이렇게 증언했다.

"웬 떡이냐 하고 사람을 갖다가 죄다 없앴어. 인제 농사짓던 농촌의 집이 공가로 남고 그러니까, 그것들은 치안했다 하던 놈들이 전부 저희들이 나누어 가진 거야. …옛날에는 상환이라고 있었어요. 저희들이 인제 상환을 부어 나가면서 팔아먹고 내뺀 거지. 누구를 준 게 아니라, 저들이 빼앗아서 하던 땅을 팔아먹고 그렇게 한 거라고."

치안대원들 중 일부는 희생자의 재산을 약탈하기도 했는데, 그들은 희생자의 가재도구까지 가지고 가서 각 치안대 사무실과 지서에 모아 두었다. 약탈한 재산은 고양경찰서에도 상당한 양이 쌓여 있었다고 한다. 그리고 이러한 재산 약탈은 동산에만 그치지 않고 집과 토지 등 부동산에까지 이어졌다.

고양경찰서 유치장 담당 순경 정준섭은 고양경찰서에 쌓여 있는 '빨갱이 재산'을 보았으며 합동수사본부가 왔다 간 후 모두 돌려주었다고 했다. 그러나 돌려받을 사람도 없었지만, 유가족이 있더라도 돌려받은 경우는 드물었다. 국군 수복 초기의 재산 수탈은 시작에 불과했을 뿐인데, 사건 후 재산 수탈과 관련해서 처벌받은 사람은 아무도 없었다. 합동수사본부는 1950년 11월 20일 연행한 의용경찰대원 20명을 불기소처분 결정하면서 고양군 시국대책위원회로부터 압수한 몰수품 대장과 현금수불부를 되돌려

주었다.[448]

벽제면 성석리 희생자 박상진의 집안에 아이들만 남게 되자 집안의 살림살이마저 누군가 가져갔으며, 희생자 소유의 논도 없어졌다. 논밭은 마을 반장이 팔았고, 그 돈의 일부로 아이들의 옷을 사준 일이 있었다. 유족 박성례가 성인이 된 후 찾아가자 반장은 "(네 아버지의 땅은) 없다. 남의 것 하는 거다"라고 했다고 한다.

김동환은 학살사건 후 마을을 떠나 전북 군산에서 살았는데, 몇 년 후 다시 고향으로 되돌아왔을 때는 이미 집과 가재도구들이 누군가에 의해 빼앗긴 뒤였다. 1985년경 큰집 사촌 형이 집을 되찾기 위해 소송을 했으나 패소했다.

희생자 안점봉 집안의 집과 밭은 같은 마을의 유씨 집안에 의해 점유당했다. 안씨 집안은 1992년경 소송을 제기했으나 유씨가 20년간 점유함으로써 시효취득했다며 패소했다. 토지의 등기부등본에 따르면 희생자 안점봉·안형노 소유의 토지 덕이리 416, 덕이리 416의 2, 덕이리 441의 2, 덕이리 434는 1949년 1월 15일 매매에 의해 소유권이 이전된 것으로 나타나 있다. 그러나 안점봉의 유족들은 1949년 1월 15일에 매매한 사실이 없었다고 한다. 1992년 11월 27일 '92다 36359 소유권 이전등기 말소사건'에 대하여 대법원은 ① 부동산소유권이전등기등에관한특별조치법에 의하여 경료된 현 소유자 명의의 이 사건 소유권 이전등기가 허위의 보증서에 의하여 작성되었다고 볼 수 없으며, ② 현 소유자가 20년간의 점유로 시효취득했으므로 실체관계에 부합하는 유효한 등기라고 판결한 바 있다.

희생자 박만협은 전쟁 전 등기하지 못한 논이 있었는데 김씨 집안에 의해 점유당했다. 20년 전에 소송을 하여 1심에서는 이겼으나 2심에서 패소했다.

좌익혐의를 받다가 행방불명된 고준수의 토지가 전쟁 중 허씨에게 불법 점유당하자 그의 숙모 김어진이 이에 대해 고양경찰서에 진정했다. 경찰서는 "고준수의 땅을 성(姓)도 다른 김어진이 (소유권을) 주장하니 안 된다"며 협박을 했고, 그 결과 허창의 점유가 계속되었다. 결국 이 땅은 1980년의 특별조치법에 의해 소유권이 허창에게로 이전되었다. 같은 마을 유해진의 땅도 허창에게 빼앗겼다고 한다.

행주리 이창영·이금현의 유족 이영재는 1953년 지도면장을 찾아가 희생자 소유의 땅을 찾으려고 했으나 면장으로부터 쌀 두 가마니를 받는 데 그쳤다. 당시 면장이 땅 경작자로부터 쌀을 받아 준 듯했다고 한다.

수색리 김순동의 유족 김용성은 10여 년이 지난 후 고향을 방문할 수 있었는데, 이때 부친 김순동 명의의 땅이 여러 사람 소유로 나누어진 사실을 알게 되었다.

일산리 이규봉 소유의 23간 집과 장롱·의류·식량을 모두 몰수당했다.

이런 상황은 피학살자 유족들 대부분이 공통적으로 겪는 일이었다.

매우 드문 경우지만, 부역혐의로 빼앗겼던 토지를 되찾은 사례가 고양 벽제면 성석리에서 확인되었다. 사건 당시 벽제면사무소에서 근무했던 이강만에 따르면, 주인이 월북하고 없는 토지는 연고자 우선 원칙에 따라 면사무소에서 공정하게 처리하기로 했다고 한다. 그는 "성석리에 사는 김씨는 그 당시 많은 논과 밭을 소유한 지주였는데, 좌익 공산주의 사상에 동조해 가족 모두가 9·28 수복 때 월북을 한 이후 생사를 알 수 없게 되었다. 이에 면사무소에서는 연고자 우선 원칙에 따라 김씨의 시집간 딸을 찾아내었고, 김씨의 토지를 모두 딸 앞으로 소유권을 이전해 주었다"라고 했다.[449] 그러나 이러한 경우는 이강만이 진술한 사례 이외에는 발견되지 않으며, 토지를 반환했던 때가 4·19 혁명 직후였다는 것으로 보아 이 사례가 부역부재지주 토지에 일반적으로 적용되었던 원칙이라기보다는 일시적인 사회민주화의 영향이었을 것으로 보인다.

전쟁 중 월북하거나 행방불명된 부재지주의 토지는 연고자 우선 원칙에 따라 생존한 친인척에게 소유권을 이전해 주었어야 했다. 벽제면 공무원 이강만은 이 원칙에 따라 월북자의 토지를 시집간 딸에게 돌려준 사실이 정의로운 일이었음을 증언한 바 있다.[450]

1953년 5월 2일 고양군은 각 면장에게 부역자 자작농지 소작료 현황을 파악하기 위해 공문을 발송했으며, 이에 대해 벽제면은 1954년 1월 15일 보관 금액을 통지했다. 그리고 1955년 2월 9일 부역부재자 소유의 자작농지 처분문제에 대하여 고양군수는 각 면장에게 "우리나라 관습에 의해 처리되어야 한다"라는 내용의 공문을 발송한 사실이 확인된다.[451]

역산으로 파악한 농지의 경우는 정부에서 위탁자를 지정하여 농사를 짓게 했으며 일정 비용의 임대료를 받았던 것으로 확인된다. 고양군 벽제 면장은 1953년 4월 부역부재자 소유의 토지를 위탁했던 이영희 외 7명이 임대료를 내지 않자 다른 주민에게 위탁하겠다고 통지했으며, 1953년 6월에는 고양군수에게 부역부재자 소유의 토지에서 생산된 곡물의 양과 소작료 수입을 보고하고 있다.[452]

3. 인권침해(고문·추방·성폭행)

1) 계속되는 고문과 생명 위협

즉결처분이라며 마구 학살을 해대던 당시 시민들에 대해 자행되던 인권

침해는 공포분위기 조성을 위해 공공연하게 저질러졌다.

희생자의 가족들은 사건을 전후하여 직접 고문을 당했거나 고문을 당하던 희생자의 모습을 목격하는 고통을 겪어야 했다. 경찰과 치안대원들은 피해자들의 손가락에 총알을 끼워 놓고 발로 밟거나 각목으로 무자비하게 때리는 등의 폭력을 자행했다.

그러나 무엇보다도 희생자의 유족들이 겪었던 가장 큰 피해는 자신들도 학살의 위협과 공포를 당해야 했다는 사실이다.

신도면 현천리에서는 황뇌성 등이 희생된 후 치안대원들이 그 가족들을 살해하기 위해 둑방길을 통해 산으로 끌고 가려고 했다. 그러나 이 장면을 목격한 마을 주민들이 나서서 만류하는 바람에 죽이지 못한 일이 있었다.[453]

벽제면 사리현리의 유족 서영자도 이와 비슷한 일을 당한 경험을 진술했다.

"치안대가 남은 저희 가족들을 잡아가려고 집으로 왔었습니다. '종자를 다 없앤다'며 와서는 동생을 업고 있던 어머니에게 총을 겨누면서 저를 찾아오라고 했다고 합니다. 어머니께서 저를 찾아 올라가는 사이에 보니 이미 치안대 두 명이 집에서 기르던 까막돼지를 들고 내려가고 있었답니다. 그 후 마을 사람들이 모여 '죽이지 말라'고 하는 바람에 세 식구는 살아남게 되었던 겁니다."

송포면 구산리 희생자 이범인의 아들 이병희는 1950년 12월 30일경 치안대 감찰부장 피영권에게 가좌리 치안대 사무실로 끌려가 오른쪽 가슴 밑을 관통당하는 총상을 입었다. 그러나 가족과 마을 주민들의 도움으로 가까스로 목숨은 건질 수 있었다.[454]

백석리 고준일의 모친은 행방불명된 조카들을 찾아내라며 한 달 동안

고양경찰서로 끌려가 고문을 당했다.[455]

유가족에 대한 고문·구타행위는 1951년에도 계속되었다. 1951년 2월경 유길자는 할머니와 함께 노첨마을 한복판의 한옥집 대문 옆 부엌 광으로 끌려갔다. 바닥에는 지푸라기가 깔려 있었다. 김교창·장석실 등 여러 사람이 둘러쌌고, 그 중 한 사람이 장작으로 양 어깨를 때렸다. 유길자는 할머니가 "아이고!" 하면서 여러 번 쓰러지는 모습을 봤다.

2) 가족 해체와 추방

성석리 유족 박성례는 부모를 잃고 동생 박성호·박성임·박성순과 함께 힘겹게 살아야 했다. 그러나 1년도 못 가 세 동생들은 벽제면 성석리 진밭마을의 반장과 이웃 주민 원봉식에 의해 서울 어딘가에 있는 고아원으로 보내졌다. 얼마 후 박성례 자신도 서울로 떠나야 했다.

덕이리의 박헌수는 금정굴 사건으로 부친을 잃은 후 모친이 강제로 끌려가서 치안대원의 후처가 되었는데, 1년 뒤에 조모가 사망하자 7세 때부터 고아처럼 지내야 했다.

일산리의 박화송 역시 살기 위해 재가한 모친을 따라가서 성조차 바꾸고 살았으며, 군에 입대할 즈음에야 사건의 내막을 알게 되었다.

행주외리 이의모는 사건 후 시집간 누이에게로 옮겨가서 살았는데, 아직도 마을로 돌아가지 못하고 있다.

일산리 서병규는 가해자들이 '빨갱이 가족'이라는 말을 퍼트리고 다니는 바람에 고향을 떠나야만 했다.

주엽리 박기송의 세 식구는 외갓집이 있는 경기도 광주군 도촌면 지누리 옛짓말로 갔다가 20세가 되어서야 고양군으로 돌아올 수 있었다.[456]

이러한 사정은 대부분의 유족들이 지금까지 겪어 온 참혹한 고통의 한 단면에 불과하다.

3) 성적 모욕과 성폭행

살아남은 가족에 대한 성적 모욕 역시 유족들이 고향을 떠나게 만든 요인이었다.

이산포치안대 대장 김사남은 희생자 노춘석의 처를 괴롭혀 고향을 떠나게 만들었다.[457]

희생자 최재옥의 처 이경순은 남편이 총살당한 후 어느 날 새벽 4~5시에 송포지서로 끌려가 신문을 받았는데, 신문 내용은 빨리 재혼을 하라는 것이었다. 억울하고 기가 막혀 말을 안 하고 있으니까 "왜 말 안 하나?"며, "자식들 키워서 원수 갚으려 하나? 2주 안에 팔자 고쳐!"라는 폭언과 함께 몽둥이로 구타를 당했다.[458]

김○○은 1950년 2월 15일 민주학련 관련 여중 4년을 다니다가 중퇴했는데, 인민군 점령기 인민학교 1학년 교원이 되었다가 여자의용군을 피하기 위해 여성동맹에 가입하게 되었다. 국군 수복 후 1950년 10월 5일 아침, 덕이리에서 일산리 치안대원이 집으로 들이닥쳤다. 그는 부친 김영규를 체포하러 왔다가 부친이 집에 없자 모친과 본인, 동생 등 3명을 끌고 가 고양경찰서 유치장에 감금했다. 같은 날 정오경, 경무주임 외 2명의 경찰관들이 가택수사를 한다며 유치장에 있던 그녀를 다시 집으로 끌고 갔고, 이때 권총으로 살해 위협을 하는 경무주임 고영준에게 성폭행을 당했다.[459]

4. 재판에 의한 피해(법률적 학살)

1) 1950년 10월 25일 이후의 부역자 처리

1950년 10월 학살사건에서 B급 또는 C급으로 분류되어 생존한 주민들과 그 후 헌병과 고양경찰서 등에 체포된 주민들은 합동수사본부에 의해 다시 분류되어 군법회의 또는 서울지방법원으로 송치되었음이 확인된다.

각 형사사건 기록에 따르면, 원당면 도내리 장윤기와 중면 장항리 김경산은 1950년 11월 5일, 벽제면 선유리 김상원과 벽제리 이재선은 11월 10일, 벽제면 선유리 성호천과 유상록, 송포면 대화리 김형장, 중면 마두리 전대봉은 11월 17일, 벽제면 고양리 박윤덕과 원당면 성사리 장석재는 11월 20일, 신도면 진관리 최창설은 11월 24일 고양경찰서 등에 체포되어 합동수사본부로 넘겨졌다.

2) 9·28 수복 후 부역혐의 재판

한인섭 교수는 논문 〈재판을 통한 사법부의 과거청산〉에서 "1심에 그친 부역혐의자에 대한 재판을 통해 사형을 집행한 것은 사법살인이 대량으로 벌어진 최초의 경우"라고 지적하며, "서울 수복 직후 '빨갱이는 씨를 말려야 한다'는 비등한 여론 앞에 사법부는 부역자 재판을 처리해야 했다. 보복적 정의의 압도적인 요구 앞에 법관들은 그 시대의 압력을 피해 가기 어려웠으며, 그 때문에 최초의 대량적 사법살인이 빚어졌다"라고 적고 있다.[460] 여러 사례로 보아 당시 상황에 대한 정확한 지적이라고 판단된다.

1950년 12월 18일 미 국무부 자료에 따르면, 이승만은 체포된 부역자들에 비해 수형시설이 부족하므로 재판과 처형을 빨리 하라고 했다고 한다.[461] 남양주 진건면의 229명 학살사건 등 1·4 후퇴 직전의 집단학살 사건과 대구형무소 등에서 대규모 처형이 이 시기에 벌어진 것을 보면 이 문서의 주장은 사실로 판단된다. 특히 1950년 12월경 연행되어 대구형무소로 이송된 부역혐의자들은 운동장에 산더미처럼 쌓인 서류 가운데 줄을 서서 판결을 받았고, 이 중 상당수는 사형을 선고받았다.

이 시기의 부역자 재판은 법살(法殺)보다는 즉결처분으로 봐야 할 불법행위였다. 그리고 이승만은 이를 조장했거나 지시한 것으로 볼 수 있다.

행주지역이 국군에 의해 수복된 직후인 9월 24일경 이창영·이정남·권태윤이 체포된 후 서울로 이송되어 재판을 받았다. 권태윤은 훈방으로 나왔고, 이정남은 김포를 거쳐 서울 중부서로 끌려간 후 15년형을 선고받고 이태원 육군형무소로 넘겨졌다가 대구형무소·부산형무소를 거쳐 다시 대구형무소에서 재조사를 받은 후 12월에 풀려 나왔다. 이창영은 사형선고를 받았는데, 이태원 육군형무소에 있다가 어딘가에서 사형당했다고 한다.[462]

일산리 서병숙은 1950년 12월 고양경찰서에 자수하여 대구형무소로 이송되었다가 1951년 3월 군에 인도되었다고 한다. 그러나 이외의 재판 기록과 수용자 기록 등은 전혀 확인되지 않는다.[463]

이 정도에 이르면 '부역혐의자 즉결처분(임의처형)'과 '재판에 의한 합법적 부역자 처리' 사이의 경계가 있는 것인지 의심스럽다.

군과 경찰은 민간인 임의처형의 불법성을 알고 있으면서 합법적인 척 가장한 한편, 합법적이라고 여겼던 재판과정은 즉결처분에 버금갈 만한 불법행위였던 것으로 보인다. 이는 민간인 임의처형에 가담한 자들에 대한 처벌은 대단히 관대했으며 특히 경찰관들에 대한 처벌은 매우 드물었다는 점에서도 다시 한 번 확인된다.

3) 재판에 의한 치안대원 처벌

합동수사본부는 고양 금정굴 사건으로 200여 명을 살해했다며 의용경찰대원 등 28명을 연행했다. 그러나 조사결과 8명을 기소했을 뿐 20명은 학살에 가담했음을 확인하고도 결국 불기소 석방했다. 기소된 의용경찰대원 8명의 범죄 혐의는 '살인'이 아닌 '부역'이었다. 한편, 이무영 고양경찰서장 등 고양경찰서원은 아무도 기소되지 않았다. 이로 보아 당시 부역혐의자를 살해한 행위가 불법임을 인정하면서도 가해자 대부분은 처벌받지 않았음을 알 수 있다.

재판 결과 이경하 · 조병세 2명이 사형선고를 받았는데, 이경하의 경우 학살에 가담한 사실이 확인되지 않았으며, 조병세는 다른 의용경찰대원들과 비교할 때 가담 정도가 특별히 심한 것은 아니었다. 이들이 받은 죄목은 살인이나 불법감금이 아니라 인민군 점령기에 있었던 부역행위 때문이었다. 따라서 이들 역시 마치 '희생양'처럼 보인다.[464]

이런 현상은 고양 금정굴 사건뿐 아니라 대한타공결사대 사건에서도 확인되며 김포 고촌면 천둥고개 사건, 남양주 진건면 향토방위대 사건 등에서도 확인된다.

조병세 등 주민들은 전쟁 전 좌익활동이나 대한청년단 활동을 했으며, 인민군 점령기 부역활동을 했다가 국군 수복 후에는 치안대 활동을 했고, 다시 치안이 안정되자 부역행위로 처벌을 받았던 것이다. 다른 치안대원 역시 마찬가지 처지였으나 조병세 · 이경하만 극형을 받은 이유는 드러나지 않는다. 이들이 특별히 더 많은 사람을 살해한 것도 아니고 더 큰 경제적 피해를 줬던 것도 아니었다.

당시 부역혐의자에 대한 재판뿐 아니라 부역혐의자를 학살한 자들에 대한 재판 역시 공정하게 이루어졌을 것이라고 믿기 어렵다. 당시의 시대 분위기에 대해 피해 측 증언자들뿐 아니라 가해 측 증언자들까지 공통으로 사용하고 있는 표현이 있는데, 바로 "뒤죽박죽"이라는 말이다. 우익인사들이 좌익이라며 처벌받고 반대로 좌익인사들이 우익이라며 처벌받는 지경이었으니, 좌도 우도 아닌 대부분의 주민들이 받은 피해는 말로 다 표현할 수 없는 정도였다. 이 때문에 당시 권력자들은 마음대로 국민들을 농락할 수 있었다. 당시 상황의 최대 수혜자는 이승만 대통령과 김창룡 합동수사본부장이었다. 사건을 조작해서 서로 상을 주고 칭찬하는, 결코 웃을 수 없는 블랙코미디 '투맨 쇼'가 수많은 국민들의 주검 위에서 상영되고 있었던 것이었다.

4) 타공결사대 조작사건

당시 고양지역의 대표적인 조작의혹 사건으로 타공결사대와 관련된 것들이 확인된다. 그 중 하나는 타공결사대 자체가 제5열 단체로 조작된 사건이며, 다른 하나는 1952년 포로수용소에서 풀려 나온 선유리 주민 유상문이 오금리 주민 13명과 피난민 5명 등 18명을 살해한 타공결사대원이라며 고양경찰서에 의해 고문·조작당한 사건이다.

벽제면에서 있었던 이 사건들은 중면의 금정굴 사건과 함께 고양지역의 당시 상황을 잘 알 수 있게 해주는 대표적 사건이지만, 그 중요성에 비해 아직까지 거의 알려져 있지 않다. 당시 언론 기사 및 재판 관련 자료, 주민 증언 등이 풍부하게 남아 있으므로 이를 근거로 이번 기회에 간략하나마 정리하여 소개하고자 한다.

대한타공결사대는 인민군 점령 초기인 1950년 7월 5일 지하 반공활동을 목표로 하여 결성되었다.[465] 이들이 어떤 지하 저항활동을 했는지 알려지지 않았으나, 9·28 수복 후 반공을 기치로 내세우며 동네 청년들 240여 명을 끌어들여 군사훈련과 치안활동을 했다.

그런데 1950년 11월 30일 〈동아일보〉 기사에 따르면 당시 대한타공결사대는 우익으로 위장한 좌익 제5열 조직이었다고 한다. 합동수사본부는 조사결과 240여 명의 북악산 빨치산을 일망타진하고 무기 80여 정과 기타 금품을 압수했다고 발표했던 것이다. 당시 기사는 대한타공결사대를 '북악산 빨치산'으로 불렀다. 그러나 대한타공결사대원 출신들은 북악산 빨치산이란 명칭을 사용한 적이 없으며, 반공 민간치안조직이 좌익 무장유격대로 조작된 것이라고 주장했다.

언론 발표 등에 따라 합동수사본부에서 이들을 검거한 과정을 정리하자면 다음과 같다.

합동수사본부는 1950년 11월경 고양군에서 정체불명의 단체가 무기를 다수 휴대한 채 국군 산하단체처럼 가장하여 주민들을 울리고 있으며 고양경찰서에서도 이들 때문에 골치를 앓고 있다는 정보를 접하게 되었다. 이에 김창룡 본부장을 중심으로 오제도 검사, 장포영 중위 등이 긴급간부회의를 열고 대책을 검토했다. 이들은 3차에 걸쳐 비밀리에 수사대를 파견하는 한편, 김창룡 대령이 직접 군 관계당국에 조회했다. 조회 결과 이 단체는 관계당국과는 어떠한 관련도 없었고, 좌익 출신을 중심으로 조직된 불법집단이라는 결론을 내리게 되었다.

11월 24일 8시 김창룡의 직접지휘 아래 김재근 중위는 10여 명의 수사관을 4개 조로 편성하여 행동을 개시했다. 9시경 각 조는 김창룡의 직접

명령 아래 이미 분담된 역할에 따라 배치되었다. 제4반은 도주를 방지하기 위하여 주변을 경계했고, 체포를 담당한 제1반은 김창룡을 따라 대장 이성과 간부 25명을 유인했다. 그리고 대한타공결사대원들이 대기 중이던 트럭 부근에 이르렀을 때 무기 압수를 담당한 제2반과 협력하여 전원을 체포했다. 한편, 이와 때를 같이하여 제3반은 평대원 200여 명을 모이도록 한 다음 전원 체포했다.

1950년 11월 30일 언론에 발표된 합동수사본부의 조사결과를 보면, 이들 대한타공결사대는 ① 낙오군인 20여 명 살해, ② 우익인사 100여 명 살해, ③ 처녀 11명 강간, ④ 신도면 창고에 주민 300여 명 불법감금, ⑤ 이 중 다수를 고문치사했다고 한다. 이들은 M1소총 40정, 카빈소총 9정 등을 비롯하여 지프차, 수류탄, 박격포 실탄(60mm)까지 가지고 있었다고 한다.

대한타공결사대 대장 이성(당시 33세), 부대장 김문한, 고양군 민정부위원장, 기타 간부 김대용 외 20여 명 역시 좌익분자였다고 하며, 이들은 지하운동을 계속해 온 것처럼 가장한 민청원·여맹원·내무서원 등이었다고 한다.[466]

그런데 판결자료에서는 대장 이낙성(언론 발표 당시 이성)의 행방이 확인되지 않는다. 반면, 8명이 기소되어 군법회의 판결을 받은 결과 부대장 원정기 사형, 총무부장 김영구 5년형, 감찰과장 호순영 10년형, 별동대장 김문진(언론 발표 당시 김문한) 10년형을 선고받았으며, 나머지 4명은 무죄로 석방된 것으로 기재되어 있다. 그 외 대한타공결사대원 200여 명은 합동수사본부에 의해 남산으로 연행된 후 대부분 국민방위군에 편입되었다고 한다.

그런데 합동수사본부의 조사결과는 몇 가지 측면에서 신뢰하기 어렵다.

먼저, 합동수사본부가 파악한 이들의 정체에 대한 설명에 일관성이 없다. 합동수사본부는 이들이 1950년 7월 5일경 인민군에 대한 저항을 목적으로 조직되었음을 인정하면서도 국군 수복 후 좌익활동을 했다고 했다. 그러나 이들이 어떠한 좌익활동을 했는지 밝히지 못하면서 단지 대한민국 질서를 교란한 제5열이라고 보고 있다.

이들이 활동한 시기에도 모순이 있다. 합동수사본부의 조사결과에 따르면, 대한타공결사대는 1950년 12월까지 활동하고 있었다. 1950년 10월 전후가 고양지역 곳곳에서 부역혐의를 받던 주민들이 법적 절차 없이 무차별 학살당하던 시기였음을 이미 확인한 바 있다. 이런 상황에서 240여 명에 이르는 좌익조직이 활동했다는 주장은 있을 수 없는 일이다.

한편, 허태영 대령은 김창룡이 조작한 대표적 사례로 이 사건을 들고 있다. 1956년 김창룡 암살을 교사한 허태영은 김창룡이 실적을 높이기 위해 허위 조작한 20여 개 사건 중 하나로 대한타공결사대 사건을 꼽았다. 김창룡은 이 사건으로 1950년 12월 2일 이승만으로부터 표창장과 금일봉을 받았다.

합동수사본부의 발표처럼 부역혐의자들로 구성된 조직이 있었다면, 이들은 좌익활동 조직이 아니라 오히려 고양경찰서 의용경찰대처럼 경찰의 치안활동을 보조하던 조직으로 보는 것이 타당하다. 실제로 연행당했던 이들 240여 명 중 기소당한 8명 외에는 모두 석방되었으며, 석방된 이들은 대부분 국민방위군이나 제2국민병으로 동원되었다. 기소된 8명 중에서도 부대장 원정기 외에는 모두 석방되었는데, 기록에 따르면 원정기는 군법회의에서 사형 선고를 받았다고 한다.

이상으로 보아 9·28 수복 후 주민들을 불법 구금하고 학살하는 등 민간치안조직으로 활동한 대한타공결사대가 '북악산 빨치산' 등 좌익조직으로 조작된 것으로 판단된다.

5) 고양경찰서에 의한 조작사건[467]

사건의 전모가 불분명했던 대한타공결사대 사건은 엉뚱하게도 이와 전혀 관련이 없는 주민에게 혐의가 뒤집어씌워졌다. 선유리 자위대 부대장이었으며 마차 운송업을 했던 유상문은 1950년 9월 후퇴하던 인민군의 짐을 운반해 주면서 평양까지 가야 했다. 여기서 미군에게 잡혀 노무자로 일하던 유상문은 이후 수용소로 보내졌다. 전국의 수용소를 전전하던 유상문은 1952년 8월 8일 풀려 나와 집으로 돌아왔다.[468] 그러나 1952년 9월 15일 오금리 치안대원과 피난민 19명을 살해 또는 살인미수한 대한타공결사대원이라는 혐의를 받아 고양경찰서 형사 이의진에게 체포되었다.[469]

1952년 9월 16일 유상문은 고양경찰서에서 조사를 받으면서 심한 고문 때문에 "1950년 9월 22일 신도면 오금리 치안대원 10여 명을 내무서원과 함께 살해한 사실 등이 있다"라는 취지로 자백하면서 "빨리 사형이 집행되기만 고대할 뿐입니다"고 했다. 유상문은 1952년 9월 22일 검찰에서 받은 피의자 신문에서 19명 중 18명을 살해한 사실과 김노이의 지령을 받은 사실을 보완 진술했으며, 10월 6일 2회 피의자 신문에서는 오금리 치안대원들을 유인하러 간 사실은 없으나 학살에는 가담했다고 하며 당시 학살 경위를 상세하게 묘사했다.

그러나 연행된 지 4개월 만인 1953년 1월 19일 유상문은 첫 재판을 받는 자리에서 "오금리 치안대원들이 학살당할 때 본인은 오금리에 있지 않았다"며 학살행위를 부인했다. 판사 신봉주는 유상문의 주장을 받아들여 1953년 2월 27일과 28일 고양경찰서에서 생존자 이홍오, 벽제면장, 고양경찰서 김용화 · 유재덕 등 증인을 신문했으며, 1953년 3월 4일 선유리 학살 현장을 검증했다.

1954년 8월 6일 서울고등법원에서 제1회 공판이 열렸는데, 이때에도 유상문은 오금리 치안대원 학살사실을 모두 부인했다. 1954년 11월 19일 제5회, 1955년 1월 28일 제6회, 2월 11일 제7회, 2월 16일 제8회 공판이 열렸다. 1955년 2월 23일 서울고등법원은 유상문에게 사형선고를 내렸으며, 유상문은 4월 21일 상고취의서를 제출했으나 1955년 6월 3일 대법원에서 기각되어 형이 확정되었다.

고양경찰서와 검찰이 유상문의 범죄에 대해 기소한 내용은 다음과 같다.

유상문은 1949년 7월 남로당에 가입했다가 1950년 3월 중 법령 제19호 위반으로 천 원의 벌금형을 받았으며 이후 국민보도연맹에 가맹했다.

인민군이 고양군을 점령하자 고양군 벽제면 자위대 부대장이 되어, 파주 임진강 철교를 긴급복구하기 위해 주민들을 강제동원시켰고, 선유리에 피난 와 있던 우익인사 등을 체포당하게 했으며, 소와 의류 등을 강제공출했다.

1950년 9월 22일경 유상문 등 벽제내무서원 30여 명이 타공결사대원으로 가장하고 고양군 신도면 오금리 치안대 사무소에서 마을 치안유지 활동을 하고 있는 치안대원 임한빈 외 13명을 유인하여 벽제면 선유리 유순학의 집에 감금했다. 다음날인 9월 23일 오후 10시경 주민 14명과 피난민 5명 등 19명을 벽제면 선유리 뒷산으로 연행하여 미리 준비한 구덩이 전면에 일렬로 앉힌 후 가지고 있던 철창으로 난자하여 19명 중 18명을 즉사케 했다. 학살 현장에서 이홍오는 총을 맞았으나 치명상을 당하지 않아 생존할 수 있었다.[470]

이에 대해 유상문은 다음과 같은 내용으로 변론했다. 그런데 이 내용 중에는 국민보도연맹사건 등 고양지역에서 벌어진 여러 사건의 의문점과 관련된 것도 포함되어 있으므로 주의 깊게 살펴볼 필요가 있다.

본인은 농업에 종사하면서 부업으로 우차운반업을 했다. 남로당에 가입한 사실이 있었으나, 이 때문에 11월경 보도연맹에 가입했으며 1950년 5월 탈맹했다. 보도연맹을 탈맹할 때 3천 원을 납부한 사실은 있으나 벌금에 처해진 사실은 없었다.

인민군 점령기 선유리에서는 1950년 7월 10일경 자위대가 조직되었는데, 대장은 김노이였으며 본인은 부대장이 되었다. 부대장이 된 이유는 인민군 의용군으로 나가라는 압박을 받았으나 부양가족이 많아서 곤란하다고 사정한 결과 그렇게 된 것이었다. 7월 15일부터 5일간 부락민 30여 명을 임진강 철교 복구공사에 강제동원한 사실이 있으며, 9월 15일경까지 부대장으로 활동하다가 이후 자위대가 해산됨에 따라 부대장을 그만두게 되었다. 자위대 근무 당시 도피 중인 피난민을 고발한 적이 있으며, 그들이 소유하고 있던 의류 등을 면 인민위원회에 보고했다. 이외에 주민 소유의 소를 징발한 사실이 있다. 그러나 반동분자로 인정된 이민호 소유의 의류 징발에는 전혀 관여하지 않았다.

9월 22일경 발생한 살인사건에 대하여는 고양경찰서에 체포당한 후 들은 것이다. 자위대는 9월 10일경 해산했으며, 9월 17일 마차를 인민군에게 징발당하여 9월 18일 새벽 5시경 북한을 향하여 출발하여 양주군 계남리를 경유해서 평양까지 갔다. 평양에 도착하고 10여 일 후인 10월 3일경 평양 순천지방에 내린 미 낙하산부대에게 다시 징발을 당하여 노무자로서 7~8일간 일을 했다. 그 후 미군은 본인을 포로수용소에다 넣었으며 11월경에 인천수용소, 12월경에 부산수용소로 이송되었다가 석방되어 1952년 8월 15일경 고향에 돌아왔다. 따라서 오금리 치안대원 임한빈 외 13명과 선유리의 피난민 5명이 살해당할 때 현장에 없었다. 고양군 벽제면 내무서원 30여 명이 타공결사대원으로 가장하여 조직된 내용에 대해서도 아는 바가 없으며, 고양경찰서와 검찰청에서 검사가 신문하는 대로 정신없이 대답하여 그렇게 된 것이었다.

경찰에서 너무나 고문이 심하여 없는 사실을 있다고 허위진술을 했다. 검찰청에서 자백한 것은 사변으로 인하여 가족 및 친척 등이 전부 없어지고 보니 차라리 죽는 것만 못 하겠다 생각하고 또 허위진술을 한 것이다. 본인은 사건현장에 있지 않았으므로 학살에 가담한 사실이 전혀 없으며, 오금리 치안대원들을 유노아 관리 중의 안종원 묘막인 공가 광간에 감금했던 사실은 전혀 모르는 사실이다. 1952년 9월 15일 밤 1시경 체포되어 경찰서에 가니 형사 2명이 참나무 몽둥이로 정신없이 타작한 후에 또다시 꿈틀거리니까 전기고문을 한없이 했다. 결국 "네가 살인자 아니냐"라고 하며 자기네 마음대로 조서를 작성하고 강제로 무인을 한 것이었다. 검찰청에 와서도 시멘트 바닥에 굴려 놓고서 구둣발로 차면서 검사 역시 네가 자백한 것이니까 할 수 없다고 말했다. 본인의 말대로 기록되어 있는 것은 주소와 성명 정도이다.[471]

법원에 출두한 주민들의 증언 내용은 경찰과 검찰의 기소 내용과 차이가 있었다. 특히 당시 선유리 학살현장에서 생존했던 이홍오의 증언은 다르다. 이홍오의 증언에 따라 사건을 정리하자면 다음과 같다.

유엔군이 인천에 상륙했다는 소식이 전해지자 오금리 청년들이 1950년 9월 17일경 치안대를 조직했다. 오금리 상촌에서는 14명이 치안대를 조직하여 마을 경비를 하던 중 음력 8월 20일(1950년 10월 1일) 자칭 타공결사대원이라고 하는 무장한 자 20여 명이 부락 치안대 사무소를 방문하여 수고들 한다는 축사의 말을 한 후, 벽제면 선유리 마을에 내무서원 몇 명이 남아 있으니 체포하러 가자고 했다. 이에 대원 14명이 결사대원이라는 자들을 따라 벽제면 선유리 방면을 향하여 출발했다. 밤 11시경에 선유리에 도착하여 안종원네 묘막에 들어서자 집안에서 무장한 내무서원 30여 명이 나서며 "손들어라!"하고 고성을 치며 총구를 겨누었다. 주민 14명은 광에 구금되었다. 다음날 서울 방면에서 피난 왔다는 피난민 등 5명이 광으로 잡혀 왔으며, 오후 6시경 6미터 정도 떨어져 있는 유노아의 처를 목격했다.

이들 주민들은 광에서 하루 동안 구금을 당하고 다음날 밤 9시경 끌려 나가 광목 띠로 양손을 뒤로 결박당하고 뒷산으로 끌려 올라갔다. 미리 파낸 토굴 속에 일렬로 앉혀진 19명은 우측으로부터 차례로 창에 찔려 토굴로 떨어졌다. 창으로 찌르는 자는 몇 명이었는지 모르나 현장주변에 집총 경비하던 자는 10여 명가량이었다. 본인은 왼쪽에서 두 번째 앉아 있었다. 주민들을 정면으로 향하여 앉혀 놓고 우측으로부터 시작하여 창으로 흉부 복부를 찌르고 쓰러지면 차서 굴리고 하는 것이었다. 현장에 유상문이 있었는지는 모르겠다.

모조리 토굴로 떨어지고 본인 차례가 되었을 때, 무의식중에 뛰쳐 앞으로 나갔다. 얼마 후 정신을 가다듬어 보니 흙에 묻혀 있었다. 흙을 헤치고 일어서니 인적이 없고 고요한 밤이었다. 오른쪽 흉부와 오른손에 관통총상을 입었다.

피난민의 시체는 서대문경찰서를 통하여 이장되었으며, 그 외 시체는 각자 가족들이 와서 발굴하여 이장했다. 당시 13명은 전부 고양군 신도면 오금리 사람들로 박한빈(당시 37세)·차오득(당시 36세)·김수명(당시 39세)·이득만(당시 29세)·이재욱(당시 21세)·최흥성(당시 24세)·김경환(당시 33세)·이태순(당시 35세)·한근식(당시 35세)·김장복(당시 42세)·신종찬(당시 24세)·이득식(당시 25세)·이치오(당시 19세) 등이다.[472]

희생자들의 시신은 1950년 10월 4일 수습되었다. 오전 10시경 희생자 가족들과 주민 40여 명이 발굴했는데, 당시 시신은 창에 찔린 채 석회로 덮여 있어 신원이 구별되지 않았다. 학살당한 18명 중 오금리 주민을 제외한 5명은 서울 피난민 2명, 양주군 장흥면 주민 3명이었다.[473]

유상문을 취조한 사람은 고양경찰서 수사계 경찰 김용화였다. 김용화는 당시 유상문의 다음과 같은 자백 내용을 기억하고 있었다.

"오금리 치안대원을 체포하여 온 사실은 없다. 면 내무서원 및 면 자위대원 등 수십 명이 1950년 9월 23일 밤 반동분자들을 체포하여 왔으니 가서 살해하자고 하면서 선유리 자위대원을 데리고 가므로 나도 선유리 뒷산에 따라갔다. 반동분자 10여 명 중 철창으로 4명가량 살해한 사실이 있다."

그러나 유상문은 그것이 경찰 고문에 의한 허위자백이었다며 살해사실을 부인하고 있다.

"경찰에서 고문을 하므로 본의 아닌 진술을 한 것이고, 실은 그 당시 나는 1950년 9월 22일 양주군 고령이라는 곳에 갔다가 이북엘 갔으니 그와 같은 살인을 한 사실이 없다."

이에 대하여 김용화는 재반박한다.

"경찰에서는 절대로 고문한 사실이 없고, (유상문이) 자진하여 자기의 범행에 관하여 자백했으므로 재판소에서의 그 부인은 거짓이다. …유상문이 자백하는 것을 오금리 주민 이홍오·김덕민·공기운 등이 들은 사실이 있다. 이들을 증인으로 신문하기 위해 호출했는데 마침 우연히 경찰서 취조실에 들어와서 (유상문의 말을) 듣게 되었다. …유상문에 대한 경찰 최초 신문에서 피해자 수가 10여 명이라고 했으나 이후 증인 이홍오는 피해자 수가 19명이라고 진술하므로, 다시 유상문에게 재신문하여 19명이라는 시인을 들었다."[474]

유상문을 체포한 이의진은 유상문이 오금리 치안대원 등 19명을 살해한 사실을 부인하는 것에 대해 "거짓말이다"라고 했다. 이의진에 따르면 유상문은 포로수용소에서 1952년 8월 8일 석방되어 귀환했는데, 그때 "유상문은 남로당원으로 6·25 사변 중 벽제면 선유리 자위대 부대장의 요직에 있으면서 부역행위를 한 사실이 있다"라는 선유리 주민들의 여론에 따라 그를 체포하여 취조하게 되었다고 한다. 그런데 신도면 오금리 주민들이 유상문을 오금리 치안대원들을 죽인 장본인으로 지목하므로 다시 그를 추궁하여 자백을 받았다고 했다.[475]

유상문이 1950년 9월 22일에 양주군 장흥면 고령리에 있었다는 주장에 대해 고양경찰서 유재덕이 별도의 보고서를 작성했다. 유재덕은 조사과정에서 유상문이 9월 22일 선유리를 떠나 있었다는 말을 들은 적이 없고, 오금리 치안대원을 살해한 자들이 내무서원 및 자위대원이라고 하는데 당시 유상문이 선유리 자위대 부대장의 직에 있었으므로 당연히 살해에 가담했을 것이라고 추측하고 보고서를 작성했다고 했다.[476]

선유리 이장 김우봉은 선유리 자위대장 김노이가 국군 수복 후 CIC 대원한테 총살당한 사실을 알고 있었다. 김우봉은 연합군 주둔지에 있었으므로 직접 목격한 바는 없으나 내무서원 및 선유리 자위대원 등이 완전히 선유리를 떠나 월북한 것은 1950년 9월 30일경이므로 유상문은 이때까지 선유리에 있었을 것으로 생각한다고 했다.[477] 선유리 자위대원은 10여 명이었다고 한다.[478]

유노아의 처 박간란은 당시의 상황에 대해 이렇게 증언했다.

"사건 당시 무서워서 내다보지도 못하고 혼자 방 안에 있었으므로 외부의 내용은 잘 모르고 있었는데, 음력 8월 물을 긷기 위하여 우물에 갔을 때 안종원 묘막 광에 다수의 청년들이 쭈그리고 앉아 있는 것을 보았다. 그 중에 이득만·차오득·이홍오 등 이전부터 안면이 다소 있는 자들을 발견했다. 다음날 새벽 해뜨기 전인데, 안종원 묘막에서 와자지껄하기에 나가 보니 내무서원인지 무엇인지 모르나 총을 소지한 자들과 이홍오 등이 없어져 버렸다. 그 당시는 오금리 치안대원 등을 죽이러 나간 사실은 전연 몰랐고, (그저 어디론가) 데리고 간 줄만 알았다가 정오경에야 (그들이) 죽은 것을 알았다. 그들 중 유상문은 못 보았다. 유상문은 그 전에 다 같이 떠난 것으로 안다."[479]

선유리 주민 최승남도 이에 대해 증언한 바 있다.

"1950년 9월 27일에 유엔군 진주지인 신도면 소재지로 일시 피난 갔다가 9월 30일 귀가했다. 신도면 소재지에 유엔군이 진주한 것은 1950년 9월 21일경이다. 인민군 점령기 자위대 대장은 김노이였다. 사건이 내가 신도면 소재지로 피난 나간 다음날인 9월 28일경에 있었다는 소식을 귀가해서 알았다. 내무서원 등이 오금리 치안대원 등을 총살한 날자가 9월 23일경이라는 것은 사실이 아니다. 그때는 내가 선유리에 있을 때인데 절대로 그런 살해사실이 없었다. 선유리에 빨치산이 들어온 것은 9월 중순이었는데 5~6명씩 왔다 갔다 했다. 유상문은 이때 휩쓸려 갔을 것이다. 선유리 방면에서 내무서원·빨치산 등 좌익분자 등이 완전히 패주한 일자는 9월 30일경인데, 이때 치안대장 최흥성은 하루 먼저 나간 후 행방불명되었다. 유상문이 고령리 방면에 갔다고 한다면, 다시 돌아와서 본건 살해를 감행했을 것이다."[480]

한편, 이홍오는 지난 진술이 잘못되었다며 다시 증언했는데, 그 수정한 내용은 다음과 같다.

유엔군이 선유리에 진주한 것은 음력 8월 추석 전이었다. 최흥성이 인민군 점령기 벽제면 선유리로 피난 갔다가 돌아온 것은 사실이다 오금리에 치안대를 조직한 것은 최흥성이 오금리로 돌아온 당일 또는 그 다음날이었으니까 1950년 9월 23~24일경이었다. 치안대장은 박재창 (당시 33세) 이었다. 최흥성이 대장의 직에 있지 않았다. 오금리 치안대원 등이 내무서원, 즉 세칭 타공결사대원 약 30명에게 속아서 붙들려 간 것은 치안대가 조직된 날로부터 약 3~4일 후이니까 9월 27~28일경일 것 같다. 최흥성은 1950년 9월 28일경 오금리 치안대원 14명 중 일원으로 체포되었다. 밤 11시경 그 묘막집에 도착했는데, 약 2일 후에 그 장소에서 무장한 내무서원 등이 최흥성을 데리고 나간 후로는 다시 보지 못했으므로 살해된 것으로 생각한다.

선유리 뒷산 중턱에서 내무서원 및 자위대원 등에게 살해당한 인원은 최흥성이 빠졌으므로 증인까지 합쳐서 18명이었다. 살해한 자는 내무서원 및 선유리 자위대원과 빨치산 등일 것 같으나, 아는 자가 한 사람도 없었으므로 자세히는 모른다. 연행된 날은 9월 28일경인 것 같다. 9월 28일 오후 10시경 체포되어 11시경 안종원 묘막에 감금당했으며, 다음날 오후 10시경 선유리 뒷산 중턱에서 피살된 것이다. 그런데 그 피해 일자는 앞뒤로 하루 정도 틀릴 수 있다. 최흥성의 시체는 모친이 찾으러 왔었으나 그 구덩이에 없어서 찾지 못했다. 안종원 가에서 박간란을 대면한 날은 9월 29일 오후이다.[481]

고양경찰서는 사건 생존자 이홍오, 희생자 김영환의 처, 희생자 김덕민의 처, 희생자 이득만의 처, 주민 공기운 등을 대질신문했으며 이들이 참관한 상태에서 유상문을 취조했다. 이들은 오금리 주민들이었으므로 선유리 출신인 유상문에 대해서 아는 바 없었음에도 불구하고 학살혐의를 받고 있는 유상문에 대해 적개심을 가지고 있었다.

당시 가해자들이 대한타공결사대가 아니었다는 증언도 있다. 희생자 이치오의 형 이치국은 사건 직후 신도 타공결사대에 연락했었는데, 그들로부터 치안대원을 동행한 것이 타공결사대원이 아니고 좌익분자라는 말을 들었다고 한다. 그런데 당시는 타공결사대와 치안대, 좌익단체가 공존할 수 없는 상황이었다.

한편, 선유리 주민 남금순은 학살자들을 직접 목격했던 사실을 증언했다.

"1950년 9월 29일경 오전 5시에 불상자 도배 5명이 나의 집에 와서 밥을 해달라고 하기에 밥을 해주었다. 밥을 먹으면서 자기들끼리 이야기하는 말을 들은즉 '그 중에 몇 놈은 기운에 세던걸' 하기에 자세히 보니 그 중에는 다리를 다쳐서 절룩절룩하는 놈도 있었고, 피 묻힌 놈도 있어서 지난 밤 살인자가 분명하다고 생각했다. 그러므로 유상문은 억울하게 형을 받았다."[482]

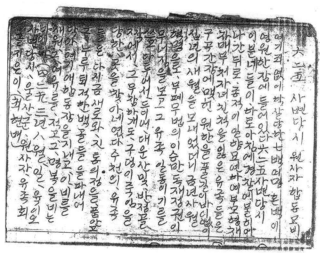

1960년 울산 출신의 한글학자 최현배 선생이 작성한 울산유족회 합동묘 비문. 5·16 쿠데타 이후 합동묘가 해체되고 추모비는 훼손되었으나 비문은 한 유족이 수기로 작성하여 남아 있다. [출처 : 울산유족회]

제7장

남은 과제

1. 사과의 한계

1952년 5월 당시 부통령이었던 김성수는 "사변 발발 직후에는 국민을 기만하여 적의 마수 하에 남겨둔 채 무질서한 도주를 감행하여 저 무수한 애국자를 희생시킨 천추의 통한사(痛恨事)를 저질러 놓고도 한 사람도 책임을 지고 국민 앞에 사과하는 자가 없었을 뿐 아니라, 도리어 마치 구국의 영웅이나 된 양으로 권력을 남용하여 민주국가에서 도저히 상상도 할 수 없는 중대한 인권유린을 감행했으며…"라며 부통령직을 사임했다.[483] 이 것은 아마 부역혐의자 희생사건에 대한 국가 책임자 차원의 최초 사과 발언에 해당하지 않을까 싶다. 지금도 '학살'이라는 용어 쓰기를 꺼려하고 '중대한 인권유린'이라는 표현을 쓰는 것을 생각해 본다면, 60여 년 전의 대표적 보수 정객이 사용한 '중대한 인권유린'이라는 말은 당시의 민간인 피해가 얼마나 심각한 상황이었는지 짐작케 해주는 것이 아닐까?

고 노무현 대통령은 2008년 1월 25일 울산국민보도연맹사건 희생자 추모식에 보낸 영상메시지에서 다음과 같이 밝힌 바 있다.

"58년 전, 국민보도연맹사건은 우리 현대사의 커다란 비극입니다. 좌우 대립의 혼란 속에서 수많은 사람들이 보도연맹에 가입되었고, 6·25 전쟁의 와중에 영문도 모른 채 끌려가 죽임을 당했습니다. 그리고 그 유가족들은 연좌제의 굴레에서 고통받으며 억울하다는 말 한마디 못한 채 수십 년을 지내야만 했습니다. 저는 대통령으로서 국가를 대표해서 당시 국가권력이 저지른 불법행위에 대해 진심으로 사과드립니다. 무고하게 희생당하신 분들의 명복을 빌고, 유가족 여러분께 깊은 위로의 말씀을 드립니다. 아울러 이 기회를 빌려, 지난날 국가권력의 잘못으로 희생되거나 피해를 입으신 모든 분들과 유가족 여러분께 다시 한 번 사과와 위로의 말씀을 드립니다. 그리고 앞으로 다시는 이러한 일이 되풀이되지 않도록 우리 모두가 경계로 삼아야 할 것입니다.

국민 여러분, 과거사 정리는 우리의 미래를 위해 꼭 필요한 일입니다. 진실을 밝혀 억울한 분들의 맺힌 한을 풀고 명예를 회복해서 진정한 화해를 이루자는 것입니다. 훼손된 국가권력의 도덕성과 신뢰를 회복하자는 것입니다. 나아가 자라나는 우리 아이들에게 올바른 역사를 가르치기 위한 것입니다. 아직도 의혹이 있는 사건이 있다면 그 진실을 분명히 밝혀야 합니다. 그리고 이미 밝혀진 일들에 대해서는 명예회복, 사과와 화해, 추도사업, 재발방지 대책과 같은 후속조치들을 착실히 추진해 나가야 할 것입니다."

이어 같은 해 9월 27일 경찰청장은 '고양 금정굴 학살 및 고양지역 민간인학살 희생자 합동위령제전'에서 이렇게 사과했다.

"반세기 전 한국전쟁이라는 민족적 비극과 좌우 대립의 혼란 속에서 이곳 고양 금정굴과 한강변 등 억울하게 희생되신 영령들의 명복을 빌며 유족 여러분에게도 깊은 위로의 말씀을 드립니다. …아울러 오랜 세월 동안 인내하며 지내 오신 유족 여러분의 슬픔을 달래 드리고 고인들의 넋을 기리기 위한 후속조치가 원활히 이루어지도록 적극 노력해 나갈 것을 다짐합니다. 이러한 슬픈 역사가 다시는 되풀이되지 않도록 항상 주민을 섬기며 법과 원칙을 준수하는 새로운 경찰의 모습으로 다가서도록 최선을 다하겠습니다."

국가권력의 최고책임자인 대통령, 군과 함께 최고의 물리력을 행사하는 경찰총수가 반세기 전에 저지른 전쟁범죄에 대해 사과의 뜻과 함께 명예회복 조치와 재발방지의 의지를 밝혔다. 그러나 그로부터 3년이 지나도록 위령시설 설치, 피해 보상 및 배상 등의 명예회복과 화해를 위한 조치는 전혀 이루어지지 않고 있다. 2009년 새해 벽두, 서울 용산에서는 재개발을 둘러싸고 철거민 5명이 '도시 게릴라' 취급을 당하며 경찰 폭력행사 과정에서 사망했다. 이어 광우병이 염려되는 미국산 소고기 수입 결정에 항의하던 시민들이 경찰의 무차별 폭력에 의해 부상당했다. 이 사건들은 60년 전 이승만 정부가 민간인에 대해 가지고 있던 '적대적' 관점을 그대로 보여주고 있다. 그리고 대응방식 역시 하나도 달라진 것이 없다. 대통령의 '재발방지'와 경찰총장의 '항상 주민을 섬기는' 새로운 모습에 대한 약속은 일년을 넘기지 못하고 잊혀졌다.

2. 국가의 참회와 화해

1) 화해의 전제

국가범죄에 있어서 화해의 절대적 전제는 가해 측의 참회이다. 그리고 참회의 요소는 ① 책임 인정, ② 재발 방지, ③ 참회 고백, ④ 피해 공감, ⑤ 가해경위 규명이라고 한다. 즉, ① 가해자는 스스로의 행위에 대하여 책임을 인정해야 한다는 것, ② 다시는 같은 행동을 하지 않겠다는 약속을 공공연하게 해야 한다는 것, ③ 피해자에게 참회의 의사를 정확히 전달할 것, ④ 피해자의 고통에 대해 공감한다는 것을 피해자가 느끼게 할 것, ⑤ 가해행위가 발생하게 된 경위에 대해서 스스로 설명하는 것이다. 이를 만족시켰을 때에야 비로소 참회하는 것으로 볼 수 있다는 것이다.[484]

2) 국가의 오만과 피해자의 주눅

1960년 4·19 혁명 직후 유족회의 활동이 있었다. 가장 먼저, 그리고 활발하게 활동한 지역은 경남북 등 인민군 미점령지역이었거나 점령기간이 짧았던 지역이었다. 당시 경북지역 피학살자 유족회는 "무덤도 없는 원혼이여, 천년을 두고 울어 주리라", "조국 산천도 고발하고 푸른 별도 증언한다", "처형관련 군경을 색출 처단하라", "유족에 대한 경찰의 정치적 감시를 해제하라"는 등의 플래카드를 내걸고 진실규명과 명예회복, 가해자 처벌을 주장했다. 그러나 이 활동조차 1961년 5·16 군사쿠데타에 의해 중단되었다. 유족회 간부들은 10년 전 희생당했던 그들의 부모형제처럼 "북한을 이롭게 하는 활동을 했다"라며 유죄를 선고받았다.

미점령지역 유족 활동조차 좌익혐의로 처벌받는 상황에서 점령지역의 유족들에게 '부역혐의'가 주는 부담은 더욱 컸다. 1990년 전남도의회조차 전남지역 민간인 학살사건을 조사하자는 제안을 부결시킬 정도였다.[485]

사정이 이러하다 보니 유족들부터 국가와의 대결을 회피하려는 경향이 생기게 되었던 것 같다.

4월 혁명으로 이승만이 물러난 지 10여 일 만인 1960년 5월 11일 경상남도 거창군 신원면에서 전 면장 박영보가 주민들에 의해 타살당한 사건이 있었다. 박영보는 1951년 2월 거창군 신원면 주민 719명이 국군 제11사단 9연대에 의해 학살당할 때 면장으로서 국군의 학살을 도왔던 사람이다. 이 사건으로 볼 때 가장 가까이 있는 자들이 가장 먼저 원한의 대상이 되었음을 알 수 있다.

고양지역도 마찬가지였던 것으로 보인다. 주민들은 연행을 담당했던 태극단이나 치안대만을 기억하고 있었으므로 이들이 가해자로 각인되는 것은 당연한 일이었다. 그 뒤 유족들은 부역혐의자의 가족이거나 무고에 의해 피해를 당했음에도 불구하고 지역에서 살고 있던 가해 측 인사들에 의해 괴롭힘을 당했으며, 결국 한두 해 만에 지역사회로부터 추방당하게 되었다. 물론 국가 정보기관의 체계적인 감시와 억압이 있었지만 이들이 주민들에게 직접 노출된 적은 거의 없었다. 이것이 바로 민간치안조직을 활용하는 이유였고 이를 통해 사건 은폐를 시도한 국가의 음모는 완전히 성공한 것처럼 보였다.

1992년에 이르러서야 시작된 고양지역 유족회의 활동과 1995년의 발굴 역시 국가기관의 개입사실보다는 피해사실 자체를 확인하고 인정받는 것이 시급한 과제였음을 보여준다. 이후 유족회 스스로 희생자가 누구였는지 확인하는 활동을 했으며, 가해자의 실체에 대해 초보적인 조사를 했다. 그러나 고양경찰서 등 국가기관의 개입사실을 규명하는 데에는 이르지 못했다. 물론 가장 큰 이유는 국가기관의 비협조 때문이었고, 유족들로서는 달리 국가기관의 자료에 접근할 방법이 없었기 때문이기도 했다.

3) 참회에 소극적인 국가

이 문제는 진실화해위원회가 활동하면서 어느 정도 해소될 수 있었다. 그러나 진실화해위원회의 활동 역시 고양경찰서의 개별 사건 지휘사실을 밝히는 데 그쳤을 뿐 그 이상 지휘체계의 개입 경위를 밝히지는 못했다.

진실화해위원회는 한시적인 임의 국가기구였다. 대한민국이 당시 사건에 대해 반성하고 재발을 막고자 한다면 스스로 자료를 공개하고 과거사를 정리하는 모습을 보여야 한다. 이 일을 위해 경찰청 과거사위원회, 국가

정보원 과거사위원회, 국방부 과거사위원회가 활동했으나 이들은 모두 한 시적 임의기구로서 마치 외부 기관처럼 여겨졌을 뿐 결코 각 기관 내부에 서 정보를 공유하며 활동하지 못했던 것으로 평가된다.

3. 참회의 방법

국가가 할 수 있는 참회의 방법은 유골 수습과 유해 발굴, 자료 공개, 배 상책임 인정과 특별법 제정, 재산피해 복구 지원, 추가 조사 등이다.

1) 유골 수습과 추가 발굴

유골 수습의 문제는 고양지역의 것만은 아니다. 전국에 걸친 문제로서 현재까지 일부나마 수습되고 있는 곳은 제주 · 거창 · 산청 · 함양, 영동 노 근리 정도이다. 경북 경산 코발트 광산, 경남 진주, 대전 산내면 등 진실화 해위원회에서 발굴하다 만 곳도 있다. 금정굴을 비롯하여 전국 곳곳에서 이미 발굴된 유골을 어떻게 영구 봉안할 것인가 하는 문제도 전혀 해결되 지 않았다.

그런데 진실화해위원회의 조사과정에서 알게 된 유골 매장 추정지역 에 대해 초보적인 기초조사조차도 못한 곳이 더욱 많다. 고양지역에서 는 성석리 뒷골 방공호에 20여 구의 시신이 매장되어 있을 것으로 추정 되는데, 3년이 지난 지금도 이에 대한 발굴 논의는 전혀 시작조차 못하 고 있다.

경주피학살자유족회가 경주 계림국민학교에서 위령제를 지내는 모습 (1960.11.13.)
[출처 : 대구피학살자유족회 유족 제공]

2) 자료 공개

진정한 화해는 국가의 해당기관 스스로가 자료를 공개하는 것으로부터 시작된다. 2005년 경찰청 과거사진상규명위원회가 발표한 〈보도연맹원 학살의혹 사건 중간조사 결과〉에 따르면, 경찰 전산자료에 18,423명이 등재되어 있는데 이 중 임의처형자 17,716명, 생존 262명, 월북 행불 152명, 상황미기재가 293명이다. 한편, 중앙정보부가 1978년 발간한 〈6·25 당시 처형자 명부〉에는 임의처형자 26,330명의 명단과 연고자 38,135명의 명단이 있다고 한다.[486] 지금도 이들이 누구인지 공개되지 않고 있다.

3) 배상책임 인정

고양지역에서의 부역혐의자 학살사건이 국가범죄의 일부로 확인된 2007년 6월 26일 이후 국가는 사과 의사만을 밝힌 채 더 이상 반성하지 않고 있다. 현행 법체계 아래에서 피학살자 유족들이 택할 수 있는 방법은 국가배상 소송 외에는 없는 형편이므로 고양지역의 유족들 역시 2010년 6월 국가배상 소송을 하게 되었다. 진실화해위원회의 결정이 2007년 6월에 있었으므로 민법 제766조, 예산회계법 제96조의 "불법행위로 인한 손해의 경우 그 배상청구권은 손해 및 가해자를 안 날로부터 3년이 지나거나 불법행위를 한 날로부터 5년이 지나면 시효로 인해 소멸한다"는 규정에 따라 소송을 하게 된 것이다.[487]

현재까지 국가범죄에 대한 국가의 배상책임을 인정한 판례 및 소수의견은 다음과 같다.

> 30여 년 전 중앙정보부 소속 공무원들에 의하여 발생한 최종길 교수 사망사건에 관하여 그 유족들이 국가 등을 상대로 제기한 손해배상 청구소송에서, 유족들에게 그 청구권을 행사할 수 없는 객관적인 사정이 있었거나 소멸시효를 인정하는 것이 현저히 부당하거나 불공평하다는 등의 특별한 사정이 있으므로, 국가가 소멸시효의 완성을 주장하는 것이 신의칙에 반하여 권리남용에 해당한다 (서울고법 2006. 2. 14. 선고 2005나27906 판결).

국민의 기본적 인권을 보호하여 국민 개개인의 인간으로서의 존엄과 가치를 보장하며 국민으로 하여금 행복을 추구할 권리를 향유하도 록 하여야 할 임무가 있는 국가로서는, 그 피해를 입은 국민들에 대하 여 정정당당하게 그러한 불법행위 자체가 있었는지의 여부를 다투는 것은 몰라도, 소멸시효가 완성되었다는 주장을 내세워 그 책임을 면 하려고 하는 것은 결코 용납할 수 없는 방어방식이라는 점에서도 국 가의 소멸시효 항변은 허용될 수 없다 (대법원 1996. 12. 19. 선고 94다 22927 전원합의체 판결의 소수의견 참조).

4) 특별법 제정

독재체제로부터 자유민주주의적 헌정질서를 회복했다는 객관적 사실만 으로는 희생자 및 유족들이 강박상태에서 벗어난 것이라고 볼 수 없다고 한다.[488]

1990년 7월 10일부터 우리나라에서 발효되기 시작한 '시민적 및 정치적 권리에 관한 국제규약(B규약)' 제7조는 "어느 누구도 고문 또는 잔혹한, 비인도적인 또는 굴욕적인 취급 또는 형벌을 받지 아니한다. 특히, 누구든 지 자신의 자유로운 동의 없이 의학적 또는 과학적 실험을 받지 아니한다" 고 규정하고 있다. 이러한 인권보장 원칙을 구현하기 위하여 인권범죄를 다루는 국제형사재판소는 고문 등의 범죄에 대하여는 그 공소시효 적용 을 배제하고 있다.

UN 인권이사회는 각국의 군사정권 아래에서 저질러진 시민적·정치적 권리의 중대한 침해에 대하여는 필요한 최장기간 동안 기소가 이루어져야 한다고 권고하고 있다. 반인도적 범죄, 전쟁범죄나 고문과 같은 중대한 인권침해에 관하여는 공소시효의 적용을 배제하는 것이 국제법의 일반원칙으로 되어 있다.

피해사실에 대한 원상복구는 사법절차에 의하여 이루어지기보다는 포괄적 입법에 의하는 것이 바람직하다는 것이 대부분 전문가의 의견이다. 이들의 의견을 정리하자면, 집단희생 사건의 포괄적 성격에 비해 사법절차에 의한 해결방안은 개별적인 것으로서 ① 소송기간이 길며(삼청교육대 사건은 10년이 걸림), ② 실정법에 의해 시효가 완성되는 기존의 국내법 체계로 인해 법적 구제가 곤란하고, ③ 하급심과 대법원의 판단 사이에 일관성이 없고, ④ 사회적 관심 정도와 배상액의 차이 등에 민감한 영향을 받는 등의 문제점이 확인되고 있다는 것이다. 따라서 개별적인 사법절차보다는 포괄적인 입법조치를 통하는 것이 현실적인 방안이라고 보는 것이다.[489]

논의 중인 '반인권적 국가범죄의 공소시효 등에 관한 특례법안'은 제2조와 제3조 공소시효의 배제 사유와 중지 사유, 제4조 소멸시효의 배제 사유와 정지 사유를 각각 규정하고 있다. 동법이 발효되기 전에 소멸시효가 완성된 경우에도 국가는 소멸시효의 완성을 주장할 수 없도록 되어 있다. 이 법이 통과되면 관련 법률에서 보상에 대한 규정이 없더라도 전시 민간인 피해자와 유족은 국가배상청구권을 행사할 수 있는 길이 열린다.

5) 재산피해 복구

진실화해위원회의 조사과정에서 일부 희생자와 가족 소유의 재산이 수탈당한 사실이 확인되었는데, 이는 개인적 감정이나 폭력에 의해서가 아니라 경찰서 등 국가기관이 개입하여 체계적이고 전국적으로 저질러졌음을 보여 주고 있다.

따라서 60여 년이 지난 지금, 가재도구와 같은 재산피해는 물론 토지 등 부동산에 대한 수탈사실을 체계적으로 조사할 필요가 있다.

증언과 국가기록을 통해 부역자의 재산 처리에 대한 일정한 원칙이 있었음이 확인된다. 그러나 실제 어떤 원칙을 가지고 분배하고 관리했는지 조사된 바는 없다. 희생자 소유의 토지가 어떤 경위를 거쳐 소유권이 이전되는지에 대한 체계적 조사도 필요하다.

재산피해는 고양지역뿐 아니라 전국적으로 발생한 것으로 확인되는데, 실제 피해규모가 어느 정도에 이르는지 조사된 바도 없다. 이에 대한 조사도 필요하다.

생명피해에 비교할 바는 아니나 재산에 대한 피해사실이 확인될 경우 그에 따른 적절한 조치가 필요할 것이다. 가능한 수준에서의 피해복구를 위해 관련 법령을 정비해야 할 필요가 있다.

6) 추가 조사

고양지역에 국한하여 볼 경우에도 아직 확인되지 않은 사건이 많이 있다.

벽제면 고양리에서는 국군 수복 후 군인 두 명이 고양리 김씨 집안에 찾아와 부역을 했다는 이유로 어린아이를 포함한 35명을 도로 옆 골짜기로 끌고 가서 몰살시키는 참변이 일어났다.[490] 이강만의 이 증언은 성석리 사건을 혼동하고 있는 것으로 보이나, 이와는 별도로 고양리에서도 많은 희생이 있었다는 주민들의 증언이 있었다. 하지만 구체적으로 확인된 바가 없다.

또한 신도면 대한타공결사대에 의해 학살당했다는 사건이 있다. 합동수사본부의 '조선결사대사건 전모 보고의 건'에 따르면, 대한타공결사대는 1950년 10월 12일 양주군 백석면에서 21명, 11월 5일 신도면 효자리에서 41명, 11월 14일 신도면 효자리에서 37명을 학살했으며, 11월 6일경에는 신도면 창고에 300여 명의 주민을 감금하고 19명을 고문하여 살해했다고 한다.[491]

합동수사본부는 대한타공결사대가 우익을 가장한 좌익단체였다고 하나, 이들이 활동한 시기는 이미 국군이 수복하고 경찰에 의해 치안이 확보된 때이므로 좌익단체라기보다는 경찰의 치안활동을 보조하던 민간치안조직으로 보는 것이 타당할 것이다. 따라서 이들에게 희생당한 양주군 백석면과 고양군 신도면의 주민들은 경찰의 치안활동에 의해 학살당한 것이 분명해 보이지만, 당시 희생된 주민들이 누구였는지 현재로서는 파악되지 않았다. 사건 당시 신도면의 주민들은 신도지서와 고양경찰서에 이 사실을 신고했음에도 해당 수사기관이 전혀 대응하지 않았으며, 합동수사본부에 신고한 후에야 조사가 이루어진 것이라고 한다. 이 사건은 조작된 의혹이 있으므로 완전히 신뢰할 수는 없으나, 희생자 수나 사건 발생 횟수에 대해서 과장이 있을지언정 당시 대한타공결사대가 치안활동에 가담한 것은 분명한 사실로 보이므로 집단희생 사건이 발생한 것은 사실로 판단된다.

신도면 수색리에서도 피해가 있었다. 수색리 황용문은 인민군의 협박에 못 이겨 20일 동안 자위대장을 하게 되었는데, 이 때문에 10여 명의 부역혐의자들과 함께 국군 해병대에 의해 수색국민학교 뒷산에서 학살당했다.[492]

원당면 성사리에서도 마을 뒷산에서 장씨 집안 여러 사람을 포함한 주

민들이 총살당했다고 한다.[493]

지도면 행주내리 맨돌마을에서 9·28 수복 직후 노동당에 가입한 혐의를 받았던 63명의 주민들이 치안대(대장 김덕규)에 의해 총살당했으며 그 시신을 유가족들이 수습한 사건이 있었다고 한다.[494] 한편, 이 사건과 직접 관련성이 있는지는 확인되지 않으나, 〈태극단 투쟁사〉에는 "…행주지단장 황인수는 이때를 놓칠세라 지하에서 뭉친 유병덕·황봉수·장명진·서경세·지응영·이점산 등을 이끌고, 자신이 은닉했던 단 1정의 M1소총으로 세 놈의 괴뢰군을 생포하여 무장해제시켜 공회당(행주내리)에 감금해 놓고 노획한 아식장총으로 다시 단원들을 무장시켜 또 기습하니 이번에는 동리의 애국청년 이남산·장사진·최장진·안일동 등이 합류해서 무려 20여 명이 기습하여 적 사살 1명과 63명의 포로를 생포했으며 그 후 포로 63명과 노획한 수냉식 중기 1문, 따발총과 아식장총 등 60여 정을 행주산성에 주둔한 미 해병대 상사(성명 미상)에게 인도"시켰다고 적고 있다.[495] 태극단원이었던 황인수는 국군 수복 후 100여 명가량을 생포하여 행주외리 다리 부근에 있던 치안대 본부로 보냈는데, 이후 그들의 행방에 대해선 아는 바가 없다고 했다.[496] 이 사건에 대해 마을 주민들이 증언하기를 꺼리고 있어 더 이상의 진실이 확인되지 않았다.

신도면 용두리에서는 국군 수복 직후 마을 사람들에 의해 부역자로 지목된 주민 5명이 유엔군에 의해 마을에서 총살당했다고 한다.[497] 이 사건에 대해 용두리 원주민들 대부분이 알고 있었으나 사건 경위에 대해 더 이상 증언하지 않았다.

인민군 측에 의한 피해도 조사되어야 한다. 이미 확인한 바 있듯이 고양 지역에서는 1950년 9월 28일경 후퇴하던 인민군 측에 의해 집단학살당한 사건들이 있는데, 이 중 가장 대표적인 것이 송포면 덕이리 은장에서 있었던 태극단원 희생사건이다. 그리고 이와 같은 시기에 고양내무서 뒷산에서 성석리 김씨 일가 등이 희생당한 사건과 대한타공결사대로 추정되는 자들에 의해 오금리 치안대원 13명 등 모두 18명이 희생당했다는 선유리 똥구덩이 사건이 있다.

그런데 이 유형의 사건에 대해서 지난 50여 년간 집권했던 남한의 반공 정부는 유족들에게 충분히 규명하거나 보상하지 않았다. 반공독재 정부는 이들을 정치적으로 이용만 했을 뿐, 그 후손들에 대한 조치는 군경에 의한 민간인 학살사건의 유족들과 크게 다르지 않았다는 것이 확인된다.

아직 이 사건의 발생 원인에 대해서 분명히 규명되지 않았으나, 한 가지 분명한 것은 한국전쟁이 가지는 내전의 특성과 관련이 있다는 것이다. 이미 살펴보았듯이 남이나 북이나 모두 보복적인 점령정책을 사용했다. 전쟁 초기 고양군을 점령한 인민군 측은 국민보도연맹원·대한청년단원 등 우익 관련단체 소속원들을 우선적으로 강압하여 이용했으며, 수복 후의 군경 역시 부역혐의를 받고 있던 주민들을 강압하여 이용했다. 이런 상황에서 대부분의 주민들은 정권이 남에서 북으로, 북에서 남으로 바뀌던 시기에 커다란 혼란에 빠졌을 것으로 쉽게 예상할 수 있다. 그러나 이 이행 시기에 대한 조사는 거의 이루어진 바가 없으며 여전히 금기의 영역으로 남아 있다.

4. 재발방지를 위한 이론적 검토

고양 금정굴 사건과 같이 부역혐의 학살사건과 관련된 국제법은 제네바 협약 제4조이다. 제네바협약 제4조 1항은 적대행위에 직접 가담하지 않았거나 또는 과거에 가담했지만 현재 이미 가담을 그만둔 모든 자들은 신체·명예·신념 및 종교적 관습을 존중받으며, 집단학살의 명령은 금지된다고 규정하고 있다.

1) 민간인 학살의 정의

민간인 학살사건을 이해하기 위해 먼저 검토해야 할 몇 가지 개념이 있다. 민간인 학살을 의미하는 용어로 제노사이드(genocide), 대량학살(mass killing), 폴리티사이드(politicide), 데모사이드(democide) 등이 사용되고 있다.

'제노사이드'는 유대계 출신의 폴란드 변호사인 라파엘 렘킨(Raphael Lemkin)이 1944년 처음으로 사용했는데, 당시 렘킨은 "집단 자체를 절멸시키려는 목적에서, 민족 집단들의 삶의 근본적인 토대를 파괴하기 위한 다양한 행위의 통합적 계획"이라고 정의했다. 이후 1948년 12월 9일 파리에서 열린 UN 총회에서 19개 조항으로 이루어진 '제노사이드 범죄의 방지 및 처벌에 관한 협약(Convention on the Prevention of the Crime of Genocide)'을 92개국의 찬성으로 통과시켰다. 협약 제2조는 "본 협약에서 제노사이드라 함은 국민적·인종적·민족적 또는 종교적 집단을 전부 또는 일부 파괴할 의도로서 행하여진 행위"로 규정하고 있는데, 이는 실제 대부분의 학살사건에서 인종적·민족적 충돌보다는 정치적·경제적·문화적인 이유가 많았다는 점과 일치하지 않으므로 충분하지 않다고 지적되고 있다.[498]

이에 비해 '대량학살'은 "대규모의 비전투원들에 대한 의도적인 학살"로 정의되고 있는데 ① 의도성이 있으며, ② 피해가 대규모이고, ③ 비무장 민간인을 목표로 삼는 특징을 가진다고 한다. 이 개념은 제노사이드로 정의되지 않는 '희생양 이론', '정치적 기회 이론'을 포괄하며, 민주주의 사회에서도 벌어지는 대량학살 문제와 소수의 가해자들에 의해 벌어지는 대규모 학살에 대해 설명할 수 있다고 한다.[499]

'폴리티사이드'는 제노사이드가 그 구성원들이 갖고 있는 종족·종교·민족 등 공통의 특성에서 희생자 집단을 규정하는 특징을 갖는 데 비해, 지배집단 혹은 정권에 대한 정치적 반대 위계에 있는 서열에 따라 희생자 집단을 규정하고 있다.

'데모사이드'는 무장하지 않은 시민들에 대한 정부의 의도적 살해를 강조한다. 제노사이드와 달리 데모사이드는 시민에 대한 의도적 살해에 국한되며, 다른 수단에 의해 문화·인종 또는 민족을 제거하려는 시도까지 확장하지는 않는다. 나아가 데모사이드는 제노사이드나 폴리티사이드, 대량학살, 또는 테러에 국한되지 않는다. 데모사이드는 살인이 정부기구에 의해 의도적으로 이루어진 활동·정책·과정의 결과인 경우에는 이 모두를 포함하는 개념이다. 정부가 국가권력을 집행하는 기구이기 때문에 학살의 가해자로서 '정부'를 강조하게 된다.

2) 민간인 학살 (제노사이드) 의 발생 원인

민간인 학살의 발생 원인에 대한 접근방법은 철학적 또는 사상적 접근, 사회·정치적 또는 구조적 접근, 문화·사회적 접근이 있다고 한다.

철학적·사상적 접근방법은 근대성의 철학과 관련되어 있는데, 근대성으로 포섭되는 과학적 합리성과 합리주의화, 과학적 발전과 기술의 진보에 따른 도구적 이성, 이에 따른 관료화된 군대조직을 비롯한 인류문명의 합리화와 관료체계 때문에 집단학살 사건이 발생한다는 것이다. 우월한 인종과 열등한 인종을 구분한 민족주의는 계몽주의의 산물이었으며, 민족주의를 강화시키는 사회적 상황은 구별·차별·배제·파괴·절멸화로 진행되는 메커니즘을 가진다.

사회·정치적 원인과 구조적 상황에 의해 민간인 학살이 발생한다는 접근방법은 정치적 반란의 경우를 대표적 사례로 든다. 정치적 반란의 경우 집단 정체성이 강화되어 정권의 구조에까지 영향을 미치게 되는데, 전쟁이나 혁명 같은 위기상황에서 집단과 집단 사이의 사회적 균열이 발생하고, 정부의 정치권력이 집중된 경우에 민간인 학살이 발생한다는 것이다.

문화·사회적 접근방법은 문화적 평가절하, 권위에 대한 복종, 획일주의 문화, 문화적 자기 허영, 역사적 상처, 호전성에 의해 민간인 학살이 발생한다는 것이다.

3) 민간인 학살(제노사이드)의 유형

민간인 학살은 가해자의 동기에 따라 세 가지 유형으로 구분된다고 한다.
첫 번째 유형은 공포를 조성하여 적대세력의 위협을 제거할 목적으로 학살을 저지르는 경우로서 경제적 수탈이 함께 일어난다. 두 번째 유형은 보복·응징을 목적으로 하며, 제도화되고 공공이익을 명분으로 한다. 세 번째 유형은 지도자의 특성에 의한 것이다.

4) 민간인 학살(제노사이드)의 진행

학자들은 세계 곳곳에서 벌어지는 민간인 학살이 일정한 단계를 거치며 진행되는데, 각 단계마다 공통된 구조가 있다고 주장하고 있다. 연구대 상이 되었던 각 사건들에 따라 강조점에 차이가 있으나 기본 골격에 있어 서는 대체로 일치된 의견을 보이고 있다.[500] 이들 주장을 종합하면 민간인 학살은 다음과 같은 단계를 거쳐 진행되고 있다고 할 수 있는데, 이는 우 리의 경우에도 시사하는 바가 매우 크다.

① 차별하기(discrimination) 또는 분류화(classification)

민간인 학살의 첫 단계는 정치적·경제적·인종적·종교적 등의 이유로 학살대상 집단에 대한 차별을 포함한 온갖 부정적 태도가 형성되는 것이다.

미소 냉전의 세계적 구도 아래에서 한반도는 일제강점기의 과거사를 청 산하지 못한 채 남과 북으로 분단되는 모순까지 겹친 상황이었다. 특히 남 쪽의 경우 1945년 9월부터 12월까지 미군정은 시작부터 반공의 명분 아래 친일잔존 세력과 친미 세력을 사회지도층으로 결합시켰으며, 이들은 자신 들에 반대하던 민족주의 세력과 분단반대 세력들을 구분하기 시작했다. 이는 친일파들의 특권 유지 욕구와 미군정의 미약한 정치적 기반의 결과 이기도 했다.

9·28 수복 후 이승만 정부는 인민군 점령 하에 있던 시민들 모두에 대 해 부역혐의를 두고 있었음을 확인한 바 있다. 이승만 정부는 부역자를 구별하기 위해 적극적 부역자, 생존형 부역자, 피난 도피자의 세 가지 차별 기준을 제시했다. 이 때문에 인민군 미점령지로 피난했던 사실을 입증하 지 못한 주민들은 대혼란을 겪어야 했다.

② 낙인찍기(stigmatization) 또는 상징화(symbolization)

정치적·사회적 반대세력 또는 공격대상 집단의 기회와 권리를 부정하고 배제하며(축출집단 규정짓기, defining the out-group), 신분증 등 제도적 도구를 이용하여 정체성을 차별하는 단계이다.

미군정과 이승만 세력은 1945년 12월 모스크바 3상회담의 내용을 반대로 왜곡하여 자신들의 반대세력을 반독립세력으로 보이게 하려는 부정적 낙인찍기를 시도했다. 그리고 조직 자체를 불법화하지는 않았으나 각 세력의 지도자들에 대해 체포명령을 내리는 등 실질적 불법화 조치를 취하기 시작했다. 이로써 남한 내 친일파를 청산하고 통일독립국가를 만들자는 정치·사회집단은 미군정과 이승만 세력에 의해 모두 친북좌익 세력으로 몰려 정치적·물리적 탄압의 대상이 되었다. 1945년 12월부터 1946년 6월 사이에 갈등이 본격화되고 사회 곳곳에서 미군정의 주도 또는 방조 하에 좌우충돌하는 사건과 테러사건이 발생하기 시작했다.

9·28 수복 후 이승만 정부는 적극적 부역자뿐 아니라 인민위원회 또는 사회단체에 가입했던 모든 주민들과 그의 가족들을 '남로당', '빨갱이'로 낙인찍었다. 그리고 며칠 지나지 않아 이 낙인찍기는, 또다시 살기 위해 자신의 충성심을 과시해야 하는 민간치안조직에 의해 멋대로 확대·적용되기에 이르렀다.

③ 비인간화(dehumanization)

가해자들이 학살대상자들을 '기생충, 암 덩어리, 전염병' 등 비인간화된 부정적 이미지와 결합시키는 단계로서, 가해집단의 죄책감을 감소시키는 동시에 피해자에게 동정적 입장을 가지는 중간세력과 피해세력의 저항의식을 무력화시키려는 시도가 시작된다. 학살 직전은 물론 학살 이후에까지도 지속되는 과정이다. 우리 사회에서는 '빨갱이'라는 용어가 비인간화 단계의 가장 대표적인 상징이라고 할 수 있다.

④ 조직화 (organization)

가해자들이 학살을 감행할 수 있는 집단을 군사적·기술적으로 조직화하는 단계이다. 국가조직에 있어서는 경찰과 군의 정보조직이 주로 담당하게 되며, 필요하다고 판단될 경우 별도의 학살 전문조직이 준비되기도 한다.

미군정기의 물리력은 주로 미군과 경찰이었다. 국군의 모체였던 국방경비대는 경찰력을 보조하는 역할로 출발했으므로 초기 민간인 학살행위는 주로 미군과 경찰이 주도했다. 그러나 이승만이 남한만의 단독정부 수립 방침을 밝히고 미소공위가 결렬됨에 따라 미군을 대치할 군사력이 필요하게 되자 국방경비대가 확대개편되었다. 1947년과 1948년, 민간인 학살은 토벌군이었던 국방경비대가 주로 담당하게 되었으며, 단독정부가 수립된 후에는 후방 향토사단이 주로 담당했다.

9·28 수복 후에는 계엄사령부 지휘 아래 있던 군·검·경 합동수사본부가 당시 민간인 학살에 관여했던 가장 대표적 조직이었다. 이와 함께 이미 전쟁 전부터 각 기관 내 정보조직으로 활동했던 각 경찰서 사찰계, 국군 헌병대, CIC, HID 등이 민간인 학살에 가담해 온 것으로 확인되었다. 이들 조직은 남한 단독정부가 수립되는 시기부터 활동하면서 전국 각 지역의 민간인 학살에 관여해 왔다.

⑤ 양극화 (polarization)와 고립화 (ghettoization)

가해집단의 조직이 완성되는 동시에 학살대상 집단을 피지배세력 전체로부터 분리시켜 고립시키는 과정이 시작된다. 그런데 그 대상 집단은 대개 강력히 저항해 온 집단이 아니라 온건주의자나 중간자적 입장을 가지고 있는 세력 또는 시민들이었다.

1948년 제주 4·3 항쟁과 여순 봉기를 진압하는 과정에서 군경의 공격 목표는 반란군들보다는 이에 협조했다는 혐의를 받은 주민들이었다. 실제 이들 대부분은 항쟁과정에 참여하지 않은 경우가 많았다. 이들 주민들은 어느 쪽에도 저항할 방법이 없는 무기력한 비무장 민간인들이었으며, 당시 상황을 진압하던 군경도 이에 대해 충분히 인지하고 있었던 것으로 보인다. 당시 군경은 반란군을 고립시킨다는 명분으로 주민들을 소개하는 과정에서 민간인을 집단학살했다. 이로 보아 군경의 실제 공격목표는 반란군이 아니라 이들 주민 자체였던 것으로 보인다.

1950년 10월에 자행된 부역혐의자 학살 또는 법적 처리 역시 공격대상이 부역행위 당사자보다는 그의 가족이나 중도적 입장을 가지고 있던 주민들이었음이 확인된다. 학살당한 주민들 중 인민군 후퇴기의 '우익인사 학살' 등 중대한 부역행위와 관련 있는 경우는 확인되지 않으며, 가장 심각한 부역행위로 볼 수 있는 경우라 하더라도 인민위원회 간부 등 전시 행정에 협조한 정도에 불과하다. 그런데 이런 정도는 당시 민간치안조직의 간부들 역시 동일한 혐의가 적용될 수 있는 처지에 있었던 것으로 보아 희생자들 대부분은 국군이 수복하더라도 처벌받는 정도까지 이르지는 않을 것으로 판단했던 중도적 입장의 주민들이었다. 중도적 입장의 주민들이 피해를 당한 사실은 재판에 의해 처리된 부역자의 판결문 및 형사사건기록을 통해서도 확인된다.

⑥ 계획화(preparetion)

가해자들이 학살의 대상자·장소·시기·방법 등을 구체적으로 계획하는 단계이다. 이 시기 정치적 학살의 경우에는 학살대상자의 명단이 미리 작성되는 등 구체적 행위가 계획된다. 흔히 이 과정에서 개인적 감정이 개입된 것으로 여기나, 실제로는 재산수탈 등 경제적 이유 또는 경쟁자 제거 등 정치적 이유가 개입되기도 한다. 군경토벌작전에 의한 학살의 경우는 포괄적으로 계획하게 되므로 구체적인 명단 작성 등은 이루어지지 않는 다. 따라서 미성년 아동이나 노인들이 학살당하는 경우가 많다.

부역혐의자에 대한 학살은 국군 수복 계획 당시부터 준비되었던 것으로 보인다. 국군 수복 후에는 경찰과 민간치안조직에 의해서 연행대상자 명부가 작성되었는데, 이에 따라 연행된 주민들은 A·B·C 세 등급으로 나누어졌으며 A 등급은 학살대상자가 되었다. 고양경찰서는 A 등급으로 구분된 학살대상자들을 금정굴에서 총살할 것을 계획하고 학살 시기, 이송 방법, 이송 참가자, 총살 참가자, 시체 처리자 등을 조직했다.

⑦ 도덕성 배제(moral exclusion)

도덕적 태도를 가지고는 비무장 민간인에 대한 학살을 수행할 수 없으므로 비인간화와 함께 도덕성을 배제하고 학살을 정당화할 수 있는 기제가 필요하다. 도덕성을 배제하기 위하여 가장 널리 쓰이는 방법은 적개심과 복수심을 신념화시키는 것이다. "빨갱이는 죽어도 좋다"는 신념을 불어넣는 행위가 '도덕성 배제'의 가장 대표적인 것이다.

그런데 고양 금정굴 학살사건의 가해자들은 이웃 학살이라는 '도덕성 상실'의 상황을 당해, 보복심을 가지고 있는 몇몇 경우를 제외한 대부분은 민간인 학살행위가 고양경찰서장의 명령에 따른 것이었다고 하며 본인의 책임을 회피했다. 이들은 자신들을 국가명령에 의해 즉결처분을 담당한 처형자 입장으로 여겼던 것이다. 이는 국가에 대한 공포심이 개인의 도덕성을 배제하게 만든 경우로 보인다.

⑧ 공격(aggression) 또는 절멸화(extermination)

사전 계획에 따라 극단적 폭력을 사용하여 대상 집단을 제거하는 과정이다. 독가스 등 대량살상 무기를 사용하기도 하며, 대개 비밀리에 진행하지만 공포심을 조장하기 위한 정치적 목적이 있을 경우 잔인한 방법을 사용하여 공개적으로 실행하기도 한다.

토벌작전 중인 군경은 작전구역 안의 민간인 모두를 적으로 여기는 경향이 있다. 그리고 군경에 대한 적대행위가 구체적으로 확인되지 않는 경우에도 마을 공동체 전체를 공격하는 경향이 있었다. 학살사건의 대부분은 마을 주민들을 한곳으로 몰아넣은 후 무차별 난사하여 총살하는 경우였다. 한편, 집에 있던 주민들이 수색하던 군인들에 의해 사살된 경우도 상당수 확인된다.

고양 금정굴 사건의 경우 고양경찰서는 소속 경찰관과 의용경찰대원 50여 명이 순번을 정해 학살에 가담하게 했다. 이는 가해자들끼리 공범의식을 높이거나 죄책감을 분산시키기 위한 목적으로 보인다. 학살은 가해자 1명에 피해자 1명씩 대응하는 임의처형의 형식으로 이루어졌다.

⑨ 부인(denial) 또는 정당화(justification)

민간인 학살사건 후 가해행위를 합리화하거나 진실을 축소·은폐할 목적으로 사건의 실체를 부인하는 과정이다. 가해집단 내부에서는 학살행위를 정당화화하며 외부 사회에는 진실을 은폐하거나 왜곡함으로써 사건을 합리화하게 된다. 이로서 전체 사회에 가해집단의 의도를 관철시킨다.

군경토벌에 의한 학살사건은 대부분 빨치산과의 전투성과로 보고되어 진실을 은폐시켰다. 이는 전쟁 전 1949년 12월 발생한 경북 문경 석달마을 사건, 전쟁 중 1951년 2월 발생한 거창·산청·함양 사건 등에서 확인된다.

고양 금정굴 사건에 가담한 가해자 일부는 자신들의 행위가 '빨갱이'들을 처단했으므로 정당한 것이었다고 주장했다.

지금도 학살을 부인 또는 정당화하는 다양한 주장이 제기되고 있다. 이들을 정리하자면 ① 위기관리 능력을 갖추지 못한 신생국가의 과도한 국가폭력은 어쩔 수 없이 '강요된 선택'의 결과였고, ② 침략에 맞서 대한민국 국체와 자유민주주의 체제를 지키기 위해 불가피한 조치였으며, ③ 한국이 공산화되었다면 더욱 심한 인권침해가 있었을 것이며, ④ 전쟁 발발의 책임과 연결시켜야 한다는 것 등이다.[501]

⑩ 지도자에 대한 복종(obedience)

진실을 은폐하고 가해행위를 합리화한 마지막 결과는 지도자의 독재권력 강화로 귀결되었다.

1950년 5월 30일 선거에서 이승만 정권은 소수파로 전락했었다. 그러나 전쟁이 끝난 후 이승만 정권의 반대세력은 없었다. 자유당에 의한 완전한 일당독재가 이루어졌을 뿐 아니라, 심지어 이승만 정권의 친위대였던 대한청년단조차도 사라졌다. 이후 10년 동안 오직 이승만 1인이 통치하는 시대가 되었다. 따라서 민간인 학살의 진실을 밝히는 노력은 사회의 민주화와 직결되게 된다. 진실이 밝혀지면 독재권력은 민주화된다.

5) 민간인 학살사건의 재발방지 방안 검토

(가) 연구 사례

1960년 초 심리학자 스탠리 밀그램(Stanley Milgram)은 학습과 기억 연구를 명분으로 피실험자들에게 완전히 낯선 인물인 상대방이 어휘 목록에서 특정 항목을 기억하지 못할 때마다 일련의 전기충격을 가할 것을 요청하는 실험을 했다. 밀그램은 피실험자들 중 거의 3분의 2가 전기충격 대상자가 필사적으로 비명을 지를 때까지 충격을 가하려 했다고 밝히고 있다. 피실험자들은 대체적으로 "그 사람은 너무나 멍청하고 고집이 세기 때문에 전기충격을 받을 만했다"라는 식의 발언을 했다. 희생자를 학대한 후에 상대방을 '무가치하고 처벌이 불가피한 인간'으로 바라보게 되었다. 희생자들에게 고통을 가한 결과 그들을 증오하게 된 것이었다.

1971년 스탠포드대학교의 필립 짐바르도(Phillip G. Zimbardo)는 투옥의 심리적 효과를 연구하기 위해 모의 감옥을 만들고, 대학생들 가운데 간수와 죄수 역할을 할 개인들을 무작위로 선발했다. 결국 재소자들에 대한 간수들의 고문이 계속되어 6일째 실험을 중단해야 했다. 이 실험은 정상적인 사람들도 쉽게 가학적인 행동을 할 수 있음을 보여주었다.

위의 두 실험 모두 현실세계에서 가해자들의 행동을 이해하는 데 유용하다.

(나) 민간인 학살은 또 다른 수단에 의한 정치활동이다

대량학살은 목적을 위한 수단이기 때문에 처음에는 거의 사용되지 않는 정책이다. 가해자들은 자신들의 목적을 달성하기 위해 덜 폭력적이거나 회유적인 수단을 시도한다. 그러나 이러한 수단이 실패하거나 비용이 많이 든다는 판단이 들 때 대량학살의 수단을 선택하게 된다. 그리고 그 대상은 적군을 지지하고 있다는 의심이 드는 민간인들을 표적으로 삼는다.

결국 위압적 대량학살은 다른 수단에 의한 전쟁일 뿐임을 보여준다.

군경토벌 학살사건은 대게릴라전에서의 대량학살이며, 부역혐의자 희생사건은 대중에 대한 테러로서의 대량학살이다.

대량학살은 전쟁과 마찬가지로 정치적·군사적 도구가 되고 있다.

대량학살의 상황에서 대부분의 시민들에게 일반적으로 요구되는 것은 무기력, 수동성, 타인의 고통에 대한 외면 등이다. 그리고 일반 대중의 순응이나 방관이 목격되는 이유는 일반 시민들이 대량학살에 대해 적극적 반대를 조직하는 것이 매우 힘들고, 또한 높은 희생을 요구하는 한편 그 혜택은 행동하지 않는 사람에게 돌아가기 때문이라고 한다. 즉, 대량학살에 대한 반대는 죽음을 요구할 정도의 대가가 필요한 반면, 이를 저지하여 생기는 직접적인 이익은 반대자보다도 잠재적 희생자에게 돌아간다는 것이다. 따라서 대량학살이 일어날 경우 희생자들을 보호하기 위해 목숨을 걸기보다는 수동적으로 방관하게 되는 것이다. 결국 대량학살이 성공하는 이유는 희생자들 스스로가 자신을 방어할 수 있는 조직을 결성하는 데 실패했기 때문이다.

이는 부역혐의 사건의 희생자들 대부분이 적극적 부역자들보다는 소극적 부역자들이었거나 또는 그의 가족들이었다는 점에서 시사하는 바가 크다. 희생자들로서는 처벌받을 것으로 생각하지 않았으므로 이에 대한 저항을 조직할 생각조차도 하지 않았다고 볼 수 있다. 그리고 이런 희생을 막아 보고자 했던 친인척이나 마을 주민들 역시 같은 부역혐의로 희생되는 경우가 종종 있었던 것으로 보아 주변의 일반 주민들조차 민간인 학살에서 방관자로 남아 있을 수밖에 없었다고 봐야 할 것이다.

한편, 가해자들은 학살에 자발적으로 동의하는 살인광이거나 상황 압력에 의해 가담하는 자들이다. 이들 개인은 학살을 주저하는 다른 가해자들을 보초로 세우거나 덜 폭력적인 임무를 맡도록 하면서 실질적인 학살에 있어서 더 많은 부분을 책임졌다. 군의 주력부대들은 종종 민간인들을 직접적으로 처형하는 임무를 회피했으며, 그 대신 목표가 된 마을의 주위경계 책임을 맡았다. '더러운 일'은 준군사단체에게 떠맡겨졌다. 이런 사실은 부역혐의자 희생사건에 있어서 가해자로 동원된 민간치안조직원들 대부분이 적극적 부역자, 소극적 부역자, 부역 피신자들이었다는 데에서 확인된다.

(다) 재발방지 방안

민간인 학살은 정치적 위기 조작 또는 사회질서의 급격한 붕괴 상황에서 권력집단의 의지에 의해 발생된다. 결국 민간인 학살을 막을 수 있는 철저한 변화의 토대는 '민주주의'이고, 결국 민주세력의 총체적 역량 강화이다.

한편, 재발방지를 위한 전략적·기능적 접근방법을 생각할 수 있다. 이는 구체적인 사회·정치 상황, 법률적·사회적 조건, 특별한 사건·사태를 학살의 경고 또는 측정수단으로 활용하는 것이다. 이에 대해 이론화 작업이 필요할 것이다. 한국 사회에 있어서는 소수자 증오, 국가보안법의 적용 확대, 대북 긴장 강화, 공권력의 폭력성 강화 등을 수치화하여 민간인 학살 재발의 기준으로 삼을 수 있을 것이다.

[맺음말]

대부분의 전쟁 피해자들은 육체적·사회적 약자들이라고 생각되는 여성·어린이·노인들이라고 한다. 그래서 학살은 전쟁이 낳은 광기의 결과라고 쉽게 결론짓는다. 그러나 이는 진실의 일부일 뿐이다. 한국전쟁 당시 민간인 청장년들의 희생 규모를 고려한다면 결코 쉽게 답할 수 있는 문제가 아니다.

학살은 전쟁의 광기에서 파생된 비극이라는 주장에 대해, '학살은 정치의 수단'이었고 '집권세력의 광기'에서 발생한 정치적 결과라고 답하고자 한다.

학살은 이승만 정권의 안정과 장기집권의 수단으로 사용된 국가범죄, 전쟁범죄였다. 이데올로기는 수단에 불과했다. 학살은 우발적 사건이 아니라 계획적인 범죄였고, 정치에 근원이 있는 것이었다.

이 책은 유족들의 기억에서 시작해서 국가의 자백으로 끝을 맺는 '국가범죄의 재구성'을 목적으로 했다.

2008년 고 노무현 전 대통령은 울산국민보도연맹사건에 대해 국가 차원의 사죄를 했다. 그리고 매년 각 위령제에서 한국전쟁을 전후하여 발생한 민간인 학살사건에 대해 군과 경찰의 사과와 유감의 뜻이 전달되고 있다.

그러나 아직도 '부역자 명부', '처형자 명부'는 공개되지 않고 있다. 전국 경찰서에서 집약된 정보를 국군방첩대·중앙정보부·국가안전기획부가 관리하여 다시 각 경찰서로 배포했던 문서가 여전히 공개되지 않고 있는 것이다. "미공개로 분류되어 있기 때문에 공개하지 못하고 있다"라는 입장 조차 밝히지 못한 채 단지 "없다"라는 거짓말만을 해야 하는 대한민국은, 아직 사과한 것이 아니다. 용산참사 희생자에 대한 경찰의 태도, 천안함 사건에 대한 국방부의 거짓말은 60년이 지나도 여전히 고개를 들이밀고 되살아나는 국가범죄의 모습을 보여주고 있다.

학살은 미친 권력자들 몇몇이 저지르는 것이 아니다. 차이에 대한 증오, 자본의 탐욕, 부정과 불평등에 기초한 특권의 유지를 허락하는 사회구조 는 전쟁을 받아들인다. 그리고 이는 학살을 부른다. 모든 전쟁은 곧 학살 이 되어 버린다. 전쟁은 학살이다.

고양 금정굴 사건의 희생 영령들이 60년 전의 '전쟁범죄'를 폭로하고 있 다. 그리고 지금도 다시 전쟁을 빌미로 한 '국가범죄'가 재발할 수 있음을 깊이 성찰하게 한다. 60년 전보다 시민과 사회는 진보했으나 이념과 제도 는 달라진 것이 없다. 그래서 우리의 후손들에게 물려줄 대한민국은 여전 히 위험해 보이는 것이다.

부록

[주해]

1) '태극단 단장 이장복 외 회원 및 고양시보훈협의회 회장 최실경 외 회원 전체' 명의의 유인물이다.

2) 내무부치안국, 『경찰 10년사』, 1958, 267~268쪽.
   내무부치안국, 『한국경찰사 2』, 1973, 547쪽.

3) 허만호·김민서, 「전시 민간인 피해에 대한 국가책임의 한계」, 『민군관련사건 연구논문집』, 국방부 군사편찬연구소, 2005, 80쪽.

4) 마임순 증언, 『News+』, 1995년.

5) 『GY people』 23호., 2002.

6) http://www.nytimes.com/2009/09/04/world/asia/04truth.html?pagewanted =1&_r=1&sq=korean%20war&st=cse&scp=2

7) 「고양시 금정굴 양민학살사건 감정결과 중간보고서」 1998. 12. 8.

8) 경기도의회, 『고양시일산금정굴사건진상조사특별위원회 활동결과보고서』, 2000.

9) 충북대학교 중원문화연구소, 『일산 금정굴 시굴조사 보고서』, 2005. 9.

10) 서울지방법원 판결, 「형공 제1838호 판결문」, 1950.
    서울지방검찰청, 「조병세 등 형사사건기록」, 1950.

11) UN한국위원단의 공식보고에 따르면, 1949년 한 해에만 11만 8,621명이 국가 보안법으로 체포당했다고 한다(『파주군지 상』, 1995, 541쪽. 콩드, 『한국전쟁 또 하나의 시각 1』, 과학과 사상, 1988, 71쪽). 한편, 1950. 6. 13. 『연합신문』에 따르면, 1950년 6월 당시 서울형무소에만 전 수감자 중 약 70%가 국가보안법 위반 자였다고 한다(『자료대한민국사』17, 2001, 627쪽).

12) 장항리 2명, 주엽리 1명, 도내리 3명, 용두리 1명, 행주내리 5명, 행주외리 1명, 성사리 5명, 주교리 6명, 식사리 6명, 향동리 6명, 원당리 1명 등이 있었다(국 토통일원 조사연구실, 『한국공산주의운동사 2』). 김상길(2006. 6. 10), 김동철(2006. 6. 8), 노병길(2006. 6. 2), 노영석(2006. 6. 1), 심기호(2006. 6. 3)에 따

르면, 국민보도연맹에 가입할 경우 비료를 준다고 하여 가입한 경우가 많았다.

13) 내무부치안국, 『한국경찰사 (2)』, 1973. 국가보안법 2차 개정안 부칙에는 대통령령으로 시행기일을 정하도록 규정하고 있었다. 이승만은 국가보안법 2차 개정안을 강행하는 데 정치적 부담을 안고 있었던 것으로 보인다.

14) 『연합신문』(1950. 2. 26), 『자료대한민국사16』, 2001, 530쪽 재인용.

15) 진실화해위원회는 제주도 성산포경찰서가 내무부 치안국장 명의로 발송한 무선 전보 공문 「전국 요시찰인 단속 및 전국 형무소 경비의 건」을 1950년 6월 25일 오후 2시 50분 '성서사(城署杳) 제1799호'로 접수했음을 확인했다.

16) 군사편찬연구소, 『6·25 전쟁사 2』, 2005, 71쪽.

17) 『민족의 증언 1』, 중앙일보사, 1983, 17쪽.

18) 이러한 거짓 선전과 도피행동은 피난 기간 동안 계속되었다. 유병진 판사는 서울에서 부산까지 피난하던 도중 천안경찰서에서 마이크로 "서울 탈환도 목전에 있다고 합니다. 이곳까지 피난 오신 여러분들은 얼마나 고생하셨습니까? … 안심하시고 도로 올라가 주시기를 바랍니다"라고 하는 말을 들었다. 그 뒤 대전에 도착해서 대한민국 정부를 만났으나 대한민국 정부는 다음날 새벽 판사에게도 연락하지 않고 다시 비밀리에, 장소도 알리지 않고 떠났다고 한다. 이에 대해 유병진 판사는 '한 번 놀란 노루는 그칠 줄 모른다'며 탄식했다(신동운 편저, 『유병진 법률논집, 재판관의 고민』, 법문사, 2008. 50~53쪽).

19) 백윤철·김상겸, 「6·25 전쟁 전후 계엄업무 수행체계 연구」, 『민군관련사건 연구논문집』, 국방부 군사편찬연구소, 2005, 268쪽. 대통령의 긴급명령은 제헌 헌법 제57조 제1항에 의거하여 발령되었으나 제57조 제2항에 의해 국회의 사후승인을 얻어야 했다. 국회는 1950년 7월 27일에야 제8회 본회의를 소집하여 '비상조치령' 등 8건의 긴급명령을 심사하여 이 중 7건을 승인했다. 이때 제외되었던 긴급명령 제7호 '비상시향토방위령'은 1950년 8월 4일 우여곡절 끝에 긴급명령 제9호로 승인되었다.

20) 『새충청일보』(2007. 7. 5). 진실화해위원회, 「청원 오창 창고 보도연맹사건 결정서」, 2007. 한국전쟁 당시 제6사단 헌병대 일등상사로서 강원도 원주에서 근무

했던 김만흠은 1950년 6월 28일 횡성과 원주에서 국민보도연맹원들을 처형했다고 진술한 바 있다.

21) 손희두,「한국전쟁 초기의 법령 조치」,『군사(軍史)』, 군사편찬연구소, 2006. 6, 22쪽.

22) Joseph C. Goulden, 김병조 발췌 번역,『한국전쟁비화』, 청문각, 2002, 69쪽.
  『민족의 증언 1』, 중앙일보사, 1983, 105쪽.
  국사편찬위원회,『자료대한민국사 18』, 2004, 27쪽.

23) 민복기 증언,『민족의 증언 1』, 중앙일보사, 1983, 3~4쪽.

24) 김대중 외,『누구를 위한 전쟁이었나』, 다홀미디어, 2000, 47쪽.

25)『민족의 증언 1』, 중앙일보사, 1983, 144쪽.

26) 신동운 편저,『유병진 법률논집, 재판관의 고민』, 법문사, 2008. 78~99, 118, 131쪽.

27) 한인섭,「한국전쟁과 형사법」,『서울대학교 법학』 제41권 2호, 2000, 139~143쪽.
  손희두,「한국전쟁 초기의 법령 조치」,『군사(軍史)』, 군사편찬연구소, 2006. 6, 21쪽.

28) '비상시 향토방위령'은 1951. 4. 30. 국민방위군 해체와 함께 폐지되었다. 대통령의 비상시 긴급명령은 국회의 사후승인을 얻어야 했는데, 1950년 7월 26일 열린 임시국회에서 '비상시 향토방위령'을 승인하지 않았다.

29) 한인섭,「한국전쟁과 형사법」,『서울대학교 법학』 제41권 2호, 2000, 143쪽..

30) 손희두,「한국전쟁 초기의 법령 조치」,『군사(軍史)』, 군사편찬연구소, 2006. 6, 34~35쪽.

31) 당시의 '고등군법회의'는 제2심인 '고등'을 의미하는 것이 아니라 '정규'의 군법회의를 나타내는 표현으로서 '특설군법회의'나 '약식군법회의'에 대응하는 개념이다. 따라서 '고등군법회의'는 사형 등 중죄를 관할하는 제1심이자 종심(終審)의 군법회의를 가리킨다 (신동운 편저,『유병진 법률논집, 재판관의 고민』, 법문사, 2008. 25쪽).

32) 양영조,『한국전쟁과 동북아 국가정책』, 선인, 2007, 186쪽(『한국전쟁사 1』, 633

쪽 재인용).

양영조, 『한국전쟁과 동북아 국가정책』, 선인, 2007, 186쪽(『부산시사 1』, 1989, 1066쪽 재인용).

33) 대통령 연설, 「비상계엄령 실시에 대하야」, 1950년, AA0000635.

34) 대통령 지시, 「형무소 수감미결 죄수 처리에 관한 건」, 1950, AA0000134.

35) 진실화해위원회, 「경기·강원 국민보도연맹사건 결정서」(2009).

36) 『민족의 증언 2』, 중앙일보사, 1972. 33쪽.

37) 『민족의 증언 2』, 중앙일보사, 1972. 92쪽.

『민족의 증언 1』, 중앙일보사, 1983. 26~27쪽.

38) 여운홍 증언, 『민족의 증언 2』, 중앙일보사, 1972. 101쪽.

39) 국방부 군사편찬연구소, 『북한의 전면남침과 초기 방어전투』, 2005, 75~76쪽

40) 도널드 니콜스(Donald Nichols), 『사선을 수없이 넘나들며』(원제 『How Many Times Can I Die?』, 127쪽).

41) 강원용, 『역사의 언덕에서 2』, 한길사, 2003, 117쪽.

42) 국사편찬위원회, 『자료대한민국사 18』, 612쪽.

43) 로버트 올리버 지음, 황정일 옮김, 『신화에 가린 인물 이승만』, 건국대학교출판부, 2002, 323쪽.

44) 장병혜, 『상록의 자유혼』(창랑 장택상 일대기), 1973, 337쪽 재인용 박원순, 「전쟁부역자 5만여 명 어떻게 처리되었나」, 『역사비평』, 1990, 184쪽.

45) 「전시하 범법자는 공개로 포살(砲殺), 대통령 중대경고 발표」, 『부산일보』, 1950. 9. 17.

46) 「괴뢰 아부자는 단호 처단, 환도후 방침에 김장관 담(談)」, 『부산일보』, 1950. 9. 18.

47) 국사편찬위원회, 『자료대한민국사 18』, 695~696쪽.

48) 대통령 연설, 「리 대통령 국민에게 경고」, 1950년 11월 8일, AA0000607.

49) 「441 CIC 극동사령부 보고서」, 1950. 8. 22.

50) 백선엽, 『길고 긴 여름날 1950년 6월 25일』, 지구촌, 1999, 100~101쪽.

51) 박명림, 「한국전쟁과 사회구조의 변화」, 『한국전쟁과 한국정치의 변화』, 64~65쪽.

52) 서산경찰서, 「경찰연혁」(1951~1950).

53) 국사편찬위원회, 『자료대한민국사 20』, 229쪽.

54) 오제도 증언, 『민족의 증언 3』, 중앙일보사, 1972, 43쪽.

55) 「Counter Intelligence Target Information」, 1950. 9. 20.

   「Counter Intelligence Target Information」, 1950. 9. 30.

56) 「CIC Target List Seoul」(1950), 문서군 RG 338, Eight U.S. Army.

57) 정희택, 『민족의 증언 3』, 1972, 41쪽.

58) 김종만, 『민족의 증언 3』, 1972, 51쪽.

59) 선우종원, 『민족의 증언 3』, 1972, 46쪽.

60) 『경찰 10년사』, 내무부치안국, 1958, 269쪽.

61) 오제도, 『민족의 증언 3』, 1972, 44쪽.

62) 신동운 편저, 『유병진 법률논집, 재판관의 고민』, 법문사, 2008, 29쪽.

63) 「부역자 엄중 처단」, 『동아일보』, 1950. 10. 11.

64) 「부역자 처리는 관대히」, 『동아일보』, 1950. 11. 10.

65) 「72고합12 민경성 등 판결문」, 1971. 5. 28.

66) 신동우 증언, 『민족의 증언 2』, 중앙일보사, 1972, 444쪽.

67) 낙동강 전선에서 전진하지 못한 인민군들은 통영, 거제를 거쳐 마산 방면을
   공격하려고 했으나 해병대의 공격에 의해 통영 시내 점령 하루 만에 물러나야
   했다.

68) 선우휘 증언, 『민족의 증언 3』, 1972, 272쪽.

69) 서산경찰서, 「경찰연혁」(1951~1950).

70) 양영조, 『한국전쟁과 동북아 국가정책』, 선인, 2007, 226쪽.

71) 정희택 증언, 『민족의 증언 3』, 중앙일보사, 1972, 41쪽.

72) 오제도 증언, 『민족의 증언 3』, 중앙일보사, 1972, 45쪽.

73) 양한모 증언, 『민족의 증언 3』, 중앙일보사, 1972, 47쪽.

74) 오동석, 「한국전쟁기 계엄·군사재판·임의처형에 대한 법적 검토」(2009. 9. 11).

한국정신문화연구원 편, 『한국전쟁과 사회구조의 변화』, 64쪽.

내무부치안국, 『경찰 10년사』(1958), 480쪽.

『동아일보』, 1950. 10. 12.

75) 『경향신문』(1950. 10. 30). 심사 완료한 9,984건 중 790건은 군법회의 회부, 4,757건은 지검 송치, 130건은 헌병대 이첩, 4,307건은 석방되었다고 한다. 석방자가 많은 이유에 대해 합동수사본부장 김창룡은 부역자의 가족이 구속된 경우와 부역자 출신의 치안대가 우익인사들을 '무고'한 경우가 많았기 때문이라고 했다. 그런데, 고양 금정굴 사건의 경우처럼 이 시기 주민들 상당수는 부역자의 가족이라는 이유만으로 총살당했음이 확인되었다. 한편, 이 시기 합동수사본부에 연행된 주민들이 석방되는 경우는 그리 많은 편이 아니었다. 더군다나 연행자의 반 가까이가 석방되었다는 주장은 믿기 어렵다. 고양 금정굴 사건 등 희생자들이 이 통계에 포함되었을 가능성이 있으나 구체적으로 입증되지는 않는다.

76) 「경남북지구 계엄민사부장 김종원대령, 합동수사본부 업무한계와 선박징발 등에 대해 기자단과 회견」, 『민주신보』, 1951. 1. 10.

77) 한인섭, 「한국전쟁과 형사법」, 『서울대학교 법학』 제41권 2호., 2000, 146쪽.

78) 김종순 외 28인, 「합동수사본부 해체에 관한 결의안」, 1951. 4. 29.

79) 한인섭, 「한국전쟁과 형사법」, 『서울대학교 법학』 제41권 2호., 2000, 146쪽.

박원순, 「전쟁부역자 5만여 명 어떻게 처리되었나」, 『역사비평』, 1990, 191쪽.

80) 「사정국직제」 제1조는 '사정국은 국무총리의 보조기관으로서 1. 내란에 관한 사항, 2. 외환에 관한 사항, 3. 기타 특명사항에 대한 정보수집에 관한 사무를 관장한다'라고 되어 있다. 법제처 자료에 따르면, 1949년 6월 8일 대통령령 131호에 의해 폐지되었는데, 이는 『대공 30년사』의 위 내용과 다르다. 1949년 대통령령 제117호는 「도세입수납우편진체저금특별취급규칙」이다.

81) 1949년의 군경합동수사본부는 설치 당시 정치상황으로 보아 남로당 및 그 산하 조직의 불법화와 관련이 있어 보인다. 이는 이세호의 증언에서도 확인된다.

82) 국군보안사령부, 『대공 30년사』, 1978, 35~37쪽.

이세호, 『한 길로 섬겼던 내 조국』, 2009, 157쪽.

83) 이세호, 『한 길로 섬겼던 내 조국』, 2009, 148쪽 ~ 157쪽.

84) 『부산일보』, 1950. 8. 10.

85) 국사편찬위원회, 『자료대한민국사 18』, 558쪽, 595쪽.

86) 국사편찬위원회, 『자료대한민국사 18』, 669쪽.

87) 양한모 증언, 『민족의 증언 3』, 중앙일보사, 1972, 46쪽.

88) 대통령 지시, 「고문 및 기타에 관한 건」, 1950년 11월 17일, AA0000197.

89) 김안일 증언, 『고문과 조작의 기술자들』, 한길사, 1987, 65쪽.

90) 김찬하(2007. 7. 11), 「강화(강화도 · 석모도 · 주문도)지역 민간인희생사건 진
실규명결정서」(2008. 7. 8), 26쪽. 강화경찰서 순경 김찬하는 1950년 10월 말경
'경인군검경합동수사본부'로 부역자 관련 업무를 처리하기 위해 파견을 나갔는
데 당시 강화군의 부역혐의자 관련 서류는 2,500~2,600건이었다고 한다. 김찬
하는 부역자를 A, B, C급으로 분리하여 진술했지만 여타 지역의 경우는 갑, 을,
병으로도 분리했다. 당시 경인합수부 책임자였던 성명불상의 소령은 부역 관
련 서류를 검토하는 김찬하에게 "소설을 읽느냐. 견출지에 붙어 있는 사건 내
용을 보고 악질은 총살시키면 되지"라며 질책했다고 한다.

91) 양한모 증언, 『민족의 증언 3』, 1972, 46쪽.

92) 「반역행위자 엄단」, 『동아일보』, 1950. 10. 12.

93) 신동운 편저, 『유병진 법률논집, 재판관의 고민』, 법문사, 2008. 172~173쪽.

94) 진실화해위원회, 「대전 · 충남지역 형무소 재소자 희생사건(2)」(2010).

95) 정희택 증언, 『민족의 증언 3』, 중앙일보사, 1972. 43쪽.

96) 오제도 증언, 『민족의 증언 3』, 중앙일보사, 1972. 44쪽.

97) 『경향신문』(1950. 10. 30). '최근 옥석을 가려내려는 노력을 많이 하여 석방률
이 높아졌다'는 김창룡의 발언에 문제가 있다. 이 말은 초기 부역자 처리에 잘
못이 있었음을 시인하는 한편, 가족을 일단 연행하는 관행은 여전했다는 것을
보여준다. 정밀하게 조사하려는 노력이 있었다면 연행자가 줄어야 하는 동시에
석방률은 오히려 낮아져야 하는 것이다.

98) 『서울신문』, 1950. 11. 27.

99) 『동아일보』, 1951. 1. 15.

100) 『경향신문』(1950. 10. 25). 이에 따르면, 중앙계엄고등군법회의는 개정한 지 3
일만인 10월 23일 12시 현재까지 125건을 처리했다.

101) 이용석 증언, 『민족의 증언 3』, 중앙일보사, 1972. 51쪽.

102) 양정수 증언, 『민족의 증언 3』, 중앙일보사, 1972. 49쪽.

103) 내무부치안국, 『경찰 10년사』, 1958, 267쪽.

104) 「부역자 26명 사형집행」, 『서울신문』, 1950. 11. 10.

105) 이인수 교수는 T. S. 엘리엇의 「황무지」를 초역해 『신세대』에 게재했던 것으로
도 유명했다. 『주간조선』 2009. 4. 7(인터넷판).

106) 「부역자 26명 사형집행」, 『서울신문』, 1950. 11. 10.

107) 「사형언도된 부역자 867명」, 『동아일보』, 1950. 11. 25.

108) 미국무부 보고문서, 'senr department 561, repeated info tokyo
unnumbered' 1950. 12. 11(출처, 『한국전쟁자료총서 48』, 428쪽).

109) 한인섭, 「한국전쟁과 형사법」, 『서울대학교 법학』 제41권 2호, 2000, 142쪽.

110) 『부산일보』, 1950. 11. 27.

111) 최영환, 『민족의 증언 3』, 중앙일보사, 1983, 146쪽.
한인섭, 앞의 글, 153 재인용.

112) 『열린사회 시민의 광장』, KBS, 1993. 6. 20.
『동아일보』, 1993. 6. 21.
「김복연 재심청구서」(1994. 5. 26).

113) 오동석, 「한국전쟁기 계엄·군사재판·임의처형에 대한 법적 검토」(2009. 9.
11).

114) 고양지역에서 있었던 남한만의 단독정부 수립 반대 활동 등 반 이승만 정부
활동은 주로 판결문, 형사사건기록을 중심으로 정리했다. 그런데 이 자료의 내
용은 물증은 없이 가혹한 고문에 의한 자백에 의존하는 것이었다. 특히 형사
사건기록의 경우 고양경찰서에서 진술한 내용은 검찰조사 및 재판정 진술에서

대부분 부인되고 있음이 확인된다. 따라서 피의자에게 불리한 진술의 대부분은 조작되었을 개연성이 있다고 보인다.

115) 원당면 도내리 장윤기, 벽제면 선유리 성호천은 1946년 농민조합에 가입하여 활동했다고 한다.

116) 고양경찰서 사찰계 이진희 증언, 『내일신문』(1993. 10).

117) 「조병세 등 형사사건기록」, 1950.

118) 김천영, 『연표 한국현대사』, 한울림, 1985., 574~577쪽. 947~951쪽.

119) 『서울신문』(1948. 4. 20).

120) 류상영, 「초창기 한국경찰의 성장과정과 그 성격에 관한 연구(1945~50)」, 1987. 88쪽.

121) 내무부치안국, 『경찰 10년사』, 1958. 경찰일지; 강정구, 『분단과 전쟁의 한국현대사』, 역사비평, 1996. 강정구 교수의 주장에 따르면, 향보단이 해체된 때는 1950년 5월 22일이다.

122) 류상영, 「초창기 한국경찰의 성장과정과 그 성격에 관한 연구(1945~50)」, 1987. 96쪽.

123) 『한성일보』(1948. 10. 19).

124) 군사편찬연구소, 『한국전쟁사의 새로운 연구』 1, 2001, 174쪽.

125) 이건현 증언, 『고양시사 7권』, 2005, 401쪽.

126) 태극단원 공은억 증언(2006. 9. 21).

127) 이건현 증언, 『고양시사 7권』, 2005, 401쪽.

128) 정한창 증언, 『고양시사 7권』, 2005, 422쪽.

129) 대검찰청 수사국, 『좌익사건실록 5』. 이들은 1950년 4월 12일 서울지방법원에서 징역형 또는 집행유예가 선고되었다.

130) 「이용운 형사사건기록」(1948).

131) 「장윤기 형사사건기록」
천익균 증언, 『고양시사 7권』, 2005, 426쪽,
「안진노 신분장」, 『좌익사건실록 5』

132) 원우연 증언, 『고양시사 7권』, 2005, 375쪽.

133) 정한창 증언, 『고양시사 7권』, 2005, 420쪽.

134) "…전 민전 조사부장 박우천 씨가 요즘 사상전환을 하는 동시에 이를 계기로 전향한 동지 5백여 명이 발기인이 되어 국민보도연맹을 결성하고 전국 1만여 명의 전향동지를 중심으로 일대의 국민사상선도운동의 선봉으로 나서게 되었다는데 동 연맹 결성에 앞서 21일 시경찰국 회의실에서 준비회를 개최했다. …국민보도연맹 강령 1. 오등은 대한민국 정부를 절대지지 육성을 기함, 1. 오등은 북한 괴뢰정부를 절대반대 타도를 기함"(동아일보, 1949. 4. 23).

135) 김기진, 『한국전쟁과 집단학살』, 푸른역사, 2005, 28쪽.

136) 1949년 좌익탈퇴선언을 한 주민으로 신도면에서는 진관외리 이흥렬, 진관내리 송삼성·김창○·김종운, 용두리 원종숙, 향동리 임봉택·임태경·신영건·이순길·신현옥·최상원이 있으며, 원당면에서는 도내리 장기만·김형옥·장리복, 성사리 장기웅·장기순·김기동·이명선·이홍래, 식사리 이우익·이현모·장삼봉·이경진·박정덕·이인섭, 원당리 이춘배·이희배·이완, 주교리 배병옥·정찬철·박청원·박점학·박상근·박용만·천석병이 있다. 중면에서는 장항리 유상덕·이강필, 주엽리·김윤환이 있으며, 지도면에서는 행주내리 심상철·윤태봉·장학진·정순창·권윤준, 지도면 행주외리 이용직이 있다.

137) 노병길. 노영석. 심기호. 박이례,(2006).

138) 이순창 증언, 『고양시사 7권』, 2005, 405쪽.

139) 「성호천 형사사건기록」

140) 김상길. 김동철 진술, 2006.

141) 류상영, 「초창기 한국경찰의 성장과정과 그 성격에 관한 연구(1945~50)」, 1987, 40쪽.

142) 국방부 군사편찬연구소, 『북한의 전면남침과 초기 방어전투』, 2005, 111쪽.

143) 국방부 군사편찬연구소, 『북한의 전면남침과 초기 방어전투』, 2005, 236~237쪽.

144) 이경식 정리·대필, 『정승화 자서전, 대한민국 군인』, 2002, 121쪽.

145) 박우란 증언, 『고양시사 7권』, 2005, 348쪽.

146) 이강만 증언, 『고양시사 7권』, 2005, 395쪽.

　이갑용 증언, 『고양시사 7권』, 2005, 387쪽.

147) 『파주군지』, 1995, 570쪽.

148) 『조선인민보』, 1950. 7. 31.

149) 서용선. 양영조. 신영진, 『점령정책, 노무운용, 동원』, 국방군사연구소, 1995, 22쪽.

150) 서용선. 양영조. 신영진, 『점령정책, 노무운용, 동원』, 국방군사연구소, 1995, 24쪽.

151) 대검찰청 수사국, 『좌익사건실록 11권』, 102쪽.

152) 「최창설 형사사건기록」

153) 「조병세 등 형사사건기록」

154) 『조선인민보』, 1950. 7. 31.

155) 『조선인민보』, 1950. 7. 26.

156) 정한창 증언, 『고양시사 7권』, 2005, 420쪽.

157) 강영신(1950. 11. 7).

158) 『조선인민보』, 1950. 7. 31. 이 신문은 고양군 인민위원장에 당선된 이경구에 대해 '단독정부수립 반대 활동 중 체포되어 사형 선고를 받고 서대문형무소에 수용되어 있다가 인민군 점령으로 석방되었다'고 소개하고 있다.

159) 『조선인민보』(1950. 7. 31); 「이재선 형사사건기록」; 「김현룡 형사사건기록」; 「최창설 형사사건기록」; 「정복돌 형사사건기록」; 「김윤남 형사사건기록」; 「장윤기 형사사건기록」; 『태극단 투쟁사』, (1983); 이강만 증언; 이병원 증언; 공은억 증언; 황은호 증언; 이갑용 증언; 강태희 증언.

160) 「장윤기 형사사건기록」, 「이재선 형사사건기록」, 장윤기는 전춘식의 명령에 의하여 천익균과 김형오 3인과 함께 군량미를 이송한 일이 있다고 한다.

161) 대검찰청 수사국, 『좌익사건실록 11권』, 101~109쪽.

　1950. 12. 22. 서울지방법원 형공 제1838호 판결문.

162) 「김상완 형사사건기록」

163) 「박윤덕 형사사건기록」, 「김상완 형사사건기록」, 「김형장 형사사건기록」, 「장석재 형사사건기록」, 「전대봉 형사사건기록」.

164) 『파주군지 상』, 1995, 574쪽.

165) 정한창 증언, 『고양시사 7권』, 2005, 420쪽.

　　『최창설 형사사건기록』

166) 『조선인민보』, 1950. 7. 22.

　　『조선인민보』, 1950. 8. 3.

167) 군사편찬연구소 소장, 「Intelligence Summary No. 2920, 2923」, 『한국전쟁사의 새로운 연구 I』, 163쪽 재인용.

168) 「김형장 형사사건기록」

169) 「조병세 등 형사사건기록」

170) 이건현 증언, 『고양시사 7권』, 2005, 401쪽.

171) 안재호(1952. 9. 18).

172) 이선백(1952. 9. 19).

173) 대검찰청 수사국, 『좌익사건실록 11권』, 103~107쪽.

174) 증언에 따르면, 이 사건들 외에도 개별적인 피해가 있었던 것으로 보이는데, 송포면 구산리 이호의, 피백성이 이 시기에 희생되었다.

175) 『태극단 투쟁사』(1983); 이순창 증언, 『고양시사 7권』, 2005, 409쪽; 태극단원 증언, 경기도의회, 『고양시일산금정굴사건진상조사특별위원회 활동결과보고서』, 2000, 23쪽. 『태극단 투쟁사』, 태극단원의 증언에 따르면, '태극단 희생사건'의 최초 희생자는 이태영. 이두영 형제였다.

176) 이준영(2006. 10. 18).

177) 『태극단 투쟁사』, 1981, 46쪽, 53쪽.

178) 김중배(2007. 2. 22).

179) 오홍석(1950. 11. 9), 이창훈(1950. 12).

180) 김봉운. 이준열(2006, 11, 21).

　　「유상문 형사사건기록」

181) 김봉운(2006. 11. 21). 같은 시기 고양경찰서 뒷산에서 희생당한 김현수 등
도 1963년 10월 11일 내각수반 김현철 명의의 표창장을 받았음이 확인된다(김
중배 제공, 2007. 2. 22).

182) 김정득 증언, 『민족의 증언 2』, 중앙일보사, 1972. 417쪽.
Joseph C. Goulden , 『한국전쟁비화』, 청문각, 2002, 197~200쪽.
이로 보아 고양지역에 진출한 유엔군은 미 해병대와 국군 해병대였으며 이 지
역에서의 초기 학살은 이들에 의해 저질러진 것으로 판단된다. 그리고 이는 당
시 주민들의 증언과 자료의 기록과도 일치한다.

183) 원우연 증언, 『고양시사 7권』, 2005, 379쪽.

184) 『고양 부역혐의희생사건 결정서』, 2007, 10쪽.

185) 이순창 증언, 『고양시사 7권』, 2005, 408쪽. 조제원(2006. 12. 6).

186) 『태극단 투쟁사』, 1983, 55쪽.

187) 내무부치안국, 『한국경찰사 2』, 1973, 292쪽.
선우종원, 『격랑80년』, 1998, 124쪽.

188) 내무부치안국, 『한국경찰사 2』, 1973. 292~293쪽.

189) 이순창 증언, 『고양시사 7권』, 2005, 410쪽. 송병용(1950. 11. 3).

190) 조병태(1950. 11. 5). 이들이 누구였는지, 이후 어떻게 되었는지 알려지지 않
았다.

191) 이은칠(1950. 11. 4), 강홍환(1950. 11. 5).

192) 이진(1950. 11. 2), 조병태(1950. 11. 5).

193) 강홍환(1950. 11. 5).

194) 이은칠(1950. 11. 4).

195) 강홍환(1950. 11. 5).

196) 피원용(1950. 11. 5).

197) 조병태(1950. 10. 27), 강홍환(1950. 11. 5).

198) 조병태(1950. 10. 27).

199) 정준섭(2006. 3. 14).

200) 이진(1950. 11. 5), 강홍환(1950. 11. 5).

201) 정준섭(2006. 3. 14).

202) 강신원(1950. 11. 7).

203) 김○○(1950. 11. 6).

204) 용인 원삼면에서도 금광굴에서 200여 명의 주민들이 학살당한 사건이 있었는데, 이때 주민들이 희생당한 장소는 산 중턱에 있는 굴이 아니라 채굴과정에서 나오는 지하수를 뽑아내는 낮은 위치의 또 다른 굴이었다. 금광업 종사자들의 증언에 따르면, 전형적인 금광굴은 수직 금광과 함께 반드시 배수터널을 함께 만든다고 한다. 따라서 금정굴 역시 또 다른 배수 터널이 있었을 것이며, 이곳에서도 학살이 있었을 가능성을 배제할 수 없을 것이다.

205) 송병용(1950. 11. 3).

206) 이진(1950. 11. 5). 강홍환(1950. 11. 5). 조병태(1950. 11. 5). 이순창(2007).

207) 김상용(1950. 10. 23).

208) 이병순(2006. 5. 25).

209) 이진(1950. 11. 2), 강홍환(1950. 11. 5).

210) 최승윤(1950. 10. 26), 피원용(1950. 11. 5), 김기조(2006. 6. 2).

211) 송병용(1950. 11. 3), 이진(1950. 11. 2).

212) 조병세(1950. 11. 4).

213) 송병용(1950. 11. 3); 이광희(1950. 11. 2).

214) 조병태(1950. 10. 27).

215) 김영배(1950. 11. 9), 송병용(1950. 11. 3). 김영배는 19명이 총살당한 날에 대하여 1950년 11월 3일 진술에서는 10월 18일이라고 했으나 11월 9일 진술에서는 10월 8일이라고 하여 일관성이 없었다. 한편 송병용 순경은 이날을 10월 20일로 기억하고 있었다. 한편, 가해자의 신원에 대한 조병태의 진술로 볼 경우 10월 18일에는 5명이 총살한 날이며, 따라서 19명이 총살당한 날은 10월 20일로 판단된다.

216) 조병태(1950. 11. 5), 최상철(1950. 11. 2).

217) 송기순(2006. 5. 25).

218) 이진(1950. 11. 5). 강홍환(1950. 11. 5). 조병세(1950. 11. 4). 조병태(1950. 10. 27). 이무영(1950. 11. 8).

219) 강영신(1950. 11. 7).

220) 「합동수사본부, 1만여 건의 부역자 심사」, 『경향신문』, 1950. 10. 30.

221) 정준섭(2006. 3. 12). 당시 상황에 대해 정준섭은 "(경찰서) 길 건너가 유치장이었는데 출입엄금이라고 되어 있는데도 CIC인가 어떤 자들이 와서 나를 보더니 들어간다는 거야. '새끼야, 비켜'하면서 들어가는 거야. 군경합동수사본부라고. 서장은 나가고 없었어. 이경하라고 치안대장 잡혀갔어. 빨갱이 한 사람이 빨갱이지 자식이 빨갱이냐고 하면서 잡아갔어. 차로 하나 싣고 갔어. 합동수사본부에서 잡아가지 않았으면 많이 죽었을 거야. 야간에 금정굴에서 빵하던 일도 더 이상 없었고 빼앗아 온 물건도 다 돌려주고…"라고 했다.

222) 1953년 5월 12일 진주시 사법보호회 내에서 사망했다는 주장도 있다.

223) 이의모(2006. 5. 4), 송기순(2006. 5. 25), 김동환(2006. 7. 22), 박화송(2006. 6. 9).

224) 당시 일산리에 살면서 이송과정을 목격한 김병순은 "얘 엄마(희생자 김광제의 처)하고 목화를 따고 있는데 아 엎드리라고 소리소리 질러요. 그래서 왜 그런가 했더니 주욱 사람들이 오더라고. 그 길로. 오니까 쳐다도 못 보고 누가 거기 끼어 있으리라고 생각도 못하고. 목화를 따고 있는데 고개를 들지 말라고 공포를 쏘고 야단이야. 쳐다도 못 보고. 꿈에도 생각지 않았어요"라고 했다(김병순, 2006. 11. 15).

225) 최승윤(1950. 10. 26).

226) 이병순(2006. 5. 25).

227) 사건 당시 태극단장이었던 이장복은 1999년 경기도의회에서 "중앙에서 금정굴 조사가 내려오자 이무영 서장이 우리 태극단 간부에게 찾아와 그 사건을 태극단이 한 걸로 해줄 수 있겠느냐는 부탁이 들어와 내가 거절했다"고 증언한 바 있다.

228) 의용경찰대원 이광희를 신문하던 서울시경 김석태 경사는 "즉결처분에 있어 법의 처분도 받기 전에 총살 등을 감행한 것은 어떻게 생각하는가?"라고 질문하고 있다(「조병세 등 형사사건기록」, 157쪽).

229) 이기현(1950. 11. 8).

230) 이계득(1955. 2. 21).

231) 이준영(2006. 10. 18), 강홍환(1950. 11. 2).

232) 이병희(2006. 10. 24).

233) 이병희(2006. 10. 24).

234) 이준영(2006. 10. 18).

235) 이건현, 「고양시사 7권」, 2005, 404쪽. 강놈산과 강은성이 같은 사람일 가능성이 있으나 확인되지 않았다.

236) 새벽구덩이는 벽을 바르는 흙을 캐내던 곳으로 구덩이가 깊었으며 지금은 예비군훈련장 운동장으로 개발되어 옛 흔적을 전혀 찾을 수 없다.

237) 안점봉은 고양 금정굴 사건의 희생자로 9·28 수복 후 손자 안정옥과 함께 피신 중 함께 송포지서로 끌려갔다. 그 후 고양경찰서로 이송되어 금정굴에서 희생되었다.

238) 덕이리에서 부역혐의로 체포된 주민들 대부분은 고양경찰서로 연행되었으나 일부는 송포지서로 끌려가 대화리 창고나 가좌리 창고로 연행되었다(안봉이, 2007. 5. 7).

239) 이각(2007. 5. 15), 정준섭(2006. 10. 28), 김상희(2007. 8. 10), 박성례(2006. 10. 27), 김영자(2006. 9. 14).

240) 한익석(1950. 10. 26), 박완순(1950. 10. 26), 김효은(1950. 11. 19), 이은칠(1950. 11. 18), 엄진섭(1950. 11. 2), 강신원(1950. 10. 26).

241) 황정호(2006. 6. 27), 황은호(2006. 7. 4), 공은억(2007. 8. 29).

242) 지영호(2006. 11. 8), 공은억(2007. 8. 29), 이상옥(2006. 11. 22).

243) 김경열, 김규용 증언, 「내일신문」(1993. 10).

244) 엄진섭(1950. 11. 9), 최영직(1950. 11. 8), 조병태(1950. 10. 27), 「고양 금정굴

사건 진실규명 결정서」(2007. 6. 26).

245) 최영직(1950. 11. 8).

246) 이병희(2006. 10. 24).

247) 이준영(2006. 10. 18).

248) 「50년 고양서 부역혐의자 대사살」, 『중앙일보』, 1993. 9. 13.

249) 박성례(2006. 10. 27), 정준섭(2006. 10. 28).

250) 황정호(2006. 6. 27).

251) 최성만(2006. 9. 11), 최승윤(1950. 10. 26), 강영신(1950. 11. 7).

252) 고준일(2006. 5. 26).

253) 유길자(2006. 7. 11).

254) 한정분(2006. 8. 2).

255) 허구례(2007. 4. 30).

256) 김동환(2006. 7. 22), 김병순(2006. 11. 15).

257) 김정학(2006. 6. 7), 김상용(1950. 10. 23).

258) 박화송(2006. 6. 9), 김희정(2006. 8. 22), 김희옥(2006. 9. 7).

259) 서병규(2006. 5. 9).

260) 이진(1950. 11. 5).

261) 서병규(2006. 5. 9), 대구형무소 수형인 명부(1951).

262) 진실화해위원회, 「최능진사건 결정서」, 2009.

263) 안양준(2005. 12. 20), 조병태(1950. 10. 27).

264) 윤영옥(2006. 6. 22), 피원용(1950. 11. 5), 강신원(1950. 10. 26), 강홍환 (1950. 11. 2).

265) 이종민(2006. 6. 15), 이규봉(1950. 10. 26).

266) 2006. 10. 28. 정준섭 증언에 따르면, 이병학은 일산리에서 대동양복점을 경영했다. 박성례는 일산리에 또 다른 양복점이 있었는데, 이름은 홍한양복점이었다고 했다(박성례, 2006. 10. 28).

267) 이강남(2006. 11. 17), 강홍환(1950. 11. 2).

268) 이계선(1998. 2. 7), 이병순(2006. 5. 26).

269) 정대영(2006. 6. 26), 정영무(2006. 1. 12), 조병세(1950. 11. 4).

270) 어분순(2006. 5. 8), 서울지방법원 형공 제1838호 판결문(1950. 12. 22), 강신원(1950. 10. 26), 강홍환(1950. 11. 2), 김성규(1950. 11. 8).

271) 권희숙(2006. 6. 22).

272) 박영숙(2006. 7. 8).

273) 최승순(2006. 6. 14).

274) 한익석(1950. 10. 26), 강신원(1950. 10. 26), 조병태(1950. 10. 27), 최영직(1950. 11. 8).

275) 박완순(1950. 10. 26), 강신원(1950. 10. 26), 최영직(1950. 11. 8).

276) 박기송(2006. 6. 7).

277) 김영모(1998. 2. 27).

278) 전왈성(2006. 3. 12).

279) 피영배(2006. 10. 23), 이병희(2006. 10. 24).

280) 김광원(2006. 6. 3).

281) 김국환(2006. 5. 31).

282) 김기조(2006. 6. 2).

283) 박헌수(2006. 5. 21).

284) 마임순(2006. 5. 22), 「안진노 신분장」

285) 안경자(2006. 6. 22).

286) 유성채(2006. 5. 13).

287) 이복형(2005. 12. 19).

288) 조한복(2006. 11. 7), 정대용(2006. 11. 10).

289) 최명애(2005. 12. 19), 이경순(1998. 2. 7), 강홍환(1950. 11. 2).

290) 이한섭(1998. 2. 27, 2006. 5. 30).

291) 심기호(2006. 6. 3).

292) 유병선(2005. 12. 20).

293) 노영석(2006. 6. 1).

294) 심재서(2006. 5. 31).

295) 노병길(2006. 6. 2).

296) 이강남(2006. 11. 17), 강홍환(1950. 11. 2).

297) 김상길(2006. 6. 10).

298) 김동철(2006. 6. 8).

299) 이순희(2006. 6. 26), 이경용(2007. 4. 27).

300) 서영자(2006. 6. 6), 서영석(2006. 1. 12), 이경용(2007. 4. 27).

301) 정준섭(2006. 10. 28), 이경용(2007. 4. 27).

302) 장성자(2006. 11. 10), 장윤기(1950. 11. 10).

303) 신연호(2006. 6. 22), 조병태(1950. 11. 5).

304) 황정호(2006. 6. 27), 황은호(2006. 7. 4).

305) 지영호(2006. 11. 8), 공은억(2006. 9. 21).

306) 지영호(2006. 11. 8), 공은억(2006. 9. 21).

307) 이기성(2006. 11. 23).

308) 송기순(1998. 1. 17), 이용덕·이경숙(2006. 5. 25).

309) 이영재(2006. 8. 10), 이의모(2006. 5. 4).

310) 김용성(2006. 5. 30).

311) 안종금(2006. 6. 22).

312) 고재식(2007. 10. 9).

313) 채봉화(2006. 7. 13).

314) 어후경(2007. 7. 24), 강만길. 성대경, 『한국사회주의운동인명사전』, 창작과비평, 1996, 275~276쪽.

315) 내무부치안국, 『경찰 10년사』(1958년), 468쪽. 고양경찰서의 부서는 1950년 6월 3일 고양경찰서장 성낙진경감이 경기도경찰국장에게 보낸 '직원명부(성적순) 월례보고 제출에 관한 건'에서 확인되는 것이다.

316) 내무부치안국, 『경찰 10년사』(1958년), 41쪽, 454쪽.

317) 학살에 가담한 경찰로 의용경찰대 강홍환은 김종순. 김천국. 오기섭. 문모. 손모 순경을 기억하고 있었으며, 의용경찰대 조병태는 김한동 경사, 박용길, 송병용 순경을 기억하고 있었다. 송병용 순경이 학살에 가담한 사실에 대해서 조병태. 강신원. 이진. 김영배 등 많은 의용경찰대원들이 기억하고 있었다.

318) 계엄사령관이 애국반원을 조직하여 부역혐의자를 적발하라는 지시를 내렸다. "부역자는 우리 손으로, 20일 내 반 단위로 적발, 계엄사령관지시로 실시—계엄사령관 지시에 의하여 서울시에서는 시내 각 구동회를 통하여 적치에 부역한 자 또는 협력한 자를 반원 연대책임 하에 철저히 적발하기로 되었다. 즉각 애국반원은 오는 20일까지 전 반원 연대책임 하에 부역자를 철저히 적발하여 명부를 작성 소관 파출소에 동회를 경유제출한다"(『동아일보』, 1950. 10. 12).

319) "대구시 합동결성식이 거행 — 去 8월 2일 거행 예정이던 대구 시내 각 합동결성식은 사정에 의하여 2, 3일간 연기하게 되었던 바, 금 5일 상오 10시 30분 동인동 경무학교 교정에서 거행케 되었다 하는 바, 시민 다대수 참석을 바라고 있다 한다. 그리고 동 조직은 지난 7월 22일자 긴급명령 제7호 공포에 따라 비상향토방위령 실시에 의한 것이라 한다"(『대구매일』, 1950. 8. 5).

320) "부산시 시내 자위대 결성식이 거행 — 북으로 북으로 괴뢰도배들을 하나 남김없이 몰아낼 총 반격의 전기는 바야흐로 움직이고 있는 이때, 앞서 이 대통령은 '이 땅에 핏줄기를 받은 애국남녀라면 赤手로라도 적을 처부수라'고 향토자위의 중대 사명에 대하여 열렬히 훈시한 바 있거니와, 부산시에서도 이에 순응 14일 하오 4시 반부터 시내 각지 자위대 대장 及부대장 임명식을 부민관에서 군 관계 당국자를 비롯한 양 본도지사 및 김 부산시장, 장 한청도단부장 及 김 시총무국장 등 임석 가운데 엄숙히 거행했다…"(『민주신보』, 1950. 8. 16).

321) 이익흥 증언, 『민족의 증언 3』, 중앙일보사, 1972, 35쪽.

322) 『동아일보』, 1950. 10. 4.

323) 『동아일보』, 1950. 10. 7.

324) 이익홍 증언, 『민족의 증언 3』, 중앙일보사, 1972, 36쪽.

325) 『조선일보』(1950. 10. 23).

326) 벽제면 치안대장 홍기세는 벽제지서를 치안대 사무실로 쓰며 연락을 했다고 한다(이각, 2007. 5. 15).

327) 이각(2007. 8. 7), 김상희(2007. 8. 10).

328) 이갑용(2006. 8. 17).

329) 이순창(2006. 12. 12).

330) 이각(2007. 5. 15).

331) 인민군 점령 아래에서 희생당한 우익단체원의 가족들이 치안대 활동을 적극적으로 하면서 보복한 사례를 파주 산남리, 고양 구산리, 덕이리에서 찾을 수 있다.

332) 이는 적극적으로 활동한 치안대원들 상당수가 부역혐의자라는 사실에서 확인된다.

333) 파주 산남리에서는 복면을 쓴 치안대원들에 의해 주민들이 끌려갔는데 나중에 마을에는 고양 구산리의 치안대원들이 끌어간 것이라고 알려졌다.

334) 『태극단 투쟁사』, 1983, 54쪽, 55쪽.

335) 국군 수복 후, 민간치안조직에 대한 간부 임명과 관리를 경찰서에서 했다는 증언은, 고양과 비슷한 부역혐의자 희생과정을 겪은 경기 북부 남양주에서도 확인되는데, 양주경찰서장 가창현은 "향방원(향토방위대원)은 대한청년단에서 추천하기에 사상이 온건하다고 생각하고 향방원으로 임명했으며…"라고 했다(양주경찰서장 경감 가창현 「청취서」).

336) 김상희(2007. 8. 10).

337) 이에 대해 정준섭은 "치안대 사무실을 순행을 해달라고 해서, 민 순경(능곡지서 민동선 순경으로 추정)인가 하고 나하고 셋이서 산염(마을)에 나갔어요. …'사람 살리라'는 소리가 나서 이상하다 그리고 돌아가 보니까 치안대 사무실이야. …물 한 그릇만 얻어 먹읍시다 하면서 물 뜨러간 사이에 뛰어 들어갔어. 헌병도 아닌 것들이 별안간 직위가 주어지면 …여자를 발가벗겨놓고서는 무진

장 때렸어. 나뭇대기로 콱콱 찔렀어. 이런 나쁜 놈들이 있나. 네가 뭔데 때렸냐고 붙잡아 갔어"라고 했다 (정준섭, 2006. 3. 12).

338) 송병용 (1950. 11. 3).

339) 김경열 증언, 『내일신문』 (1993. 10).

340) 이진 (1950. 11. 2).

341) 이준영 (2006. 10. 18).

342) 전완성 (2006. 3. 12).

343) 이각 (2007. 8. 7).

344) 이각 (2007. 5. 15).

345) 이병희 (2006. 10. 24). 이병원 (2006, 10, 11), 이진 (1950. 11. 2).

346) 전완성 (2006. 3. 12), 이병희 (2006. 10. 24), 김기조 (2006. 6. 2), 이각 (2007. 8. 7).

347) 이들이 의용경찰대에 가입하게 된 동기 중 특이한 것으로 성기창은 고양경찰서 벽제지서 치안대원으로 활동하다가 1950년 10월 22일 한청단장 이규성, 전 민보단장 한영수의 보증으로 경찰견습생이 되었으며, 이근용은 벽제면 지영리 치안대 대원으로 있다가 경찰이 도착한 후 치안대가 해산되자 10월 13일 의용경찰대로서 훈련을 받고 경찰견습생이 되었다. 강흥환은 10월 3일부터 고양군 중면 치안대 감찰부 차장으로 있다가 치안대가 해산한 후 일산의용경찰대 사찰 수사조 제1조 책임자로 있었다고 한다.

348) 김상길 (2006. 6. 10).

349) 박영숙 (1998. 1. 17).

350) 『태극단 투쟁사』, 1983, 40쪽.

351) 이순창은 "9월 중순, 수색으로 돌아온 증언자는 태극단원들이 치안대 완장을 두르고 있는 것을 보고 태극단 수색지단의 간판을 정식으로 달자고 제의"했다고 하며 (이순창 증언, 『고양시사 7권』, 2005, 410쪽), 이 사실은 유족 김용성이 부친 친구들로부터 들은 수색리의 치안대원들은 태극단 활동을 하던 사람들이었다는 말과 일치한다 (김용성, 2006. 5. 30).

352) 이규붕(1950. 10. 26).

353) 『태극단 투쟁사』, 1983, 88쪽. 허창은 백석리의 고준구 등의 토지를 빼앗았다
    는 증언이 있다.

354) 황인수(2006. 9. 20).

355) 『태극단 투쟁사』, 1983, 55쪽.

356) 석호진 경찰관 신분카드, 김사철(2007. 5. 10). 경찰관 김사철은 국군 수복
    직후 석호진이 미군 중위계급장을 달고 있었다고 했다.

357) 이순창 증언, 『고양시사 7권』, 2005, 410쪽.

358) 최진(1998. 2. 27).

359) 김희정(2006. 9. 12).

360) 이순창(2006. 12. 12).

361) 김인한(2006. 12. 15).

362) 이순창(2006. 12. 12), 이기호(2007. 1. 9).

363) 「경기도의회보고서」, 1999, 12쪽.

364) 조병세 사건개요(1950).

365) 김영배(1950. 11. 3).

366) 이장성 증언, 『고양시사 7권』, 2005, 415쪽.

367) 장홍염 의원, 『국회속기록』 제2회 14호(1949. 1. 26), 조국현 의원, 『국회 속기
    록』 제2회 15호, (1949. 1. 27), 『국회 속기록』 제5회 20호(1949. 10. 13.) 재인용,
    서중석, 『한국현대민족운동연구 2』, 역사비평사, 1996, 260쪽.

368) 『남조선민보』(1950. 7. 9), 『통영시지』(1999)에서 재인용.

369) 이경하(1950. 12. 1), 안병선(1950. 11. 5), 이무영(1950. 11. 8).

370) 김성규(1950. 11. 8), 안병선(1950. 11. 3).

371) 김성규(1950. 11. 8).

372) 이기현(1950. 11. 8).

373) 안병선(1950. 11. 5).

374) 안병선(1950. 11. 3).

375) 안병선(1950. 11. 5).

376) 이규봉(1950. 10. 26).

377) 최승윤(1950. 10. 26).

378) 조건식(1950. 10. 26).

379) 송병용(1950. 11. 3), 한경옥(1950. 11. 3). 군경원호기관인 시국대책위원회에 대해 다루어진 사례는 거제지역 사건인 「강화봉 등에 대한 군법회의 판결심사 자료」에서 확인된다. CIC 황창록은 배삼식과 강화봉으로부터 경찰서장을 경유하여 시국대책위원회 돈 10만 원씩 20만 원을 받았으며, 식비와 부식비 조로 수차에 걸쳐 3개월간 약 35만원을 받았다고 진술하고 있다(육군법무내발 제 273호, 「민간인 강화봉 외 4명에 대한 살인 및 무고 피고사건 판결에 대한 심사 건의의 건」, 1951. 2. 28).

380) 이경하(1950. 11. 5).

381) 중면장 최영직(1950. 11. 8).

382) 중면 부면장 이기현(1950. 11. 8).

383) 안병선(1950. 11. 5).

384) 『한국경찰사 2』, 내무부치안국, 1973, 292~293쪽.

385) 『서울신문』(1950. 10. 11).

386) 엄진섭(1950. 11. 9), 최상철(1950. 11. 19), 김영조(1950. 11. 19), 김금룡(1950. 11. 19), 강신원(1950. 11. 7).

387) 강신원(1950. 11. 7), 강홍환(1950. 11. 5), 김금룡(1950. 11. 2), 김영조(1950. 11. 2), 김정식(1950. 11. 19), 최영직(1950. 11. 8), 박종철(1950. 11. 2), 성기창(1950. 11. 2), 신현섭(1950. 11. 2), 양재남(1950. 11. 5), 이진(1950. 11. 9), 최영직(1950. 11. 8), 이근용(1950. 11. 19), 허숙(1950. 11. 19).

388) 강홍환(1950. 11. 2), 박종철(1950. 11. 2), 성기창(1950. 11. 2), 신현섭(1950. 11. 2), 양재남(1950. 11. 5), 이광희(1950. 11. 2), 이근용(1950. 11. 19), 허숙(1950. 11. 19).

389) 이병희(2006. 10. 24).

390) 김기조(2006. 6. 2), 이병원(2006. 10. 11).

391) 전왈성(2006. 3. 12).

392) 김인한(2006. 12. 15).

393) 이준용(2006. 10. 18).

394) 이순창(2006. 12. 12).

395) 이순창(2006. 12. 12), 『태극단 투쟁사』, 1983, 55쪽, 65쪽. 『고양시사 7권』, 2005, 493쪽.

396) 백경현(2006. 12. 21).

397) 이순창(2006. 12. 12).

398) 이순창(2006. 12. 12), 김인한(2006. 12. 15).

399) 『경향신문』(1950. 10. 30).

400) 『서울신문』(1950. 11. 27).

401) 강홍환(1950. 11. 5), 이광희(1950. 11. 19), 이진(1950. 11. 2), 이진(1950. 11. 5), 조병세(1950. 11. 4), 조병태(1950. 10. 27).

402) 이무영(1950. 11. 8).

403) 김사철(2007. 5. 10).

404) 주 337) 참고.

405) 내무부치안국, 『경찰 10년사』, 1958, 518쪽. 한경록은 경기도 발령 직전에 경상북도경찰국장이었다.

406) 강혜경, 「한국경찰의 형성과 성격(1945~1953)」, 2002, 180쪽.

407) 「전쟁 부역자 5만여 명 검거」, 『경향신문』, 1950. 11. 16. 「내무부, 부역자 검거 통계」, 『조선일보』, 1950. 11. 17.

408) 「충청남도 부역자 검거 상황」, 『경향신문』, 1950. 11. 14.

409) 백윤철·김상겸, 「6·25 전쟁 전후 계엄업무 수행체계 연구」, 『민군관련사건 연구논문집』, 국방부 군사편찬연구소, 2005, 294쪽.

410) 『동아일보, 1950. 11. 30.

411) 「김영구 신분장」, 벽제면 오금리 주민 김봉운의 증언에 따르면, 국군 수복 후

벽제면에 살던 김은룡(또는 김운룡)이 대한타공결사대에 의해 움리 하천에서 희생되었는데, 육군 대령이었던 동생이 이를 조사하여 처벌한 것이라고 한다. 육군 대령이었다는 동생은 김창룡을 말하는 것으로 보이는데, 김은룡이 실제 그의 형이었는지 확인되지 않는다(김봉운, 2006. 11. 21).

412) 『서울신문』, 1950. 12. 12.

413) 진실화해위원회, 『남양주 진접·진건면 부역혐의 희생사건 결정서』, 2008.

414) 백윤철·김상겸, 「6·25 전쟁 전후 계엄업무 수행체계 연구」, 『민군관련사건 연구논문집』, 국방부 군사편찬연구소, 2005, 262쪽, 281쪽, 328쪽, 329쪽.

415) 「제5사단 계엄고등군법회의, 부역자에 대한 공판 개정」, 『대구매일신문』 (1950. 11. 11).

416) 백윤철·김상겸, 「6·25 전쟁 전후 계엄업무 수행체계 연구」, 『민군관련사건 연구논문집』, 국방부 군사편찬연구소, 2005, 328쪽.

417) 백윤철·김상겸, 「6·25 전쟁 전후 계엄업무 수행체계 연구」, 『민군관련사건 연구논문집』, 국방부 군사편찬연구소, 2005, 285쪽.

418) 손희두, 「한국전쟁 초기의 법령 조치」, 『군사(軍史)』, 군사편찬연구소, 2006. 6, 32쪽.

419) 조갑제, 『고문과 조작의 기술자들』, 한길사, 1987, 68쪽.

420) 국사편찬위원회, 「미 국무부, 한국의 공산부역자 처리에 대해 주의 환기」, 『자료대한민국사 19』, 638~639쪽.

421) 태륜기, 『권력과 재판』, 삼민사, 1983, 155~161쪽. 김창룡은 1950년 12월 2일 표창장과 금일봉을 받았는데, 개인이 대통령으로부터 표창장을 받은 경우는 처음이라고 한다.

422) 대통령 지시, 「합동수사본부 존속에 관한 건」(1951. 4. 19), AA0000327.

423) 대통령 지시, 「거창사건 책임에 관한 건」(1951. 4. 30).

424) 한인섭, 「재판을 통한 사법부의 과거청산」, 『재심·시효·인권』, 경인문화사, 2007, 15쪽.

425) 「제128회 국무회의록」(1950. 12. 1).

426) 「제103회 국무회의록」(1950. 10. 19).

　박명림, 「한국전쟁과 사회구조의 변화」, 『한국전쟁과 한국정치의 변화』, 64, 65쪽.

427) "감형에 관한 대통령담화 ― 나는 대한민군 헌법 제63조에 의하여 하기와 여히 법원이나 군사재판에서 판결받은 자의 감형과 미결 중에 있는 수감자의 석방을 선포하는 바이다.

　1. 사형을 받은 자는 각 개인의 표준에 의하여 감형할 것(단, 극악질자는 제외된다.), 2. 종신형이나 10년 초과의 판결을 받은 자는 개인별로 일후의 감형을 목적으로 재심사할 것, 3. 10년 이하의 형을 받은 자는 각 개인의 정세를 참조하여 석발할 것, 4. 여자 죄수나 병자는 극악질의 경우라도 특별히 고려할 것, 5. 미결수에 관하여는 이상의 조건에 의하여 기소하되 사형에 해당자는 무기로, 10년 이하에 해당자는 불기소로 할 것, 6. 이상의 처리조건은 현재 법원과 군법재판소에서 판결받은 자나 법원과 군법재판소에 긴속된 자에게 동일히 적용할 것, 7. 이상의 처리조건은 단기 4283년 12월 23일로부터 시행한다"(『동아일보』, 1950. 12. 24).

428) 한상범, 『살아 있는 우리 헌법 이야기』, 삼인, 2005, 153쪽.

429) 『동아일보』(1950. 10. 11), 『동아일보』(1950. 10. 19), 『동아일보』(1950. 10. 21).

430) 『동아일보』(1950. 11. 6).

431) 이강남(2006. 11. 17).

432) 「김창룡, 현안에 대해 기자와 간담」, 『서울신문』, 1950. 11. 7.

433) 충청남도경찰국, 「부역자명부 관리에 대한 질의 회시」, 1979. 12. 17.

434) 강원도경찰국 정보과, 「6·25 처형자 명단 배포」(1978. 7. 10). 이 공문 내 배부표에는 각 경찰서에 배포된 책자에 고유 번호가 부여되어 있었다. 춘천서의 경우 131/319로 적혀 있어 319권 중 131호 책자를 받았다.

435) 대검찰청, 「부역자 처단에 관한 건」, 1956. 1. 20.

436) 치안국, 「정보 2061호 긴급업무지시」, 1970. 3. 16.

437) 강원도경찰국, 「정보 2061호 긴급업무지시(응신)」, 1970. 3. 17.

438) 「울진 부역혐의희생사건 진실규명결정서」, 2008.

439) 「서산·태안 부역혐의희생사건 진실규명결정서」, 2008.

440) 그러나 이조차도 어느 정도의 재산과 교육수준이 있는 경우에 해당되는 것이었으며, 이미 가족을 해체당하고 고립되어 가난 속에서 살아야 했던 유족들은 여기에조차 해당되지 않았다.

441) "희생자들의 죽음 이후 군 정보기관에서 매달 집으로 찾아와서 조사를 하고 가니 고향에서 살 수가 없어서 대전에서 10년을 피해 살았습니다. 그리고 큰아들이 삼군사관학교에 합격했었는데 신원조회에서 걸려 불합격된 일이 있었습니다"(김상길, 2006. 6. 10), "서울로 올라와서 특채로 용산구청에 들어가서 일했습니다. 원조물자 때문에 통역으로 들어갔다가 공무원 생활을 하다가 서기관까지 올라갔어요. 서기관이 되니까 의용군이었던 사실이 나오고 동생이 행방불명된 사실이 알려지니 중앙정보부와 용산경찰서에서 정기적으로 사찰을 했어요. 그러다 보니 더 이상의 승진이 어렵게 되었습니다"(이종민, 2006. 6. 15), "공무원을 할 수 없었고, 측량기사 자격증으로 외국으로 갈 수도 있었는데 갈 수 없었습니다. 지금 남편이 하고 있는 학원도 연좌제를 피할 수 있는 직업이었기 때문에 택한 것이었습니다. 큰시누이 아들도 육사에 진학하려다 못 했습니다"(마임순, 2006. 5. 22), "작은애가 그 영향을 받더라고요. 그 애가 한양대 원자력학과를 졸업할 때 고리원자력발전소로 졸업생을 싹 데리고 갔는데 아버지가 그렇게 죽었다고 해서 얘를 빠트린 거예요"(심재희, 2006. 11. 29).

442) 경기도 부천 박제환 의원, 『제8회 국회 임시회의 속기록 제39호』, 국회사무처, 1950. 10. 31.

443) 『한국전란 1년지』(1950. 10. 1), C15쪽.

444) 『서울신문』 1950. 10. 5.

445) 대통령 지시, 「노획품 처리에 관한 건」, 1950. 10. 4.

446) 「역산불법점거 등 장 사령관 담화 발표」, 『동아일보』 1950. 10. 14.
「역산은 국민과 군인에게, 경찰관 입주는 삼가라」, 『동아일보』, 1950. 10. 20.

447) 『동아일보』, 1950. 11. 11.

448) "가환부청서(假還付請書), 증제3호 몰수품대장 1책, 증제4호 현금수불부 1

책, 우 물건은 조병태에 대한… 사건에 관하여 압수 중이던 바, 금번 가환부되었으니 선량한 관리자의 주의로서 보관하여 일절의 처분행위를 불위함은 물론 필요할 때에는 언제든지 제출위계하오니 자이 청서제출함"(1950. 11. 20)으로 기재하고 있다.

449) 이강만 증언, 『고양시사 7권』, 2005, 399쪽.

450) 이강만 증언, 『고양시사 7권』, 2005, 399쪽.

451) 부재부역자 자작농지 처분에 관한 질의의 건

수제의 건에 관하여 법제처장에게 법적 해석을 의뢰했던 바 대요좌기와 같은 회보가 있다는 통첩이 유하옵기에 첩 하오니 참고하시압.

기

1. 자작농지의 소유자가 사망하고, 그 상속인이 있는 것은 분명하나 그의 행방이 불명한 경우 및 자작농지의 소유자가 행방불명이 된 경우(이 경우에는 민법 제25조의 규정에 의하여 처리되어야 함).

2. 자작농지의 소유자가 사망하고, 상속인이 없는 것이 명백한 경우 및 자작농지의 소유자가 사망하고 그 상속인의 유무가 불명한 경우(이 경우에는 조선민사령 제11조 규정에 의하여 우리나라 관습에 의하여 처리되어야 할 것임. 이 관습이라 함은 사자의 유산은 혈연자, 배우자, 근친, 친족, 동리의 순위로 관리 내지 소유하게 되는 것이며 상세한 것은 친족관습유산에 기재되어 있음.

3. 부재부역자 자작농지는 제5조 제2호 나항을 적요할 바임.

452) 「역산농지반환통지의 건」(1953. 4. 21), 「부역자 자작농지 소작료 처분의 건」 (1953. 5. 16).

453) 황은호(2006. 7. 4).

454) 이병희(2006. 10. 24).

455) 고준일(2006. 5. 26).

456) 박성례(2006. 10. 27), 박헌수(2006. 5. 21), 박화송(2006. 6. 9), 이의모 (2006. 5. 4), 서병규(『고양시사 7권』, 2005, 358쪽), 박기송(2006. 6. 7).

457) 심기호(2006. 6. 3).

458) 이경순(2008. 2. 7).

459) 김○○ (1950. 11. 6).

460) 한인섭, 「재판을 통한 사법부의 과거청산」, 『재심·시효·인권』, 경인문화사, 2007, 4쪽.

461) 국사편찬위원회, 『자료대한민국사 19』, 638~639쪽.

462) 이정남, 『금정굴 학살은 빙산의 일각이었다』, 2003, 27쪽. 그러나 이창영이 사형 받은 기록은 확인되지 않는다. 대구에서 사형당한 경우 신분장 등 감옥기록이 없는 경우가 많은 것으로 보아 대구형무소에서 희생되었을 가능성이 있어 보인다.

463) 서병규(2006. 5. 9), 『대전형무소 수형인명부』(1951). 『대전형무소 수형인명부』에 1951년 3월 "군에 인도"로 기재되어 있는 희생자들의 경우 국가기록원과 육군기록정보기획단에서 보유하고 있는 경우는 아직까지 확인되지 않는다.

464) 청주지방검찰청, 「단기4284형제400호」형사사건기록. '충북 음성 대소면 오산리 뒷산 사건'에 대하여 청주지방검찰청은 "피의자 김사성은 당시 국민방위군 제8단 3지 2편 8구대장으로서 부하에 지시하여 약 20명의 부역자를 불법체포하여 취조케 한 사실과 그 중 8명을 부하가 불법 살해한 사실이 있으나 그의 정범을 체포치 못했을 뿐 아니라 살해된 부역자는 현시국으로 보아 당연한 처사라고 인정된 점"때문에 무혐의 의견을 제출하고 있다.

465) 경의선을 중심으로 활동한 태극단 역시 1950년 7월 5일 결성되었다.

466) 『동아일보』(1950. 11. 30), 『서울신문』(1950. 12. 12.), 『조선일보』(1950. 12. 13), 강태희(『고양시사 7권』, 2005, 338, 350쪽).

467) 이 내용은 1952년부터 1955년까지 3년 동안 있었던 수사 및 재판관련 기록 (형사사건기록)을 근거로 했다. 이 문서는 500여 쪽에 달하는 것으로 유상문의 법정투쟁기록이라고 할 만하다. 유상문은 1952년에 체포되었으므로 비상조치령이 아닌 국가보안법의 적용을 받았으며 따라서 항소가 가능했다. 1955년 대법원의 판결로 보아 선유리 18명에 대한 살해혐의는 벗었으나 결국 부역죄로

인해 사형선고를 받은 것으로 보인다.

468) 『대공 30년사』, 1978, 119쪽. 『대공 30년사』에는 1952년 6월 30일부터 민간인 억류자들이 석방되어 귀향했다고 적고 있다.

469) 김용화(1953. 2. 28), 이의진(1953. 2. 28).

470) 고양경찰서 사건개요, 「유상문 형사사건기록」(1955).

471) 유상문(1954. 8. 6), 「유상문 형사사건기록」(1955).

472) 이홍오(1952. 9. 18). 희생자 최흥성의 사촌 최승남은 최흥성은 다른 치안대 원들보다 하루 먼저 희생되었다고 주장하고 있다.

473) 이치국(1952. 9. 18).

474) 김용화(1953. 2. 28).

475) 이의진(1953. 2. 28).

476) 유재덕(1953. 2. 28).

477) 김우봉(1953. 2. 28).

478) 성상봉(1953. 2. 28).

479) 이홍오. 박간란 대질신문(1953. 2. 28).

480) 최승남(1953. 3. 24).

481) 이홍오(1953. 3. 28).

482) 남금순(1954).

483) 「부통령 사임청원서」, 1952. 5. 29.

484) 손운산, 『용서와 치료』, 이화학술총서, 2008, 103쪽, Charles L. Grisworld 재 인용.

485) 한상구, 「피학살자 유가족 문제」, 『한국사회변혁과 4월혁명』, 한길사, 1990, 187쪽.

486) 경찰청 과거사진상규명위원회, 『보도연맹원 학살의혹 사건 중간조사결과』, 2005.

487) 한인섭 편, 「재판을 통한 사법부의 과거청산」, 『재심·시효·인권』, 경인문화 사, 2007, 44쪽.

488) 한인섭 편,『재심·시효·인권』, 경인문화사, 2007.

489) 서울대학교 사회발전연구소,『화해·위령 및 과거사연구재단설립방안 연구 용역결과보고서』, 2009. 4, 54쪽.

490) 이강만 증언,『고양시사 7권』, 2005, 398쪽.

491) 합동수사본부,「조선결사대사건 전모 보고의 건」, 1950. 11. 27.

492) 이순창 증언,『고양시사 7권』, 2005, 408쪽.『태극단 투쟁사』, 1983, 74쪽. 이순 창은 16명이 희생당한 것으로 알고 있다고 증언했다.

493) 장기순(2006. 10. 13).

494) 이갑용(2006. 8. 17.),『고양시사 7권』, 2005, 390쪽.

495)『태극단 투쟁사』, 1983, 48~49쪽.

496) 황인수(2006. 9. 20).

497) 원우연,『고양시사 7권』, 2005, 379쪽.

498) 제노사이드협약 제2조의 '파괴할 의도' 등 '의도성'을 제시하고 있는데 이에 대해 많은 지적이 있어 왔다. 제노사이드의 가해자들은 법적 책임을 회피하기 위해 '단지 우발적으로 일어난 일이었다' 또는 '의도성이 없었다'고 변명하고 그 증거를 숨기거나 폐기하면 그만이었다. 실제 의도적이거나 계획적인 대량학살 만큼이나 구조화된 폭력에 의한 학살이 있었으므로 의도성에 대한 강조는 시 대착오적인 것이었다. 게다가 의도성을 찾아내기에는 상당한 어려움이 있다. 공식문서를 통해 '의도성'이 확인되는 경우는 나치에 의한 유대인 학살의 경우 가 유일하다고 한다.

499)『20세기의 대량학살과 제노사이드』. 제주대학교 출판부, 2006.

500) 에릭 마르쿠젠(Eric Markusen)의 3메카니즘론, 에릭 와이츠(Eric D. Weize)의 4단계론, 린다 울프와 마이클 헐시저(Linda M. Wolf & Michael R. Hulsizer)의 7단계론, 그레고리 스탠튼(Gregory H. Stanton)의 8단계론, 허버 트 허쉬(Herbert Hirsch)의 언어적 단계구분 등이 있다.

501) 허만호·김민서,「전시 민간인 피해에 대한 국가책임의 한계」,『민군관련사건 연구논문집』, 국방부 군사편찬연구소, 2005.

[고양지역 희생자 명단]

거주지	연번	희생자	성별	나이	희생지 (희생일, 희생추정일)	출처	비고
중면 마두리	1	이종봉 (李鍾奉)	남	35	금정굴	형사사건기록	
	2	최의현 (崔義鉉)	남	37	금정굴 (10. 15)	진실위결정서 형사사건기록	
중면 백석리	3	강선봉 (姜先奉)	남		금정굴	형사사건기록	
	4	고산돌 (高山突)	남		금정굴	진실위결정서	
	5	유해진 (柳海鎭)	남		금정굴	진실위결정서	
	6	한복영	남		금정굴	진실위결정서	
	7	허정임	여		금정굴	진실위결정서	
	8	허진임 (許眞任)	여		금정굴	형사사건기록	
중면 일산리	9	김광제 (金光濟)	남		금정굴	진실위결정서 형사사건기록	
	10	김규순 (金奎順)	남		금정굴 (10. 20)	형사사건기록	
	11	김석권 (金石權)	남		금정굴 (10. 9)	진실위결정서 형사사건기록	
	12	김암권 (金庵權)	남		금정굴	형사사건기록	
	13	김영한	남		금정굴	형사사건기록	또는 이영한
	14	김윤권 (金允權)	남		금정굴	형사사건기록	
	15	김○○	남		금정굴 (10. 9)	진실위결정서	김영석의 부친

거주지	연번	희생자	성별	나이	희생지 (희생일, 희생추정일)	출처	비고
중면 일산리	16	박중원	남		금정굴 (10. 9)	형사사건기록 진실위결정서	
	17	박상하 (朴商夏)	남		금정굴 (10. 9)	형사사건기록 진실위결정서	박중원의 아들
	18	박순조	남		금정굴 (10. 9)	진실위결정서	형제
	19	박순환	남		금정굴 (10. 9)	진실위결정서	형제
	20	서상용 (徐上龍)	남		금정굴 (10. 9)	진실위결정서 형사사건기록	서병철의 부친
	21	서병철 (徐炳喆)	남		금정굴 (10. 25)	진실위결정서 형사사건기록	
	22	서병숙 (徐炳淑)	남		대구형무소 (1951.3.27)	재소자인명부	군법회의 추정
	23	서병욱 (徐炳旭)	남		금정굴 (10. 9)	진실위결정서 형사사건기록	서병철의 동생
	24	안석모 (安錫模)	남		금정굴	형사사건기록	
	25	안용택 (安龍澤)	남		금정굴	형사사건기록	
	26	안희준 (安熙俊)	남		금정굴 (10. 9)	진실위결정서 형사사건기록	
	28	○○○	여		금정굴	형사사건기록	윤영만의 모친
	27	윤영규 (尹榮圭)	남		금정굴	진실위결정서 형사사건기록	
	29	오일섭 (吳一燮)	남		금정굴 (10. 18)	형사사건기록	
	30	이규봉 (李圭鳳)	남		금정굴 (10. 9)	진실위결정서 형사사건기록	

거주지	연번	희생자	성별	나이	희생지 (희생일, 희생추정일)	출처	비고
중면 일산리	31	이정례 (李貞禮)	여		금정굴 (10. 9)	진실위결정서 형사사건기록	
	32	이영창 (李榮昌)	남		금정굴 (10. 9)	형사사건기록	
	33	이경학 (李慶學)	남		금정굴 (10. 9)	형사사건기록	
	34	이계상 (李溪相)	남		금정굴 (10. 18)	형사사건기록	
	35	이기철 (李起喆)	남		금정굴 (10. 25)	진실위결정서 형사사건기록	
	36	이병호 (李炳昊)	남		금정굴	형사사건기록	
	37	이봉린 (李奉麟)	남		금정굴 (10. 9)	진실위결정서	
	38	○○○	여		금정굴 (10. 9)	형사사건기록	이종한의 모친
	39	이한상 (李漢相)	남		금정굴	형사사건기록	
	40	이흥철 (李興哲)	남		금정굴	형사사건기록	
	41	○○○	여		금정굴	형사사건기록	이흥철의 부인
	42	임용태 (林鎔泰)	남		금정굴	형사사건기록	
	43	임종태 (任鍾泰)	남		금정굴 (10. 9)	형사사건기록	
	44	장성의	남		금정굴	형사사건기록	
	45	정대철	남		금정굴 (10. 9)	진실위결정서	
	46	정영학 (鄭英學)	남		금정굴 (10. 9)	진실위결정서 형사사건기록	

거주지	연번	희생자	성별	나이	희생지 (희생일, 희생추정일)	출처	비고
중면 일산리	47	정한희 (鄭漢禧)	남		금정굴 (10. 9)	진실위결정서	
	48	최용복 (崔傭福)	남		금정굴	형사사건기록	
	49	한창석 (韓昌奭)	남		금정굴 (10. 17)	진실위결정서 형사사건기록	
	50	홍규원 (洪圭遠)	남		금정굴	형사사건기록	
중면 장항리	51	이창선 (李昌善)	남		금정굴	진실위결정서	
	52	권학길 (權學吉)	남		금정굴	진실위결정서	
	53	박근식	남		금정굴 (10. 15)	진실위결정서	
	54	박인식	남		금정굴 (10. 15)	진실위결정서	
	55	임상준 (林相俊)	남		금정굴	형사사건기록	
	56	최종석 (崔鍾奭)	남		금정굴	진실위결정서	
	57	한일성 (韓日成)	남		주엽 하천 (10. 18)	형사사건기록	
	58	한요수 (韓垚洙)	남		주엽 하천 (10. 18)	형사사건기록	
중면 주엽리	59	○○○	남		주엽 하천 (10. 18)	형사사건기록	한일성 등과 함께 희생
	60	박희문	남		금정굴 (10. 9)	진실위결정서	
송포면 가좌리	61	김용남	남		금정굴	진실위결정서	

거주지	연번	희생자	성별	나이	희생지 (희생일, 희생추정일)	출처	비고
송포면 구산리	62	김영선	여		금정굴	진실위결정서	
	63	전옥자	여		금정굴	진실위결정서	김영선의 딸
	64	이범인 (李範仁)	남		한강변 (10. 30)	진실위결정서	
	65	피원기 (皮元基)	남		한강변 (10. 30)	진실위결정서	
송포면 구산리	66	피원순 (皮元順)	남		한강변 (10. 30)	진실위결정서	
	67	김영연 (金令連)	여		심학산	진실위결정서	
	68	피경애 (皮璟愛)	여		심학산	진실위결정서	
	69	양용한	남		한강변	진실위결정서	
	70	임복성	남		한강변	진실위결정서	
	71	한경임	녀		한강변	진실위결정서	
	72	임경학	남		한강변	진실위결정서	
	73	임복남	남		한강변	진실위결정서	
	74	임복만	남		한강변	진실위결정서	
	75	홍제관 가족			한강변	진실위결정서	
	76	강은성 가족			한강변	진실위결정서	또는 강놈산의 가족
송포면 대화리	77	이돌섭 (李乭燮)	남		금정굴	진실위결정서	
송포면 덕이리	78	김천홍	남		금정굴	진실위결정서	
	79	김재환 (金在煥)	남		금정굴 (10. 12)	진실위결정서	
	80	김영환	남		금정굴 (10. 13)	진실위결정서	

거주지	연번	희생자	성별	나이	희생지 (희생일, 희생추정일)	출처	비고
송포면 덕이리	81	유희철	남		금정굴	진실위결정서	
	82	안점봉 (安点奉)	남		금정굴	진실위결정서	
	83	안형노 (安馨老)	남		금정굴	진실위결정서	
송포면 덕이리	84	안상노 (安相老)	남		금정굴	진실위결정서	
	85	안용노	남		금정굴	진실위결정서	
	86	안종덕 (安鍾德)	남		새벽구덩이 (10. 21)	진실위결정서	
	87	안종옥 (安鍾玉)	남		새벽구덩이 (10. 21)	진실위결정서	
	88	이용우	남		금정굴	진실위결정서	
	89	최재옥 (崔在玉)	남		금정굴 (10. 9)	진실위결정서	
	90	최연 (崔淵)	남		금정굴 (10. 9)	진실위결정서	
	91	최담	남		금정굴 (10. 9)	진실위결정서	
	92	최단	남		금정굴	형사사건기록	
	93	박만협(朴萬協)	남		금정굴	진실위결정서	
	94	조병호	남		금정굴 (10. 13)	진실위결정서	
	95	김진섭	남		금정굴	진실위결정서	
	96	김명산	남		금정굴	진실위결정서	
	97	방용섭	남		금정굴	진실위결정서	
	98	김만성	남		금정굴	진실위결정서	
	99	김진홍 (金鎭洪)	남		금정굴 (10. 23)	진실위결정서	
	100	최영실	남			진실위결정서	

거주지	연번	희생자	성별	나이	희생지 (희생일, 희생추정일)	출처	비고
송포면 덕이리	101	최원영	남			진실위결정서	
송포면 법곶리	102	심기만	남		금정굴	진실위결정서	
	103	심우현	남		금정굴	진실위결정서	
	104	심준섭	남		금정굴	진실위결정서	
송포면 법곶리	105	유필준	남		금정굴	진실위결정서	
	106	노인성	남		금정굴	진실위결정서	
	107	심재천 (沈在天)	남		금정굴	진실위결정서	
	108	노춘석	남		금정굴	진실위결정서	
벽제면 내유리	109	김상국 (金商國)	남		금정굴	진실위결정서	
	110	김호연	남		금정굴 (10. 17)	진실위결정서	
벽제면 사리현리	111	서정희	남		금정굴	진실위결정서	
	112	김대봉	남	20대	금정굴	진실위결정서	
	113	이봉훈	남		금정굴	진실위결정서	
	114	최대철	남			진실위결정서	
	115	이○○	남			진실위결정서	원종선 외삼촌
	116	김화진	남	20대		진실위결정서	
벽제면 성석리	117	박상진 (朴相振)	남		뒷골 (10. 30)	진실위결정서	
	118	현아순 (玄阿順)	여		뒷골 (10. 30)	진실위결정서	
	119	박성인 (朴聖仁)	남		뒷골 (10. 30)	진실위결정서	
	120	김현세 (金顯世)	남		뒷골 (10. 30)	진실위결정서	

거주지	연번	희생자	성별	나이	희생지 (희생일, 희생추정일)	출처	비고
벽제면 성석리	121	차제순 (車祭順)	여		뒷골 (10. 30)	진실위결정서	
	122	김태규 (金泰奎)	남		뒷골 (10. 30)	진실위결정서	
	123	김봉규 (金鳳奎)	남		뒷골 (10. 30)	진실위결정서	
	124	이해용 (李海龍)	여		뒷골 (10. 30)	진실위결정서	
	125	김용배	남		뒷골 (10. 30)	진실위결정서	
	126	김현남	남		뒷골 (10. 30)	진실위결정서	
	127	안일례	녀		뒷골 (10. 30)	진실위결정서	
	128	홍기원 (洪起源)	남		금정굴	진실위결정서 형사사건기록	
	129	○시원	남		뒷골	진실위결정서	
	130	신명복			뒷골	진실위결정서	
원당면 도내리	131	장기연 (張基連)	남		금정굴	진실위결정서	
	132	장석용	남		금정굴	진실위결정서	
	133	장기철	남		금정굴	진실위결정서	
신도면 현천리	134	황을성 (黃乙聲)	남		현천리 (10. 25)	진실위결정서	
	135	황뇌성 (黃雷聲)	남		다락고개 (10. 10)	진실위결정서	
	136	정범성	남		현천리	진실위결정서	
신도면 화전리	137	황재덕	남		화전리	진실위결정서	
	138	황온순	남		현천리	진실위결정서	
	139	지희덕 (池喜德)	남		화전리	진실위결정서	

거주지	연번	희생자	성별	나이	희생지 (희생일, 희생추정일)	출처	비고
신도면 화전리	140	김순범	남		화전리	진실위결정서	
지도면 강매리	141	이태우	남		금정굴	진실위결정서	
	142	심언섭	남			진실위결정서	
지도면 신평리	143	이병희 (李秉熙)	남		금정굴	진실위결정서	
지도면 행주외리	144	이금현 (李琴鉉)	여		금정굴	진실위결정서	
은평면 수색리	145	김순동	남		금정굴	진실위결정서	
	146	황용문	남			태극단 투쟁사	
은평면 구산리	147	정씨	여		금정굴	진실위결정서	
	148	안종건	남		금정굴	진실위결정서	
	149	안복례	여		금정굴	진실위결정서	
파주 교하면 야당리	150	채기동	남		금정굴 (10. 18)	진실위결정서	형사사건 기록 참고
김포군 하성면 석탄리	151	어수갑 (魚秀甲)	남		금정굴 (10. 23)	진실위결정서	형사사건 기록 참고
미확인	152	박동수	미상	미상	금정굴	현장 발굴 도장	
미확인	153	심상신 (沈相愼)	미상	미상	금정굴	현장 발굴 도장	
미확인	154	이영희 (李英姬)	미상	미상	금정굴	현장 발굴 도장	

[사건 일지]

일자	사건 내용
1946. 9.	철도 총파업
10	대구 10월 항쟁
10. 9.	민족청년단 결성
1947. 2. 16.	고양군 원당면에서 대한독립청년단원과 민주청년동맹 충돌
9. 21.	대동청년단 결성
1948. 2. 7.	2·7 투쟁. 고양·파주·포천 등에서 농민 500여 명 연대 시위
4. 17.	향보단 결성(5. 25. 해체)
5. 10.	남한지역 총선거
8. 15.	대한민국 정부 수립
9. 9.	조선민주주의인민공화국 수립
9. 초	고양군 중면에서 단독정부 수립 반대 유인물 수백 매 배포됨
10	고양군 남로당 사건(책임자 이용운) 발생
10. 9.	민보단 결성(1950. 3. 11. 해체)
10. 19.	여순사건 발생
11. 30.	호국군 창설(1949. 8. 31. 해체)
12. 1.	국가보안법 제정·공포
12. 21.	대한청년단 출범
1949. 6. 5.	국민보도연맹 결성총회 개최
10. 11.	고양경찰서 신설
11	청년방위대 결성
11. 24.	계엄법 제정
1950. 6. 25.	한국전쟁 발발

일자	사건 내용
1950. 6. 25.	내무부 치안국, '전국 요시찰인 단속 및 전국 형무소 경비의 건'을 전국 도 경찰국에 발송
6. 26.	정부, 대전 이전
6. 28.	'비상사태하 범죄처벌에 관한 특별조치령' 공포
	인민군, 고양 점령
7. 5.	고양지역에 임시인민위원회 설치됨(용두리에서 임시인민위원회 선거가 실시되었음)
7. 8.	이승만 정부, 포고 제1호 비상계엄령 선포(전남북 제외)
	고양지역 우익인사들 고양내무서에 체포됨
7. 12.	한국군 통수권 미군에게 이양
7. 22.	25일까지 군·면·리 인민위원회 선거 실시
8. 15.	고양군 신도면 용두리에서 인민재판에 의한 희생사건 발생
8. 18.	대한민국 정부, 대구에서 부산으로 이전
9. 7.	유엔군, 반격 준비
9. 15.	유엔군, 인천상륙작전
9. 16.	경남지구계엄사령부 업무 중지. 계엄사령관 김종원 헌병부사령관으로 복귀
9. 17.	국회, '부역행위특별처리법안' 제출
9. 20.	유엔군, 행주 수복
	능곡지역에서 치안대가 조직됨
9. 26.	성석리 김씨 집안 8명 등이 인민군 측에 의해 고양경찰서 뒷산에서 희생됨
9. 28.	유엔군, 일산지역을 수복함
9. 28.	능곡국민학교에서 열린 유엔군 환영대회에 참석했던 주민 이봉린 등이 능곡지서로 연행됨
9. 28.	태극단 38명이 송포면 덕이리 은장 등에서 희생된 사건 발생함

일자	사건 내용
10. 1.	오금리 치안대원 등 18명이 인민군 측 또는 대한타공결사대에 의해 희생된 사건이 발생함
10. 2.	피난 못했던 송병용 순경, 수색역에서 경비주임 석호진 경위를 만남
	중면 치안대 감찰차장 강홍환이 (능곡에서) 40여 명 체포
10. 3.	이무영 경감, 고양경찰서장으로 발령받음
	순경 정정화 · 황재연 등 복귀함
10. 5.	이규봉, 태극단에게 연행됨
	최상철, 의용경찰대 편입
10. 6.	고양경찰서 사찰주임 이영근 경위의 주도로 치안대가 의용경찰대로 개편됨
	조병태, 의용경찰대 가입
	중면 치안대원 강신원은 부역혐의로 유치장에 구금되어 8일 풀려날 때까지 매일 15명 정도씩 3일 동안 50여 명이 불려나가는 것을 목격함. 총살된 것으로 안다고 함 (1950년 11월 7일 청취서)
10. 7.	이은칠, 의용경찰대 가입
	고양경찰서, 주민 14명을 CIC로 넘긴다며 끌고 감 (김○○ 청취서)
10. 9.	군경 후원을 목적으로 고양군 시국대책위원회(위원장 이경하) 결성
	사찰계 김한동 경위 명령으로 안희준 외 46명 총살함
	희생자 김석권 부친 김상용 등은 이보인의 장남(이경선)을 구출함. 이 때문에 김상용은 22일까지 고양경찰서에 불법 구금당함
10. 9.	송포지서에 감금 중이었던 101명을 고양경찰서로 이송함
10. 11.	이무영 고양경찰서장 취임

일자	사건 내용
10. 13.	금정굴에서 6명 총살(이진 참가)
	고양군수, '역산 처분에 관한 건' 지시
10. 14. (또는 15)	사찰계 형사 김한동이 14~15명을 금광에서 살해함. 김종봉 형사 등 4~5명의 경찰과 10여 명의 태극단원이 참가함
10. 15.	금정굴에서 10명 총살. 순경 김천옥 외 1명과 의용경찰대원 신현섭 · 엄진섭 · 강홍환 · 김효은 · 조병세 참가
	의용경찰대원 7명(이병학 · 엄진섭 · 오형구 · 김효은 · 신현섭 · 장귀동 · 이은칠 등)이 주엽리에서 3명(한요수 · 한일성 등) 총살
	희생자 최의현이 유치장에서 끌려 나가는 것을 의용경찰대 강신원이 목격함
10. 17.	이광희 외 1명이 2명을 금정굴에서 총살
	26명을 총살
10. 18.	사찰계 박용길 경사 명에 의해 파주 주민 등 5명 금정굴에서 총살
	한요수 · 한일성, 주엽리 하천에서 이병학 · 이은칠 등에게 총살당함
10. 20.	태극단원 김영배는 태극단장 이장복의 소집에 의해 주민 19명을 금정굴로 이송한 후 송 순경과 태극단원들이 6~7명씩 총살하는 것을 보았음
	송 순경 · 피원용 · 이경구 등이 이계상 · 오일섭 · 김규순 외 16명을 금정굴에서 총살함
10. 22.	5명 총살
10. 22.	고양경찰서, 김상용(김석권의 부친) 석방함
10. 23.	최상철 등 의용경찰대원이 5명(예심판사, 김포보도연맹 간사장, 전남 민청 부장 · 위원장 등) 총살(정오 12시 30분)
	합동수사본부 수사 김상용 청취부터 시작함

일자	사건 내용
10. 25.	자동차로 이송된 서병철 등 20여 명 총살
	이무영 경찰서장과 사찰주임 등 경찰 10여 명과 의용경찰대 엄진섭 · 강홍환 · 조병세 참가
11. 2.	조병세 외 26명의 의용경찰대원이 합동수사본부에 의해 연행됨
11. 8.	검사 장재갑 외 2명, 오후 4시 30분부터 5시까지 금정굴 현장검증함
11. 10.	의용경찰대원 구속영장 발부
11. 20.	안병선 외 18명 불기소, 조병세 외 7명 기소
12. 22.	서울지방법원 선고 (조병세 외 7명)
1951. 1. 13.	조병세, 대전형무소에서 사망 (원인은 영양실조)
1990. 6.	고양시민회장 김양원, '새벽구덩이' 사건 발견
1993. 8. 28.	고양시민회 · 농민회 · 전교조 · 항공대학생회 · 용마피혁노동조합 등 5개 단체가 '금정굴사건진상규명위원회' 결성
9. 6.	'금정굴 양민학살사건 희생자 유족회' 발족
9. 22.	국회청원서 제출 (14대 국회의원 임기만료로 1996. 5. 29. 자동 폐기됨)
9. 25.	첫 위령제 열림
1995. 9. 25.	유골 발굴 시작
9. 29.	금정굴 8m 부근에서 유골이 나오기 시작함
10. 13.	국회의사당에서 진상규명을 위한 유골시위를 함
10. 16.	붕괴 위험으로 17m 깊이에서 발굴 중단
12. 22.	'거창사건특별법' 국회 통과에 따라 내무부 방문
1997. 4. 13.	경기도의회에 '금정굴 양민학살 진상조사를 위한 특별위원회 구성' 청원 제출
11. 20.	경기도의회, 금정굴사건청원 부결됨

일자	사건 내용
1998. 1. 12.	진상조사특별위원회, 희생자 유족 및 목격자 조사 및 녹음·녹화작업 시작
10. 14.	경기도의회 청원
11	'고양금정굴양민학살사건진상규명및명예회복을위한범국민추진위원회'(상임공동대표 이창복·두봉·서병규·유재덕·박종후) 구성
1999. 2. 10.	경기도의회, 진상조사특별위원회 구성
12	경기도의회, 진상조사특별위원회 조사보고서 발간
2000. 4.	고양시, 경기도에서 권고한 희생자 위령사업 거부
8	전민특위 국제조사단, 금정굴 현장 방문
2001. 5.	전국통합특별법 입법 추진을 위한 국회공청회 참가
2002. 7. 4.	2002 한국전쟁 피학살자 유족 증언대회 참가
8. 21.	고양시장 강현석, 금정굴 방문
9. 14.	고양시의회, '금정굴 위령사업촉구결의안' 부결
2003. 2. 27.	민간인 학살 통합특별법 제정을 위한 무기한 농성 참가
3. 26.	한국전쟁기 고양·파주지역 민간인 학살 심포지엄
7. 16.	국가인권위원회, 특별법 제정 권고
12	금정굴 발굴 예비조사 예산 2,700만 원 고양시의회 통과
2005. 5. 31.	'진실·화해를 위한 과거사정리기본법' 제정
7	고양시, 금정굴 학살지 발굴 마무리를 위한 예비조사
2007. 6. 26.	진실화해위원회, 고양 금정굴 사건 진실규명 결정
11. 20.	진실화해위원회, 고양 부역혐의자 희생사건 진실규명 결정
2010. 6. 6.	고양시장 당선자 최성, 금정굴 방문

[참고 문헌]

[학살]

- 아시아 · 아프리카 · 라틴아메리카 연구원 엮음, 『제주민중항쟁 I~III』, 소나무, 1987.
- 노민영 · 강희정, 『거창양민학살, 그 잊혀진 피울음』, 온누리, 1988.
- 김상웅, 『해방 후 양민학살사』, 가람기획, 1996.
- 서중석, 『한국현대민족운동연구 2』, 역사비평사, 1996.
- 서중석, 『조봉암과 1950년대』, 역사비평사, 1999.
- 김동춘, 『전쟁과 사회』, 돌베개, 2000.
- 김영택, 『한국전쟁과 함평양민학살』, 사회문화원, 2001.
- 이병천 · 조현연, 『20세기 한국의 야만』, 일빛, 2001.
- 신경득, 『조선종군실화로 본 민간인 학살』, 살림터, 2002.
- 박명림, 『한국 1950 : 전쟁과 평화』, 나남출판, 2002.
- 강희근, 『산청 · 함양사건의 전말과 명예회복』, 산청 · 함양사건 희생자 유족회, 2004.
- 서중석, 『이승만의 정치이데올로기』, 역사비평사, 2005.
- 김기진, 『한국전쟁과 집단학살』, 푸른역사, 2005.
- 정희상, 『대한민국의 함정』, 은행나무, 2005.
- 벤자민 발렌티노 지음, 장원석 · 허호준 옮김, 『20세기의 대량학살과 제노사이드』, 제주대학교 출판부, 2006.
- 정길화. 김환균 외, 『우리들의 현대침묵사』, 해냄, 2006.
- 서영선, 『한과 슬픔은 세월의 두께만큼』, 작가들, 2007.
- 김상기 지음, 『제노사이드 속 폭력의 법칙』, 선인, 2008.
- 김득중, 『'빨갱이'의 탄생, 여순사건과 반공 국가의 형성』, 2009.

[6·25전쟁과 역사]

- 국방부 정훈국, 『한국전란 1년지』, 1951.
- 송건호 외, 『해방전후사의 인식 1~5』, 한길사, 1982.
- 태륜기, 『권력과 재판』, 삼민사, 1983.
- 조갑제, 『고문과 조작의 기술자들』, 한길사, 1987.
- 강정구, 『분단과 전쟁의 한국현대사』, 역사비평, 1996.
- 박명림, 『한국전쟁의 발발과 기원 2』, 나남, 1996.
- 강만길·성대경, 『한국사회주의운동인명사전』, 창작과비평, 1996.
- 김대중 외, 『누구를 위한 전쟁이었나』, 다홀미디어, 2000.
- 이완범, 『한국전쟁, 국제전적 조망』, 백산서당, 2000.
- 국방부 군사편찬연구소, 『한국전쟁사의 새로운 연구 1』, 2001.
- Joseph C. Goulden 지음, 김병조 발췌 번역, 『한국전쟁비화』, 청문각, 2002.
- 정용욱, 『해방 전후 미국의 대한정책』, 서울대학교 출판부, 2003.
국방부 군사편찬연구소, 『6·25 전쟁 참전자 증언록 1』, 2003.
- 국사편찬위원회, 『자료대한민국사 16~20』, 2004.
- 국방부 군사편찬연구소, 『북한의 전면남침과 초기 방어전투』, 2005.
- 박태균, 『한국전쟁』, 책과함께, 2005.
- 이상호, 「인천상륙작전과 북한의 대응」, 『군사(軍史)』, 군사편찬연구소, 2006. 6.
- 양영조, 『한국전쟁과 동북아 국가정책』, 선인, 2007.

[법률]

- 법무부사편찬위원회, 『법무부사』, 1988.
- 박원순, 『국가보안법 연구 1~3』, 역사비평사, 1989.
- 한상범, 『일제잔재 청산의 법이론』, 푸른세상, 2000.
- 이장희 외, 『현대국제조약집』, 아사연, 2000.
- 잭 도널리, 『인권과 국제정치』, 오름, 2002.

- 한상범, 『살아 있는 우리 헌법 이야기』, 삼인, 2005.
- 체사레 벡카리아 지음, 한인섭 옮김, 『범죄와 형벌』, 박영사, 2006.
- 대법원, 『대법원-ICC 심포지엄 : 형사사법제도의 미래를 위한 협력』, 2006.
- 손희두, 「한국전쟁 초기의 법령 조치」, 『군사(軍史)』, 군사편찬연구소, 2006. 6.
- 한인섭 편, 『재심·시효·인권』, 경인문화사, 2007.
- 신동운 편저, 『유병진 법률논집, 재판관의 고민』, 법문사, 2008.

[전쟁과 트라우마, 화해]

- 아서 클라인마·비나 다스 외 지음, 안종설 옮김, 『사회적 고통』, 그린비, 2002.
- Lone Jacobsen & Knud Smidt-Nielsen 지음, 변주나 외 옮김, 『고문 생존자 —외상과 재활』, 현문사, 2003.
- 권귀숙, 『기억의 정치』, 문학과지성사, 2006.
- 손운산, 『용서와 치료』, 이화학술총서, 2008.
- 페터 엘사스 지음, 최현정 옮김, 『고문·폭력 생존자 심리치료』, 민주화운동 기념사업회, 2009.
- 프라실라 B. 헤이너 지음, 주혜경 옮김, 안병욱 해제, 『국가폭력과 세계의 진실위원회』, 역사비평사, 2008.

[군경 관련]

- 수도관구경찰청, 『수도경찰 발달사』, 1947.
- 헌병사령부, 『한국헌병사』, 대건출판사, 1952.
- 내무부치안국, 『경찰 10년사』, 1958.
- 내무부치안국, 『한국경찰사 (II)』, 1973.
- 육군본부, 『공비토벌사』, 1954.
- 대검찰청 수사국, 『좌익사건실록 1~11』, 1965~1973.

- 국군보안사, 『대공 30년사』, 1978.
- 태극단동지회, 『태극단 투쟁사』, 1983.
- 이경남, 『분단시대의 청년운동, 상』, 1989.
- 서용선·양영조·신영진, 『점령정책, 노무운용, 동원』, 국방군사연구소, 1995.

[수기, 회고록]

- Donald Nichols, 『How Many Times Can I Die?』
- 중앙일보, 『민족의 증언 2, 3, 4』, 1972.
- 중앙일보, 『민족의 증언 1』, 1983.
- 채명신, 『채명신 회고록, 사선을 넘고 넘어』, 매일경제신문사, 1994.
- 선우종원, 『격랑 80년』, 인물연구소, 1998.
- 백선엽, 『길고 긴 여름날, 1950년 6월 25일』, 지구촌, 1999.
- 김성칠, 『역사 앞에서: 한 사학자의 6·25일기』, 창작과비평사, 1999.
- 최정화, 『6·25 종군기, 그 여름 겨울』, 범한, 2000.
- 김희오, 『인간의 향기』, 원민, 2000.
- 이치업, 『번개장군』, 원민, 2001.
- 장도영, 『망향』, 숲속의꿈, 2001.
- 정승화, 『대한민국 군인 정승화』, Human & Books, 2002.
- 로버트 올리버 지음, 황정일 옮김, 『신화에 가린 인물, 이승만』, 건국대학교 출판부, 2002.
- 이무호, 『어느 졸병이 겪은 한국전쟁』, 지식산업사, 2003.
- 강원용, 『역사의 언덕에서 2』, 한길사, 2003.
- 손광식, 『내 고향 청계천 사람들』, 창해, 2004.
- 강만수, 『현장에서 본 한국경제 30년』, 삼성경제연구소, 2005.
- 김웅수, 『김웅수 회고록, 송화강에서 포토맥강까지』, 새로운사람들, 2007.
- 이세호, 『한길로 섬겼던 내 조국』, 대양미디어, 2009.

[지자체]

- 전북도의회, 『6·25 양민학살진상실태조사보고서』, 1994. 10.
- 『파주군지』, 1995.
- 『고양군지』, 1987.
- 경기도의회, 『고양시일산금정굴사건진상조사특별위원회 활동결과보고서』, 2000.
- 경상북도의회, 『양민학살진상규명특별위원회 활동결과보고서』, 2000.
- 『고양시사 7권』, 2005.

[참고 자료]

[과거사 청산 관련 위원회]

- 경찰청과거사진상규명위원회, 「보도연맹원 학살의혹사건 조사결과」, 2006.
- 진실화해위원회, 『2007년 상반기 조사보고서』, 2007. 7.
- 진실화해위원회, 『2007년 하반기 조사보고서』, 2008. 2.
- 진실화해위원회, 『2008년 상반기 조사보고서』, 2008. 8.
- 진실화해위원회, 『2008년 하반기 조사보고서』, 2009. 3.
- 진실화해위원회, 『2009년 상반기 조사보고서』, 2009. 9.
- 진실화해위원회, 『2009년 하반기 조사보고서』, 2010. 3.
- 진실화해위원회, 『2010년 상반기 조사보고서』, 2010. 12.
- 진실화해위원회, 「고양 금정굴 사건 진실규명결정서」, 2007.
- 진실화해위원회, 「고양 부역혐의희생사건 진실규명결정서」, 2007.
- 진실화해위원회, 「남양주 진접·진건면 부역혐의희생사건 진실규명결정서」, 2008.
- 진실화해위원회, 「울진 부역혐의희생사건 진실규명결정서」, 2008.
- 진실화해위원회, 「평택 청북면 부역혐의희생사건 진실규명결정서」, 2008.
- 진실화해위원회, 「김포 부역혐의희생사건 진실규명결정서」, 2008.
- 진실화해위원회, 「서산·태안 부역혐의희생사건 진실규명결정서」, 2008.
- 진실화해위원회, 「안동 부역혐의희생사건 진실규명결정서」, 2008.
- 진실화해위원회, 「양평 부역혐의희생사건 진실규명결정서」, 2009.
- 진실화해위원회, 「강화(강화, 석모도, 주문도) 민간인희생사건 진실규명결정서」, 2009.
- 진실화해위원회, 「강화(교동도) 민간인희생사건 진실규명결정서」, 2009.
- 진실화해위원회, 「아산 부역혐의희생사건 진실규명결정서」, 2009.
- 진실화해위원회, 「여주 부역혐의희생사건 진실규명결정서」, 2009.
- 진실화해위원회, 「음성군 대소면 부역혐의희생사건 진실규명결정서」, 2009.

- 진실화해위원회, 「통영·거제 국민보도연맹원 등 민간인희생사건 진실규명 결정서」, 2009.
- 진실화해위원회, 『국민보도연맹사건 진실규명결정서』, 2009.
- 서울대학교 사회발전연구소, 『화해·위령 및 과거사연구재단설립방안 연구 용역결과보고서』(2009. 4).

[논문 자료]

- 류상영, 「초창기 한국경찰의 성장과정과 그 성격에 관한 연구(1945~50)」, 1987.
- 오유석, 「미군정 하의 우익 청년단체에 관한 연구: 1945~1948」, 1988.
- 박원순, 「전쟁부역자 5만여 명 어떻게 처리되었나」, 『역사비평』, 1990.
- 한상구, 「피학살자 유가족 문제―경상남북도지역 양민피학살자유족회 활동」, 『한국 사회변혁과 4월 혁명 2』, 한길사, 1990.
- 신종대, 「부산·경남지방의 해방정국과 인민위원회에 관한 연구」, 1991.
- 오수성, 「통일과 심리적 화합」, 『동아연구 제27호』, 1994.
- 신영진, 「한국전쟁시 동원연구」, 1995.
- 정문용, 「참전 재향군인에서 외상후스트레스장애(Post Traumatic Stress Disorder)의 유병상태와 관련요인 분석」, 1996.
- 이민수, 「외상후스트레스장애의 임상적 특징―삼풍사고를 중심으로」, 1997.
- 박명림, 「한국전쟁과 사회구조의 변화」, 『한국전쟁과 한국정치의 변화』.
- 한인섭, 「한국전쟁과 형사법―부역자 처벌 및 민간인 학살과 관련된 법적 문제를 중심으로」, 『서울대학교 법학』 제41권 2호, 2000.
- 강혜경, 「한국경찰의 형성과 성격」, 2002.
- 어후경, 「석강(石江 어수갑) 집」, 2004.
- 노영기, 「한국전쟁기 민간인 학살에 관한 자료 실태와 연구 현황」, 2004.
- 허만호·김민서, 「전시 민간인 피해에 대한 국가책임 한계」, 『민군관련사건

연구논문집」, 국방부 군사편찬연구소, 2005.

- 백윤철·김상겸, 「6·25 전쟁 전후 계엄업무 수행체계 연구」, 『민군관련사건 연구논문집』, 국방부 군사편찬연구소, 2005.
- 백윤철, 「한국의 계엄사에 관한 연구」, 『군사 제66호』, 2008.
- 오동석, 「한국전쟁기 계엄·군사재판·임의처형에 대한 법적 검토」, 2009.
- 오병두, 「한국전쟁기 예비검속 관련 법적 문제점」, 2009.
- 김귀옥, 「한국전쟁기 인민군 점령지의 부역자 상황과 부역자 범위」, 2009.

[유족회 및 시민단체 자료]
- 일산금정굴양민희생자유족회·규명위원회, 『일산금정굴양민희생자에관한 자료』, 1994.
- 이윤성, 「고양시 금정굴 양민학살사건 감정결과 중간보고서」, 1998.
- 고양금정굴양민학살사건진상규명명예회복을위한범국민추진위원회, 『고양 금정굴양민학살사건 진상보고서』, 1999.
- 충북대학교 중원문화연구소, 『일산 금정굴 시굴조사 보고서』, 2005.
- 고양금정굴학살공동대책위원회, 「금정굴 학살은 빙산의 일각이었다」, 2003.

[국회 기록물]
- 국회 사무처, 「제8회 국회 임시회의 속기록 제39호」, 1950. 10. 31.
- 김종순 외 28인, 「합동수사본부 해체에 관한 결의문」, 1951. 4. 29.

[대통령 기록물]
- 「1951년 대통령유 시사항 및 국무총리 지시사항」, 『국무회의록』, 1951.
- 대통령 지시, 「지방청년단 작폐단속에 관한 건」, 1949, AA0000039.
- 대통령 지시, 「(일본) 의용군지원에 대하여」, 1950, AA0000117.
- 대통령 지시, 「지시사항에 관한 건」, 1950, AA0000128.
- 대통령 지시, 「육해공군 협동진행의 건」, 1950, AA0000132.

- 대통령 지시,「적령자 등록에 관한 건」, 1950, AA0000133.
- 대통령 지시,「형무소 수감미결 죄수처리에 관한 건」, 1950, AA0000134.
- 대통령 지시,「노획품 처리에 관한 건」, 1950, AA0000139.
- 대통령 지시,「피난 못한 공무원 신분에 관한 건」, 1950, AA0000140.
- 대통령 지시,「유사 청년단체 발생과 사형(私刑)에 관한 건」, 1950, AA0000159.
- 대통령 지시,「국민회 및 기타에 관한 지시사항」, 1950, AA0000161.
- 대통령 지시,「잔재 공산도배 숙청에 관한 건」, 1950, AA0000170.
- 대통령 지시,「국민회에 대한 지시사항」, 1950, AA0000175.
- 대통령 지시,「불순분자와 모리배 엄징에 관한 건」, 1950, AA0000182.
- 대통령 지시,「고문 및 기타에 관한 건」, 1950, AA0000197.
- 대통령 지시,「형사정책에 관한 건」, 1950, AA0000219.
- 대통령 지시,「제2국민병 모집에 관한 건」, 1951, AA0000228.
- 대통령 지시,「정치범에 관한 건」, 1951, AA0000283.
- 대통령 지시,「합동수사본부 존속에 관한 건」, 1951, AA0000327.
- 대통령 지시,「합동수사본부에 대한 검사협력에 관한 건」, 1951, AA0000338.
- 대통령 지시,「거창사건 책임에 관한 건」, 1951, AA0000340.
- 대통령 지시,「경찰지휘와 그 직책에 관한 건」, 1951, AA0000343.
- 대통령 지시,「국민방위군 향토방위대 해산에 관한 건」, 1951, AA0000349.
- 대통령 지시,「향토방위단체 일원화에 관한 지시(안)」, 1953, AA0000516.
- 대통령 연설,「리 대통령 국민에게 경고」, 1950, AA0000607.
- 대통령 연설,「비상계엄령 실시에 대하야」, 1950, AA0000635.
- 대통령 연설,「신당조직에 관하여」, 1951, AA0000657.
- 대통령 연설,「새로 정당을 만드는 목적은」, 1952, AA0000673.
- 대통령 연설,「자유당 전국대회로 모인 목적은」, 1952, AA0000686.
- 대통령 연설,「대한청년단 전국중집대회에 보내는 멧세지」, 1952,

AA0000690.

- 대통령 연설,「자유당 구성과 농민회조직에 대하여」, 1952, AA0000691.

[판결문]

- 서울지방법원,「1950년 형공 제1838호 조병세 등 판결문」, 1950. 12. 22.
- 대법원,「1955형상9」, 1955. 4. 15.
- 대법원,「1954형상18」, 1954. 10. 5.
- 서울고등법원,「1956년 형제항제11호 유상문 판결문」, 1956. 6. 15.
- 서울고등법원,「1955 형제13 판결문」, 1956. 6. 15.
- 서울지방법원, (용두리 세포사건) 판결문, 1952. 3. 14.
- 서울지방법원 인천지원,「단기4284년 형제351호」임병석 등 판결문.
- 서울지방법원,「단기 4285년 형공 제998호」판결문.
- 서울고등법원,「단기 4286년 형공 제110호」판결문.
- 서울형사지방법원,「72고합12 민경성 등 판결문」, 1971. 5. 28.
- 서울고등법원,「2005나27906 판결문」, 2006. 2. 14.

[형사사건기록]

- 서울지방검찰청,「이용운 등 형사사건기록」, 1948.
- 서울지방검찰청,「김현룡 형사사건기록」, 1950.
- 서울지방검찰청,「정복돌 형사사건기록」, 1950.
- 서울지방검찰청,「장기업 형사사건기록」, 1950.
- 서울지방검찰청,「이원화 형사사건기록」, 1950.
- 서울지방검찰청,「조병세 등 형사사건기록」, 1950.
- 서울지방검찰청,「장윤기 형사사건기록」, 1950.
- 서울지방검찰청,「김경산 형사사건기록」, 1950.
- 서울지방검찰청,「김상완 형사사건기록」, 1950.
- 서울지방검찰청,「이재선 형사사건기록」, 1950.

- 서울지방검찰청, 「전대봉 형사사건기록」, 1950.
- 서울지방검찰청, 「성호천 형사사건기록」, 1950.
- 서울지방검찰청, 「최창설 형사사건기록」, 1950.
- 서울지방검찰청, 「장석재 형사사건기록」, 1950.
- 서울지방검찰청, 「김진국 형사사건기록」, 1950.
- 서울지방검찰청, 「김윤남 형사사건기록」, 1950.
- 서울지방검찰청, 「박윤덕 형사사건기록」, 1950.
- 서울지방검찰청, 「유상록 형사사건기록」, 1950.
- 서울지방검찰청, 「김형장 형사사건기록」, 1950.
- 서울지방검찰청, 「유상문 형사사건기록」, 1952.
- 청주지방검찰청, 「김사성 등 형사사건기록」, 1951.

[군법회의 관련 자료]

- 군·검·경 합동수사본부, 「조선결사대 사건 전모 보고의 건」, 1950. 11. 27.
- 군·검·경 합동수사본부, 「재판회부자 일보 제출의 건」, 1950. 12. 18.
- 군·검·경 합동수사본부, 「(남양주) 진건면 수복사건 관계자 앙고(仰告)의 건」, 1951. 1. 1.
- 육군본부 법무감, 「민간인 강화봉 외 4명에 대한 살인 및 무고 피고사건 판결에 대한 심사건의의 건」, 1951. 2. 28.

[검찰·경찰 관련 자료]

- 서산경찰서, 「경찰연혁(1951~1952)」, 1952.
- 서산경찰서, 「신원기록 심사보고」, 1980.
- 울진경찰서, 「울진경찰서 연혁사」, 1956.
- 울진경찰서, 「부역자 명부」, 정보계, 1962.
- 울진경찰서, 「부역자 명부」, 보안과, 1983.
- 강원도경찰국 정보과, 「6·25 처형자 명단 배포」, 1978. 7. 10.

- 강원도경찰국, 「사찰대상자 동향감시 철저 지시」, 1969. 9. 29.
- 춘천경찰서, 「업무 지시(응신)」, 1970. 1. 7.
- 치안국, 「긴급업무지시」, 1970. 3. 16.
- 강원도경찰국, 「긴급업무지시」, 1970. 3. 17.
- 충청남도경찰국, 「부역자명부 관리에 대한 질의 회신」, 1979. 12. 17.
- 대검찰청, 「부역자 처단에 관한 건」, 1956. 1. 20.

[기타 국가기록물]

- 벽제면장, 「부역자 자작농지 소작료 처분의 건」, 1953. 5. 16.
- 법무법제관계서류철, 「국민방위군 부역자 불법처단에 관한 건」, 1951. 7. 21.
- 법무법제관계서류철, 「좌익분자 및 동가족 살해사건 발생에 관한 건」, 1951. 7. 21.

[미군 관련 자료]

- 「KWC 33」, 문서군 RG 153 Records of the Office of the Judge Advocate General(Army), 국립중앙도서관, 2005, 미국 국립문서기록관리청(NARA) 소장.
- 「KWC 1667」, 문서군 RG 153 Records of the Office of the Judge Advocate General(Army), 국립중앙도서관, 2005, 미국 국립문서기록관리청(NARA) 소장.
- 「CIC Target List Seoul」(1950), 문서군 RG 338, Eight U.S. Army, 1946~56, Intelligence Administration Files, 국사편찬연구소 소장.

[언론 자료]

- 「고양군 각급 인민위원회 선거사업계획을 수립」, 『조선인민보』, 1950. 7. 21.
- 「고양군 신도면 용두리의 선거광경 현지보도」, 『조선인민보』, 1950. 7. 26.
- 「당선자 92%가 근로인민」, 『조선인민보』, 1950. 7. 31.

- 「인민위원회를 굳게 다져 토지개혁사업부터 완수, 고양군 인민위원장 리경구 씨 담(談)」,『조선인민보』, 1950. 7. 31.
- 「대구시, 로동 자위대 합동결성식이 거행」,『대구매일신문』, 1950. 8. 5.
- 「적 제5열 체포에 경남지구 CIC본부서 맹활약」,『부산일보』, 1950. 8. 10.
- 「부산시 시내 자위대 결성식이 거행」,『민주신보』, 1950. 8. 16.
- 「이적행위자에겐 극형, 김 계엄사령관 회견석상 발표」,『부산일보』, 1950. 9. 15.
- 「전시 하 범법자는 공개로 포살(砲殺), 대통령 중대경고 발표」,『부산일보』, 1950. 9. 17.
- 「괴뢰 아부자는 단호 처단, 환도 후 방침에 김 장관 담(談)」,『부산일보』, 1950. 9. 18.
- 「부역처리법 회부」,『동아일보』, 1950. 10. 10.
- 「부역자 엄중처단」,『동아일보』, 1950. 10. 11.
- 「반역행위자 엄단, 경인지구계엄사령관 이 준장 담」,『동아일보』, 1950. 10. 12.
- 「역산불법점거 등 장 사령관 담화 발표」,『동아일보』, 1950. 10. 14.
- 「입주허가증 없는 불법침입한 자 고발하라」,『동아일보』, 1950. 10. 17.
- 「역산은 국민과 군인에게, 경찰관 입주는 삼가라」,『동아일보』, 1950. 10. 20.
- 「부역자 적발에 만전, 군검경합동수사본부 설치코 본격 활동」,『동아일보』, 1950. 10. 22.
- 「치안국장, 부역자 적발에 국민반 활용 언명」,『조선일보』, 1950. 10. 23.
- 「합동수사본부, 1만여 건의 부역자 심사」,『경향신문』, 1950. 10. 30.
- 「야간수사 금지」,『동아일보』, 1950. 11. 7.
- 「부역자 처리는 관대히」,『동아일보』, 1950. 11. 10.
- 「역산한도 내서 부역자 가족 생활보장, 역산처리 임시조치」,『동아일보』, 1950. 11. 11.

- 「전쟁 부역자 5만여 명 검거」, 『경향신문』, 1950. 11. 16.
- 「사형 언도된 부역자 867명」, 『동아일보』, 1950. 11. 25.
- 「좌담회, 부역자 처단은 어떻게?」, 『서울신문』, 1950. 11. 27~ 29.
- 「소위 북악산빨치산 240명을 타진」, 『동아일보』, 1950. 11. 30.
- 「멸공에 큰 공로, 대통령 김창룡 대령을 포상」, 『동아일보』, 1950. 12. 5.
- 「우익단체를 가장, 소위 화랑대 일당을 일망타진」, 『동아일보』, 1950. 12. 12.
- 「타공결사대사건 여죄 속속 판명」, 『동아일보』, 1950. 12. 12.
- 「북악산빨치산 일당 고등군법회의 송치」, 『동아일보』, 1950. 12. 17.
- 「금단의 땅 금정굴 추적」, 『내일신문』, 1993. 10.
- 「금정굴 유골 당국 '외면'」, 『한겨레신문』, 1995. 10. 14.
- 「45년 만에 드러난 '킬링필드'」, 『한겨레21』, 1995. 10. 19.
- 「"난 억울하다" 유골들의 절규」, 『News+ 4호』, 1995. 10. 19.
- 「금정굴 양민학살' 주장, 그 교묘한 허위의 함정」, 『한국논단』, 1995. 12.
- 「그들은 아무 말도 하지 않았다」, 『사회평론 길』, 1996. 2.
- 「이것이 금정굴이다」, 『GY people 3호』, 2000.
- 「화해와 관용의 변증법, 금정굴 사건」, 『GY people 23호』, 2002.
- 「고양시의회 의원들의 겉과 속, 그 야만성」, 『GY people 23호』, 2002.
- 「'빨갱이'라는 말이 통용되는 사회」, 『GY people 23호』, 2002.
- 「학살의 진실을 밝히지 못하면 또 다른 학살을 부른다」, 『민』, 2002. 1.

2009년 금정굴 현장. 2010년 태풍에 임시시설인 천막이 훼손되어 다시 새롭게 공사
되었다. 바뀐 모습도 임시조치여서 예전과 크게 다르지 않다.

진실, **국가범죄**를 말하다

2011년 3월 1일 초판 발행

지은이 ㅣ신기철
펴낸곳 ㅣ도서출판 자리
펴낸이 ㅣ정병인
출판등록 ㅣ2007년 7월 12일 제 2007-181 호
주 소 ㅣ서울 마포구 서교동 395-99 301호
전 화 ㅣ02-332-5767
팩 스 ㅣ03030-345-5767
이메일 ㅣbook@gotomorrow.co.kr

ISBN 978-89-961706-5-5   03900

***이 도서의 국립중앙도서관 출판시도서목록(CIP)은 e-CIP홈페이지(http://www.nl.go.kr/ecip)와 국가자료공동목록시스템(http://www.nl.go.kr/kolisnet)에서 이용하실 수 있습니다. (CIP제어번호: CIP2011000680)